KHOURBAN CASSAM CHENAÏ

AVANT D'ÊTRE MOI

Roman

ISBN : 979-10-976932-0-6

À Nathalie,

1ère PARTIE
LES CRIMES FANTÔMES

On ne regrette pas seulement ce qui a été ;
on regrette aussi et surtout ce qui sera à jamais.

La plus secrète mémoire des hommes
Mohamed Mbougar Sarr

CHAPITRE 1. Dimanche

Hélène déteste le dimanche. C'est une journée pour rien. Dans son petit deux-pièces, elle attend que ça passe. Pour tuer le temps, elle scrolle sans fin son mur Facebook et s'avale des témoignages lénifiants sur Watch.

[Vanessa : Je n'ai pas aimé être mère, un regret encore tabou]

[William : Je suis asexuel et j'ai fait un enfant]

[Coralie : Je ne suis pas reconnue en tant qu'artiste car je peins avec mes pieds]

[Antoine : J'ai appris à 27 ans que j'avais été adopté]

[Lindsey : Je suis intolérante à l'alcool]

...

Elle est fascinée par l'étalage de ces inconnus qui veulent être quelque chose. Elle envie leur histoire dont ils font le récit, tels les rois d'une île déserte qui en feraient la visite. Ils sont l'étendard impudique d'un monde autocentré. Il n'y a plus de vérité qui ne soit délivrée sans le filtre de l'égo. Le storytelling répare les souffrances dans une autofiction qui condense leur existence en une poignée de minutes. La demande de gloire immédiate et éphémère est si grande qu'ils sont prêts à se partager les quarts d'heure dans un flux ininterrompu qui annule aussitôt leur propos. Quand tout le monde parle, on n'entend plus personne. La fin des tabous et l'injonction à la résilience les poussent à se définir par leur traumatisme. *« Comment tu souffres dans la vie ? »* sera bientôt la phrase bateau que l'on posera pour engager la conversation. Ils se pensent, peut-être sincèrement, être des lanceurs d'alerte, mais au fond, ils cherchent la pitié voyeuriste pour réparer leur dignité. Hélène, qui n'a rien vécu, est la bonne cliente. Elle entre en empathie, par procuration.

C'est un de ces dimanches d'automne dont on ne se souvient pas. Flou de gris. Une demi-nuit tout le jour. Mièvre.

Elle a allumé ses lumières dès trois heures et a tiré les voilages. Parfois elle les laisse ouverts : quand elle veut faire plaisir à trois jeunes voisins prépubères qui vivent en coloc, en se baladant simplement vêtue d'un t-shirt d'homme aux couleurs d'une prestigieuse université américaine, d'un homme qu'elle n'a jamais fréquenté, d'une université qu'il n'a jamais faite.

Elle pourrait vomir de lassitude, engourdie par l'ennui. Alors elle succombe aux siestes lâches pour que dimanche finisse plus vite de lui foutre le cafard. Quitte à ce qu'elle n'arrive plus à s'endormir le soir et qu'elle commence sa semaine de boulot déjà crevée. C'est le prix à payer pour abréger sa mélancolie dominicale.

***

Hélène se réveille en sursaut. Gorge nouée.

Comme étouffée. Ou étranglée.

L'air revient peu à peu dans ses poumons.

16 h 23. Elle n'a pas dormi plus d'une heure. La nuit commence à tomber pourtant.

Elle a fait un rêve étrange, ce genre de sale cauchemar qui colle à la peau et qui, quand il s'évanouit, laisse un sentiment de culpabilité irraisonné qui finit par nous persuader qu'on devra un jour répondre de ce dont on a rêvé et qu'il faudra payer.

Elle a rêvé qu'elle avait tué un homme.

Enfin, elle ne s'est pas vue le tuer, mais il est là, allongé, dans son salon, ou plutôt dans *un* salon. Elle se tient debout dans ce salon, elle regarde l'homme. Elle sait qu'il est mort. Elle ne sait pas ce qu'elle doit faire. C'est cette peur panique qui l'a tirée de ses songes.

Quand le rêve disparaît, apparaît le souvenir d'avoir enterré le cadavre tout au fond des bois.

C'est la troisième fois. C'est la troisième fois qu'elle fait ce rêve étrange. La fois de trop... Les images sont encore là, vives. L'angoisse est le fiel qui les colle à sa rétine. Elle sent encore l'humidité de la forêt et le froid de la nuit sur ses joues. Ses mains ont la mémoire du manche en bois de la pelle qui a creusé le trou, sa jambe droite engourdie du mouvement de poussée dans la terre. Dans son minuscule appartement, comme un réflexe pavlovien, Hélène part à la recherche d'une improbable pelle qui lui aurait permis de creuser un trou, d'un hypothétique homme, mort dans son salon. Pourtant, son salon n'a pas de parquet comme dans son rêve mais de la moquette. Ses sens altèrent son jugement. Sa mémoire réinvente la réalité. Hélène essaie de se reprendre, de retoucher terre. La boule au ventre, la bouche pâteuse, Hélène est remplie de la culpabilité de ce crime fantôme. Ce qui l'effraie le plus, c'est la sensation que tout est bien réel et pourtant, à la réflexion, elle ne sait pas du tout de quoi il s'agit.

Elle est tiraillée. A-t-elle inventé ou a-t-elle oublié ?

Hélène essaie de se remémorer tout ce qu'elle a fait ou manqué de faire qui aurait pu lui induire ce rêve : il y a deux jours, elle a piqué un stylo au boulot sans s'en rendre compte. Le week-end dernier, elle s'est disputée avec sa mère à propos d'une recette à la con. Dans le bus qui l'amène au boulot, elle a flashé sur un papy à lunettes avec des cheveux longs et gras, des tatouages aux bras et des bagues aux doigts ; elle n'avait pu détacher son regard de lui, attirée par son look marginal pour son âge ; il l'avait vu, lui avait souri, elle avait rougi, un peu honteuse, espérant ne pas retomber sur lui les jours suivants... Ça fait plusieurs mois qu'elle doit appeler son proprio : il y a de la moisissure dans sa salle de bain mais elle n'a toujours rien fait. Il faut qu'elle contacte un vendeur sur *leboncoin* pour une petite lampe, sinon ça va lui passer sous le nez. Elle a conduit l'autre jour pour faire les courses sans son permis ; elle avait laissé ses papiers à la maison, mais bon... Aucune des séries ou vidéos qu'elle ait pu voir ces derniers temps parlaient de meurtre quelconque... Non, rien. Il n'y a rien eu dans sa vie qui puisse susciter ce rêve. Et puis, ce n'est pas la première fois qu'elle fait ce rêve ; celui-là, exactement. Alors...

Non, non, non...

On sait de la plupart des rêves, au réveil, qu'ils sont faux. Bien sûr qu'on ne peut pas voler, qu'aucun monstre n'est à nos trousses. Ces rêves-là veulent juste nous dire quelque chose. Ce sont des messages codés. Qu'on en soit frustré ou libéré, leur interprétation est notre lot de consolation. D'autres rêves, en revanche, sont si réalistes et probables qu'il nous faut vérifier pour accepter qu'ils ne soient que des rêves : on a rêvé qu'on a perdu toutes nos dents ? Ouf ! Elles sont encore là dans notre bouche. On a gagné une grosse somme d'argent ? Dommage ! Nos poches sont vides au saut du lit, autant que notre compte en banque. On pourrait pourtant continuer à croire à ces rêves si on ne pouvait constater qu'ils sont faux. C'est le cas d'Hélène. Elle est condamnée à douter car comment pourrait-elle vérifier que ce n'est bien qu'un simple rêve et non un souvenir qui vient frapper à la porte de sa mémoire ? Dans quelle forêt faut-il creuser pour constater que le corps n'y est pas ? Qui est ce mort qu'elle a enterré ? Un fantôme du passé ? Très certainement. Mais quel fantôme, de quel passé ? Ce rêve, Hélène doit-elle l'interpréter ou le prendre au pied de la lettre ?

Son incapacité à pouvoir objectivement décider la pousse dans la dernière option.

CHAPITRE 2. Suzanne et Ingrid

[rêve] ENTRÉE
... rêve, définition
... rêve | Wikipédia

[rêve | rêver]
[rêve | synonyme]
[rêve | définition]
[rêve | signification]
[rêve | rêve lucide]
[rêve | rêve éveillé]

[rêve | signification] ENTRÉE...

Le visage éclairé par l'écran de son ordi portable, enveloppée par les cliquetis de ses doigts sur le clavier, Hélène essaie de trouver sur internet une réponse à son angoisse.

Le web n'est pas avare quand il s'agit d'articles sur le rêve. Les magazines psy, plutôt féminins, se sont emparés de la question. Combien de temps on dort ? Combien de temps on rêve ? Comment interpréter ses rêves ? Comment les contrôler ? Il existe une flopée de liens sur le sujet mais aucun n'aide vraiment Hélène dans sa quête jusqu'à ce qu'elle tombe sur un site qui reprend le contenu d'un livre sur l'interprétation des rêves. Une liste de mots-clés, triés par ordre alphabétique, chapitrés par lettre, offre à Hélène ce qu'elle cherche : comprendre son rêve et peut-être en connaître son origine.

Meurtre, salon, forêt, dos... Elle passe tout en revue. Chaque détail de son rêve est ramené à un mot sur lequel elle peut cliquer pour découvrir sa signification, trouver une explication.

Rêver de meurtre signifie qu'Hélène veut éviter un problème. Le faire disparaître… Lequel ?... Elle fouille dans sa mémoire comme dans une malle de vieux chiffons. Elle pourrait faire de l'un ou l'autre de ses petits traumatismes de vie le manteau de ses angoisses mais rien n'est réellement probant.

Tuer, c'est aussi éliminer une personne ou plutôt, tuer ce que cette personne représente, le lien que nous entretenons avec elle ou que nous avons entretenu. Ça exprime une relation toxique que nous impose cette personne et qu'on veut fuir… À moins que ce soit, elle, Hélène, qui soit à l'origine de cette liaison dangereuse… À en croire ce rêve de meurtre, il faudrait qu'elle fuie quelqu'un ? Qu'elle coupe le lien qu'elle entretiendrait avec lui ? Mais qui ? Et si c'est un problème qu'Hélène évite, quel est-il ?

Hélène n'est pas vraiment avancée… Alors elle tape : *« salon »* dans le moteur de recherche et clique. Une nouvelle page s'affiche qui lui apprend qu'en tant que pièce principale de la maison, le salon représente les relations sociales qu'on entretient avec les autres… Il s'agirait donc bien d'une relation à laquelle elle tente d'échapper.

Dans son rêve, l'homme mort est allongé sur le ventre. On ne voit pas son visage. Il n'offre à la vue que son dos. Le dos symbolise dans les rêves ce qui est derrière soi. La relation toxique est une relation du passé… Mais alors, si cette relation est passée, pourquoi elle l'obsède encore aujourd'hui ? Cette relation a-t-elle encore une répercussion dans sa vie ? Un traumatisme qui la poursuivrait inconsciemment ?

Hélène a l'impression de tirer des cartes de tarot, comme elle l'avait beaucoup fait avec Émilie, une ancienne camarade. Adolescentes, cet art divinatoire les fascinait beaucoup. Elles espéraient trouver des réponses à leurs questions à travers ce jeu du hasard, mais, bien qu'aidées par un livre, l'interprétation des cartes amenait plus de questions que de réponses et les séances se concluaient généralement par un éclat de rire désinvolte.

Hélène sourit en repensant à ce souvenir, mais elle doit continuer.

Que dit la suite de son rêve, juste avant qu'elle ne se réveille ? Il fait nuit. Dans une forêt, l'homme est dans un trou…

La nuit, c'est l'inconscient… C'est ne rien voir, comme un aveugle ou alors voir ce que les autres ne peuvent voir… Effectivement, pour Hélène, c'est le brouillard… D'ailleurs dans son souvenir, la brume masque le corps du mort et surtout son visage. Cette relation toxique, elle est floue, elle est loin, elle est enfouie… Mais ça, Hélène le sait. Si tout était clair dans sa tête, elle n'en serait pas là !

La forêt, c'est la femme, son mystère. Belle mais oppressante. Danse, luxuriante, chamarrée, infinie, submergeante… Hélène a l'impression de se perdre. Plus elle s'avance dans sa lecture et plus son souvenir s'éloigne. Maintenant les contours sont flous alors qu'ils étaient vivaces tout à l'heure. Elle se noie dans toutes ces interprétations qui veulent tout et rien dire. C'est le vide.

Le vide, justement, est symbolisé par le trou dans lequel se trouve le cadavre. Un trou, c'est une absence. Dans la forêt, Hélène veut reboucher le trou. Mais, comme elle le lit sur la page internet, ce trou peut se révéler abyssal, comme un puits sans fond. Le trou, c'est aussi la symbolique du vagin…

Ça va dans trop de directions… Toutes ces interprétations ne signifient rien de pertinent, l'emmènent ailleurs, la perdent encore plus. Est-ce que ce rêve est d'ordre relationnel ? Sexuel ? Les deux ? Si on en croit le site, ils ne seraient qu'une allégorie d'une frustration d'Hélène. La belle affaire ! Pourtant Hélène perçoit du vrai dans la mort de cet homme, comme si elle y avait réellement assisté sans pour autant pouvoir désigner ni le lieu, ni le moment, ni la personne… Alors elle retourne dans le moteur de recherche et tape sur son clavier :

[souvenir] ENTRÉE

... souvenir, définition

... souvenir | Wikipédia

[souvenir | définition] ENTRÉE

> Survivance, dans la mémoire, d'une sensation, d'une impression, d'une idée, d'un événement passé. (Larousse)

[souvenir d'un meurtre] ENTRÉE

> « Memories of Murderer ». Film coréen de 2003, réalisé par…

Hélène sent qu'elle est dans l'impasse. Elle réfléchit. Il faut trouver le bon angle qui pourra l'éclairer sur l'expérience qu'elle a vécue il y a une demi-heure à peine.

Elle tape :

[souvenir fabriqué] ENTRÉE

Les résultats que proposent cette recherche sont un peu plus loquaces :

Australie, 1984. Suzanne, une jeune adolescente, consulte un thérapeute pour anorexie. Le thérapeute peu scrupuleux fait ingurgiter du sérum de vérité à sa patiente à chaque séance. Bientôt, la jeune femme accuse son oncle d'inceste. L'homme est mis en prison pendant une dizaine d'années avant qu'on ne découvre que les souvenirs de Suzanne avaient été complètement fabriqués par le sérum et induits par le thérapeute.

En Allemagne, dans les années 60, une fillette est retrouvée morte. Elle a été violée. Vingt ans plus tard, Ingrid, une jeune femme, se rend à la police pour dénoncer son père. Elle décrit la scène de viol et de meurtre de la fillette à laquelle elle a assistée étant toute jeune enfant. Le père est mis en prison. Il faudra attendre plus de quinze ans pour se rendre compte que l'ADN du père ne correspond pas à celui retrouvé sur la petite fille. Ingrid avoue alors que ses souvenirs incriminant son père sont survenus lors d'une séance d'hypnose. Elle avait créé ses faux souvenirs à partir de ce qu'elle avait pu voir et entendre dans les médias sur l'affaire, envoyant un faux coupable en prison.

D'autres récits de souvenirs fabriqués jonchent cette page : secte soi-disant pédo-sataniste, souvenirs refoulés d'avortements, etc... Tout ça n'a rien à voir avec le rêve d'Hélène. Ces histoires tordues ne sont qu'exceptions. Les souvenirs sont d'ailleurs plus souvent trafiqués dans l'autre sens : les personnes victimes d'abus se protègent en les oubliant.

Pendant la guerre du Golfe, une expérience menée en Irak auprès de jeunes soldats américains avait pour but de fabriquer des souvenirs. Hélène s'interroge : Est-il possible que ce souvenir ait été le fruit d'une fabrication intentionnelle ? Comme quand on joue à se faire peur. Le visage de Rachida, son ex-coloc excentrique, surgit devant elle ! Après tout, c'est chez elle qu'Hélène a fait ce rêve pour la première fois. Elle essaie de s'imaginer Rachida et elle, dans un bois. Après avoir creusé un trou pour on ne sait quelle raison, Rachida lui aurait dit, avec cet air mi-joueur mi-sadique : *« Imagine, j'ai tué quelqu'un. Est-ce que tu m'aiderais à le mettre dans ce trou et à l'enterrer pour qu'on ne le retrouve plus jamais ? »* Hélène a l'impression maintenant qu'elles étaient deux dans ce rêve face au mort... mais elle a beau réfléchir, il n'y a rien dans ses souvenirs conscients qui se rapproche de ce genre de situation qui aurait pu créer chez elle un faux souvenir.

À moins que...

Hélène tombe sur un dernier article où des scientifiques ont injecté des souvenirs dans le cerveau de rats. Hélène ne va pas plus loin que le titre qui suffit à la sidérer. Est-il possible qu'on lui ait injecté un faux souvenir ? ... Non, bien sûr, c'est de la science-fiction. Par contre, elle connaît les dangers du GHB et, sans aller jusque-là, de l'alcool ou du joint. Aujourd'hui, elle est plus raisonnable, mais à l'époque de Rachida, elle s'était laissé influencer, se retrouvant maintes fois, de boîtes de nuit, bars ou salons d'inconnus jusqu'à son lit sans savoir comment elle était rentrée. Hélène pouvait compter une bonne quinzaine de soirées où elle avait eu un black-out.

Cette froide et objective recherche sur internet qui devait l'apaiser la rend de nouveau parano. La boule dans son ventre se fait sentir jusque dans sa gorge. Hélène se persuade qu'une douche pourrait l'apaiser. Celle de ce dimanche-là tentera de laver les sales images qui tournent dans la tête comme dans un manège. Hélène ne peut se croire capable de ce qu'elle vient de voir durant sa sieste... Et pourtant, en scrutant ses pieds nus, ses mains, son bas du ventre un peu arrondi, ses seins qui dégoulinent, ses cheveux qui finissent en faibles jets d'eau sur son corps, elle s'interroge.

Ou plutôt, c'est son corps qu'elle interroge...

CHAPITRE 3. Le corps

Avant d'être moi, je suis tous les autres...

On a défait la serviette à la poitrine, on a séché ses cheveux. On est nue face au grand miroir coulissant de la penderie. On se scrute pour tenter de savoir qui l'on est.

Est-ce le corps d'une criminelle ? Ce corps, que l'on connaît trop bien, aurait-il pu nous tromper à ce point ? On ne connaît rien d'autre aussi bien que ce corps que l'on porte et qui nous porte depuis 36 ans. On l'a longuement observé, scruté même, des yeux et des mains. Chaque recoin, chaque rondeur et chaque pli. On a joui et on a souffert. Avec lui et par lui. On l'a vu évoluer, s'étirer, se gonfler, s'affaisser, s'empourprer, se verdir, se ternir. Si ce corps est un assassin, c'est de lui-même. Le bourreau-victime. Ce tueur peut-il être aussi celui de quelqu'un d'autre ?

On redresse les épaules, on se regarde bien droite, le regard franc. On est prête à s'affronter. À la fois juge, coupable et victime.

On mesure 1 m 62 pour 63 kg. La peau est blanche. Rose par endroits, vert pâle au niveau des artères, écrue partout ailleurs.

Les cheveux, qui tombent jusqu'au milieu des avant-bras, sont couleur paille. Un mélange de blond, de châtain et de brun aux racines. On a l'impression d'avoir fait une coloration il y a plusieurs mois, mais non, on a toujours été comme ça.

La peau du visage est légèrement grasse, les traits sont ronds, presque négroïdes. Le visage est classique mais agréable, pas atypique mais cohérent : un front lisse et brillant, de bonnes joues qui rougissent quand il fait glacial (à l'extérieur ou à l'intérieur), une fossette qui se forme sur la joue gauche quand on sourit et un léger double-menton qui se remarque quand on enfonce la tête dans le cou.

Les grands yeux ronds marron-vert, (des pattes d'oies dans les coins, de légères cernes violacées) ont vu tant de choses et pourtant tellement rien ; maman pleurer et papa rire. Parfois l'inverse. Rarement. Des amants mangés par le soleil dans leur dos et gommés par la nuit sous la couette. On les préfère comme ça. On préfère ne pas trop voir.

Un nez un peu piqué, qui a senti l'herbe coupée, les embruns salés des plages de Plaisir-sur-mer, les épices de Rachida, le moisi, l'essence, le bitume encore chaud.

Un duvet imperceptible s'efface au-dessus de grosses lèvres charnues et écarlates. La bouche, plus de nourritures y sont entrées que de phrases n'en sont sorties : sucrées, salées, acides et amères, chaudes ou froides, douces, molles, dures et craquantes, rafraîchissantes, alcoolisées. Le sourire, discret mais sincère, devient mutin quand il laisse entrevoir les deux dents de devant indiciblement séparées.

De petites oreilles cachées par les cheveux qui ont entendu *« Je t'aime »* et *« Ta gueule »*, la télé par la fenêtre l'été et le son sourd de la pluie sur la glace fondue l'hiver, toutes les musiques extérieures et intérieures. Toutes les phrases que la bouche n'a pas su dire. Les lobes percés se sont refermés à la féminité. Dans le cou, juste sous l'oreille gauche se cache, discret, un petit papillon noir tatoué.

Sur les épaules un peu sèches d'un dos fatigué, on remarque la saillie des omoplates. Les avant-bras sont légèrement poilus, les mains boudinées mais souples. Les ongles sont rongés par endroits. Les mains ont attrapé le doigt de maman, curé le nez, tiré les cheveux de la cousine Victoria, donné vie à des peluches, caressé le chien, tenu des fourchettes, des cuillères, des couteaux, tapé des touches de piano, sanglé les selles des chevaux, repoussé mollement Bruno, agrippé la pierre pour franchir le mur, étouffé plusieurs bâillements, soufflé plusieurs baisers, giflé Sébastien une fois, pétri la pâte, mélangé, remué, étalé, serré des cols de bouteille, décapsulé, débouché, tourné des clés dans des serrures, défait des ceintures, branlé des sexes, griffé des dos, plongé au fond de la gorge, pataugé dans le sable mouillé, dans la boue, dans le sang. Les mains se sont lavées cent fois, mille fois et ont recommencé à compter sur leurs doigts.

Quelques petits grains de beauté sont clairsemés sur les bras et le buste.

La poitrine (95C) s'affaisse un peu avec l'âge, marquant le pli au niveau des aisselles. Les aréoles sont très larges et carmin, les tétons écrasés ne sont pas trop visibles. Quelques pâles taches de rousseur sur le plexus. Le ventre gonfle un peu juste au-dessus du pubis.

Le maillot est fait tous les dimanches soir, sous la douche, au rasoir, laissant des petits points rouges tout autour des poils épargnés et sur le haut des cuisses, à la commissure.

Le vagin a laissé entrer le speculum du gynéco, des doigts autorisés, quelques Stabilo, deux vibros et un gode, les langues et les sexes de Sébastien, Cédric, Aurélien, Demba, un Nicolas, un inconnu complètement détraqué de corps et d'esprit et de quelques autres oubliés *random*. Il a absorbé la semence de Sébastien (on était en couple, on prenait la pilule), Aurélien une fois quand la capote a craqué, Demba, deux, trois fois parce qu'il ne sentait rien avec les préservatifs et l'inconnu qui pourtant avait juré être rentré couvert, ce qui a valu une pilule du lendemain et un dépistage du sida. Un vrai taré celui-là ! On a avorté une fois. On a prétexté une mycose qui a justifié un arrêt des rapports sexuels pendant quelques temps. Aurélien ne l'a jamais su.

Les genoux se touchent presque, les pieds rentrants trahissent une timidité, un complexe ou une gêne. L'os du petit doigt de pied droit est cassé. On a oublié de couper l'ongle de l'orteil médian droit. Des paillettes de vernis vert sont restées coincées au bord des replis et des cuticules.

Les pieds ont senti la fraîche rivière voisine, le tendre gazon du jardin chez papa et maman, les carrelages froids et les jambes chaudes des hommes. C'est tout. On ne retire que rarement ses chaussures, on est engoncée, et encore moins les chaussettes, on est frileuse.

On se tourne pour se voir de dos. La peau est plus blanche encore, lisse, sans rougeur, ni piqûre, ni aucun grain de beauté. On dirait un savon tout neuf. Pourtant, au niveau de la nuque on distingue une ligne de poils blancs qui part des cheveux et descend, furtive, le long de la colonne vertébrale jusqu'au coccyx où on la voit plus nettement de nouveau.

La peau des bras est fripée et craquelée aux coudes et détendue aux avant-bras.

Au niveau des hanches, de chaque côté, deux petits bourrelets, comme des sur-fesses. Ce ne sont pas les friandises qui ont donné ces formes mais la lassitude.

Les fesses ont perdu leur rondeur d'antan. Elles sont plates et bientôt carrées.

Les mollets ont des rougeurs, la cheville droite abrite un second tatouage bleu d'une rose minuscule, les talons ont des cals.

Est-ce qu'on est belle ? Peut-être un peu, peut-être pas. Qu'est-ce que ça peut faire ? On ne se sent pas assez belle en tout cas. Trop grosse ou trop maigre. Trop petite ou trop grande. Trop pâle ou trop foncée. À de rares exceptions, les hommes se gardent de donner leur avis. *« Boudin. Potable. Baisable. Bonne. Canon »*. Les femmes sont plus franches, sous couvert de conseils bien intentionnés. C'est la société, ses magazines, sa mode et ses injonctions qui sont sans pitié. Son humour douteux et latent : la blonde et sa bêtise, la noire et son odeur, la portugaise et sa moustache. Même avec ta mère on arrive à blaguer. L'extrême beauté est tout autant une laideur en soi. *« T'es trop belle, c'est dégueulasse »*.

On se laisse tomber sur le bord du lit, face au miroir qui nous contient, minuscule, dans la pénombre de la chambre.

En passant, le temps forme le corps par destruction, faisant de lui un manuel de ce qu'il a été et de ce qu'il ne sera plus. La chair capture, dans ses défauts qui l'envahissent, le souvenir de cette insouciance perdue comme peau de chagrin. Contempler ce corps nous plonge alors dans la plus grande des mélancolies. Chacune de ses blessures, c'est une histoire qu'on paie avec le capital de notre dignité. Il faudrait être aveugle pour ne jamais voir tout à fait un corps qui a vécu ou qu'il ne soit jamais complètement vu. Car n'est joli que le corps qu'on entrevoit, lorsqu'il est le montage de parties sélectionnées, complétées, fantasmées. On peut alors encore retrouver ce qu'il a été et imaginer ce qu'il ne sera jamais. Le corps ne peut jouir que dans sa nostalgie ou son illusion. Un corps est une fiction.

Aurait-on pu tuer un homme ?

Si le corps dit *« Non »*, l'esprit n'est pas sûr et on sait ce que l'esprit peut faire faire au corps.

***

Hélène a enfilé un vieux t-shirt de nuit, une culotte confortable, de grosses chaussettes et sa robe de chambre rose pastel délavée. Avant d'aller se coucher, elle se prépare une infusion. Dans son lit, elle retrouve un peu de sérénité. Elle ferme les yeux et, pour se détendre complètement, elle fait glisser ses doigts le long de son corps, entre ses cuisses. Doucement, elle se caresse. Sa respiration s'allonge. Elle étire ses jambes, un léger courant irradie son ventre jusqu'à ses seins. Une chaleur moite l'enveloppe et la berce. Son cœur et son cerveau retrouvent une harmonie, une cadence, un souffle.

Elle aime se masturber, pour ensoleiller quelques minutes sa solitude mais même la gaîté pâlit de répétitions. Plus c'est une mécanique, moins c'est une émotion. Une danse sans âme. Un travail à la chaîne qui pourtant l'apaise parfois, mais souvent l'étourdit comme du formol. Elle se branle pour trouver le sommeil, parfois pour tuer le temps, quand elle est stressée, excitée, joyeuse ou triste. Se masturber, c'est fuir la réalité et les responsabilités. Se donner du plaisir sans souci. Hélène ne croit pas au plaisir après un effort. *« C'est une construction mentale, un héritage judéo-chrétien, de notre modèle productiviste basé sur le progrès. »* Pour elle, le seul plaisir qu'il puisse y avoir après un effort, c'est celui exprimé par la fin de la douleur suscitée par cet effort. Nous vivons dans une société masochiste.

Ça fait partie de sa vie. Jusqu'à 27 ans, elle a culpabilisé, maintenant elle s'en fout, au contraire, elle en est presque fière parce qu'elle assume. Comme si elle seule avait découvert un secret, entourée d'ignorants : la masturbation, ça détend autant que ça booste. Ça procure un plaisir immédiat, sans effort. Ça peut se pratiquer seul, c'est gratuit, c'est disponible tout le temps et partout. Ça ne dérange personne. Ça ne fait pas de mal ni à soi, ni à son entourage. C'est bénéfique sur le plan cardiaque et hormonal. La masturbation, pour Hélène, c'est sa gymnastique ; sa *healthy-routine*. La branlette, c'est le sport des gringalets, des gras du bide, des feignasses et des malades. Hélène n'est pas une grande sportive, la danse du bonbon est la seule discipline qu'elle pratique. Ceinture noire, Septième dan. Elle connaît très bien cette partie du corps depuis le temps. Elle sait comment atteindre l'orgasme en une minute trente chrono, ou au contraire, faire durer le plaisir. Mais quand on connaît aussi bien son palais, on est déçu des indignes visiteurs. La masturbation isole, elle égocentre, elle enferme un peu. Hélène a appris à s'en foutre car il vaut mieux être *sans foutre* que mal baisée. On ne jouit jamais mieux que par soi-même. Si la masturbation est une drogue, c'est la moins destructrice.

Hélène est sur le point d'atteindre l'orgasme. Pourtant, une angoisse subsiste. Une idée parasite son plaisir : est-ce qu'elle se masturbe, est-ce qu'elle emplit son vagin de ses doigts, parce qu'elle a un vide à combler, comme ce trou dans la forêt qu'elle a comblé d'un mort avant de l'ensevelir sous la terre ? Par flashs, toutes ces idées s'entrechoquent. Son rêve s'invite dans ses fantasmes. Un millefeuille de plaisir et d'effroi. C'est ce qu'elle a ressenti aussi tout à l'heure : d'abord un sentiment de plaisir immense, de travail accompli mais bien vite remplacé par une impression d'immense gâchis, une farce qui se serait jouée d'elle.

Le plaisir s'évanouit, la cadence se détraque. Hélène arrête la danse langoureuse de ses doigts dans son sexe. Elle rouvre les yeux pour ne plus les fermer de la nuit.

CHAPITRE 4. Les gens du supermarché

À tout juste 6 ans, Hélène ressemble encore à un garçon avec sa coupe au bol, son jean clair, ses baskets blanches et son t-shirt blanc où est imprimé le dessin pop des années 80 d'un surfeur sur sa planche défiant une vague énorme au coucher du soleil. Dans ce supermarché, elle a passé dix longues minutes au rayon jouets devant la fine colonne de sacs de billes. Elle a voulu s'enfuir en courant plusieurs fois, ou partir l'air de rien, mais non, elle les veut ces billes. Elle doit les avoir. Elle n'a pas de sous bien sûr pour les acheter. Elle doit se débrouiller autrement, elle le sait. On l'attend dehors. Il faut qu'elle se dépêche. Elle prend un sac dans sa main, sans détacher le filet. Elle tourne autour avec ses doigts. Elle parle toute seule. Elle essaie de se convaincre de prendre enfin ce sac de billes. À moins qu'elle leur parle, à ces prisonnières dans leur cachot de nylon, les amadoue pour qu'elles acceptent de venir avec elle. Une fois libre, Hélène les libérera à leur tour. Si elle finit par les mettre dans sa poche, elles seront ses complices. Non, elle ne peut pas les mettre dans sa poche, ça risquerait de se voir. Hélène relâche la petite bourse et regarde autour d'elle. Une femme et ses deux enfants viennent d'entrer dans le rayon. Hélène veut faire un pas pour s'en aller. Impossible. Ses pieds sont collés. Elle est comme aimantée par toutes ces billes devant elle, à portée de main. La maman s'est laissé entraîner par son grand garçon qui espérait un cadeau, mais elle le rattrape et toute la famille s'en va. Hélène est de nouveau seule. Sa main tremblante s'approche de nouveau de l'objet convoité. Elle prend un autre sac, un peu plus haut. Celui de tout à l'heure est souillé par son doute. Et puis, ils sont tous identiques alors l'un plutôt que l'autre, c'est pareil. Cette fois, elle a détaché le filet de sa broche. Hélène avance le sac de billes jusqu'à ses yeux gourmands. Elle l'examine sous toutes ses coutures, comme le ferait un expert. Elle espère que ça donnera du sérieux à sa démarche. Ça y est, elle a pris sa décision, elle va le faire ! Elle sait où cacher le petit filet gonflé de billes pour que personne ne voie rien. Ça, elle l'a toujours su ! Avant même d'entrer dans le magasin. Ses doigts se serrent, ses mouvements sont vifs et précis, son regard alerte : personne ne l'a surprise. En deux pas rapides, Hélène a quitté le rayon.

Maintenant, il faut faire comme si de rien était. Elle ralentit. Elle feint la flânerie. Elle regarde ci et ça sans y prêter une réelle attention. Elle a fermé ses sens, elle s'est réfugiée en elle-même. Il faut qu'elle atteigne la sortie sans que personne ne la remarque. *« Si je ne regarde pas, on ne me voit pas ».* Le labyrinthe qu'impose une illusoire décontraction jusqu'à la sortie est sans fin. Sans en être sûre, elle sent quand même les regards se poser sur elle. Chaque client croisé est un inquisiteur. Il faut presser le pas sans y paraître. Plus elle sera prompte à quitter le supermarché, moins elle risquera de se faire pincer mais plus elle accélère, plus elle peut se montrer suspecte. L'endroit où elle a caché les billes n'est pas pour rien dans cette difficulté à se presser : Hélène a mis le sac dans sa culotte. Son jean un peu large masque complètement le volume arrondi de son butin, mais coincé en haut de ses cuisses, il ne rend pas la marche aisée. Elle a l'impression d'avoir fait caca dans son pantalon, bien que les billes ne soient pas visqueuses et molles, bien au contraire. Elles sont toutes fraîches et dures contre la peau de son sexe. Quelques-unes frottent l'intérieur. C'est agréable et désagréable en même temps. Ce qui est dedans émoustille, ce qui est dehors encombre. Le bruissement des billes entre elles est doux autant que coquin. Le filet qui les retient irrite la peau. Hélène expérimente une sensation unique, mitigée et inconnue jusqu'alors. Si le corps s'abandonne et se grise, l'esprit anticipe et panique : si le filet venait à se rompre, toutes les billes fileraient dans les jambes du pantalon et on les verrait alors se répandre sur le sol. On penserait qu'Hélène a fait pipi dans sa culotte avant de comprendre, humiliant la jeune enfant doublement. Si les billes finissaient par toutes entrer à l'intérieur, Hélène ne saurait comment les faire ressortir. Pourtant, à choisir, Hélène préfère cette option.

Elle est devant la sortie sans achat. Il faut qu'elle passe le portique. Ça va sonner, c'est sûr. On va lui demander des explications, l'obliger à se mettre toute nue devant tout le monde. C'est une folie. Il faut qu'elle remette les billes à leur place. Mais si elle fait demi-tour maintenant, elle va attirer l'attention. Tant pis. Elle ferme les yeux encore plus fort et avance. Tout le supermarché est figé, suspendu. Quand elle les rouvre, elle est de l'autre côté. Rien ne s'est passé. Les clients continuent leurs achats, les haut-parleurs crachent de nouveau une musique de saison.

— Mademoiselle ! Mademoiselle, s'il vous plaît !

Ça aurait été trop beau qu'elle s'en sorte sans encombre mais la réalité rattrape Hélène à travers la voix d'une caissière qui l'interpelle. Hélène n'ose pas la regarder en face. La mégère collée à son tapis roulant a tout l'air d'une sorcière. Pourtant, Hélène avance vers elle, résignée. Elle entend autour d'elle les clients :

— Alors, gamine ! T'as volé des billes ?!

— On t'a vu… On sait que c'est toi.

— Tu devrais avoir honte. Ils sont où tes parents ?

— Oh, mais vous inquiétez pas, elle va les rendre et les payer même et puis après, on appellera la police.

Alors qu'elle est à côté de la caisse, Hélène se demande comment elle a pu se faire prendre. Elle est sûre qu'elle était seule dans le rayon quand elle a fourré le filet dans sa culotte. Les caméras de surveillance ! Bien sûr !!! Mais c'est pas les caissières qui regardent les caméras de surveillance, si ? C'est pas plutôt le grand monsieur en noir là-bas près de la sortie ? Il n'a pas l'air de réagir en tout cas. Hélène lève la tête. Tout le monde est affairé, personne n'a l'air de se soucier d'elle. La caissière alpague de nouveau :

— Mademoiselle !

Une jeune femme apparaît en courant.

— Votre paquet de pâtes, précise la caissière en tendant des spaghettis.

— Merci, répond la jeune femme avant de filer.

Hélène regarde la scène en se dirigeant vers la sortie. Plus elle s'éloigne, plus elle court. Elle a disparu, libre. Le plaisir qu'elle ressent est maintenant complet, pluriel, jouissif. Son petit cœur palpite.

Les souvenirs sont comme des billes qui se télescopent...

***

Hélène a 14 ans. Elle discute avec sa copine Émilie dans la cour de récré du collège Pierre Mendès-France. Émilie complimente Hélène sur la jupe rouge qu'elle porte :

— Elle te va trop bien !

Émilie la lui a prêtée pour qu'elle soit un peu plus séduisante et attire l'attention de Guillaume Fontaine, un brun ténébreux de sa classe qui fait, en secret, chavirer son cœur.

Hélène est tirée par le bras, en pleine conversation avec sa meilleure amie. Elle est forcée de se retourner. Sa poitrine touche le buste flasque de Bruno Guedj qui lui sourit bêtement. Elle croit voir de la bave dans la commissure de ses lèvres. Elle entend les gloussements de ses copains derrière lui.

Bruno, c'est le fils du prof d'anglais. On dirait un cochon avec une perruque noire. De grands yeux bleus, une bouche trop large qui déforme son visage quand il ricane, une peau trop rose toujours suante. Il dégoûte les filles et énerve les garçons. Au fond, ce qui trouble le plus quand on le regarde, c'est qu'il a un visage aussi angélique que diabolique. Ses grands yeux bleus et ses longs cils noirs jouent en sa faveur, mais pas son regard pervers, son visage rond de bébé pourrait attendrir, mais son sourire de psychopathe effraie. Il est gros, il est flasque, c'est un nouveau-né de 15 ans. Il abuse de sa position de *fils de* pour faire chier tout le monde. Il trouve toujours des idées pas croyables - dégueulasses - qui les font rire ses potes et lui mais personne n'ose se plaindre. On craint les représailles ou que ça nous retombe dessus.

Son grand truc en ce moment, c'est les billes.

Il pique des billes à des plus petits - une poignée - qu'il passe son temps à frictionner dans sa poche. Certains disent qu'elles sont percées et que Bruno caresse ses couilles et sa bite avec. Mais elles ne sont pas là pour donner des sensations à ses parties intimes encore imberbes. Enfin, pas directement. Ces billes, c'est son arme du crime. Les victimes : les jeunes filles en jupe. Aujourd'hui, c'est Hélène. Hier c'était peut-être Émilie, demain, ce sera une autre. Bruno a l'aplomb des impunis.

Hélène a son visage à deux millimètres du sien. Elle peut sentir la vapeur de la transpiration sur ses tempes. Il la regarde droit dans les yeux avec un air de défi. Ça va très vite. Bruno a la dextérité du pickpocket. D'une main, il tire la jupe et la culotte, offrant une entrée vers le mystère féminin. Il jette un œil : photographie mentale, et de l'autre main, il fait rouler dans la culotte sa poignée de billes souillées qu'il vient de sortir de sa poche. Il lâche la jupe, l'élastique de la culotte claque contre le ventre d'Hélène, et Bruno s'en va retrouver ses copains en continuant à fixer sa proie. Le petit groupe reformé éclate de rire. Souvent la fille fond en larmes de confusion, parfois elle court pour se cacher mais courir avec des billes dans la culotte, ce n'est pas vraiment agréable alors elle titube jusqu'à ce qu'elle puisse dissimuler sa honte. Les soubresauts de la fuyarde font redoubler les rires de la bande. Si les billes se répandent dans la cour, l'hilarité est alors partagée par tout le collège.

Quand les billes frôlent son pubis, Hélène retrouve instantanément le souvenir oublié de ses 6 ans, la sensation, les émotions. Bien que les intentions soient différentes, la situation est très semblable. Ça aide Hélène à garder la tête froide. C'est quelque chose qu'elle connaît ! Sa culotte serrée fait remonter quelques billes à l'entrée de son vagin, comme elles étaient remontées dans le supermarché mais maintenant, les sensations sont différentes : la douceur des billes qui se réchauffent au contact de ses lèvres qui s'ouvrent, toujours plus grandes, toujours plus moites, ne lui est pas désagréable. Pourtant, elle a honte de ce plaisir. Et la situation actuelle n'y est pour rien, ou si peu. C'est bien le souvenir du vol dans le supermarché quand elle était enfant qui est à l'origine autant de son excitation que de sa peine.

Hélène n'ose pas bouger. Elle craint autant la gêne que le plaisir. Si quelqu'un soupçonne son émoi, elle sera traitée de salope jusqu'à la fin des temps. Mais son immobilité est un aveu. Elle croit entendre les copains de Bruno dire :

— Regardez, elle bouge pas !

— Elle a l'air d'aimer ça la cochonne !

Ils n'ont pas besoin de le savoir. Ils ne doivent pas. Hélène plonge la main dans sa culotte, récupère les billes et les jette dans la direction du groupe. Elle feint de les fusiller du regard, pour ne pas perdre la face et s'empresse de retrouver Émilie qui est restée coite. Bruno se précipite pour récupérer ses billes, trop heureux de sentir entre ses doigts les témoins tactiles du sexe des jeunes filles. Du coin de l'œil, Hélène voit Bruno les humer avec délectation et les porter à sa bouche pour les sucer.

— C'est vraiment un gros porc ce mec. J'comprends pas comment personne n'ose rien dire, s'offusque Émilie.

— Laisse tomber répond Hélène. Il vaut mieux oublier. Il finira sa vie tout seul de toute façon, essaie de se rassurer Hélène.

Elle comme les autres le savent bien, ce genre de monstre est inarrêtable. Elles vont encore en faire les frais, elles en sont certaines. En attendant le lycée, où on peut espérer qu'il aura disparu, ou qu'il aura mûri, il vaut mieux faire comme si ça n'avait jamais existé puisqu'on n'y peut rien.

Oublier et attendre que ça passe...

CHAPITRE 5. Bruno

Le miroir de la salle de bain vibre au son de la basse qui traverse les murs. Hélène se maquille pendant que Rachida essaie plusieurs tenues. Elle a mis la musique à fond, dans sa chambre. Une vieille chanson de Madonna : *« Like a virgin »* ou *« Papa don't preach »*. Depuis qu'Hélène habite avec Rachida, elle se sent revivre. Sa coloc la sort tout le temps, elle, la petite fille peureuse et timide. À son contact, elle a l'impression de s'affirmer. Rachida lui prête son maquillage, ses fringues, son style de vie. Elles ont le même âge : 29 ans. Même si elles sont aux antipodes de caractère comme de physique, on dirait deux sœurs jumelles. Hélène de juillet, Rachida de juin, c'est presque pareil ! Hélène est la jumelle de Rachida, pas l'inverse. Elle est son clone occidental, son miroir inversé.

Rachida est un petit bout de femme qui paraît grande tant elle est élancée et tonique. Un corps fin sans formes féminines mais musclé comme il faut. Une peau cuivrée, des cheveux longs crépus, tressés en dreads si bien qu'on ne sait si elle est black ou rebeu. De grands yeux bruns, de grandes paupières qui lui donnent un air toujours fatigué. Une grande bouche pleine de dents ivoire, des lèvres violacées, un petit nez fin. Rachida est toujours habillée en arc-en-ciel ou en Bob Marley.

On sonne à la porte. Le premier invité est arrivé ! Les deux filles ne sont pas du tout prêtes mais qu'importe, Rachida, sans jupe, en collant violet et haut de corps jaune va ouvrir. Dans l'entrée, c'est une copine. Rachida l'accueille dans les cris. Elle ordonne à son invitée de la suivre. Elles choisiront la jupe de Rachida ensemble. Hélène sourit. Elle finit de se maquiller. Maintenant elle est heureuse.

Quelques heures auparavant, pourtant, elle était arrivée toute chamboulée...

***

Elle court...

Elle court et déboule sur le quai du tram. Elle a couru depuis qu'elle a quitté le boulot. Rachida lui a dit : *« Ce soir, j'invite des amis à l'appart ! »* Hélène a peu de temps pour se préparer pour la soirée, c'est pour ça : elle court. Quand elle s'arrête sur le quai, le prochain tram est dans une minute. Ouf ! Elle tourne la tête à droite à gauche à la recherche d'un endroit moins bondé. Elle a repéré un petit îlot vide au bout du quai. Elle y va. Là, il y a moins de monde.

Un homme se poste à côté d'elle :

— Salut.

Hélène tourne la tête. Elle reçoit comme un coup de pistolet en pleine tête. Elle connaît cet homme depuis bien longtemps. Et ça fait bien longtemps qu'ils ne se sont pas vus.

— Salut, répond-elle machinalement.

— Ça va ?

— Oui, et toi, ça va ?

Ils échangent ces quelques mots comme s'ils s'étaient quittés la veille. Pas de *« Comment vas-tu depuis le temps ? »* ou de *« Qu'est-ce que tu deviens ? »*, pas non plus de *« C'est fou de se retrouver comme ça après tant d'années »*, pas plus de *« Dis-donc, c'est dingue ce que tu as changé »* ... Non, c'est comme si le temps qui les avait séparés s'était effacé. Ils se contentent de banalités.

— Cool. Bon, ben, à bientôt.

— À bientôt.

Pourquoi dire *« À bientôt »* à une personne qu'on n'a pas vu depuis des siècles et qu'on ne reverra plus ? Par habitude ? La surprise est telle dans ce genre de retrouvailles que le cerveau bugue. Il refuse de revoir une personne qu'il croyait morte et enterrée et, en même temps, se replonge dans l'instant où il vivait avec. Quand le passé est si impératif, le présent doit savoir composer

Le tram arrive.

Ils prennent chacun une rame différente.

Ils ne se reverront plus.

Quand Hélène pousse la porte de l'appartement, elle est en larmes. Rachida, dans le salon, quitte immédiatement sa XBOX ONE. Elle enlace Hélène et la couvre de baisers pour l'apaiser, comme ferait une maman.

— Qu'est-ce qui se passe ma chérie ? demande Rachida.

— J'ai revu Bruno.

— C'est qui Bruno ?

Alors IIélène lui racontc. Bruno, son camarade de collège pervers qui obligeait les filles à faire des choses : les baisers forcés dans les toilettes, les billes dans la culotte, les verres d'eau à la cantine mélangés d'urine et de salive, pire selon certains, de son propre sperme ! Oui, elle l'a reconnu. C'était bien Bruno Guedj sur ce quai de tram. Avec son jean, ses baskets et son t-shirt blanc, il ressemblait à n'importe qui, il avait même l'air plutôt sympa, avenant, bonhomme. Peut-être l'était-il devenu. Peut-être que la vie lui avait donné quelques leçons qui l'avaient assagi. Elle aurait bien voulu le savoir, peut-être que ça l'aurait apaisée. Elle aurait dû lui demander : qu'était-il devenu ? Quel homme était-il aujourd'hui ? Se souvenait-il de ce qu'il avait fait endurer aux autres enfants ? S'en voulait-il ? Pourquoi se comportait-il comme ça à l'époque ? Quel traumatisme avait-il subi lui-même pour être aussi taré ? Voilà qu'à présent, elle a pitié pour lui. Sa face de cochon ne veut pas s'effacer de ses yeux. Son visage trop rose bien que maintenant parsemé de poils, ses cheveux noirs bouclés, malgré sa calvitie naissante, son nez retroussé sans plus aucune tache de rousseur et ses yeux bleus tous ronds, intacts, ne laissaient aucun doute. Elle avait croisé Bruno, la terreur de la récré, qui traumatisait tout le monde, en toute impunité du fait de son statut de fils de prof.

Et lui aussi l'avait reconnue... L'avait-il reconnue ? Maintenant Hélène en doute. Peut-être avait-il cru reconnaître quelqu'un d'autre. Et elle, par la banalité de sa réponse, poussée par la peur instantanément ravivée, avait abondé dans son sens. C'est seulement après avoir échangé quelques phrases qu'il avait réalisé qu'Hélène n'était pas celle qu'il croyait. Là seulement, il avait dû réaliser qui elle était vraiment. Lui aussi avait dû être projeté d'un coup dans le passé. Un passé que peut-être il voulait fuir. Qui peut être fier d'avoir été un enfant-bourreau ? Elle espérait même qu'il avait honte de son comportement d'avant, mais l'un comme l'autre, par leur simple réunion, replongeaient dans le gouffre de ce passé immonde. Il avait dû alors la trouver folle de réagir ainsi. Enfin, plutôt de sa non-réaction. Maintenant, c'est elle qui a honte. Honte d'elle-même. Doublement honte : de n'avoir rien dit ni rien fait et de ce qu'avait dû en penser Bruno.

Si Hélène est secouée à ce point, ce n'est pas par les souvenirs ravivés, elle en a fait son deuil depuis longtemps, non, ce qui la trouble plus encore, c'est de s'être comportée avec lui comme si rien ne s'était passé. Elle comprend que le temps a anesthésié son animosité ou au contraire, le fait de le revoir, l'a replongée dans cette sidération qui l'avait empêchée de réagir à l'époque. C'est comme si elle s'excusait de tout ce qu'il avait fait. Qu'il n'y avait rien eu de mal. Que ce n'était pas grave. Alors qu'une fois dans la rame, elle avait eu envie de le tuer, de l'étriper, de lui faire mal. De le faire souffrir jusqu'à l'insoutenable. Elle aurait voulu qu'il ne soit jamais réapparu. Elle voulait qu'il disparaisse définitivement de sa mémoire. Mais c'était impossible.

— J'ai... J'ai jamais raconté ça à personne. Ces histoires avec Bruno. À l'école, les filles, on était au courant, mais personne ne voulait parler. On avait peur. On a minimisé. On disait pas que c'était des viols... Mais là, de le revoir... Je me suis dit qu'on avait eu tort et je m'en suis voulu. J'avais l'impression que tout le monde autour de moi voyait ma honte et me reprochait de n'avoir rien dit.

— Qu'est-ce que tu racontes, ma chérie ? console Rachida. Vous étiez des gamines, c'est normal votre réaction. Ce mec, c'est un petit connard qui t'a fait chier il y a bien longtemps. Il ne mérite pas que tu sois dans cet état-là. Allez, on va oublier ce gros con. On va faire la fête !

— D'accord, ajoute Hélène un peu apaisée. Merci... Tu... Tu le gardes pour toi, hein ?...

Hélène ne peut rien faire d'autre qu'essayer d'oublier. Elle ne sait pas où il habite. Elle ne pourra jamais régler ses comptes avec lui de toute façon.

Les deux amies se préparent pour la soirée. Hélène s'habille dans la chambre pendant que Rachida se maquille dans la salle de bains. Tout à l'heure, elles inverseront mais pour l'instant,

Hélène ne sait pas quoi mettre. Elle se sent encore laide du souvenir qui la salit. De l'autre côté du mur, elle entend Rachida :

— Écoute, ma puce... Si vraiment ça te mine cette histoire avec ce mec. Moi, j'ai une solution... Une solution ra-di-cale !... J'en ai vu d'autres, tu sais...

Rachida a piqué la curiosité d'Hélène. Elle n'ose pas demander plus d'explications à sa colocataire, mais avec cette déclaration, elle a l'impression qu'elles sont maintenant sœurs de blessure. Rachida est une personne très particulière, excessive, limite bipolaire. Tout se tient : elle n'a pas un traumatisme, elle a un secret. Elle cache quelque chose. Pas quelque chose de superficiel, commun, banal qu'on pourrait raconter à n'importe qui pour se complaire dans sa peine, mais bien une souffrance si vivace qu'on préfère la cacher. Du lourd ! Et c'est à Hélène qu'elle va se confier. Hélène est revigorée par la confiance que lui porte son amie. Et, quelque part, ça atténue sa propre douleur. Elle choisit une robe, des chaussures, quelques bijoux, elle attache ses cheveux et court dans la salle de bains. Pour ne pas paraître trop curieuse, elle joue la décontraction, maintenant qu'elle a retrouvé un peu de légèreté :

— Ça veut dire quoi *« ra-di-cale »* ? s'amuse Hélène.

— Non, répond Rachida, presque détachée, déçue par la soudaine désinvolture qu'affiche son amie. Plus tard... Un jour. Quand je serai prête et quand tu l'auras mérité.

Hélène est un peu interdite par cette vanité qui contraste avec la lourdeur qu'elle imaginait du secret. Elle se dit que c'est sans doute une parade malheureuse à la pudeur de la jeune femme, alors, elle passe à autre chose. Rachida a fini de se maquiller, Hélène prend sa place.

Durant la soirée, Hélène, un peu éméchée, revient à la charge. Elle veut en savoir plus sur cette solution radicale. Elle n'imagine pas une seule seconde qu'une vengeance criminelle quelconque soit en jeu mais plutôt une sorte de rituel, comme un grand nettoyage du passé, pour aider à oublier les affreux souvenirs. Elle compte sur l'ivresse de sa coloc pour avoir des confidences, mais l'autre ne lâche rien. Dans les jours qui suivent, Hélène profite de toutes les occasions où les deux copines sont seules et détendues pour obtenir des réponses, mais rien. Rachida minimise : *« J't'ai dit ça comme ça... Pour te soutenir... Mais j'ai pas de solution radicale »*. Mais Hélène sait qu'elle ment, elle sent qu'elle cache quelque chose de gros. Elle insiste. Rachida commence à s'énerver, Hélène se résout à penser que toute cette histoire n'est effectivement qu'un coup de bluff de sa copine pour faire son intéressante et tirer la couverture à elle, comme elle aime si bien le faire. Hélène décide de ne plus en parler, plus jamais. À présent, elle s'en fout. Elle se trouve juste conne de s'être fait balader par Rachida.

***

Les deux copines sont sorties au Duplex, une boîte qui vient d'ouvrir depuis un mois à peine. C'est le nouveau lieu à la mode. L'endroit idéal pour pécho des mecs. Les deux copines dansent collé-serré, les gars s'agglutinent, c'est une bonne technique pour repérer les proies d'un soir, mais Hélène a la tête ailleurs. Elle n'arrive pas à effacer le visage de Bruno, ces quelques secondes hors du temps sur le quai du tram, leur attitude à tous les deux si décalée.

— Ça va ? demande Rachida.

Elle a bien vu que sa copine n'était plus dans le coup.

— Je crois que j'ai trop bu, répond Hélène comme excuse.

Elle ne veut pas emmerder Rachida avec ses histoires et elle ne sait même pas si elle a envie de s'y replonger elle-même.

— Viens !

Rachida prend Hélène par la main et l'assoit sur un canapé en skaï rouge collé au mur en miroir.

— J'nous prends un p'tit remontant et on rentre. C'est naze ce soir.

Rachida revient avec deux shots vodka-pomme qu'elles avalent d'un coup. Hélène s'apprête à partir mais Rachida la retient.

— J'vais te dire c'est quoi ma solution radicale....

— Hélène se rassoit, mais elle sent ses jambes flageoler. Elle n'aurait pas dû boire ce dernier verre mais Rachida a commencé à raconter son histoire, il faut bien qu'elle l'écoute. Ça fait tellement de temps qu'elle attend ce moment.

— Si tu veux te débarrasser définitivement de ce gars-là dont tu m'as parlé...

— Bruno ?

— Bruno, ouais, ce connard... Si tu veux t'en débarrasser, moi j'peux t'aider. On peut faire ça ensemble. Mais d'abord, il faut que tu saches un truc...

À son habitude, Rachida prend des détours inutiles qui embrouillent encore plus le cerveau d'Hélène. Maintenant, elle ne veut plus écouter sa copine, elle veut juste sortir et prendre l'air. Quand Rachida conclut par *« Et voilà, tu sais tout ! »*, Hélène se rend compte qu'elle n'a rien écouté. Trop tard ! Elle n'aura pas de seconde chance pour faire répéter à Rachida son histoire. Elle ne saura jamais... Sa coloc ne montre aucune émotion sur son visage. Pire, on peut lire sur ses lèvres, l'esquisse d'un sourire. Hélène se demande si Rachida n'a pas mis quelque chose dans son verre et qu'elle a profité de son état semi-comateux pour lui raconter n'importe quoi sous prétexte de lui confier son secret, pour la faire enrager encore plus et pour qu'elle s'en amuse au passage.

Rachida tire Hélène du bras en se levant et déclare :

— Allez viens, on y va !

— On rentre ? demande Hélène soulagée.

— Non, on va là où j't'ai dit... Pour... Enfin, tu sais, quoi !

Hélène se retrouve à l'extérieur du Duplex, elle partage avec Rachida une sorte de sentiment rageur contre les mecs, mais elle ne sait pas pourquoi. Ce sentiment n'est pas le sien, on lui a imposé. Pourtant, toutes les deux elles veulent en découdre. Elles sont un brin agressives, mais pour de rire. Et puis...

Et plus rien. Plus de souvenirs.

Quand Hélène se réveille le lendemain matin, elle ne sait pas comment elle est arrivée jusqu'à son lit et ce qui s'est passé après la boîte de nuit.

Elle se souvient juste de son rêve : un homme allongé au milieu d'un salon. Il est mort. Quand elle se lève, elle a l'impression d'avoir enterré cet homme tout au fond des bois.

C'est là, pour la première fois, qu'Hélène a fait ce rêve.

Pourquoi ? Que s'était-il passé après la boîte de nuit pour qu'elle ait fait ce foutu rêve ? Est-ce que c'était un rêve, d'ailleurs ? La sensation au réveil d'avoir tué un homme était si vive... Qui était cet homme ? Que s'était-il vraiment passé ? Pourquoi ?...

Hélène ne se souvient plus de rien après son dernier vodka-pomme avalé, poussée par Rachida qui voulait s'en aller. Sa coloc avait quelque chose en tête mais quoi ?... C'était comme ça avec Rachida : une succession de soirées tronquées, une collection de débuts de fête. Des histoires sans fin.

Quand le matin, Hélène interroge sa coloc sur la soirée, elle non plus ne se souvient de rien. Elle raconte bien ce qu'elle veut mais Hélène sait qu'elle n'obtiendra pas plus qu'un petit sourire en coin. Rachida s'enorgueillit d'être la seule à savoir ce qui s'est passé après le Duplex. Le temps va passer. Hélène aura parfois des espoirs de savoir, mais n'obtiendra jamais rien de plus. Il faut se faire une raison. Il faut qu'elle se persuade que rien ne s'est passé. Peut-être que la vérité finira par éclater, mais ça ne viendra pas de sa coloc. Peut-être qu'un jour quelqu'un viendra avec des informations. Hélène attend… Un temps. Rien ne vient. Rien n'a jamais eu lieu. On s'en tiendra à cette version.

***

Ça devait être un vendredi… Oui, c'est ça. C'était pas le week-end car Hélène se souvient bien qu'elle était rentrée du boulot avant d'aller en boîte de nuit. Mais peut-être qu'elle avait travaillé le samedi cette semaine-là ?... Elle avait donc fait ce rêve pour la première fois un dimanche… Un samedi, peut-être un dimanche… De quelle semaine ? De quel mois ? Il faisait doux, mais il peut faire doux à tout moment de l'année. Peu importe. Ce qui l'interroge aujourd'hui, c'est de quoi a-t-elle été capable à l'époque ? De quoi est-elle réellement capable ? Quelle est sa part d'ombre ? Son vice caché. Elle a l'impression de ne plus se connaître. Toutes les questions qui se bousculent dans sa tête en font une étrangère d'elle-même.

La seconde fois où elle a fait ce même rêve, exactement, avec cette même sensation étrange d'avoir tué un homme, c'était après la première nuit, seule dans son nouvel appartement, quand elle avait enfin fini par quitter sa colocataire toxique. Rachida, toujours Rachida ! Mais Rachida est trop loin maintenant, dans le temps et dans l'espace ; perdue, pour qu'elle puisse aider Hélène à répondre à ses questions. Elle ne saura jamais ce qui s'est passé cette nuit-là, s'il s'est vraiment passé quelque chose. Alors, il faut qu'Hélène mette tout ça très loin, tout au fond, dans un coin de sa tête.

Le souvenir est un prisonnier, le cerveau sa cellule, le corps, une forteresse qui absorbe les assauts, du dehors, du dedans.

CHAPITRE 6. G. Weber et A. Améris

— Hélène Mansard ? Veuillez nous suivre s'il vous plaît !...

Hélène sursaute mais essaie de le cacher par un mouvement qui veut paraître naturel. Une voix derrière elle vient de la reconnaître. Au desk de l'accueil de Weber-Améris où elle travaille depuis plusieurs années, elle a eu le tort de tourner le dos au hall d'accueil pour ranger un dossier dans la grande armoire noire. C'est là qu'ils en ont profité pour entrer et la cueillir. La police est là. Ils ont enfin trouvé le corps dans la forêt - probablement le chien d'un cueilleur de champignons aura déterré ce qu'il reste du cadavre -. Ils viennent l'arrêter. Le rêve récurrent qu'elle a de nouveau fait hier était là pour la prévenir.

Hélène est pâle. Après sa nuit blanche, elle aurait dû poser sa journée. Le vol du sac de bille, les saloperies de Bruno au collège, ses retrouvailles fortuites sur le quai du tram et la folie de son ex-coloc Rachida ont dansé dans sa tête toute la nuit.

Fébrile, elle se retourne.

Devant elle, une grosse bouche éclate de rire.

— J't'ai bien eu, hein ?!

C'est Mehdi, le commercial de la boîte, de passage dans les locaux pour sa réunion mensuelle. Mehdi, c'est pas un très beau gars, mais il est propre sur lui. Français de Tunisie, toujours coiffé court, impeccablement, il sent le gel douche bon marché. Habillé richement avec des marques de pauvre. Il est plutôt souriant. Discret ou rieur, selon l'ambiance. Mehdi est intelligent, il comprend ce que veulent les gens. Il est plus jeune qu'Hélène d'une bonne dizaine d'années, peut-être quinze.

— Le patron est là ? demande Mehdi redevenu sage.

— Dans son bureau, répond Hélène qui a retrouvé sa chaise derrière le comptoir.

Mehdi monte l'escalier quatre à quatre :

— On déjeune ensemble ?

Il veut se faire pardonner de sa blague lourdingue.

— Si tu veux.

Elle aurait voulu rajouter *« J'ai une heure à peine ! »* pour avoir le contrôle de la situation d'une femme occupée alors que du temps, elle n'a que ça. Et puis, Hélène est surprise. Jamais Mehdi ne lui avait proposé de déjeuner. Au lieu de s'en réjouir, elle prend peur. Et si c'était pour la questionner sur cet homme, enterré dans la forêt ?

— Heu, non, ce midi, je peux pas. Désolée ! crie-t-elle pour que Mehdi l'entende.

Comment Mehdi saurait quoi que ce soit sur cet homme des bois ? Hélène regrette sa deuxième réponse mais c'est trop tard.

Quand elle se résout à aller chercher un sandwich au food-truck au bout de la rue, une sirène de police au loin la retient derrière le comptoir. Les bureaux se sont vidés le temps de la pause dej', mais Hélène n'ose pas bouger. C'est ridicule. Elle y va. Elle a l'impression qu'on la pousse puisqu'elle se sent pétrifiée. Elle est comme toute petite à l'intérieur de son corps. Elle entend sa respiration résonner dans cet habitacle charnel, véhicule automate de son esprit éteint. Les seules images qui l'électrisent jusqu'à l'irradier sont celles qui, depuis la veille, ne la quittent plus. Celles qui font d'elle une criminelle amnésique. Elle ne cesse de voir ce salon vide, cette forêt froide, ce corps inerte, cette terre humide, cette pelle luisante, ce corps inerte, ce tapis élimé, ce parquet rugueux, ce corps inerte. Tout son corps à l'intérieur grille d'une culpabilité sans mobile et sans preuve qui la propulse dans les pires clichés de la prison : la crasse, la violence, la solitude qu'elle devra souffrir et dont elle souffre déjà dans sa chair tourmentée. Elle est à la merci de son cerveau qui appuie sur son cœur comme avec une dague et fait couler des jets gluants d'angoisse qui font trembler chaque centimètre de sa peau. Hélène a l'impression d'avoir des tics maintenant qu'elle a cédé à la panique. D'où vient cette peur irrationnelle ? On parlera de crise d'angoisse qu'on expliquera par une chute de tension, un manque de magnésium ou bien de sommeil. On dira qu'il faut s'allonger, les jambes relevées, et bien respirer et puis ça passera. On trouve des pansements sans chercher les couteaux qui ont blessé les âmes. Le crime parfait des traumatismes. Car il y a bien une raison aux frayeurs irrationnelles d'Hélène. Les lendemains chassent toujours les mauvais rêves mais ne peuvent rien contre les réalités oubliées.

— 4,70 € s'il vous plaît.

Hélène se retrouve avec un sandwich thon-crudité qu'elle ne pourra avaler et un coca zéro qui va ronger son estomac mais c'est pas grave. Il faut qu'elle retourne au bureau au plus vite. Que personne ne la voie. Qu'on ne la remarque pas. Elle a repéré du coin de l'œil une voiture de flic qui s'approche de la place. Ils n'ont mis ni les gyrophares ni la sirène mais Hélène sait que les policiers se veulent discrets. Pourtant, elle comprend qu'elle est suivie. Elle l'a compris quand elle a dû emprunter la petite rue qui mène à ses bureaux et qu'elle a vu alors la voiture la suivre. Hélène presse le pas. Ils viennent pour elle. Ça y est. C'est maintenant. La voiture de police s'arrête entre un utilitaire et deux motos. Les portières s'ouvrent. Encore quelques pas… Les portes automatiques de l'immeuble qui abrite les locaux de Weber-Améris glissent. Hélène s'engouffre alors dans l'entrée. Elle ralentit le pas, presque soulagée. Elle pose son déjeuner et son sac à main sur le comptoir de l'accueil où elle travaille. Elle est sauvée. En sécurité.

Vraiment ? Pas sûr. La peur est encore là. Elle n'a pas d'autre choix : si près du but, elle doit capituler. Elle est prête à se rendre. Elle va tendre ses poignets aux flics qui vont avancer vers elle. Hélène fait demi-tour et sort de nouveau dans la rue. La boule qu'elle avait dans le ventre fond comme neige au soleil. Hélène respire de nouveau. L'idée de la prison la libère. Mais se libérer de quoi ? De quoi Hélène s'accuse-t-elle ? Quel crime a-t-elle commis ? Si elle ne le sait pas elle-même, comment les flics peuvent-ils le savoir ? La police de la pensée, c'est de la science-fiction. *« Minority Report »* où on arrête les criminels avant qu'ils aient commis leur forfait, ce n'est qu'un film ! Hélène tourne la tête : où sont ces flics qui viennent l'arrêter ? Ils sont déjà loin. À peine sortis de leur voiture grise et bleue, ils ont tourné le dos à Hélène, à ce suspect imaginaire, pour aller probablement eux aussi au food-truck se sustenter. Il cartonne depuis qu'il est installé sur la place. Tout le monde vante ses sandwichs frais et gourmands. La police aussi a le droit à ses plaisirs. Hélène voit les deux hommes en bleu disparaître au coin de la rue en riant.

Le téléphone retentit.

Coup de poing dans le cœur.

120 bpm.

— Tu décroches pas ?

C'est Véronique, la collègue à l'accueil qui parle.

Hélène est derrière son comptoir.

14 h 11.

Un trou noir d'environ une heure.

Hélène revient à la vie. Elle était partie dans les limbes de sa pensée. Elle reprend son souffle et décroche. Elle écoute, parle peu, évasive. Elle raccroche en silence.

— Alors, c'était qui ? demande Véronique.

— Améris. Il veut le dossier Savino.

— Tu veux que j'y aille ? Tu es toute pâle.

Véronique a 49 ans, mais elle fait tout pour en paraître moins. Les cheveux de jais coupés très court, la peau blanche avec un rouge à lèvres vif, un petit nez pointu, légèrement retroussé, des yeux bleus, un regard intense, des pommettes saillantes, une grande bouche légèrement déformée mais toujours souriante et une dentition parfaite, elle doit mettre une bonne partie de sa paye en produits cosmétiques et en séances de sport. Elle a encore un corps de jeune femme qu'elle habille de robes en laine unies noires ou crème, parfois vermillon, très près du corps pour offrir ses formes généreuses aux regards lubriques. Des talons hauts, un nuage de parfum, quelques bijoux. Véronique n'a pas de charme, elle a du chien. Elle effraie autant qu'elle attire. Elle est exubérante, elle est tendue : c'est pourquoi elle rit fort. On a du mal à dire si c'est la Vilaine Reine ou Blanche Neige car malgré son allure exacerbée, elle est aussi un cœur d'artichaut, une gentille naïve, généreuse, d'une constante bonne humeur. Fille-mère à 16 ans, isolée, elle a dû se battre : pour son fils et pour elle-même, contre l'argent qui a manqué, contre l'administrativité du quotidien ; la vie s'est efforcée de l'écrabouiller. Mais quand il s'est agi des hommes, elle a posé les armes qu'ils ont toujours retournées contre elle. Aujourd'hui encore, elle cherche l'amour. Elle n'arrive pas à se lasser de ses espérances. Toujours, elle y croit. À chaque fois, elle se relève, retrouve le sourire et attend le suivant qui sera, cette fois, le bon. Son fils est, depuis plus de 10 ans, lui-même adulte. Il a fait sa vie et Véronique s'est retrouvée de nouveau toute seule mais elle continue à croire aux contes de fée. Pire, c'est justement pour cette raison qu'elle espère de nouveau.

Hélène aime bien Véronique, son opposée. Elle aime sa ténacité face à l'adversité. Elle est de ceux qui sourient sous la pluie. Véronique aimerait bien que cette amitié sorte de l'accueil de Weber-Améris, mais Hélène est sauvage, pudique, effacée. Véronique n'ose pas lui proposer de boire un verre, de sortir entre filles. En fait, Véronique est sur le fil, à deux doigts de flancher, de sombrer dans la dépression qui la tire à elle depuis toutes ces années. Si elle s'est construit cette carapace *girl-power*, c'est justement pour tenir. En ouvrant la porte à Hélène, qui se complaît tant dans sa langueur, Véronique a peur d'être contaminée et de glisser avec elle. Pourtant, elle ne peut se résoudre à croire que sa gaieté ne peut pas être communicative. Un jour, elle invitera Hélène, quel qu'en soit le prix.

En attendant, elle fait ce qu'elle peut pour adoucir les affres qu'elle sent chez sa collègue absente :

— T'es sûre, tu veux pas que j'y aille ? répète Véronique.

— Non, ça va aller, répond Hélène en se levant, merci.

Elle n'attend que ça de quitter l'accueil pour s'isoler un temps dans la salle des archives qui se trouve un étage plus bas, au fond du couloir.

C'est bête, mais elle y a découvert un espace entre le mur et une armoire, un interstice tout petit mais suffisamment grand pour la contenir, comprimée entre un crépi qui lui griffe le visage et les seins et le métal froid qui lui brûle le dos et les fesses, où elle se sait cachée aux yeux du monde. Étrangement, ce confinement l'apaise. C'est une sorte de *safety-place* dans laquelle elle se réfugie quand la pression au boulot est trop forte. Elle a l'impression d'avoir connu cet endroit depuis toujours. Elle ferme alors les yeux, retrouve sa respiration et se calme.

Elle ne sait pourquoi, elle aime être contenue, oppressée, presque étouffée et même quand elle se donne du plaisir dans son lit, elle le fait très souvent sur le ventre, ce qui n'est pas une position très confortable, son oreiller entre les cuisses, comme accoudoir à frotter, la couette sur le dos, comme une camisole. Elle jouit à s'imaginer bloquée dans une voiture, comprimée contre la cabine des chiottes d'un bar, prise par des hommes de passage. Elle a essayé d'inviter ses ex dans ses fantasmes, mais ils n'étaient pas toujours très à l'aise. Alors, depuis qu'elle connaît cette petite cachette dans la salle des archives, elle en a fait le jardin secret de ses plaisirs solitaires. Le jour, ça l'apaise, le soir, ça l'excite.

Elle imagine laisser glisser sa main dans sa culotte, cachée de tous, se faire surprendre par un employé malgré tout (celui du moment, parfois même une collègue). Elle entend quelqu'un entrer. Elle se fait toute petite pour pas qu'on la remarque. Son corps comprimé et la peur d'être surprise lui procurent un plaisir extrême. Elle s'arrange pour se rhabiller avant qu'on ne s'aperçoive qu'elle est là. Trop tard ! L'armoire est maintenant un homme qui vient de la surprendre, qui l'engueule et la traite de tous les noms et qui bientôt la prend par derrière pour en être quitte. Hélène est acculée, à la merci de son inconnu qui partage son secret car il sait bien, lui, qu'Hélène est seule. Une fois son affaire faite, l'employé du mois se retire en silence, condamnant Hélène à faire de même, la laissant seule retrouver ses affaires et ses esprits. En sortant des archives, son corps flotte. Elle a comme une drôle de sensation. En rentrant chez elle, elle réalise : elle croit avoir remarqué la présence d'une caméra de surveillance. Ça la rend folle autant que ça l'excite. La masturbation s'accélère. Elle imagine les gens qui auraient pu la voir : l'agent de sécurité ? Qui d'autres ?... A-t-il prévenu des collègues amis ? Ses supérieurs ? Se regroupent-ils pour la regarder ? Se branlent-ils quand ils la voient se faire prendre ? Ensemble ? Chacun leur tour ? Et dans cette salle d'archives, y a-t-il d'autres collègues qui viennent se soulager ? Des couples illégitimes y font-ils l'amour ? Toutes ses questions sont pour Hélène source de jouissance jamais égalée. Le matin, quand elle retrouve sa salle des archives les jours de stress, elle a l'impression d'être avec une bonne copine à qui on peut tout dire, avec qui on rigole bien, une meilleure amie si réconfortante...

Aujourd'hui pourtant, c'est le couloir de la mort dans lequel évolue Hélène avant qu'elle n'arrive aux portes salvatrices de la salle des archives. Les cliquetis de claviers, les sonneries de téléphone qui s'échappent des bureaux la projettent dans un commissariat digne d'une série télé. Au loin, une porte claque qui la fait sursauter. Plus loin, le directeur des achats vocifère dans le vide. On dirait un dément. Dans le bureau mi-ouvert, Hélène ne voit pas qu'il porte une oreillette. Elle est terrorisée. Dans la petite salle de réunion mitoyenne, le groupe des commerciaux travaille en silence, les dos courbés, comme si eux aussi subissaient les engueulades. Au bout du couloir, les toilettes, à droite, l'escalier qui descend aux archives. Le couloir tangue, les marches se dérobent sous ses pieds. Plus Hélène avance, plus elle voit flou, ses oreilles bourdonnent, la tête lui tourne. Elle retrouve une vieille angoisse qu'elle avait expérimentée enfant mais n'arrive pas à mettre le doigt dessus. Une angoisse qui annihile ses sens, qui la plonge dans un déni de réalité. Son but à atteindre, c'est la salle des archives. Là, elle sera tranquille, seule, protégée. La simple pensée d'être enfin dans cette pièce suffit à l'apaiser un peu.

Ça y est ! Elle pousse la porte et se réfugie dans son petit trou, entre le mur et l'armoire en métal. Elle reprend son souffle, son cœur ralentit.

Et si c'était vrai ? Et si Hélène avait bien tué un homme ? Ça paraît être pure folie et pourtant probable. Elle le sent, bien qu'elle n'en soit certaine. Nul ne sait vraiment ce dont il est capable. Il existe en nous autant de pulsions que de ressources insoupçonnables. Tant qu'Hélène n'est pas certaine que ce soit faux, ça peut être vrai.

Alors, elle ferme les yeux de nouveau, pour raviver ce rêve étrange et en tirer le maximum d'informations.

CHAPITRE 7. Le mort

L'homme est allongé au milieu du salon. Sur le tapis. Du sang coule de sa tête...

Du sang coule de sa tête ?
... Pas sûr.

On le regarde de haut. Sans se parler.
On se demande ce qu'on va faire pour se débarrasser de ce corps inerte.

***

L'homme est au sol, allongé face contre terre. On ne voit pas son visage. Impossible non plus de dire sa taille ou son poids. Ni petit, ni grand, ni gros. Il est normal... Il est normal sauf qu'il est mort. Il a les cheveux foncés (bruns ou noirs), il est vêtu d'un jean et d'un t-shirt blanc. Des chaussures noires. Il est allongé au milieu du salon. Sa tête sur le tapis, ses pieds sur le parquet. Du sang coule sous lui.

Le mort est maintenant allongé sur le dos, dans un trou creusé dans la forêt. Une bruine fouette légèrement le visage d'Hélène. Munie d'une lampe torche pour la sortir de la nuit noire du bois, elle envoie sur le corps sans vie des pelletées de terre et de cailloux, chassant la brume qui lui sert de linceul. La lumière est trop vive et le corps est trop blanc pour distinguer le visage de l'homme qu'elle ensevelit. Il disparaît par taches noires. Il est grignoté par la terre qui le recouvre. Il est englouti. Enfin.

Hélène reprend son souffle. Elle ne se sait pas si elle pleure ou si c'est la pluie sur son visage qui pleure pour elle.

Attends...

Il n'y a aucun meuble dans ce salon où l'homme est allongé. Pas de table basse, pas d'armoire. Seuls un tableau ou deux, effacés par l'obscurité, sont accrochés aux murs. Des murs gris foncé, ardoise. Pourtant, c'est un salon. C'est un tapis sur le parquet d'un salon sur lequel l'homme est allongé. Un salon sans meuble.

Attends...

Ce sont des baskets blanches que porte l'homme, pas de vulgaires chaussures noires.

Attends... Il ne saigne pas. Il a été étouffé ; on dirait qu'il dort.

Hélène se souvient maintenant... Elle a étranglé l'homme et elle a tout de suite appelé sa colocataire, Rachida. *« Je crois que j'ai tué un homme »*, elle a dit. *« Qu'est-ce que je dois faire ? »* Rachida est arrivée. Elles sont là, toutes les deux. Hélène au-dessus de la tête du mort, Rachida, perpendiculaire à lui. *« Il faut l'enterrer »* a dit Rachida.

Attends, attends, attends ! ...

C'est Hélène qui a reçu le coup de fil. Elle est là parce que Rachida a commis l'irréparable : elle a tué l'homme.

Non, mais attends...

Pourquoi c'est Rachida qui tue et c'est Hélène qui enterre ? Parce qu'autant la partie dans le salon est floue, autant celle dans la forêt est précise : c'est l'histoire d'Hélène qui enterre le corps d'un homme au fond des bois. Il pleut. Légèrement. Suffisamment pour que les gouttes *enlarment* son visage. Hélène angoisse de tout ce qui a dû se passer pour qu'elle en soit là, au fond de ce bois, à enterrer cet homme. Elle ne sait pas qui c'est, elle ne sait pas pourquoi et c'est ça qui l'affole. Suffisamment pour *enlarmer* son visage...

Attends...

Elle est sur un tournage... On est sur le plateau d'une école de cinéma. Un élève poupon un peu grassouillet tourne son film de fin d'année. L'histoire d'un gars qui demande à son meilleur pote de l'aider pour se débarrasser du corps d'un type qu'il vient de tuer. Une histoire nulle sortie du crâne immature d'un fils à papa qui ne sera jamais Hitchcock. C'est pour ça que la déco est rudimentaire : le parquet, c'est du lino, le tapis, celui de la mamie de la cheffe déco, les tableaux sont ceux de l'école, les murs gris sont de grands panneaux de bois peint. Un salon pour de faux. Il n'y a pas de meuble parce qu'il n'y a pas de sous sur ce film. Pas de sous et pas de gars assez costaud pour transporter une armoire. Qu'une brochette de blancs-becs filiformes et propres sur eux. Des gosses de riches qui s'amusent à jouer les Tarantino. Hélène n'est plus toute seule face à son mort. Ils sont une bonne dizaine : Rachida qui tient la caméra, le bébé-réalisateur, l'ingénieur du son, les autres acteurs du film, le prof référent et les élèves. Et le corps allongé par terre, en jean, t-shirt et basket, c'est celui d'un apprenti acteur qui a répondu à une petite annonce trouvée dans son cours de théâtre de quartier. Bientôt il va se relever, après *« Coupez »*. Puis se rallonger à *« Moteur, action »* ! Rachida, elle, est là pour filmer. Normal qu'elle regarde le corps. Elle est sur une dolly poussée par deux élèves. La caméra filme la scène en plongée, léger travelling arrière. Quand la caméra se lève en l'air pour filmer le corps, Hélène a un vertige inversé, un sentiment de surpuissance, comme si la caméra c'était elle, comme si elle était Dieu contemplant son œuvre avec orgueil et délice.

Plus l'histoire du mort dans le salon fait toc, plus celle dans les bois paraît réelle.

Que croire ?

Elle pourrait s'en moquer. Un rêve, aussi malsain soit-il, finit par se dissiper. La fausse culpabilité s'en va et puis on n'y pense plus. Mais ce rêve a un air de déjà-vu. C'est la troisième fois qu'elle le fait, celui-là même. Cet entêtement l'embarrasse. Hélène redoute qu'il y ait une quatrième fois, puis une cinquième... Elle craint que le rêve accélère sa fréquence, comme un tueur en série qui se précipite de plus en plus d'une victime à l'autre, jusqu'à la frénésie.

Trois fois le même rêve, c'est plus qu'un rêve, ça ne peut être qu'un souvenir oublié ou effacé qui refait surface : il n'y a plus de place pour l'anecdote. Il faut trouver la vérité pour faire cesser le cauchemar.

CHAPITRE 8. Les cadavres et l'avocate

Hélène doit savoir. Ce soir. En avoir le cœur net. Ses doigts courent sur le clavier. Sa main saisit avec frénésie la souris. *Clic-clic-clic.* Ses yeux scrutent l'écran, à la recherche du moindre indice auquel elle pourrait se raccrocher.

[Homme mort dans les bois] ENTRÉE

Bernard, retrouvé par un promeneur au petit matin : pendu... Hervé, déterré par un chien dans les Cévennes... Maurice, recouvert par les feuilles, vingt jours après sa disparition : assommé par une branche d'arbre. Un accident bête... Une vingtaine d'articles s'offre à elle. Rien qu'en France. Rien que cette année ou l'année dernière. Tous quasi-semblables et pourtant tous différents. Pas la même région, pas le même contexte, pas la même issue. Rien ne correspond à ce qu'Hélène aurait pu faire, pourtant elle fait un rapide calcul : des centaines de cadavres dansent autour d'elle en criant justice. Ces cadavres, ce ne sont pas ceux des articles mais tous ceux qui n'ont jamais été déterrés. Un jour, quelqu'un trouvera bien le sien. Et ce jour-là, elle finira en prison, elle le sait !

[Femme en prison] ENTRÉE

Les femmes en France sont en prison pour quatre raisons : celles qui se sont libérées du joug d'un oppresseur en le tuant (conjoint, père violent, etc.), celles qui ont baigné dès la petite enfance dans la délinquance : braquage, drogue, etc., les résistantes politiques et les mules étrangères... Hélène n'est aucune d'elles mais ça ne la rassure pas. Elle est tout embrouillée, sa tête est prête à exploser. Elle essaie de se raisonner. Tout ça, c'est n'importe quoi.

Malgré toutes ses recherches sur internet, une question ne peut trouver de réponse : pourquoi maintenant ? Elle n'a pas plus de réponse à apporter que, lorsqu'à son réveil, elle avait essayé, en vain, de se rappeler un événement inattendu qui aurait généré de nouveau ce rêve. Rien ne justifie son retour.

Pour oublier, elle s'enivre de vidéos d'autres gens, d'autres vies, d'autres problèmes...

[Elliot : Je suis rentier à 36 ans. De SDF à millionnaire]

[Olivia : J'ai appris que j'étais enceinte le jour de mon accouchement]

[Samuel : Je ne mange plus, je grignote en permanence]

[Jeanne : J'ai adopté 21 enfants handicapés]

[Sabine : Je suis rescapée d'une attaque terroriste]

...

***

Hélène est assise à l'arrière du bus. Elle a pris la décision ce matin, c'est la seule solution pour savoir ce qu'elle risque si ce rêve de meurtre s'avère réel. Tant qu'elle n'est pas arrivée à destination, elle ne préfère pas y penser alors elle a scrollé son Facebook Watch pendant tout le voyage pour se vider la tête.

[Samir : Je suis un réfugié syrien devenu chef à Paris]

[Felix : J'ai été amputé des quatre membres suite à un accident domestique]

[Irène : J'ai des troubles dissociatifs de la personnalité]

...

— Prochain arrêt, Palais de justice... Prochain arrêt, Palais de justice.

Hélène sort de sa torpeur, réussit à s'extirper des voyageurs et saute du bus avant qu'il ne redémarre. Le chauffeur, qui avait déjà refermé les portes, les rouvre pour elle. Elle sort et le remercie d'un salut de la main. Il démarre.

Ce matin, elle a prétexté être indisposée pour ne pas aller bosser et continuer son enquête sur son rêve. Elle a regardé toutes les vidéos possibles qu'elle a trouvées sur internet qui pourraient se rapprocher de près ou de loin de son histoire ; elle a même acheté un *« Faits Divers magazine »*. Rien d'intéressant. À la dernière page : une publicité pour acheter des poupées réalistes qui ressemblent à s'y méprendre à des bébés de 2, 3 ans. Qui achète ce genre de magazine pour proposer ce type de produit ? Des femmes qui ont perdu leur enfant ou qui ne peuvent en avoir ou bien des hommes détraqués qui assouvissent leurs fantasmes pervers plutôt que de passer à l'acte ?

Quoi qu'il en soit, aucune affaire qu'Hélène ait pu voir ou entendre chez elle ne lui donne les réponses à ses interrogations. En effectuant ses recherches à partir des victimes, - quelque chose de semblable à son rêve -, elle retombe sur les mêmes articles que la veille. Et du côté des coupables : pas mieux.

C'est là qu'elle a pris la décision : elle a mis son manteau, saisit son sac à main et quitté son appartement.

***

On entre dans un tribunal avec une facilité déconcertante. Certes, il y a un portique à l'entrée et un vigile qui a le regard perdu dans ses pensées. Si ça ne sonne pas, le gardien reste de marbre. Il fouille les sacs, à peine. Hélène se retrouve propulsée dans la salle des pas perdus. Il n'y a pas que ses pas qui le sont, elle l'est tout entière. Elle ne sait que faire, où aller, si elle peut ou non entrer librement dans l'une des salles d'audience. Elle est si décontenancée, maintenant qu'elle est là, qu'elle pense à ressortir.

— Je peux vous aider ?

Hélène se retourne, face à une femme en robe noire d'une soixantaine d'années, pas très grande mais élancée. Cheveux trop noirs, coupés au carré aux épaules, yeux trop bleus, peau trop bronzée, rouge à lèvres trop rouge, dents trop blanches, talons trop hauts, l'avocate sourit à Hélène. Étrangement, ce sourire trahit un certain sadisme. Sa voix aigrelette, bien que posée et bienveillante, n'aide pas.

— Je… Je voudrais assister à un procès, commence Hélène, hésitante. Mais je ne sais pas où aller… Ni comment faire.

— Le plus simple, c'est de regarder sur internet. *« courdassises.fr »*, vous avez toutes les affaires en cours par tribunaux, répond l'avocate.

— Ah bon ? répond Hélène soufflée.

— Quel type de procès cherchez-vous ?

— Les meurtres.

Hélène a parlé trop vite. Elle se reprend :

— Enfin, je ne sais pas… Je…

— Et… Je peux vous demander pourquoi vous voulez assister à un procès ? …

— Je…

Hélène est confuse. Elle veut s'en aller.

— C'est pour trouver des idées pour commettre le crime parfait ? plaisante l'avocate.

Hélène ne peut plus se dérober, elle doit se justifier :

— Non non... C'est... Parce que je suis... C'est pour écrire un bouquin, ment-elle sans conviction.

— Vous faites pas trop d'illusion. Les tribunaux sont remplis d'idiots et de faibles. S'ils se sont fait prendre, c'est qu'ils n'ont pas été assez malins ou qu'ils ont eu des remords. Il y a quelques détraqués qui commettent des crimes et vont se dénoncer après, pour se faire mousser. Ils espèrent la presse, être célèbre... Mais c'est rare.

— Ah, d'accord... Merci.

Hélène voudrait que l'avocate s'en aille ou la laisse partir. Loin de se souvenir qu'un avocat est là pour aider, elle se dit que celle-là lui cherche un peu trop les poux et que si la conversation dure plus longtemps, elle va confondre Hélène. Elle se dirige vers la sortie mais l'avocate l'apostrophe encore :

— Tenez ! Ma carte... On ne sait jamais.

Hélène revient, prend la carte et l'enfourne dans la poche de son manteau.

— Si un jour vous avez des *« petits soucis »*, continue la femme en noir, n'hésitez pas à me contacter.

Hélène tourne le dos en guise de merci et s'enfuit.

***

À peine rentrée chez elle, elle a jeté son manteau sur son canapé et allumé son ordinateur. Elle est sur le site des cours d'assises. Elle a cliqué sur *« Trouver les cours d'assises »* et, en quelques mouvements de souris supplémentaires, elle se retrouve devant la liste des procès en cours et à venir.

La quasi-totalité des affaires concerne des viols dont un tiers sur mineur. Hélène est écœurée mais elle continue la litanie des jugements à venir.

La plupart des crimes de femmes sont envers des rivales, parfois avec la complicité du petit ami. Dans ces quelques affaires, il s'agit de jalousie entre ces deux femmes, ou jeunes filles. Hélène est troublée par ces procès où elle se voit tuer sa coloc, Rachida. À l'époque, même si elle aurait été incapable de le faire, elle l'avait maintes fois souhaité, dans les accès de colère ou de parano de son ancienne amie. Rachida était folle et sa folie déteignait sur Hélène qui aurait pu passer à l'acte si elle avait eu un caractère moins passif. Mais son rêve ne raconte pas ça… C'est l'histoire d'une femme qui tue un homme, avec la complicité, passive ou active, d'une autre femme, présente dans les souvenirs qu'elle en a. Hélène continue à chercher.

Elle trouve quelques infanticides et quelques veuves noires. Ce n'est pas pour elle non plus : Hélène n'est pas un monstre ! Et puis, il y a cette vieille femme qui a tué son homme malade, avec son accord, avant d'essayer d'attenter à ses jours pour qu'ils se retrouvent dans l'au-delà. Hélène trouve ça si romantique qu'elle ne comprend pas que l'épouse, ayant survécu à sa tentative de suicide, soit jugée. Hélène se demande alors si elle n'aurait pas tué quelqu'un par altruisme : un ami gravement malade pour qui l'euthanasie n'est pas possible et qui n'a pas le courage de se suicider. Non, il y aurait eu un courrier. Elle n'aurait pas eu à l'enterrer, à se débarrasser du corps. Hélène sait de toute façon qu'elle n'a pas assez de force de caractère pour rendre ce genre de service. Elle s'est déjà posé la question à propos de sa cousine Victoria, dans un état végétatif depuis ses 9 ans. Non ! S'il y a eu crime, il n'a pu être prémédité. S'il y a une victime, c'est forcément un ennemi ou un inconnu.

Hélène s'arrête enfin sur un procès pour meurtre : Soraya N. et Sandra P. sont les accusées. En faisant des recherches plus poussées sur internet, Hélène découvre l'affaire dans un entrefilet du quotidien de sa région :

[FAITS DIVERS : Soraya N., coiffeuse à domicile d'une trentaine d'années et mère de quatre enfants, a confessé avoir tué et démembré son compagnon, Sylvain R., avec l'aide de l'une de ses clientes, Sandra P.]

L'audience a lieu dix jours après. Hélène retourne au tribunal cette fois mieux armée. On dirait presque qu'elle est chez elle. Elle se dirige sans hésiter vers la salle ouverte au public. Le murmure de la foule se dissipe quand l'officier de justice déclare :

— La cour !

Les deux accusées attendent, têtes baissées, dans le box. Les débats peuvent commencer.

***

— Elle va se prendre une claque, mesdames et messieurs les jurés. Elle ne le sait pas encore, mais elle va se prendre une claque. Il va s'excuser le lendemain, bien sûr qu'il va s'excuser... Il va promettre, quasi en pleurs, la voix tremblotante, qu'il ne recommencera plus. Il joue bien la comédie. Il le doit, s'il veut continuer. Et ma cliente va faire le choix de le croire.

L'avocat de la défense marque une pause. Lui aussi sait bien jouer la comédie. Il le doit, s'il veut continuer. Puis il éructe :

— Alors elle va s'en prendre une seconde. Puis une troisième, puis des coups, des coups de poing, des coups de pied...

Pas sur la joue cette fois, sur tout le corps. Jusqu'au fond du cœur pendant que, au sol, essayant de se protéger du mieux qu'elle peut, ma cliente se dit : *« Mais quelle conne ! Je le savais en plus. Je m'en doutais... Mais maintenant, c'est trop tard. »*

CHAPITRE 9. Soraya et Sandra

— Alors, qu'est-ce que j'vous fais Madame Perez ? Comme d'habitude ? plaisante Soraya en sortant peignes et ciseaux de sa besace en plastique.

— Pff, t'es conne, lui répond Sandra qui s'installe sur une chaise au beau milieu de son salon.

Depuis qu'elle est coiffeuse à domicile, bien qu'elle ait moins de travail, Soraya se sent enfin libre. Elle entretient de belles relations avec la plupart de ses clientes. Elle sert bien souvent de confidente. Elle voit bien que Madame Dubois n'a pas besoin de permanente toutes les semaines, mais ça lui permet de raconter à la belle et douce Soraya ses problèmes d'arthrite, le froid qui arrive, sa solitude depuis la mort de son Roger. Soraya écoute, parfois conseille. Rarement. Elle ne saurait se le permettre.

Mais qui l'écoute, elle, Soraya ? Personne ne sait que derrière ce joli minois, ce sourire lumineux, ce dynamisme de façade, la jeune femme doit supporter les coups et humiliations d'un mari trop jaloux et trop alcoolisé. On dirait une jeune fille, mais Soraya a déjà quatre enfants à charge. Elle a eu son premier à 19 ans, d'un jeune homme qui doit être encore en train de chercher ses clopes au tabac du coin. C'est quand sa grande fille a eu 3 ans que Soraya a rencontré Sylvain. Au salon de coiffure justement. Il lui a fait la cour comme un dingue. Elle a cédé. Il était drôle. Il prenait des risques pour elle. Et puis, ça n'a pas eu l'air de lui poser de problème quand il a appris que Soraya avait une petite fille. Au contraire... Si elle avait su... Bref, elle préfère ne pas en parler. Quand ils se sont installés ensemble, Sylvain a vite changé d'attitude. Il rentrait de plus en plus tard pour cogner Soraya ou engueuler la petite. Parfois, il s'excusait, disait qu'il allait se reprendre. Il essayait de ne plus boire. Soraya retombait amoureuse. Mais ces parenthèses enchantées étaient trop courtes et les coups repartaient. En cinq ans, il lui avait fait trois gosses, tous le fruit de viols conjugaux. À présent, Soraya ne pouvait compter que sur elle. Parfois elle se laissait aller, parfois elle se reprenait en main. 76 kg, 43 kg... Son poids était le baromètre.

Sandra est la seule qui l'écoute. Les deux femmes se sont rencontrées il y a quatre ans, dans le salon où travaillait Soraya. Quand cette dernière a annoncé qu'elle désirait faire des coiffures à domicile, Sandra l'a tout de suite encouragée. Non seulement elle a été sa première cliente, mais elle a recommandé la coiffeuse à ses amies et connaissances. Il faut dire que Sandra et Soraya sont liées bien au-delà des simples coupes que l'une prodigue à l'autre. Elles ont quasiment le même âge et sont toutes deux brunes méridionales. Elles s'habillent presque pareil, bien qu'on constate que Soraya a moins de moyens que sa cliente. Tout de même, on pourrait les confondre. Pourtant, leur vie et caractère les distinguent : Sandra est une célibataire sans enfant, indépendante et dynamique, Soraya, avec le poids des années et des coups, fait plus chétive, apeurée face à sa copine et admirative d'elle. Un jour, Soraya a osé se confier : son mari violent, ses difficultés financières, ses enfants à élever... Tout de suite après, elle a regretté mais Sandra l'a pris dans ses bras et lui a confié aussi son secret : elle comprenait ce que vivait Soraya car elle aussi avait été battue plus jeune par son compagnon. Qu'au début également, tout avait été tout rose et que de disputes en gifles, de claques en coups de poing, de coups de pied en menaces, elle s'était retrouvée prisonnière du bourreau qu'elle aimait. Croire qu'il suffit de partir d'un claquement de doigt est illusoire. Sandra y était parvenue, non sans mal, après maintes mains courantes et procédures d'éloignement inefficaces jusqu'à se retrouver aux urgences entre la vie et la mort. Ce jour-là, elle avait pris sa décision : elle tirait un trait sur sa vie. Sans prévenir personne, elle disparut des radars. C'était la seule solution. Elle dut attendre dix ans avant de reprendre contact avec sa famille. Jamais elle ne revit ses copines de lycée, ses anciennes collègues de travail. Elle voulait être sûre que, par aucun moyen, son ex ne pouvait la retrouver. Pour vivre, il fallait qu'elle meure aux yeux de ses proches. Et même si, dans sa nouvelle vie, elle était heureuse, elle avait encore peur de lui. Par son frère, elle apprit que son ex était mort. Les circonstances étaient floues, Sandra ne sut jamais si c'était vrai mais pour elle, il était bien mort ce jour-là. Alors elle recommença à vivre...

Soraya, avec le témoignage de son amie, se sent revivre un peu. Une lueur d'espoir. Oui, on peut s'en sortir. Ce que n'a pas raconté Sandra - s'en rend-elle compte elle-même ? -, c'est la haine qu'elle a développée depuis cette histoire envers les hommes - tous les hommes ! - ; c'est l'amour qu'elle ressent aussi pour sa coiffeuse, depuis ces quatre ans qu'elles se côtoient. Ça n'a pas été un coup de foudre, les sentiments ont pris du temps pour s'installer. Mais maintenant, ils tiennent Sandra et elle sait qu'ils ne s'en iront pas si facilement. Sandra veut aider Soraya. Elle doit le faire. Elle doit se débarrasser de Sylvain. Pour sauver Soraya et pour l'avoir à elle. Il ne s'agit pas de dire entre la couleur et le brushing : *« Tu dois tuer ton mari »*, non, il faut amener Soraya à ce qu'elle se le dise toute seule. Alors Sandra écoute la jeune femme. Soraya a enfin une personne de confiance, elle peut s'épancher sans crainte. Elle en profite. Insidieusement, Sandra diffuse l'idée que les hommes sont tous des porcs, des connards, que sans eux, on serait mieux. Soraya ne peut que plussoyer : elle est si bien entre filles et si mal avec son mec.

— Il faudrait que tu t'en débarrasses de ton Sylvain, ma belle !

Ça y est, Sandra a donné la première estocade. Soraya n'est pas sûre d'avoir bien compris : Sandra voudrait qu'elle tue son compagnon ? Non, bien sûr ! Mais il faudrait que Soraya trouve la force de dire à Sylvain, basta. C'est fini ! Sandra culpabilise Soraya. Quand le ver est dans la pomme, il faut attendre. C'est vrai, Soraya n'est qu'une chiffe molle, incapable de tenir tête à son homme. C'est elle qui devrait disparaître... On ne mérite pas de vivre quand on n'est plus rien. Mais non, ma belle, il y a encore un feu en toi qui brûle. Il suffit de souffler dessus pour le raviver. Sandra souffle, souffle, souffle. Elle montre à son amie comment faire : la rage est un bon combustible. Le connard ! Le connard ! Le connard ! Les flammes ont repris. Un dernier baiser perdu sur les lèvres de Soraya finit de la remuer complètement. Des étincelles jaillissent de ses yeux. La jeune femme est suffisamment éprouvée. Il faut que le soufflé retombe un peu et elle sera mûre.

Quelques mois ont passé, Soraya est, en apparence, retombée dans sa léthargie. Elle a oublié le feu qui se consume en elle. Pourtant, il est bien là, prêt à brûler celui qui s'en approcherait de trop près.

Elle est rentrée de son rendez-vous de 15 h 15 avec Madame El Madhi. Elle a tourné la clé dans la porte. Elle l'a vu sortir précipitamment de la chambre de la petite en titubant. *« Elle joue avec ses poupées »* a-t-il dit en remettant sa chemise dans son pantalon crasseux. Il pue la vodka bon marché. Une bouteille presque vide traîne sur la paillasse. Il s'est approché d'elle et l'a plaquée contre le bar de la cuisine. *« Pas maintenant »* a-t-elle dit sans conviction. *« Y'a la petite à côté. J'suis crevée ». « Et alors, la petite, elle t'a jamais empêché d'écarter tes jambes de salope »*, il a répondu et il a pressé sa tête pour qu'elle s'accroupisse pendant qu'il sort son sexe encore dur devant son visage. Elle n'a même pas eu le temps d'enlever son manteau. Sans qu'elle ne fasse quoi que ce soit, il décharge tout de suite sur ses cheveux. C'est là qu'elle voit rouge. Pour être si prompt, c'est qu'il avait dû commencer avec la petite. Elle le craignait, elle en a la preuve à présent. Avec la grande, déjà, elle avait eu des soupçons, les deux garçons, elle savait qu'il ne ferait rien que les frapper, et maintenant la petite. Elle ne pouvait plus se voiler la face. Elle aurait tout supporté de lui, les injures, les crachats, les coups, les viols, les brimades et frustrations, la prostitution pour les copains, seuls ou en bande, contre quelques euros, tout ! si ça ne l'avait concerné qu'elle. Elle avait même fini par accepter qu'il frappe les enfants, mais pas qu'il en fasse ses objets sexuels. Il lui a attrapé les cheveux et l'a tiré vers lui. Tout de suite, elle a pris une beigne. *« T'es vraiment nulle. T'as pas su me faire attendre ! »* Il lui reproche son méfait mais elle résiste au coup. Sans mot, elle se retourne, lui fait dos et baisse son pantalon, lui offrant son cul. *« Tu veux qu'on recommence petite pute ! Tu crois que ça se commande comme ça une queue ?! »* À la place, il lui claque les fesses avec ses paumes tendues mais ça lui donne du temps. Elle trouve le couteau à côté de l'évier. Un grand couteau à viande. Elle le prend, se retourne face à lui, alors qu'il la bloque contre le bar, avec une force qu'elle ne soupçonnait pas et, en le regardant droit dans les yeux, enfonce le couteau dans son ventre. Elle aimerait taillader sa bite, sa bouche, ses mains et ses pieds... Toutes les armes de ses crimes mais un simple coup de couteau dans le ventre lui fait changer le regard : la surprise, le déni, la colère, la peur et la résignation.

Sylvain est mort.

***

— C'est au cours des prestations de coiffure que ces deux femmes, réunies par des histoires communes de maltraitance conjugale, font connaissance, deviennent meilleures amies puis amantes. Une relation fondée sur une haine extrême pour les hommes en général. Comment ces femmes, dépourvues d'antécédents judiciaires, ont-elles pu commettre un acte d'une telle violence ?

***

Soraya appelle Sandra, en panique : *« Il est mort. Je l'ai tué. Y'a du sang partout. La petite est dans sa chambre. Les enfants vont rentrer de l'école ». « C'est très bien ma chérie. Panique pas. J'arrive »* répond Sandra. En dix minutes, elle est là. Elles contemplent toutes les deux le corps froid de l'homme, face contre terre. Le sang a coagulé sur le parquet flottant. Il faut agir vite. La petite est restée dans sa chambre. Elle n'a pas osé sortir. Quand on va voir, elle dort. Elle a préféré le déni. Parfait. On emballe le corps dans un tapis. On descend le tapis dans le parking. On le charge dans la voiture. On nettoie le sang. Les enfants rentrent. On donne à manger. On fait faire les devoirs. On dit que papa est parti en voyage - un nouveau travail -. Tout le monde est soulagé. Personne ne veut en savoir plus. Ça fera moins de cris, moins de larmes. Ça fera moins mal. On couche les plus petits, on laisse les grands devant leurs écrans. On est de nouveau toutes les deux quand la voiture démarre. Il commence à pleuvoir. On va jusqu'à la forêt pas loin. Il fait déjà nuit, mais on y pénètre assez profondément pour ne pas éveiller les soupçons de la route. On creuse un trou, on met le corps dedans, on rebouche. On n'en parle plus.

Ce sont les copains qui ont commencé à poser des questions. *« Il est où Sylvain ? »* qu'ils ont demandé. Pas de réponse. Ils n'ont pas cherché plus loin. Et puis la mère s'en est mêlée. Même les salauds ont le droit à une maman. Elle a voulu en savoir plus. Elle n'a pas lâché l'affaire, alors Soraya a craqué. Elle a été se rendre à la police. Elle n'a rien dit pour Sandra, mais quand les flics se sont aperçus qu'elle n'avait pas pu agir seule, elle a tout raconté.

Les voilà aujourd'hui toutes les deux, dans le box des accusés.

***

Durant le procès, touchée par cette histoire et passionnée par les débats, Hélène s'est identifiée à cette pauvre Soraya qui est, à ses yeux, plus victime que coupable. Sandra est Rachida, la perfide, qui s'était servi de sa faible amie comme arme de vengeance envers la gent masculine. Sylvain est une sorte de Bruno qui aurait vieilli tout en gardant ses penchants vicelards. Ce qui a le plus ému Hélène est cette relation trouble entre les deux jeunes femmes. Elle se retrouve quelques années en arrière quand elle était en colocation.

Alors qu'elle risque une condamnation à la réclusion à perpétuité, à la surprise générale, Soraya est acquittée. Le jury a été sensible à son poignant témoignage et ce qu'elle a dû endurer pour en arriver à cet acte irréparable. Quant à Sandra, elle est condamnée à 12 ans de prison pour complicité.

Hélène ressort K.O. de ces quatre jours d'audience. Plus de l'atmosphère pesante et glaciale que de la peine dont ont écopé les accusés et qu'elle-même pourrait risquer s'il s'avérait qu'elle ait fait quoi que ce soit, même si maintenant, elle sait qu'elle n'aurait jamais pu être une Soraya, encore moins une Sandra.

Pourtant, elle a l'intime conviction que, pour mettre tout ça définitivement derrière elle, il faut qu'elle se lave complétement de ce rêve idiot.

CHAPITRE 10. Les flics

— Je crois que j'ai tué un homme…

Hélène, en sortant du tribunal, s'est précipitée dans le premier commissariat qu'elle a trouvé. Elle est encore tremblante. Une jeune femme, toute petite, un peu boulotte, blonde décolorée avec de grosses lunettes, se trouve face à elle, derrière son comptoir.

— Comment ça *« Vous croyez »* ? …

Dans le coin de l'entrée du commissariat est adossée au mur une autre jeune femme en tenue. Elle est grande, les cheveux châtains attachés en queue de cheval. Elle porte également des lunettes, plus discrètes. Son pull est bombé sous sa poitrine. Elle est enceinte. En consultant un dossier, elle écoute distraitement la conversation un peu lunaire entre Hélène et sa collègue à l'accueil.

Elle l'interrompt :

— Sandrine ? …

Avec un mouvement de tête explicite.

— Ma collègue va s'occuper de vous, répond Sandrine à Hélène.

— Merci.

— Vous me suivez ? enjoint doucement la flic enceinte en enrobant son ordre d'un ton interrogatif.

Hélène s'exécute. En quelques pas, elles se trouvent devant la porte d'un bureau quelconque. La flic tend la main pour inviter Hélène à entrer. Elles s'assoient toutes les deux de concert ; l'une face à l'autre.

Deux, trois mouvements de souris, quelques clics sur le clavier, la flic se lance :

— Je vous écoute.

— Voilà... Je... Euh... bégaie Hélène, c'est pas facile à dire.

— Prenez votre temps, je suis là pour ça, répond doucement l'autre jeune femme.

— À expliquer, rectifie Hélène. Comme je disais à votre collègue à l'accueil. Je crois que j'ai tué un homme.

Le cliquetis sur le clavier reprend puis s'arrête.

— Vous pouvez m'en dire plus ? Ça a eu lieu aujourd'hui ?

— Non.

— Quand ?

— Je... Je sais pas...

— Comment ça, vous ne savez pas ? Vous étiez sous l'influence de substances illégales ?

— Non. Non, je ne pense pas...

— Excusez-moi mademoiselle, interroge la future maman, s'arrêtant de taper sur son clavier, mais votre histoire m'a l'air un peu floue... On va essayer de démêler tout ça, d'accord ?

— Oui. Merci.

— Qu'est-ce que vous pouvez me dire de cet... incident. Où se trouve le corps en ce moment ?

— Dans les bois. Je l'ai enterré dans les bois... Ça, je m'en souviens.

— D'accord... (les cliquetis reprennent) Quel bois ?

— Je ne sais pas...

— Mademoiselle... J'espère que vous ne me faites pas perdre mon temps ? commence à s'énerver la flic.

Hélène reste interdite. Elle espérait avoir des réponses de la police qui lui auraient permis de clore définitivement son délire, mais elle se retrouve bombardée de questions. Tendue, une larme perle au coin de son œil. La jeune femme lui tend un paquet de mouchoirs. Hélène s'en saisit.

— On peut continuer ?

— Oui.

— Ok. Alors, cet homme, qui c'est ?

— Je sais pas.

— Bon ! Est-ce que vous avez des témoins ? Des complices ?

— Peut-être...

— Comment ça *« Peut-être »* ?

— Ma colocataire, Rachida.

— Votre colocataire ? Elle est chez vous là ?

— Non.

— Elle est où ?

— Je ne sais pas... Je ne l'ai pas vu depuis plus de dix ans.

La flic réprime un rire. C'est nerveux. Les hormones ne sont pas là pour aider. Elle se dit qu'elle ne tirera rien de cette folle qui se trouve face à elle. Elle les connaît ces hurluberlus qui viennent au commissariat pour un rien, raconter des histoires sans queue ni tête. Pour la plupart, ce sont des habitués. La jeune flic a même de l'affection pour eux. Des paumés qui, pour sortir la tête hors de l'eau et assumer la fatalité, se laissent prisonniers du sentiment de persécution. Mais cette jeune femme face à elle, elle ne la connaît pas. Par défaut, la flic va lui passer un sacré savon pour tenter de lui ôter l'envie de se foutre de la gueule de la police, mais avant, elle veut s'amuser un peu. Alors elle se lève de sa chaise et sort la tête du bureau.

— Excusez-moi.

— Je vous en prie, marmonne Hélène.

La jeune femme arrête un collègue hors-champ :

— Manu. Manu, tu veux bien dire à Christian de monter s'il te plait ?

La réponse se fond dans le brouhaha. La flic enceinte retrouve sa chaise.

— Voilà, fait-elle avec jubilation.

Les deux femmes attendent Christian dans le silence. Heureusement, il ne tarde pas.

— Tu as besoin de moi Laurence ? demande Christian.

— Tu as ton matériel ? confirme Laurence. Installe-toi.

Christian s'assoit à côté d'Hélène en tirant la chaise qui se trouve contre le mur qu'a désigné Laurence. Il scanne Hélène du regard.

— Madame.

— Bonjour, répond Hélène dans un souffle en baissant la tête.

— Christian, reprend Laurence, la demoiselle dit avoir tué un homme mais elle ne sait pas à quoi il ressemble...

— Comment ça ?... (Il se reprend) Ah bon ?! s'exclame Christian qui a du mal à cacher sa surprise et son incompréhension.

— Oui ! confirme Laurence pour faire taire les doutes de Christian. Tu vas nous aider, hein ?

— Oui... Euh... Ok... Bon... D'accord...

Christian allume la tablette qu'il tenait dans les mains et avec un stylet, ouvre une application. Il n'est pas très à l'aise face à cette demande particulière. En général, on fait appel à ses services pour aider les victimes, pas de potentiels coupables. Les portraits-robots aident à identifier les criminels, pas les morts.

— Alors... De quelle ethnie est votre... victime.

— Je sais pas... Blanc...

— D'accord.

Deux coups de stylet et un visage blanc apparaît sur l'écran de sa tablette. C'est plus simple que prévu, Christian est soulagé. Plus assuré, il continue :

— Plutôt gros, maigre ? ...

— Normal... Enfin, mince... Normal quoi...

— D'accord. Les cheveux ? Couleur ? Taille ?

— Brun et court. Ça je m'en souviens. Il est mort sur le ventre, donc je n'ai vu que son dos, et donc l'arrière de sa tête.

— Comment ça ? Mais... Je comprends pas, demande Christian confus, c'était un accident ? Vous n'avez pas vu votre victime avant de la tuer ? Ni après ? C'est quelqu'un que vous avez renversé en voiture ? Vous avez fui ?

— Non, répond Hélène... Mais...

— Peu importe, Christian, répond Laurence, s'empêchant de rire, Mademoiselle a un mort à trouver, il faut l'aider !

— Bon, d'accord... Brun, court. Comme ça ? continue Christian en tendant sa tablette à Hélène.

— Oui. Comme ça.

— Bien. Les yeux maintenant. Vous pouvez me décrire ses yeux ?

— Bah, je sais pas. Comme je vous disais, il était sur le ventre, je n'ai pas vu son visage. Et quand je l'ai enterré, la lumière de ma lampe était trop vive, j'ai rien pu voir.

— Mais c'est pas possible, bugue Christian. Dans quel contexte ça s'est passé ?!

Laurence s'est tue. Elle s'amuse toute seule à voir Christian ne plus savoir où en donner de la tête. Il est gentil Christian. Trop gentil. Il aime bien que les choses soient carrées sinon il part en vrille. Laurence le sait. Ils se connaissent depuis plus de dix ans. Elle aime bien le titiller mais là, c'est le 1er avril avant l'heure. Laurence jubile.

Hélène se sent acculée. Elle vient de comprendre qu'elle risquait gros à raconter n'importe quoi à la police. Comme elle ne peut fuir, elle balance tout :

— J'ai fait un rêve il y a quelques jours, continue Hélène. Un rêve qui paraissait vraiment réel. J'ai rêvé que j'avais tué un homme, dans mon salon et que je l'enterrais dans les bois... Je ne sais rien de cet homme, je n'ai aucun souvenir que ça s'est vraiment passé mais j'avais le sentiment que oui. Un sentiment vraiment très fort... Maintenant je sais plus trop, alors je suis venue ici en espérant avoir des réponses. Je me dis que, peut-être vous avez une affaire irrésolue d'un homme que vous avez trouvé mort dans un bois...

— C'est pas posssssiiiibbble... C'est pas possible ! Mais... Mais vous êtes dingue..., laisse échapper Christian atterré.

Laurence explose de rire :

— Je n'ai jamais entendu un truc pareil. Ça fait plus de quinze ans que je suis flic, j'ai jamais eu une histoire comme ça ! Pardon mademoiselle, hein, mais on n'a pas beaucoup l'occasion de s'amuser, vous comprenez. C'est tombé sur vous ! Je suis désolée ! Ça te fait pas rire Christian, cette histoire ?

— Euh... Non.

Deux collègues s'arrêtent à la porte du bureau, intrigués par les éclats de voix. Laurence ne peut pas s'empêcher de raconter l'histoire. Hélène ne sait plus où se mettre. Elle voudrait juste partir. Ils sont maintenant cinq à s'esclaffer de bon cœur. Enfin, quatre et demi ; Christian rit jaune. Pas sûr qu'il ait encore bien compris ce qui se passait.

Les rires se fanent. Florence demande à tout le monde de sortir. Elle s'essuie le coin de l'œil et tente de retrouver son sérieux.

— Excusez-moi, mademoiselle… Mais quand même… Pardon. J'en suis au cinquième mois de grossesse et ça me joue parfois des tours. Vous seriez venue une heure plus tôt, vous m'auriez vu chialer comme une gamine dans les chiottes du réfectoire. Bon… Soyons sérieux deux minutes… Mademoiselle. Vous n'avez tué personne. Vous faites des mauvais rêves. Si ça persiste, je vous invite à consulter un psy, ou quelque chose comme ça mais si je vous revois dans mon commissariat pour cette histoire abracadabrante, je vous place en garde à vue pour dénonciation de crime imaginaire. Vous m'avez bien comprise ? C'est pas le Bronx ici, mais on a quand même des journées bien remplies et il n'y a rien que je déteste plus que de perdre mon temps… Enfin, là, vous m'avez fait rire, c'est déjà ça… Allez…

La flic se lève et accompagne de la main Hélène à faire de même.

— Bonne journée, mademoiselle…

Hélène disparaît. Elle aimerait ne plus être vue.

CHAPITRE 11. Michel et Chantal

Si personne ne croit à son rêve, alors, c'est qu'il n'est rien d'autre que ça. Hélène doit aller jusqu'au bout de son délire. Entre la mauvaise blague et le test de confiance, c'est donc entre le poulet-rôti et le fromage qu'elle choisit son moment pour tout balancer à ses parents. Le vin les a rendus un peu groggy, elle espère qu'ils appréhenderont mieux la situation. Bien que le salon soit surchauffé, l'ambiance est aussi froide qu'au-dehors où il pleut à grosses gouttes. Hélène se lance :

— Je crois que j'ai tué quelqu'un.

Le père manque de s'étouffer, la mère ne sait comment réagir.

— Tu plaisantes ? demande Michel.

— Non, répond Hélène, froide.

— Si tu plaisantes, reprend Chantal. Michel, dit-lui qu'elle plaisante.

— Dans quelle histoire tu t'es encore fourrée ?... souffle Michel, tête baissée.

Hélène ne répond rien. Pour sa mère, c'est comme un aveu. Des larmes perlent à ses yeux.

— Tu vas aller en prison ma chérie, tu sais que tu vas aller en prison. Tu sais ce que c'est la prison ?

— Tais-toi Chantal ! Ça... Ça doit être un accident ?... Hein, Hélène ?...

— C'est... Je... Non !

Michel explose :

— C'est pas possible ! On est pas comme ça chez les Mansard. J'te reconnais pas, ma fille. À Chantal : ça doit venir de toi ça.

— Qu'est-ce que tu racontes Michel ! C'est affreux.

— Non. Non... Elle n'a pas pu faire ça seule. T'étais avec qui ? C'est qui que vous avez tué ? Mais Hélène, qu'est-ce qui t'est passé par la tête ?

Chantal se met à crier pour arrêter le délire du père :

— C'est pas en lui gueulant dessus qu'on va résoudre le problème !

Michel se calme :

— Oui, tu as raison, il faut l'aider. Où est le corps ? Est-ce que quelqu'un t'a vue ?

Face à toutes ces questions, si son crime avait été vrai, Hélène aurait eu envie de pleurer mais là, pour la première fois, elle a l'impression que ses parents s'intéressent à elle. Leur réaction est complètement décalée, excessive, mais tellement prévisible. Si cliché.

Elle répond calmement :

— Je ne sais pas.

— Tu ne sais pas quoi ?

— Où est le corps, si quelqu'un m'a vue : toutes vos questions, je ne sais pas.

— Comment ça tu ne sais pas ?

— Laisse tomber Michel, il s'est rien passé.

Alors que le père d'Hélène est encore haletant, sa mère est devenue froide dès qu'elle a compris que leur fille se foutait de leur gueule. À moins qu'elle se serve de cette explication qui l'arrange bien pour ne plus imaginer le pire pour sa fille.

— C'est vrai, Hélène, tu nous racontes des histoires ?

— Je ne sais pas, répond Hélène.

— Arrête de répondre bêtement : *« Je ne sais pas »* !

— Pourquoi tu nous fais ça ? demande Chantal.

— Elle a quelque chose de pas normal, je le dis depuis qu'elle est petite.

— Tais-toi Michel !

— J'aurais dû m'en douter, de toute façon, elle en aurait été incapable. Elle est incapable de rien...

— Tais-toi Michel ! Ecoute ma chérie. Je pense qu'il y a quelque chose qui te stresse dans ta vie. Tu peux nous en parler mais, on pense depuis un bout de temps déjà, ton père et moi, que le mieux, ce serait que tu consultes... Que tu consultes un psy. Quelqu'un qui pourrait te soigner... Enfin, t'écouter. Tu ne crois pas ?

Même s'ils ont raison dans le fond, à cet instant précis, Hélène aurait bien envie de tuer Chantal et Michel mais elle leur promet qu'elle va leur obéir : dès demain, elle prendra rendez-vous chez un psy. La flic aussi le lui a conseillé. Il faut qu'elle règle définitivement, et de façon rationnelle, cette histoire. Elle s'isole dans le jardin et sort son smartphone à la recherche d'un professionnel près de chez elle. Google Maps lui propose quatre adresses mais choisir un psy n'est pas une décision qui se prend à la légère. Elle remet son smartphone dans sa poche.

L'inaction est le choix des indécis.

***

Avant de retourner à son petit deux-pièces en ville, Hélène est entrée dans une église. Elle n'a jamais été très croyante, encore moins pratiquante, mais foutu pour foutu...

Elle se souvient que, l'une des seules fois où elle s'était confessée, pour sa confirmation, elle avait confié au prêtre son trouble face à la masturbation. Elle lui avait raconté combien c'était une échappatoire à la réalité. À l'instar de ses premières fois, chez sa grand-mère, pour échapper à l'ennui et au vide qu'avait laissé sa grande cousine Victoria après son accident l'été de ses six ans.

C'était les premières vacances qu'elle passait seule chez Mamie. L'année d'avant, elle était encore avec Victoria. Mais maintenant, c'est plus possible. On lui a dit que sa cousine est dans le coma. Elle ne sait pas bien ce que ça veut dire. Elle n'est pas sûre que ce soit tout à fait vrai. C'est une excuse pour éviter les explications depuis l'accident de l'été dernier.

Toutes les vacances, abandonnée à son triste sort, Hélène passe ses journées entre le spleen des promenades dans le jardin et l'excitation des après-midis dessins-animés japonais. En regardant la télé, elle joue au cheval à bascule sur l'accoudoir du fauteuil pendant que Mamie est dans la cuisine pour préparer le repas, dans son lit pour faire la sieste ou dehors pour pendre le linge. S'agiter ainsi libère son stress provoqué par les animés particulièrement violents pour son jeune âge. Un après-midi, en rien différent de tous les autres, elle a une sensation particulière, supplémentaire et nouvelle, en se frottant les cuisses contre le velours du fauteuil. Elle ressent du plaisir, une excitation autre que celle provoquée par la vision des dessins-animés stroboscopiques et criards que vomit la télé. Cette excitation-là est positive, une joie intense qui irradie tout son corps. Après quelques minutes de plaisir vif, Hélène redescend sur terre et réalise que cette sensation ne lui est pas étrangère, alors, elle prend peur. Elle vient de retrouver les sensations qu'elle a vécues quand elle avait caché le sac de billes dans sa culotte pour le voler, en plus fort ; un émoi plus conscient. Elle n'a pas honte de revivre cette extase, mais plutôt qu'on ait pu la surprendre et qu'on lui dise que c'est mal. Aussi mal que voler. Elle s'arrête net. C'est du plaisir qu'elle a volé à l'instant. D'un coup, elle pense à sa cousine allongée dans son lit, à demi-consciente alors que l'année dernière, elles jouaient ensemble. Cette sensation nouvelle qu'elle vient de découvrir, elle ne peut la partager. Ça l'attriste, mais, étrangement, l'électrise un peu. La jouissance s'échappe de son corps par la suée. Le calme et la sérénité chassent la torpeur qui a succédé au plaisir et Hélène s'endort dans le fauteuil.

Elle reproduit l'expérience plusieurs fois, améliorant la technique pour arriver à l'extase plus rapidement. Elle a peur de se faire surprendre par sa grand-mère mais cette crainte fait partie du jeu, l'aidant à aller plus vite. De retour à la maison, il n'y a plus de fauteuil. Elle aurait pu faire ça avec le bras du canapé de la salle télé mais papa et maman sont toujours dans les parages quand elle regarde un programme.

De toute façon, cette expérience si particulière fait partie d'une parenthèse estivale qu'elle n'a guère prolongée revenue chez elle. Pire, elle a maintenant honte de ce souvenir. Elle sait que ces caresses souillent sa culotte. Elle a dû aussi tâcher le fauteuil et donc, la maison de Mamie, ce qui a dû l'ennuyer très certainement. C'est sûr que sa grand-mère finira par s'en rendre compte. Hélène attend coupable le coup de fil à ses parents qui la dénoncera et révélera son horrible forfait.

Ce mélange de plaisir et de honte la tient plutôt loin de l'envie de renouveler l'expérience, mais de temps en temps, dès qu'une occasion se présente de rester un peu longtemps à califourchon sur quelque chose d'un peu dur et plutôt doux (un tabouret de bar, le dos d'un poney, un rondin de bois couvert de mousse…), elle effectue de petits va-et-vient, presque imperceptibles, qui la replongent dans ses premiers émois chez sa mamie.

Bien sûr, le curé lui avait répondu que c'était mal, la culpabilisant en lui faisant croire que ça ne se faisait pas, que c'était contre nature, qu'elle était la seule à s'adonner à ce vice et l'avait renvoyée chez elle avec ses doutes intacts mais également dix *« Notre Père »* et vingt *« Je vous salue Marie »* pour absoudre son immonde péché. Quand, quelques années plus tard, elle avait appris qu'elle n'était pas la seule à se masturber et que, très probablement, le prêtre en faisait autant, elle avait juré de ne plus remettre les pieds dans une église (sauf pour les fêtes de famille) et encore moins dans un confessionnal.

Pourtant, par amusement autant que par superstition, elle y retourne aujourd'hui :

— Je vous écoute ma fille, commence la voix de l'autre côté de la cloison en bois.

— Je… J'ai fait un rêve… Le rêve que je tuais un homme… Mais j'arrive pas à savoir si c'est vrai…

— Hum… Je vois… Ce rêve exprime une sorte de culpabilité, peut-être.

« Ça y est, nous y sommes » pense Hélène.

— Peut-être, je ne sais pas… J'arrive pas à savoir ce que ça veut dire…

Hélène raconte son rêve pour la énième fois au prêtre. Elle essaie de ne laisser aucun détail de côté, s'autorisant quelques interprétations en rapport avec son quotidien, ses rencontres, son passé. Une fois fini, elle attend la sanction du curé.

— Bon… Euh… Je ne peux pas vous absoudre d'un acte que vous n'avez pas commis… Si vous voulez un bon conseil, ma fille : allez voir un psy !

CHAPITRE 12. Monsieur Benjamin

Tic. Tic. Tic. Tic. Tic...

— Ne touchez pas à... Qui est-ce qui vous a permis de... Il faut pas toucher à ça, mademoiselle... S'il vous plaît. Pardon, mais, bon.

Hélène vient de lancer une bille du pendule de Newton qui trône sur le bureau de Monsieur Benjamin, le psy qu'elle a finalement choisi parmi ceux qui exercent près de chez elle. Monsieur Benjamin, ça le rend nerveux qu'on touche à ses affaires sans qu'il l'ait permis. Hélène s'est décidée pour M. Benjamin parce qu'il avait un prénom comme nom de famille. Ça fait moins peur et c'est doux comme prénom Benjamin, ça fait petit frère, inoffensif. Tous les Benjamin sont gentils. Et puis il est pas mal comme garçon, un peu jeune mais pas mal : cheveux mi-longs châtains, bien peignés et soyeux, lunettes rondes, grosses montures écaille. Un jeune homme propre sur lui, genre *Gentleman Farmer* : pantalon foncé en toile, gilet sans manches matelassé, pull caramel col V, chemise à carreaux vert bouteille avec des traits fins bordeaux, col à bouton, foulard moutarde. On dirait un artiste des beaux quartiers dans les années 90 ; un ado avec un look de vieux.

— Vous pouvez développer un peu ce rêve ? Ça n'est pas rien de tuer un homme dans un rêve.

Hélène essaie de donner le maximum de détails : le salon, les vêtements du mort, la noirceur de la forêt, la clarté du trou, la pluie, la pelle, Rachida. Tout y passe.

— Comment s'habille votre père ? demande le psy.

— Pardon ? répond Hélène qui voit pas bien le rapport.

— Votre père, il est comment ? Son style ?... Classique, moderne ?

— Bah normal quoi. Comme tout le monde.

— Jean, t-shirt, baskets ?

— Oui, par exemple...

— Ah ! Voilà !

— Voilà quoi ?

— C'est votre père par terre dans le salon. C'est votre père dans le trou au fond de la forêt.

— Ah bon... Mais... Il s'habille pas toujours comme ça mon père... C'est rare même... Il s'habille euh... Comme quelqu'un de son âge quoi.

— Qu'est-ce que ça veut dire ?

— Bah... Il s'habille... Bah... Un peu comme vous, tiens !

— Vous trouvez que je m'habille comme un vieux ?

— Il est pas vieux mon père...

— Bah un peu... Quand même... Enfin... Par rapport à moi... Euh... À nous !

— Oui, bien sûr, par rapport à nous...

— Bon, essayons autre chose... La forêt que vous voyez, elle est dense vous m'avez dit.

— Oui...

— Et votre mère, vous l'avez vue... Euh... Nue déjà ?

— Oui, bien sûr, mais... Euh, je comprends pas bien où vous voulez en venir.

— Je sais pas...

— Vous savez pas ?

— Je débute. Je suis mal à l'aise en fait.

— Non, moi je pensais que ce rêve, c'était par rapport à un acte que j'aurais refoulé...

— C'est le cas ?

— Ben… C'est à vous de voir… Enfin, de me dire… J'aurais bien voulu qu'on démêle ça ensemble, quoi…

— Bien sûr. Est-ce que vous pouvez me parler de vous ?

— C'est… C'est pas facile.

— Pourquoi c'est pas facile ?

— De se définir… De bien se connaître.

— Pourquoi c'est difficile ?

— Surtout maintenant… J'veux dire… Avant, on était tous chrétien ou non chrétien, homme ou femme, noir ou blanc. Aujourd'hui, on peut être musulman, féministe, végan, inclusif, mystique, polyamoureux, intolérant, non genré…

— Vous n'avez pas tort. On s'éparpille… C'est sûr. On est comme les pièces d'un puzzle qui ne donnent pas la même image. Chacun se doit de choisir sa croyance pour exister. En minorité. En auto-dictature.

— Oui… C'est ça… C'est à peu près ça, souffle Hélène.

Monsieur Benjamin a enfin l'impression d'avoir connecté avec sa patiente. Si c'était laborieux au début, il sent qu'ils vont pouvoir aller plus loin. Ça lui fait plaisir. Il s'apaise.

— Racontez-moi votre premier souvenir, reprend le psy.

— Comment ça ?

— Quand vous remontez au plus loin dans votre enfance. Quel est le premier souvenir dont vous vous souvenez ?

— Ben… Euh… Je… Je dois avoir 3 ans, essaie de se souvenir Hélène. 4 ans ! 3, 4 ans quoi. Et euh… Je joue avec ma grande cousine. C'est ma seule cousine… On est que deux, quoi. Elle a trois ans de plus que moi. Elle a 6, 7 ans. Elle aime bien jouer au bébé et à la maman avec moi et moi, je me laisse faire… Et puis… Et puis à un moment, je dois plus être d'accord parce que, je me souviens maintenant, je lui dis *« Non »* ! Ou alors, c'est elle qui insiste. En colère. Non ! C'est moi, c'est moi qui dis

« Non », oui, c'est ça... Alors, comme je tiens tête. Elle me dit *« Vilain bébé ! vilain bébé ! »* et elle me tire jusqu'à l'entrée... On est chez ma grand-mère. Et là, elle me met dans le coffre à chaussures et elle me dit : *« T'es un vilain bébé. Je vais en changer »* ou un truc comme ça. C'est dingue que je me souvienne de tout ça ! Moi, j'crois que je comprends pas. Je crois qu'on joue à cache-cache. Je me blottis dans le coffre, je me fais toute petite pour pas qu'on me trouve... Mais personne me cherche mais j'me sens bien... Tout de suite... J'ai pas peur. J'ai l'impression de disparaître. De me fondre avec les chaussures, les écharpes qui sont là. Alors je m'endors... Voilà. Je sais plus qui me retrouve ou si on s'inquiète ou quoi... Comment je sors de ce coffre, quoi.

— Hum... C'est intéressant... J'ai remarqué chez mes patients qu'il y avait souvent un lien fort entre ce premier souvenir et leur problématique. Comme s'ils répétaient toujours le même schéma. Comme s'ils avaient défini le reste de leur vie par rapport à ce premier souvenir et leur réaction à cet événement... Vous ne trouvez pas qu'il y a un lien entre ce souvenir que vous venez de me raconter et votre rêve là ?

— Oui... Oui, c'est sûr, réagit Hélène un peu soufflée.

— Comment s'est passée votre enfance avec cette cousine ? Et puis votre adolescence ? Et maintenant ? Vous en avez reparlé de tout ça toutes les deux ?

— Non ! sourit Hélène. Ma cousine, elle a eu un accident à 9 ans. Son cerveau a manqué d'oxygène pendant plusieurs minutes. Ça l'a gravement handicapée. Mentalement et physiquement. Elle a été toute sa vie dans des établissements spécialisés. Mais je vais la voir régulièrement, hein...

— Pourquoi me dites-vous ça ?

— Bah... Parce que c'est vrai.

— Vous dites ça comme si vous culpabilisez de quelque chose, comme pour vous racheter. C'est peut-être elle votre cadavre... Symboliquement je veux dire.

— Non, c'est un homme dans mon rêve. Et puis non, je ne culpabilise pas. J'étais là, avec elle quand c'est arrivé mais j'étais trop petite pour réagir... Le temps que je comprenne ce qui se passait et que je prévienne les parents, c'était trop tard. Mes parents et les siens, ils m'ont suffisamment expliqué que c'était pas de ma faute, que j'étais trop petite mais bon...

— De quoi êtes-vous coupable, alors ? déclare M. Benjamin d'un coup.

Hélène est interdite par cette question. Elle réfléchit...

— Oui, bien sûr, j'ai toujours été un peu passive face à la vie, commence Hélène. J'aime bien m'effacer. Ça me dérange pas qu'on ne me voie pas... Les gens ont plutôt l'ascendant sur moi. J'me suis fait une raison. Alors...

Un temps.

— Alors, si je suis coupable... C'est de n'être rien.

La sentence est irrévocable. M. Benjamin est un peu déstabilisé.

— Et ce rêve, c'est pas un moyen d'être quelqu'un ? C'est pas rien de tuer un bonhomme !

— Mais c'est un rêve... Jusqu'à preuve du contraire, ajoute Hélène pensive.

— Et puis, on n'est jamais *« rien »* puisqu'on est là. Vous êtes là pour votre cousine quand vous allez la voir...

— J'aurais dû être quelqu'un... Pour ma cousine. Pour qu'elle puisse au moins vivre par procuration grâce à moi.

— On est toujours un peu les autres, ce qui nous entoure, quoi qu'on fasse, même rien. C'est ce qui nous façonne. Votre cousine est un peu vous. Vous êtes un peu votre cousine… Qu'est-ce qui vous fait penser que vous n'êtes rien ?

— Je sais pas… Je n'ai rien pour me plaindre ni pour me réjouir. Je suis vide.

— Vous êtes le vide comme ce tombeau dans la forêt, peut-être. Vide, comme dans le coffre de votre souvenir… avant qu'il ne soit rempli… Rempli par l'homme que vous avez tué, rempli par vous sous les ordres de votre cousine. L'homme qui est allongé dans le trou n'est pas un mort, mais ce qui doit vous remplir. Seule, vous disparaissez.

— Mais qui va me combler ? Dans mon rêve, je peux pas voir son visage.

— Il n'a pas de visage car c'est à vous de le lui donner. Ce n'est pas *« qui »* mais *« quoi »*. Et pour le trouver, il faut le chercher en vous.

CHAPITRE 13. Hélène

Avant d'être moi, je suis tous les autres…

On vaut 1 521 € net par mois, moins 680 € de loyer pour un deux-pièces en centre-ville, au deuxième étage d'un immeuble des années 50 avec ascenseur (quand il marche), moins 290 € de courses au Aldi de l'avenue Charles de Gaulle et pause déj au bureau, moins 282 € d'eau, gaz, électricité, internet, téléphone et plateforme, moins 105 € en frais de transport (forfait bus et essence voiture), moins 13 € d'assurance pour la voiture et l'appartement. À la fin, on ne vaut que 151 € (qu'on dilapide en sorties et en fringues). Dix fois moins que ce qu'on essaie de nous faire croire.

Chez Weber-Améris, parfois on est à l'accueil avec Véronique, parfois aux archives et quand Magalie est en congé maternité, on fait la compta. On reste là où ils nous posent. On ne serait pas là, ils trouveraient quelqu'un d'autre.

Ça ne changerait rien au monde.

Si on avait été une fourmi ou une abeille, ou même japonaise, ça aurait été, car dans ces communautés, c'est le groupe qui compte mais dans notre société, basée sur l'individu, on n'a pas sa place.

La vie n'a rien à raconter, sans grosse blessure ni grande joie. Les parents, Michel et Chantal, n'ont même pas divorcé. On a une petite famille : pas de frère et sœur, des grands-parents morts, quelques oncles et tantes qu'on ne voit plus ou qu'on n'a jamais vu ; une cousine dans un état végétatif. Une lignée en bout de course. On ne s'est jamais rien cassé, jamais fait opérer, pas de maladie grave, juste de temps en temps, un petit bouton de fièvre, des ballonnements, un torticolis, un caillou dans la chaussure. Une vie sans bravoure.

On a un prénom. C'est Hélène. D'une banalité confondante, ce prénom commence par une première lettre qu'on ne prononce pas. Toutes les lettres ensuite sont fades, presque aphones. Aucun son percussif : pas de K, pas de P, pas de T, (sans demander non plus un X, un Z, ni même un V). Pas de voyelles fortes, juste deux consonnes inexistantes, le L et le N, qui pourraient se suffire à elles-mêmes : LN. La Nulle, la *« Rien du tout »*. C'est un prénom qui traverse les époques sans pour autant marquer une génération comme les Carine, Florence ou Vanessa. C'est un prénom bateau, qui, heureusement, a l'air de disparaître.

Mansard. Hélène Mansard. Au moins, le nom est original. C'est pas Durand, Dupont ou Martin... En fait, c'est pire. Mansard, ça n'évoque rien. Durand, Dupont ou Martin sont connus comme étant les patronymes les plus répandus. À leur manière, ce sont des célébrités, comparé à Mansard. Et puis quand on nous appelle *« Mansard »*, on pense à papa. Ce nom est le sien.

On a 36 ans.

On est née le 2 juillet, pile au milieu de l'année. On a toujours été au milieu de tout, jamais au centre, juste dans la moyenne. On est cancer ascendant balance. D'accord avec tout le monde, qui recherche l'équilibre, qui déteste le conflit. On préfère se taire, se faire avoir parfois, que de faire des vagues et montrer qu'on existe.

On n'est pas une fille de passions. Oh, on a bien eu des hobbies, comme tous les enfants, mais rien n'est resté. C'est d'une banalité confondante. À 6 ans on voulait être danseuse classique, mais les pointes, ça fait mal aux pieds. Le cours n'a duré qu'un an. Puis deux ans de piano et solfège avec un professeur Japonais, Udo Itatani. On a acquis un niveau fort honorable pour cet âge mais le prix physique est trop grand : coups de baguette sur les doigts, redressements violents des épaules pour maintenir la colonne droite, tirs de couettes pour tendre le cou vers le ciel et parfaire la posture. On souffre et pleure en silence mais on ne dit rien. On subit et on sèche ses larmes sur le chemin du retour. Seuls les progrès au piano peuvent se voir. On comprend la méthode de son professeur, on l'accepterait même, si on avait un peu plus d'ambition personnelle. Mais deux ans, ça suffit. L'amour pour l'instrument n'est pas assez grand. On abandonne la carrière qu'on nous promettait contre un peu de répit. On se lance alors à corps perdu dans l'équitation. Mais on se rend vite compte qu'on ne souffre plus aucun effort pour ce qui n'est finalement qu'un loisir. Le plaisir à caresser un cheval et à monter dessus ne vaut pas ni le lever aux aurores le dimanche ni le nettoyage des box.

Plus on abdique, moins on se bat.

Adolescente, on devient paresseuse. On s'enfonce dans la mélancolie. Pourtant, on espère le déclic, on l'attend, en vain. On fait deux ans de judo, un an de violon puis à peine quatre mois de théâtre. Quand papa et maman nous offrent un chat pour nos 16 ans, on se rêve vétérinaire, pharmacienne ou médecin. Et puis le chat meurt prématurément et les destinées médicales avec. On achète un bonsaï centenaire qui ne vit qu'un an. Puis on suit quelques formations à distance : du dessin, des collections, des ateliers d'écriture mais de nos jours tout va très vite et rien n'a de fin. On s'arrête et on change, c'est tout. Des tutos suffisent à faire tout un tas de choses qu'on ne fait jamais et on se contente de prendre des photos de nos plats au resto.

Rien ne nous accroche et on n'accroche à rien.

À l'école, c'est pareil. On aurait pu être une excellente élève : on est un bon petit soldat, docile et appliquée, comme une photocopieuse. Mais on s'ennuie, comme s'ennuie une secrétaire qui doit aller faire cet A4 en 50 exemplaires. Aux récréations, on suit le mouvement : jouer à l'élastique dans la cour de l'école primaire François Mauriac, tirer la langue aux garçons, faire des bulles avec ses chewing-gum, traiter Virginie Descamps de pétasse, écouter Britney Spears, tomber amoureuse de Guillaume Fontaine et se faire peloter par Bruno Guedj, le fils du prof d'anglais, dans les toilettes du collège Mendès France. Arrivée au lycée, on a encore le choix entre une prépa HEC ou une fac de médecine mais à la fin de la terminale, il est évident qu'on fera une première année en psycho puis on bifurquera vers un BTS communication qu'on arrêtera sans passer le diplôme. Pour payer les études, on bosse comme vendeuse/caissière aka *« Conseillère de vente »* chez Truffaut, et en fin de compte, on réalise que ça nous convient très bien et que les études qu'on a entreprises sont superflues. Quand, trois ans plus tard, on a fini par coucher avec Cédric, le responsable du magasin, on considère qu'on a fait le tour du poste alors on quitte Cédric et Truffaut. À cette époque, on vit en coloc avec Rachida qui nous trouve un petit boulot d'hôtesse d'accueil chez Weber-Améris, une société familiale, grossiste en pièces détachées pour automobiles et gros électroménager.

On ne se plaint pas, non, juste on constate. On sait qu'on a une vie qui compte pour rien. Pour personne. Une vie qui pourrait ne pas exister. C'est dur d'être quelqu'un qu'on oublie, dont on ne se souvient pas, qui ne laisse pas de trace.

On aurait tant aimé être un autre...

CHAPITRE 14. Victoria

S'il n'y avait pas écrit en gros sur le fronton de l'édifice principal : *« Maison d'Accueil Spécialisé »*, on aurait pu croire qu'on était dans un club de vacances, déserté en cette saison tant le lieu est calme. Tout autour d'un grand bâtiment beige au toit de chaume se trouvent plusieurs bungalows à l'architecture semblable, cerclés d'un immense parc peu boisé. Quelques feuilles cuivrées commencent à tomber sur un gazon fraîchement coupé. Plus loin, on peut distinguer un autre bâtiment tout en verre où l'on devine une piscine et des salles de gym proposant des activités diverses pour développer la motricité et l'intellect.

Hélène, qui connaît les lieux comme sa poche, se dirige vers l'accueil d'un pas décidé. Elle sourit. Hélène a besoin de réensoleiller sa vie. Elle est venue voir sa cousine Victoria comme elle le fait régulièrement depuis plusieurs années déjà bien que dernièrement, elle ait espacé ses visites, la dernière datant déjà de plusieurs mois. C'est d'ailleurs la seule à le faire à présent mais elles se font tellement de bien toutes les deux qu'Hélène a plaisir à venir voir sa grande cousine.

Elle pousse la porte d'entrée de la chambre de Victoria.

— Bon anniversaire ma belle ! On est le 24 octobre, c'est ton anniversaire, tu te souviens ?...

Victoria est un bébé de 39 ans. Elle sourit tout le temps et pose des yeux débiles sur le monde qui l'entoure comme si elle le découvrait à chaque fois pour la première fois. Victoria ne parle pas. Elle a oublié.

Pourtant, il y a trente ans maintenant, alors qu'Hélène et elle jouaient aux billes à l'étage, - les billes volées, d'autres ? peu importe ! -, le jeu a dégénéré en bataille, les cousines se crachant des billes l'une sur l'autre. Tout à coup, Victoria s'est arrêtée de jouer. Une bille était coincée au fond de sa gorge. Le temps qu'Hélène prévienne les parents, il était trop tard. Après plusieurs semaines de coma, Victoria, la petite fille vive d'alors s'était transformée en larve végétative, incapable ni de bouger ni de communiquer.

Comme toujours, Hélène embrasse le front de sa cousine pour lui dire bonjour. Généralement, elle lui apporte un petit quelque chose : un bouquet de fleurs, une peluche. Aujourd'hui, elle n'a rien. Elle n'a pas eu le temps. Avec le brouillard dans sa tête depuis ces derniers jours, elle manque à toutes ses obligations. Elle n'enlève pas son manteau quand elle s'assoit. C'est comme si elle avait perdu l'habitude. Elle n'est pas venue depuis longtemps, mais tout de même... Non, on a plutôt l'impression qu'elle est pressée, qu'elle ne veut pas s'éterniser.

— Qu'est-ce que tu as mangé à midi ? Tu es sortie un peu aujourd'hui ? Tout le monde est gentil avec toi ?...

Toujours les mêmes minutes. Toujours les mêmes questions. Toujours le même silence en réponse. Hélène a l'impression que Victoria n'a pas bougé d'un poil depuis la dernière fois, comme une poupée de chiffon qu'elle aurait laissée sur son lit. Sa cousine n'a à lui donner que ce demi-sourire et son regard dans le vide qui, de temps en temps, ressemblent à une grimace.

Parfois, Hélène se décourage d'aller la visiter, quand elle ne voit aucun espoir d'amélioration. Elle trouve qu'elle perd son temps, qu'elle gâche sa vie. C'est comme un fil à la patte. Elle se décide à ne plus s'en soucier. À vivre pour elle, mais après quelque temps, elle s'en veut de laisser sa cousine seule, donc elle y retourne.

Hélène est venue voir Victoria pour une raison particulière. Elle a besoin de se confier à sa cousine sur toute cette histoire. Victoria, depuis son accident, agit comme un miroir sur Hélène. D'un bond, elle se lève et raconte tout : ce rêve étrange, cet homme mort qu'elle a enterré au fond d'un bois, l'impression que son ancienne coloc Rashida n'y est pas pour rien. C'est une démarche purement égoïste, elle le sait mais elle a besoin de vider son sac pour y voir plus clair. Elle n'a pas besoin de conseils de sa cousine - elle sait qu'elle n'en aura pas - mais elle a besoin d'être écoutée. Hélène prend Victoria pour sa psy sauf que là, c'est la psy qui est allongée. En contrepartie qui sert d'excuse, elle s'occupe de sa cousine tout en lui parlant : elle recoiffe ses cheveux, lui donne à boire, essuie ses lèvres... En se livrant, elle se délivre.

— Et tu te souviens, ce sac de billes que j'avais volé au centre commercial... J'y ai repensé aussi... Et puis Bruno aussi, tu sais, le mec du collège dont je t'avais souvent parlé à l'époque... Ce qui m'a ramené à la première fois où j'ai fait le rêve... C'est comme une boucle où tout semble lié mais je ne vois pas le lien...

Hélène fond en larmes. Le sac de billes volé, alors qu'elle est avec sa cousine, ce souvenir revient vif, comme s'il s'était passé hier. Elle sait que ce sac de billes les lie toutes les deux à jamais. Elle sait qu'il est à l'origine de l'accident de Victoria. Allongée dans son lit, alors qu'Hélène la tire pour mettre en place son oreiller, Victoria est aussi passive que ce sac de billes quand

Hélène l'avait sorti du présentoir pour le dérober. Un sac inerte, à la merci de tous.

En effet, face à sa cousine hystérique, Victoria n'a pas bougé d'un poil. Pourtant, on a l'impression que ses lèvres dessinent un sourire et que ses yeux se sont plissés. Ce n'est pas de l'ironie qu'on peut lire sur son visage mais de la bienveillance. Victoria répond à sa cousine : *« Tout va bien se passer »*. Hélène sourit à son tour et sèche ses larmes sur un kleenex qu'elle a trouvé dans son sac. Elle se remplit de l'optimisme de sa cousine.

— J'ai... J'ai l'impression que ce rêve veut me dire quelque chose. Non, bien sûr que j'ai tué personne... Mais je me sens quand même coupable... Coupable et soulagée à la fois. Je me demande si c'est pas l'expression de quelque chose que j'aurais fait mais que j'aurais refoulé... Je suis sûre que tu m'aurais aidée si tu pouvais... Oui, ça a peut-être quelque chose à voir avec ce Bruno et Rachida. J'ai l'impression que ça tourne autour de ça... C'est l'histoire du sac de billes qui m'a fait penser à autre chose avec ce connard... Et pourtant, j'suis sûre que c'est pas Bruno le mec dans mon rêve. Il est plus fin que Bruno... Et puis, maintenant, c'est un adulte... Il doit être plus grand que ce mort. Y'a Rachida aussi dans mon rêve... Enfin, je sens une autre présence féminine... Tu sais, elle était dingue cette nana, tu te souviens ?... Un soir, il s'est passé un truc je suis sûre... J'étais complètement bourrée et elle m'a peut-être droguée avec du GHB ou un truc... J'me suis demandé si on n'avait pas buté Bruno ! Non, mais je sais que c'est impossible... Comment on aurait pu le retrouver ?... Il faut que je sache... À chaque fois ! À chaque fois c'est en lien avec Rachida ce rêve ! La première fois après cette fameuse soirée. La seconde quand je suis partie de la coloc et... Bon, là, y'a quelques jours... C'est vrai, cette fois, ça n'a pas de rapport... Mais... Ça fait des années que je l'ai pas vue cette fille... Quoi ?... Non... Je pourrais pas... C'est pas que je veux pas, c'est que je pourrais pas la retrouver... Elle a peut-être déménagé... Oui, bien sûr, je pourrais y retourner pour voir... D'accord ! D'accord je vais y aller !...

Hélène fait une pause. Elle est en transe quand elle revient à elle : la chambre d'hôpital, sa cousine Victoria, la pluie au dehors.

— Tu as raison ma belle. Il faut que j'assume... Il faut que je retrouve Rachida et que je sache ce qui s'est passé ce soir-là !

***

Il fait nuit quand Hélène quitte la MAS. Dans le bus retour, elle pense à Victoria. Elle essuie les quelques larmes qui viennent toujours quand elles se quittent.

Après son accident, l'été de ses 8 ans, une fois sortie du coma, à quelques jours de son neuvième anniversaire, Patricia et Anton, les parents de Victoria, la ramènent à la maison. Patricia s'arrête de travailler pour s'occuper de sa fille alitée. Victoria bénéficie d'une aide à domicile du SSAD. Anton est médecin, il exige le meilleur pour sa fille. Si parfois, le malheur qui frappe un enfant est un ciment pour le couple, bien souvent, c'est un explosif. Pendant que Victoria reste clouée sur son lit, un autre drame se joue à la maison entre Anton et Patricia. Anton ne veut plus de cette vie que le destin a décidé pour eux. Il avait travaillé dur pour se construire un bonheur : docteur en dermatologie, chef de service, une jeune et jolie femme souriante, une petite fille pleine de vie. Maintenant, quand il rentre à la maison, il fait froid, c'est silencieux. À mourir. Alors il rentre de plus en plus tard. Il se trouve des réunions auxquelles assister, des occupations à honorer, des jupons à courir. Il ne passe plus beaucoup de temps avec sa femme, encore moins avec sa fille qu'il ne visite, pour ainsi dire, presque plus. La langueur nouvelle de son enfant le dégoûte encore plus que sa vivacité passée l'exaspérait. Il est doublement déçu de ce qu'il a mis au monde. Par elle, autant que par lui. Il se sent impuissant avec sa femme, avec sa fille. Il faut qu'il efface sa vie et recommence. Il se rapproche de Pauline, son assistante. Elle a tout juste 20 ans. À son contact, Anton croit retrouver sa propre jeunesse. Il pense pouvoir repartir à zéro. Un médecin qui tombe amoureux de sa jeune assistante, c'est tellement banal - ça lui est déjà arrivé une première fois avec sa femme actuelle - que ça le rassure. Ça légitime cette relation interdite. C'est juste une translation entre deux femmes, deux histoires, deux vies. Un monde parallèle où tout serait pareil, les problèmes en moins. Il y passe de plus en plus de temps dans ce *bétaverse*, négligeant presque définitivement le premier. Au bout de deux ans, il l'aura complètement effacé de son quotidien. Le nouveau monde avec Pauline sera son monde quand il aura quitté définitivement celui avec Patricia. Il ne viendra qu'aux grandes fêtes de famille et anniversaires de Victoria, ou Michel : le père d'Hélène aime bien ce salaud ; solidarité des pièces rapportées. Après l'été des 13 ans d'Hélène, Anton disparaîtra complètement des radars.

Patricia n'avait pas non plus prévu cette vie-là et, très vite, c'est trop dur à assumer seule, malgré l'aide à domicile. On lui conseille de placer la petite, qui devient de plus en plus grande, en EEAP (Établissements et Services pour Enfants et Adolescents Polyhandicapés), d'abord en internat de semaine puis, à l'âge de 12 ans, Victoria y est placée à l'année. Le seul qui a encore une place libre se trouve près de chez Michel et Chantal, les parents d'Hélène. Dans les premiers temps, Patricia et Anton font le voyage, une fois par semaine. L'accident de Victoria a fracturé le couple. Alors Patricia y va seule : une fois tous les quinze jours puis une fois par mois. Michel et Chantal, oncle et tante de Victoria, vont plus la voir que ses propres parents. Ils amènent parfois Hélène visiter leur nièce. Pendant que Chantal s'occupe de Victoria, Hélène est subjuguée par sa jolie cousine qui se laisse faire comme une chiffe molle. Elle qui était si vive, si tonique. Elle a gardé ses grands yeux verts, son teint légèrement hâlé qu'elle tient de son père et sa longue chevelure blond-caramel, mais l'étincelle dans ses pupilles, les reflets brillants sur sa peau, l'or de ses cheveux, tout s'est éteint. Sa passivité donne, par contraste, du tonus à Hélène qui avait été, enfant, la cousine falote dont personne ne se souciait et dont surtout, personne n'avait besoin. Là, Hélène va se trouver une utilité. Elle prend le relais de sa mère qui avait déjà pris le relais de sa sœur.

En grandissant, ses visites donnent à Hélène des raisons d'émancipation. Pour s'y rendre, elle prend le bus, seule. Dans ces moments-là, Hélène est fière de diriger sa vie, en toute indépendance. Elle se sent utile, pour elle et sa cousine, ce qui est déjà pas mal. Elle vient parfois voir Victoria les mercredis. Très vite, c'est toutes les semaines puis deux fois par semaine que les adolescentes ne se retrouvent rien qu'à deux. Au début, Hélène joue avec Victoria, lui raconte sa vie, ses grandes amitiés, ses peines de cœur, ses difficultés scolaires puis, plus elles grandissent, plus Hélène s'occupe de Victoria comme le faisait leur mère respective. Elle lui doit bien ça. Contre quelques confidences que Victoria est contrainte d'entendre et de supporter,

Hélène s'occupe de continuer à faire de sa cousine une jolie jeune fille propre, bien peignée et qui sent bon : la belle au bois dormant. Pour les deux filles, ces visites deviennent une routine. Pour Hélène, c'est comme une BA dont elle doit s'acquitter. Quand Hélène a 16 ans, plus personne d'autre ne vient voir Victoria qui en a 19. Un mercredi, elle est arrêtée par la directrice de l'établissement qui lui rappelle que dans quelques mois, quand Victoria aura fêté ses 20 ans, elle devra être transférée vers une MAS. 20 ans, c'est l'âge limite pour l'EEAP. Patricia, qui a refait sa vie, demande à sa sœur si elle peut faire les démarches nécessaires. Chantal demande de l'aide à sa fille. Hélène complète donc seule tous les formulaires et dossiers nécessaires. La demande est faite auprès de la Maison départementale des personnes handicapées (MDPH). L'admission en MAS se fait sur décision de la commission des droits de l'autonomie des personnes handicapées (CDAPH). Hélène est seule présente à assister au transfert de Victoria de l'EEP à la MAS. Sentant le vent tourner, elle a choisi pour sa cousine un établissement pas trop loin de chez elle. Elle sait qu'avec le temps, elle aura moins l'occasion de passer la voir. Elle sait aussi qu'elle sera la seule personne à aller la visiter. Hélène ne s'est pas trompée : depuis ce jour, Victoria n'aura plus aucune nouvelle de sa mère et encore moins d'Anton, son père. Les parents d'Hélène n'iront plus non plus visiter Victoria, ils se contenteront des nouvelles que donnera Hélène. À présent, les deux cousines sont seules contre le reste du monde.

2ème PARTIE
LE CARROUSEL DES MOI

Comment puis-je commencer quelque chose de nouveau
avec tout cet hier en moi ?

Beautiful losers
Leonard Cohen

CHAPITRE 15. Demba

— Salut bébé ! Qu'est-ce que tu deviens ? Jamais j'aurais cru avoir un jour de tes nouvelles !

Quand Demba appelle une fille *« bébé »*, c'est qu'il veut la mettre dans son lit. Hélène le savait très bien quand elle avait composé son numéro. Elle l'avait déjà expérimenté, mais elle était prête à tout pour retrouver Rachida.

Hélène était retournée à sa coloc. Craintive de se faire reconnaître par son ancienne amie, elle avait passé des heures, cachée dans sa voiture en face de l'immeuble. En vain. Elle s'était alors résolue à sortir de sa planque, aller voir les noms sur les boîtes aux lettres, questionner les résidents, même. Personne n'avait entendu parler d'une quelconque Rachida. Hélène se demandait si elle ne s'était pas trompée d'adresse mais non, c'était bien là qu'elle avait vécu plus de cinq ans avec cette fille si spéciale. Pour la retrouver, il ne lui restait qu'une seule option : appeler ce fameux Demba, un copain de Rachida avec qui elle avait fini par sortir, et dont elle avait gardé dans sa carte SIM - Dieu sait pourquoi, sans doute par oubli - son numéro de téléphone alors qu'elle avait supprimé de son répertoire celui de Rachida et l'avait bloquée sur Facebook quelques jours après son déménagement dans son nouvel appart.

***

Hélène et Demba s'étaient rencontrés à l'une des soirées de Rachida, sans pour autant se parler. Hélène sortait depuis quelques mois avec Cédric, son manager chez Truffaut. Elle avait revu Demba à de nombreuses activités que sa coloc proposait où elle prenait un malin plaisir à réunir ensemble des personnalités que tout opposait, ce qui ne manquait pas d'ajouter un peu de piquant à ces instants hors du temps. Les deux s'étaient un peu tournés autour avant de ne tenter quoi que ce soit : Hélène était fidèle mais Rachida insistait tellement pour qu'Hélène sorte de sa zone de confort, qu'elle avait fini par franchir le pas.

Au fil des rencontres, elle avait vu, de loin, Demba draguer toutes les copines de Rachida, les emballer sans aucun effort et puis un soir, il avait discuté avec elle. La soirée finit tard, Rachida et elle, avec quelques autres amis, étaient restées dormir chez leur hôte. Rachida, Hélène et Demba avaient dû partager un canapé-lit dans le salon. Ils s'étaient mis en quinconce mais Demba, alors que Rachida, toute bourrée, s'était endormie tout de suite, s'était rapproché d'Hélène et l'avait prise dans ses bras. Serrés l'un contre l'autre, suants, puants, ils s'étaient embrassés presque tout de suite et, sans faire de vague, pour ne pas réveiller Rachida, Demba avait retourné Hélène contre lui pour la pénétrer dans un silence de mort. Ils avaient joui ensemble sans que personne ne s'en aperçoive, ce qui était un exploit, surtout pour Demba qui prenait de la place dans le canapé-lit, et qui était habituellement plutôt démonstratif dans le domaine des ébats amoureux.

Demba était un grand black tout en muscle avec un regard à mi-chemin entre le psychopathe et le débile profond, doublé d'une dentition affreuse. Un jour, un de ces potes lui avait demandé : *« Pourquoi tu ne regardes jamais les gens dans les yeux ? »* Demba avait répondu sans sourciller : *« Parce que je les regarde avec ma bite et j'ai peur qu'ils s'en aperçoivent ! »*

Son visage effrayant, dans tous les sens du terme, faisait souvent oublier son anatomie parfaite, à moins que ce fût sa dégaine molasse, ou ses fringues usées et crasseuses. Malgré tout, ce grand échalas dégingandé avait quelque chose de magnétique - une puissance -, proche de la fascination. Hélène avait aimé cette première rencontre sexuelle, elle avait toujours fantasmé la promiscuité, ou plutôt, l'inconfort. Dos à lui, c'est comme si elle avait fait l'amour avec un inconnu. Elle garda cette première fois en souvenir pour alimenter les rapports suivants avec Demba.

Ils passèrent quelques mois ensemble, pas comme un couple, mais plutôt comme *sex-friends*. Hélène n'avait pas envie de s'investir dans une relation, elle venait d'en sortir et en ça, Demba était pratique. Il ne demandait rien de plus que de tirer son coup une fois de temps en temps. Pourtant, ces trois, quatre mois avaient été ponctués de séparations et remises ensemble. Hélène tenait quand même un peu à lui. Il savait y faire pour rendre les filles dépendantes. Son indifférence assumée était la laisse dont il se servait pour les tenir jamais très loin, jusqu'à ce qu'elles tirent trop dessus et qu'elle ne se casse ou qu'il ne la lâche. Là, elles pouvaient fuir. Telle une junky, Hélène avait replongé plusieurs fois alors qu'elle s'était juré que c'était fini pour de bon. Mais il revenait, souvent en pleine nuit, la sortir de sa torpeur, au moment même où elle réussissait à ne plus penser à lui. Il tambourinait à sa porte sous des prétextes futiles *« Je passais dans le quartier, y'a plus de tram, j'ai soif... »*, se faisant plaindre ou désirer. À chaque fois, elle le laissait entrer, souvent par fatigue, parfois par envie mais ce faisant, en entrant dans son appartement, Demba savait qu'il entrerait automatiquement de nouveau dans son vagin.

***

— Qu'est-ce que je peux pour toi bébé ? demanda Demba au téléphone.

— Tu as encore des contacts avec Rachida ?

— Ouais.

— J'ai appris qu'elle avait déménagé. Tu sais où elle est ?

— Ouais.

— Tu peux me donner son adresse ?

— J'ai pas son adresse là. Viens, on se voit et j'te trouve ça.

Hélène ne pouvait qu'accepter si elle espérait revoir Rachida. Il faudrait qu'elle soit prudente.

Dehors, l'air était mordant. On aurait pu croire qu'il allait neiger. Demba avait donné rendez-vous à Hélène dans un café en face derrière la gare. Il avait voulu qu'ils se voient chez lui mais Hélène, non sans mal, avait refusé. En arrivant devant le café, derrière la vitrine, elle avait tout de suite reconnu le grand black désinvolte qu'elle avait quitté. Elle avait même l'impression qu'il n'avait, depuis toutes ses années, pas changé de vêtements. C'était les mêmes qu'avant, ou quelque chose d'approchant. Hélène poussa la porte qui tinta. Elle fut submergée par une chaleur âcre qui émanait du bar et contrastait avec la fraîcheur du dehors. Demba leva la tête mais ne prêta pas attention à Hélène qui entrait, emmitouflée dans une grande écharpe et affublée d'un bonnet de laine qui lui mangeaient le visage. Il la reconnut quand elle se posta devant lui et se dévêtit sommairement.

— Tu as l'adresse ? lui demanda-t-elle de but en blanc.

— Houlà ! Bonjour déjà… Assieds-toi, on a le temps.

— Non, j'ai pas le temps. Tu as l'adresse ?

— Je le savais…

— Quoi ?... Qu'est-ce que tu savais ?

— Ben toi…

— Quoi moi…

Hélène avait compris qu'il jouerait à ce petit jeu d'énigmes absurdes jusqu'à ce qu'elle s'assoie et commande quelque chose. Alors, elle s'assit et commanda un café.

— Je savais que tu me recontacterais un jour… Tu peux pas te passer de moi. T'as jamais pu…

— N'importe quoi. Bon, franchement, j'ai pas de temps à perdre. T'as l'adresse ou non ? Si tu l'as pas, j'me casse.

— Du calme… T'inquiète, j'ai l'adresse chez moi. On finit nos verres et on y va.

— Putain, t'es chiant Demba ! souffla Hélène.

Pendant que Demba sirotait son baby-glace avec une lenteur infinie, il lui demanda des nouvelles. Hélène resta très distante et factuelle, ne lui parlant que de boulot, évitant bien sûr de s'épancher sur tout ce qu'elle était en train de vivre depuis ce rêve affreux. Puis, il lui demanda pourquoi elle voulait reprendre contact avec Rachida, il dut se contenter d'un *« Ça ne te regarde pas »*, qu'il accepta sans rechigner mais qui lui laissa le champ libre pour évoquer tous les souvenirs, des plus drôles aux plus douloureux, de cette époque où ils étaient tous les trois. Sans doute pour faire rager Hélène, il lui avoua qu'il avait baisé plusieurs fois Rachida, avant qu'ils soient ensemble, Hélène et lui, et même après. Hélène eut un réflexe de jalousie, du fiel dans le bide, un goût de sang dans la bouche, mais ça ne dura pas car, au fond, elle s'en foutait bien maintenant. Au bout d'un moment, au détour d'une anecdote à peine commencée, Demba déclara sur un ton interrogatif :

— On y va ?

Ils se levèrent comme un seul homme et quittèrent le bar en laissant sur la table, un long verre vide, un sous-boc mouillé, une tasse, une soucoupe, une petite cuillère, souillées, un petit paquet de sucre déchiqueté, vidé, un ticket de caisse sous une coupelle en plastique, un billet et quelques pièces à l'intérieur, une table à nettoyer, des chaises à remettre en place.

***

Hélène chevauche Demba. Il est nu, allongé dans un lit sans housse, sur un simple drap froissé. Elle a gardé son pull et ses chaussettes. C'est pas chauffé dans le studio de Demba. Elle a vite retiré son jean et sa culotte. Elle ne veut pas s'éterniser. Demba voit bien qu'Hélène est mécanique mais il n'ose rien dire de peur qu'elle se tire. Pas avant qu'il ait joui.

Elle s'arrête :

— File-moi l'adresse de Rachida !

— Pas maintenant, bébé… On est bien là.

— File-moi son adresse, maintenant.

— Putain, t'es chiante !

Demba tend le bras et attrape son téléphone. Il pianote et déclame :

— 06. 34.57…

— Je m'en fous de son tel, c'est son adresse que je veux.

— Bébé, on finit et j'te file ça, promis.

— C'est quoi son adresse ? Elle habite où ?

— Aux Quatre Chemins ! Voilà, t'es contente.

— C'est pas suffisant.

— J'ai pas son adresse. J'ai été chez elle des fois, mais avec elle ou des potes. Ils m'emmenaient en voiture, j'ai pas retenu l'adresse.

Hélène hurle de colère.

— Appelle-la. Appelle-la maintenant, trouve un truc, mais demande-lui son adresse.

— Fais-moi jouir bébé, sinon t'auras rien.

Hélène sait que, sauf si elle lui mord le gland, elle n'obtiendra rien de Demba. Il a raison. Alors Hélène reprend son va-et-vient en priant pour que ça finisse vite.

On tambourine à la porte, on sonne. Les corps s'immobilisent.

— T'attends quelqu'un ? demande Hélène en couvrant son sexe avec le drap.

— Non, répond Demba tout aussi étonné.

D'un coup, une pensée pope dans la tête d'Hélène : c'est la police. Ils l'ont suivie, ils viennent l'arrêter. *« Si près du but »* se dit-elle. Mais c'est absurde comme idée.

Derrière la porte, une voix de femme crie :

— Jérôme ! Ouvre ! C'est maman !!!

— C'est qui Jérôme ?! s'interroge Hélène, encore surprise mais rassurée.

— Attends, lâche Demba dans un soupir.

Il remet son bas de jogging, enfile un t-shirt et se dirige dans le couloir. Il entrouvre la porte. La femme de l'autre côté essaie de l'ouvrir plus grand pour passer mais Demba la bloque.

— Bah, laisse-moi entrer !

— Non, rétorque Demba.

— T'es avec quelqu'un ?

— Non.

— Si, ça sent le sexe. T'es avec quelqu'un.

— Laisse-moi maman.

— Pourquoi tu me laisses pas entrer, Jérôme ?

— C'est mon espace privé. Si tu veux venir, tu appelles avant.

— J'ai fait le trajet de la maison pour te voir. J't'ai fait à manger. Tu vas pas me laisser repartir.

— Bah si. Il fallait appeler.

— Tu trafiques de la drogue ?

— Quoi ?!

— Tu vends des armes ?

— N'importe quoi. Bon, maman, je ferme la porte là... Je passe vous voir dimanche. Merci pour la bouffe, déclare Demba en chipant le Tupperware des mains de sa mère.

— Jérôme !

La porte claque. Demba revient dans le silence. Hélène esquisse un petit sourire :

— T'es dur avec ta mère.

— T'occupe.

Hélène rigole franchement :

— Tu t'appelles Jérôme en fait ? C'est pas un prénom de rouquin à lunette ça, Jérôme ?

— M'appelle jamais comme ça, ok !

— Ok Jérôme, alors trouve-moi l'adresse de Rachida.

— Tu rêves. J'ai toujours rien eu en échange, moi...

— Jérôme. Jérôme. Jérôme ! scande-t-elle.

— Arrête ! hurle le monstre.

Hélène sursaute. Ce n'est pas la bonne manière.

— Occupe-toi de moi et j'te file son adresse.

Hélène sait maintenant ce qui va le faire craquer. Elle susurre d'une voix langoureuse :

— Hum, mon Jérôme... Qu'est-ce qu'il est puissant ton torse, mon Jérôme... Et ta grosse queue... Jérôôômmme ! ...

— Allez, arrête.

— Bah quoi, j'te caresse là, tu veux pas ?

— Laisse tomber, j'ai plus envie. Tu m'as coupé.

— Désolée, minaude Hélène. On peut recommencer plus tard si tu veux... Moi ça m'excite de savoir que tu t'appelles Jérôme. Ça fait agent-double... Allez viens Jérômeuh ! Fais-moi l'amour !

— Non, mais t'es folle.

Hélène va bientôt gagner la bataille. Elle remercie en silence la mère de Demba. Il reprend son téléphone sur le lit :

— Je l'appelle et après tu te casses. J'veux qu'tu m'oublies. Ok ?

— Dis pas que c'est pour moi.

— T'inquiète.

Demba tapote sur son téléphone. Ça sonne. Ça décroche. Hélène entend la voix de Rachida :

— Allô ?

Un frisson parcourt Hélène. Jérôme se présente :

— Salut, c'est Demba. Comment tu vas bébé ?

CHAPITRE 16. Basile

— Tiens. Salut ! Ça va ?

— Oui, ça va… Merci… déclare Hélène, tendue. J'ai besoin de savoir.

— Savoir quoi ?

Quand Hélène a frappé à sa porte, Rachida n'a pas eu l'air surprise en lui ouvrant. Elle affichait une fausse décontraction.

Demba n'a pas pu résister : il a craché le morceau. Il a appelé Rachida pour lui raconter qu'il avait vu Hélène et qu'elle allait débarquer. Il avait rajouté qu'elle était complètement folle, qu'il avait essayé de la raisonner. Il s'était même vanté qu'il avait dû la ramener chez lui, lui faire l'amour, pour calmer son hystérie.

Rachida rallume son joint et feint d'écouter Hélène d'une oreille distraite. Hélène continue :

— Tu te souviens quand on est sorties au Duplex, je…

— J'ai jamais été au Duplex avec toi.

— Mais si, c'était…

— On a été au Select ensemble. Jamais au Duplex.

— Peut-être… Peu importe. On a été en boîte une fois et après, en sortant de la boîte, tu m'as dit un truc du genre *« Viens on y va ! »* J'étais cassée… J'me souviens plus : qu'est-ce qu'on a fait après ?

— C'était pas avec moi.

— Quoi ?… Mais si, à l'époque, y'a qu'avec toi que je sortais. On était collées toutes les deux.

— Ben, je m'en souviens pas.

— Mais si, rappelle-toi. Un soir, je suis rentrée, j'avais croisé un gars de mon collège, Bruno, qui martyrisait les filles.

J't'ai tout raconté et tu m'as dit *« Si tu veux te débarrasser de Bruno, j'ai une solution radicale »*. Je voulais savoir c'était quoi cette solution, j'ai insisté et tu as fini par me le dire au Duplex... À la boîte, quoi. Mais j'avais trop bu, j'ai rien entendu... C'est quoi alors, cette solution dont tu parlais ? Qu'est-ce qu'on a fait après ça ?

— Quelle solution ? ... J'comprends rien à ce que tu racontes. C'est bien embrouillé dans ta tête, là ! Désolée ma belle...

Rachida n'a pas changé. Elle a toujours aimé jouer avec les gens comme un chat avec une souris. Hélène sait que Rachida ment, qu'elle se souvient très bien, et Hélène comprend qu'elle ne dira rien, enfin, pas tout de suite. Elle ravale sa frustration. Pour une même situation, le souvenir qu'on en garde est altéré par la perception : des événements importants pour certains sont insignifiants pour d'autres. Un autre filtre vient s'ajouter à notre perception par l'intention : les souvenirs ne sont pas les mêmes selon qu'on est victime ou coupable. C'est précisément l'intention de Rachida quant à ce souvenir qui fait douter Hélène de la sincérité de ses propos.

Rachida s'apprête à fermer la porte. Hélène craque :

— Tu peux pas me laisser comme ça... Je me souviens très bien de ce que tu m'as dit.

— Bah alors, pourquoi t'as besoin de moi ?

— Que tu me dirais à propos de ta solution, mais j'ai pas entendu quand tu me l'as dit...

— Oui, ça j'ai compris, tu me l'as déjà dit, mais je te dis que ça me dit rien...

— Dis-moi c'qui s'est passé et je te laisse tranquille. J'en ai besoin... pour avancer.

Rachida a un petit rictus aux lèvres de voir son ancienne amie dans cet état. D'un air sardonique, pour achever Hélène, elle lance :

— *« Une solution radicale »*, tu dis ?... Tu veux que je te le dise, hein ?

— Oui, s'il te plaît, supplie Hélène.

— C'était du vent ! Du bidon. C'était une blague pour t'impressionner.

Rachida se met à rire franchement.

— Arrête ! explose Hélène.

Non, Rachida n'a pas changé. Elle a toujours cet air effronté. Ce qui dénote, c'est son accoutrement : un vieux t-shirt blanc publicitaire, avec un petit logo sur la poitrine gauche, un jean large délavé. On a l'impression qu'elle s'est habillée avec des fringues de mec, qu'elle a une tenue pour faire de la peinture. Sous ces vêtements fatigués, son corps svelte ne ressemble plus à rien. Seule la tête fait l'orgueilleuse, ce qui la rend plus détestable encore.

Rachida tient son regard arrogant, Hélène tilte : le corps inerte de son rêve, c'est elle, Rachida. Avec son jean et son t-shirt blanc, il n'y a plus de doute. Ce rêve était prémonitoire. Toute cette histoire a toujours tourné autour de Rachida. Ce rêve, c'est l'expression de toute la frustration qu'éprouve Hélène envers sa colocataire. La frustration vécue à l'époque, celle d'aujourd'hui.

De rage, Hélène saute sur Rachida. Les deux femmes s'écroulent en plein milieu du salon. Les yeux injectés de sang, Hélène serre ses doigts autour du cou de son ancienne amie. Rachida perd son regard supérieur qui se change en inquiétude. En même temps, on croirait qu'elle rit. Peut-être par défi, ou par plaisir... Sûrement pour chasser le stress. Hélène, au-dessus de

Rachida, regarde la scène de haut. Tout y est, comme dans son rêve : le tapis, le parquet, les lumières, l'ambiance tamisée... Rachida s'évapore dans le décor. Plus Rachida lâche, plus le rêve s'ancre dans la réalité.

***

— Vous avez des fausses fleurs, demande un enfant, tout de noir vêtu, à Hélène.

Dans le rayon « *Accessoires* » de Truffaut où elle travaille, le manager, Cédric, lui a demandé de faire du *facing*. Alors qu'elle remet un peu d'ordre dans les bougies, elle est arrêtée par ce client étrange qui veut des fleurs en plastique.

Ça fait plus de deux ans qu'Hélène travaille là. Ça avait commencé par un boulot d'été à la fin de la deuxième année de son BTS Com. Hélène venait de se faire larguer par son premier amour, Sébastien Da Costa. Dévastée, au moment de reprendre sa dernière année d'étude, Hélène abandonne et signe le CDI qu'on lui propose. Elle restera chez Truffaut. Elle n'a ni le courage ni l'envie de poursuivre ses études. Malgré l'avis contraire de ses parents, Hélène continue d'habiter dans le petit appartement qu'elle avait loué avec Sébastien. Tout lui rappelle son ex. Elle vit dans le mausolée de son amour passé. Elle est à l'état de zombie quand elle rencontre Basile, ce jeune homme improbable qui ressemble à un bébé déguisé en Al Capone. Sa peau pâle et imberbe contraste avec son costume noir et son faux borsalino. Pourtant il a l'air d'assumer ce look qui ne colle pas du tout avec son physique : il sourit à Hélène.

— Euh... Oui... hésite Hélène, surprise par la demande autant que par le personnage. Des fleurs en plastique, on a ça...

On a aussi des fleurs en bois peint, un peu plus jolies, mais plus chères...

— Non, il me faut quelque chose qui fait vrai. C'est pour un tournage.

— Un tournage ?

— Oui, je réalise un film... Enfin, un film d'école. J'suis pas Spielberg, mais bon... s'amuse Basile. Enfin, pas encore !

Ce gamin a l'air vraiment très à l'aise, se dit Hélène. Ça lui plait alors elle se laisse aller à la conversation. Basile est très volubile et sympathique. En quelques minutes, Hélène sait tout de sa vie : sa passion pour le cinéma, le sujet de son film, l'école dans laquelle il est...

— Euh... Tu peux venir sur mon tournage si ça t'intéresse. On a besoin de figurants ! ose Basile.

« On se tutoie ? » pense Hélène. *« Tu s'rais pas en train de m'draguer par hasard. Tu sais j'en ai vu d'autres... Ici, c'est ma routine. »*

— Y'aura ma copine. Elle non plus elle est pas du métier. C'est pas grave si toi non plus, ajoute le jeune homme.

« Bon, non. T'essaies pas de me draguer », se dit Hélène, presque vexée.

— Bah ok, pourquoi pas, répond-elle à cet énergumène qui repart avec quelques plantes en plastique.

Basile a pris le numéro de portable d'Hélène. Il lui envoie un texto le soir même pour lui donner les coordonnées et horaires du tournage. Elle doit poser une journée de congé, mais cette nouvelle expérience l'excite terriblement. Quand elle arrive devant l'école de cinéma, un ancien entrepôt réaménagé le long des quais dans une zone désertique, le froid de l'hiver aidant, Hélène appréhende un peu. Elle se demande dans quoi elle a encore mis les pieds, mais la curiosité l'emporte et elle pousse les portes d'entrée du bâtiment. À l'intérieur, on se croirait dans une fourmilière, les jeunes étudiants s'activent dans les couloirs sombres et étroits qui desservent salles de cours et studios de tournage.

— Excusez-moi mademoiselle, lui demande une très longue et très jolie jeune fille. Je cherche le studio Stanley Kubrick.

— Euh... Je ne travaille pas ici... Enfin, j'étudie pas ici, répond Hélène. Moi aussi, je cherche le studio. Je viens pour un tournage.

— Pareil ! On va chercher ensemble.

Hélène suit la jeune femme qui a tout l'air d'une starlette en herbe. Blonde aux yeux bleus, un corps parfait... Ça doit être l'actrice principale. Basile lui a parlé de son scénario : un gars tue l'ex de sa copine et demande à son meilleur ami de se débarrasser du corps. La jeune fille, ça doit être la petite amie dans le film de Basile.

— Tu t'appelles comment ? demande la future star.

— Hélène. Et toi ?

— Brigitte ! T'en connais des Brigitte de mon âge ?... Non mais franchement.

— Bah Brigitte Bardot, c'est plutôt une bonne référence.

— Pour une actrice, oui, mais pour une fille qui fait des études de compta, ça sonne plutôt secrétaire !

— Ah, mais... T'es pas actrice ?

— Non, pas du tout. Je viens pour faire de la figuration. Je suis la copine du réalisateur. Et toi, t'es comédienne ?

Hélène sourit intérieurement. Elle ne veut pas le croire : c'est donc elle, cette poupée parfaite, la petite amie du nabot rondouillard qui lui a donné rendez-vous. Hélène, en réalité, est un peu jalouse de ce couple atypique. Basile et Brigitte. C'est tellement kitsch... Ça serait risible si ces deux tourtereaux, une fois retrouvés, ne se comportaient pas l'un pour l'autre avec une délicatesse extrême. On dirait un couple de vieux après 50 ans de mariage. Ils sont souriants, ils sont heureux. Comme réalisateur, Basile n'a aucune autorité. Il ne sait pas où il va ni ce qu'il doit faire. Il se laisse manipuler par ses camarades plus ambitieux et ses profs frustrés. Mais qu'importe, Brigitte le regarde avec admiration. Une admiration sincère, celle des amis, pas la béate des midinettes.

Les figurants sont employés le matin pour une scène de soirée. La séquence est courte, le tournage se fait rapidement. Ce qui est long, c'est l'attente entre les prises, entre les plans. Les changements de lumières, les répétitions techniques. C'est une jeune femme black ou rebeu qui est à la caméra, guidée par le prof de mise-en-scène, sous les indications approximatives de Basile. Le prof l'appelle *« Rachida »*, Basile ne la nomme pas. Rachida s'exécute. À la pause déj, les figurants sont libérés. Brigitte reste voir travailler son homme. Hélène, surprise par cette matinée, impressionnée par la fabrication du paraître et curieuse de voir la suite, en profite pour demander à Brigitte si ça ne la dérange qu'elle reste avec elle. Brigitte est ravie d'avoir une nouvelle copine pour l'accompagner jusqu'à la fin de la journée. Elle admire Basile, mais quand on a rien d'autre à foutre que de contempler son génie au travail, on peut finir par se lasser... Là au moins, les deux filles pourront discuter entre les prises. Brigitte ne fait que parler de Basile. Hélène ne dévoile pas grand-chose d'elle. Elle s'amuse à penser que, décidément, elle n'aurait pas du tout imaginé un gars comme Basile avec une fille comme Brigitte. Une aussi jolie fille avec du tempérament, en couple avec un petit bonhomme, certes sympathique, mais somme toute assez insignifiant, qui de surcroît, ne couche pas avec lui pour réussir… S'ils couchent ensemble. Un enfant et une poupée, on pourrait en douter. Comment s'étaient-ils rencontrés ? Qu'est-ce qu'avait attiré Brigitte chez Basile pour qu'elle accepte de sortir avec lui ? Son argent peut-être ? À voir ce même costume noir élimé qu'il porte aujourd'hui, comme le jour où il avait rencontré Hélène, certainement pas. De plus, la vie de saltimbanque que se préparait Basile paraissait loin d'être un bon investissement pour Brigitte. Ils s'étaient connus enfants alors ? Un premier amour qui dure… Peut-être. Mais jusqu'à quand ? Non, c'était juste qu'ils étaient gentils avec l'autre, bienveillants. Apaisés. Elle répondait à ses attentes mais lui n'en demandait pas trop. Il s'intéressait plus à elle, à son bonheur qu'à sa propre personne. Elle aimait qu'il la surprenne, c'était sans doute pour ça qu'il s'était imaginé réalisateur. Ils vivaient dans le même rêve et s'ils avaient dû être seuls au monde, ça leur aurait parfaitement convenu également.

Peut-être que les gens qu'on choisit d'habitude sont à l'opposé de ceux qu'il nous faudrait ? Peut-être qu'Hélène aurait dû se laisser surprendre plutôt que de succomber facilement à Sébastien, son ex, un beau gars, faux rebelle, finalement très classique ? Un sanguin bodybuildé aurait peut-être pris mieux soin d'elle… Trop tard.

La seconde séquence tournée l'après-midi est la scène-clé où les deux copains se retrouvent face au corps inerte. L'un des deux a refroidi l'ex de sa nana et a demandé à son meilleur pote de venir à la rescousse pour se débarrasser du corps. On commence par un gros plan en plongée sur le corps allongé sur le ventre en plein milieu d'un salon en carton-pâte. Travelling arrière, les deux amis regardent le mort. La camerawoman, Rachida, est sur une mini-grue qui se soulève à chaque fois que Basile ânonne *« Action »*. Hélène est subjuguée par ce ballet silencieux et a un haut-le-cœur à chaque fois que Rachida s'élève dans les airs. À *« Coupez »*, la machine redescend, Rachida et, par procuration, Hélène retouchent sol. En silence, le mort se relève, se dégourdit les jambes et attend le nouveau *« Moteur »* pour replonger face contre terre. C'est un jeune homme d'une vingtaine d'années, probablement d'origine asiatique. Il est beau, mais ne dégage rien de spécial. C'est sûrement pour ça qu'il fait le mort et que les autres, bien plus fringants, font les personnages principaux (les deux amis). De toute façon, on ne voit pas son visage... Hélène le plaint : venir toute une matinée pour jouer un mort... Elle n'imagine pas qu'il puisse avoir d'autres scènes à tourner où il aurait du texte, quelque chose à jouer de plus intéressant. L'après-midi se termine. Brigitte et Hélène ont fini de se parler. Le cinéma, c'est beaucoup d'attente. Hélène commence à en avoir marre. Elle ne prête plus attention à ce qui se passe depuis un bout de temps. Les yeux dans le vague, elle est en mode veille, dans le noir du studio Stanley Kubrick, après quelques plans tournés de cette séquence pourtant cruciale du film. Elle reste figée sur Rachida qui virevolte autour des comédiens et ce jeune homme en t-shirt blanc, jean, baskets qui passe les heures allongé sur le ventre, inerte. Elle est comme dans un rêve...

L'apprentie assistante-réalisateur crie :

— Et c'est une fin de journée ! Merci à tous !!!

Les étudiants, professeurs et comédiens, exténués, applaudissent à tout rompre. Brigitte retrouve Hélène, tirée de sa somnolence.

— Tu viens boire un verre avec nous ?

— Oui, pourquoi pas, répond Hélène qui se dit que Brigitte pourra lui servir de porte d'entrée pour faire connaissance avec le groupe.

Depuis qu'elle a quitté ses études, depuis que Séb est parti, elle est seule et ses collègues de Truffaut ne font rien pour l'extraire de cette solitude.

Dans le bar, Brigitte a oublié Hélène dans un coin. Maintenant que Basile est plus disponible, elle ne le lâche plus. En dehors de Brigitte, qui a un statut spécial, Hélène est la seule figurante encore présente. Elle a l'impression de faire un peu tâche et puis, elle n'est pas du genre à s'imposer. Hélène finit son verre. Elle aimerait partir, mais elle n'a jamais su partir des soirées. Elle imagine qu'à un moment, quelque chose d'extraordinaire va se passer. Mais il se passe rarement grand-chose. Quand ça commence mal, c'est foiré jusqu'au bout.

Hélène a vidé son verre depuis bien trop longtemps maintenant. Elle se tord d'ennui, accoudée au comptoir d'un bar vide hormis le petit groupe de vidéastes en herbe à l'autre bout de la salle. Elle est ridicule. Cette fois, c'est décidé, elle s'en va. Elle longe les tables sans que personne ne se soucie d'elle. Elle est transparente. C'est quand elle pousse la porte qui donne sur la rue qu'une voix l'arrête.

— Tu t'en vas ?

Hélène se retourne : la camerawoman est plantée face à elle. Elle a dû l'observer de loin, la suivre du regard quand Hélène allait partir et se tordre pour s'extraire de sa place dans le groupe pour arriver à temps jusque-là. Cet effort mérite d'être récompensé.

— Heu, non… Je… Je voulais prendre l'air.

— Ah. Tu fumes ?

— Non.

— Moi si. Tu m'accompagnes ?

— Si tu veux.

— Salut, j'm'appelle Rachida. Et toi ?

CHAPITRE 17. Léna

Les mains d'Hélène serrent plus fort encore le cou de Rachida. Plus la peau gonfle, plus les doigts s'enfoncent. Rachida a les yeux exorbités. À bout de souffle, elle réunit toutes ses dernières forces pour saisir la tête d'Hélène et l'emmener à elle. Hélène résiste mais elle voit bien que leurs regards se rapprochent. La peau de Rachida est couleur vin, celle de la sale vinasse qu'elles s'enfilaient quand elles étaient colocs. Les bras de sa victime tremblent mais attirent sa tête et son corps tout entier. Hélène sent l'haleine rare mais prégnante qui sort de la bouche de Rachida. Elle ferme les yeux comme si elle allait succomber dans cet ultime effort. Leurs lèvres se frôlent. D'un jaillissement violent, Rachida embrasse Hélène à pleine bouche. C'est la belle au bois dormant qui force le prince mais Rachida n'est pas une belle et Hélène n'est pas un prince. C'est même tout l'inverse.

Hélène est surprise. Surprise par l'acte en lui-même autant que par sa réaction. Surprise, dégoût, plaisir, honte : surprise ! Ses mains lâchent d'elles-mêmes le cou de Rachida. Rachida en profite pour reculer. Elle retrouve la couleur de sa peau et son sourire narquois avec. Hélène se relève, s'essuyant les lèvres mécaniquement. Elle fixe sa proie recroquevillée mais avec le regard encore bien vivace.

— Je t'aimais ! Voilà, hurle Rachida. Je t'aimais d'amour. J'étais amoureuse quoi ! Ma solution radicale contre Bruno, contre tous les connards, c'était ça ! Tous les envoyer chier en se mettant ensemble. Les femmes avec les femmes. Les hommes avec les hommes. J'ai… J'ai jamais pu te le dire. On était hétéros. Voilà, t'es contente ? Tu as eu c'que tu voulais ?...

Rachida, qui paraissait sincère, retrouve son petit sourire en coin. Peut-être par protection. Peut-être par moquerie. Hélène ne pourrait en être sûre.

***

— Ça te dit, on va dans le sud ?

— Quoi ? répond Hélène... Mais, il est 11 h du soir.

— T'as une voiture ? insiste Rachida

— Bah oui, mais...

— Allez viens ! On va se marrer...

— Mais ça fait une heure qu'on se connaît et tu veux que je descende avec toi dans le sud ?

— Pourquoi pas ?

— C'est dingue ! Pourquoi faire ? hésite Hélène ébranlée par cette proposition inattendue.

— Bah j'sais pas... On va parler de nos vies, continuer à faire connaissance. On est rentrées lundi, t'inquiète.

— Bon... Euh... Ok... C'est n'importe quoi.

Rachida crie de joie, ce qui fait rire Hélène. Sa nouvelle copine la prend par la taille et l'emmène vers là où elle croit être la voiture d'Hélène, oubliant complètement l'équipe de tournage qui discute encore à l'intérieur du bar. Hélène est crevée, mais l'excitation suscitée par cette folle aventure la réveille.

Les deux filles ont parlé plus d'une heure sur le trottoir. D'abord de banalités : Rachida est cadreuse, intervenante dans cette école de cinéma, mais aussi sur des films d'entreprises et parfois de petites pubs. Hélène raconte comment elle s'est retrouvée là. Au fil des échanges, Rachida confie à Hélène sa solitude malgré sa facilité à nouer contact, Hélène lui avoue sa rupture avec son premier amour dont elle n'arrive pas à se remettre. Elles se sont fait des compliments, pour s'encourager. Elles ont ri, elles ont pleuré. En une heure, elles ont vécu toute une vie et pourtant, elles ne savent rien l'une de l'autre. Elles ont encore tant à apprendre. C'est pourquoi Hélène accepte la proposition de Rachida.

Les portières claquent. Le moteur démarre. Le coffre est vide mais le cœur est léger.

— Je passe un p'tit coup de fil, explique Rachida en sortant son téléphone. J'ai un copain qui peut nous héberger. C'est toujours ça de gagné.

Ça décroche :

— Allô ? Ouais, c'est bon j'arrive, souffle Rachida tout bas, sa voix couverte par le bruit du moteur.

Les deux jeunes femmes avalent les kilomètres en continuant à se confier l'une à l'autre. Hélène a l'impression que Rachida est une page blanche sur laquelle elle peut poser toute sa vie pour démarrer une nouvelle histoire. Mais c'est elle le livre ouvert que Rachida lit consciencieusement et tente de mémoriser pour s'en servir plus tard, et appuyer là où ça fait mal, si nécessaire.

Arrivées dans le sud, elles sont accueillies au pied d'une barre d'immeubles par un beau jeune homme qui fait les yeux doux à Rachida. Il montre les chambres : Rachida partagera la sienne, Hélène aura le petit bureau qui sert de chambre d'amis improvisée. Hélène sourit intérieurement : elle comprend qu'elle s'est fait gentiment avoir en servant de chauffeur pour que Rachida retrouve un plan cul, mais elle ne lui en veut pas. Elle est tellement crevée qu'elle s'endort immédiatement.

Elle est réveillée en début d'après-midi par des râles plutôt bruyants. Elle se demande si Rachida et son *sex-friend* ont baisé tout le long. En fait, elle s'en fout. Elle, a dormi. Elle est prête pour aller faire un tour, visiter la région mais après quelques minutes, tout redevient calme, comme si elle était seule dans l'appartement et, jusqu'à ce qu'elle retrouve le sommeil la nuit tombée, elle n'entend que quelques portes s'ouvrir et se refermer subrepticement, une chasse se tirer, un robinet s'ouvrir... Quelques rires épars.

Hélène n'ose pas sortir de sa chambre sans y être invitée, de peur de déranger, ce qu'elle peut sincèrement appeler, ces deux étrangers. À bout de patience, elle va quand même aux toilettes, boire de l'eau, voler des chips dans la cuisine.

Le dimanche se passe comme le samedi et, sur les coups de 16 h, sa porte s'ouvre : c'est Rachida.

— On y va ?

Hélène, sidérée, ne sait quoi répondre. Les deux filles s'en vont en silence. Elles ne disent même pas au revoir à la queue-sur-patte qui leur a servi d'hôte, resté dans sa chambre.

Le voyage du retour se fait dans le silence.

— Tu fais la gueule ? ose Rachida.

— Bah ouais, un peu.

— C'est quoi le problème ?

— Tu m'invites à aller dans le sud, soi-disant pour faire connaissance et là tu passes le week-end avec un gars. Tu t'es servie de moi. Tu le vois là, le problème ?

— C'est lui, il voulait pas sortir... T'aurais pu sortir si t'avais envie. On t'a pas enfermée.

— Ça va être ma faute maintenant ?

— Bah... Un peu... On n'est pas mariées. On se connaît pas, comme tu dis...

Hélène commence à culpabiliser. C'est vrai que, voyant que les tourtereaux n'allaient pas quitter leur nid, elle aurait pu se prendre en main et inventer elle-même l'aventure qu'elle attendait. Mais comme d'habitude, elle s'est dit qu'elle devait pas faire de vague, se faire oublier, que c'était pas le bon moment. Alors, elle a attendu. Bêtement. Patiemment. Passivement. Lascivement...

— T'as raison, excuse-moi, la devance Rachida. J't'ai dit de venir et j't'ai carrément zappée. Désolée.

Dans la tête de Rachida, c'est tout aussi embrouillé : oui, elle a profité d'Hélène pour une partie de jambes en l'air mais c'est aussi vrai qu'elle a trouvé charmante cette rencontre avec Hélène et qu'elle aimerait s'en faire une amie. Rachida veut tout ou rien, c'est pour ça qu'elle est maladroite.

— C'est... C'est pas grave, laisse tomber, conclut Hélène.

Dans la voiture, bon an mal an, la conversation reprend, comme si de rien n'était.

Les jours qui suivent, les deux nouvelles amies ne se quittent plus : restos, shopping, ciné. Si bien qu'au bout d'un mois, quand Rachida propose à Hélène d'emménager chez elle, elle accepte avec joie.

— C'est un appart que je partageais avec ma sœur, précise Rachida. Il est trop grand pour moi toute seule... Et trop cher. Si tu viens pas, je serai obligée de le rendre et de louer plus petit. Ici, on peut se faire des fêtes de dingue !!!

Effectivement, c'est un grand appartement, très lumineux. Il y a une belle chambre pour Hélène et des rangements, et un salon spacieux qui donne sur la cuisine. Et une baignoire. Et une douche. Et la salle de bains, elle a deux lavabos... C'est une occasion en or ! Rachida appelle deux, trois copains pour déménager Hélène chez elle. Bye bye l'appart de l'ex ! Salut la nouvelle vie !

Hélène dort dans la chambre de la sœur de Rachida, se lave les dents dans son lavabo, boit le café dans sa tasse sans jamais la voir, sans jamais plus en entendre parler ; par Rachida ou personne d'autre. Hélène se met à douter de l'existence même de cette sœur énigmatique. Un matin, avant de partir au boulot, alors qu'elle avale son café et que Rachida est dans la salle de bains, elle demande, en criant :

— Elle s'appelle comment ta sœur ?

— Quoi ? lui répond le mur.

— Ta sœur, elle s'appelle comment ?

Rachida sort de la salle de bains. Elle est nue, une serviette sur la tête.

— J'entends pas c'que tu dis.

Hélène est choquée. Elle n'a jamais vu de femme nue, hormis elle-même et peut-être sa mère, quand elle était gamine.

— Euh... Rien. Laisse tomber.

— Ça t'ennuie que j'me balade à poil ?

Rachida s'amuse. Elle va de droite à gauche, du salon à la cuisine, se pointe devant Hélène sans raison.

— Alors qu'est-ce que tu voulais me demander ?

— Ta sœur… Elle s'appelle comment ta sœur ? balbutie Hélène.

— Léna.

Rachida retourne à la salle de bains en rigolant :

— On est toutes faites pareil, meuf ! Faut pas pâlir comme ça devant un bout d'nichon ou une chatte ! J'suis plus bronzée que toi, c'est tout.

Elle sort la tête de la porte, narquoise :

— T'es pas raciste quand même ?

Léna. Hélène. Comme par hasard. Encore une fois, Hélène se demande si sa nouvelle coloc ne s'est pas foutue de sa gueule. Elle s'en fiche bien, c'est pas la première fois, ce ne sera pas la dernière. Hélène est plus troublée par l'impudeur de Rachida. Elle, n'est pas comme ça. Pourtant, combien de fois Rachida est rentrée dans la salle de bains alors qu'Hélène prenait sa douche ? Combien de fois elle est venue dans sa chambre sans frapper ? Hélène a fait part de sa gêne, mais Rachida minimise à chaque fois :

— T'es une jolie fille, tu ne devrais pas avoir honte de te montrer. T'as des jolies formes, tu devrais en être fière. C'est normal d'être à poil. C'est les vêtements qui sont pas naturels. Il faut que tu te libères, ma belle !

Rachida joignait souvent l'acte à la parole en tripotant Hélène, ses cheveux, son visage, ses seins, son ventre, ses hanches, ses cuisses, en lui dégrafant un bouton de son corsage, en remontant un peu sa jupe. Elle jouait à la poupée pendant quelques secondes et Hélène se laissait faire, essayant de se persuader que son amie avait raison. Ça se terminait par des bisous partout sur le visage et de grandes accolades à la BFF.

Hélène est quand même bien avec Rachida. Mieux vaut être maladroitement accompagnée que seule. Cette nouvelle vie la stabilise. La folie de sa coloc l'électrise. De nouveau elle ose prendre des risques. Elle accepte de sortir avec Cédric, le chef de magasin du Truffaut où elle travaille. Ils sortent ensemble depuis quelques semaines. Hélène va l'avouer à Rachida ce soir au resto.

— Je voulais te remercier, commence Hélène, après l'apéro.

— Ah bon ? s'étonne exagérément Rachida qui se délecte autant de la déclaration de sa copine que de son burger végé.

— Oui... De m'avoir accueillie chez toi. Et du coup, je...

— Mais c'est normal. Ma pauvre ! Tu ressemblais à rien quand j't'ai rencontrée. Regarde-toi maintenant, tu es resplendissante !

— Merci... Mais, c'est grâce à toi. Ça va beaucoup mieux dans ma vie depuis qu'on vit ensemble. D'ailleurs, j'ai...

— C'est trop gentil ! On va fêter ça ! Allez viens ! On va faire la fête ! On va au Duplex ?!

Hélène ne veut pas contrarier sa copine. Elle n'a pas pu lui dire pour Cédric. Elle le lui dira à la boîte. Elle attend à la table où les verres sont posés que Rachida en ait marre de danser. Rachida ne s'arrête que pour boire une gorgée et retourne sur la piste. Hélène lui parlera sur le chemin du retour. Elle ne va pas perdre sa soirée à attendre. Elle rejoint Rachida. En la voyant, Rachida lui saute dessus en criant. Hélène sourit et se laisse emporter par son amie.

Le matin se lève. Elles rentrent à pied. Rachida a le sourire aux lèvres, des étoiles dans les yeux, encore ivre de danse et d'alcool. Hélène est redescendue.

— Tu vois qui c'est Cédric ? commence Hélène.

— Ton boss ?

— Ouais... Il... Il m'a invité à boire un verre.

— Tu vas accepter ? Il est pas un peu bizarre ?

— J'ai accepté. On l'a bu ce verre.

— Ok meuf. Chacun ses goûts.

— On est sorti ensemble.

Rachida explose de rire.

— On est ensemble... depuis un peu plus d'un mois, insiste Hélène. Je voulais te le dire, parce qu'il m'a proposé d'aller dans sa maison de famille le week-end prochain.

— Tu plaisantes ?

— Non.

— Mais Hélène, tu sors d'une relation qui t'a mise par terre et toi tu rempiles ?

— C'était y'a plus de trois ans, quand même. Il faut que je passe à autre chose. C'est grâce à toi que j'y suis arrivée.

— Mais on s'amuse pas toutes les deux ?

— Ça n'a rien à voir avec toi. Ça n'empêche pas...

— Bah alors ?

— On n'est pas amoureuses toutes les deux.

— Ah parce que tu es amoureuse ?

— C'est pas ce que je voulais dire. On n'est pas en couple toutes les deux. On est juste copines.

— *« Juste copines »* ? J'pensais qu'on était amies.

— Oui on est amies. Mais on fait pas l'amour ensemble... Je sais pas comment dire.

— J'suis pas un mec, quoi !...

— Voilà !

De nouveau, la suite du trajet se fait dans le silence. Les deux colocs s'effondrent dans leur lit, exténuées.

— Fais tes affaires !

Hélène est réveillée, giflée par son manteau. Rachida lui jette ses vêtements à la gueule.

— Casse-toi de chez moi, si c'est ça que tu veux !

— Mais t'es dingue Rachida ! J'ai jamais dit ça.

— Va le retrouver ton mec, petite pute ! On va voir s'il va te supporter longtemps !

— Mais t'es folle en fait ! Arrête !

Il pleut des fringues et bientôt des chaussures, une valise. Quand il n'y a plus rien à jeter, Rachida s'écroule par terre et fond en larmes :

— Alors toi aussi tu vas m'abandonner ? Tu peux partir. J'ai l'habitude tu sais...

Hélène s'approche de Rachida et s'agenouille près d'elle.

— Mais je vais pas partir...

Rachida saute au cou d'Hélène.

— J'ai peur, Hélène. J'ai peur de me retrouver seule...

Hélène regarde sa colocataire. Ses yeux sont rouges.

— Tu as dormi ?

— Avec ce que tu m'as dit, comment veux-tu ? ...

— Allez... Allez viens, on va dormir.

Hélène accompagne son amie jusqu'à sa chambre, l'allonge et s'allonge avec elle, tout contre. Rachida se calme. Les deux filles s'endorment.

Hélène sait que ça ne sert à rien de mettre de l'huile sur le feu. La journée se passe sans un mot. Rachida et elle sont comme deux pèlerins qui ont fait vœu de silence, en retraite dans leur monastère intérieur, isolé par les vents contraires de leurs émotions.

Le soir, Hélène se fait couler un bain. Elle aspire à un peu de sérénité mais quand elle voit sa coloc aller et venir, elle sait qu'elle n'aura d'apaisement tant que le problème ne sera pas résolu.

— Tu veux venir ? demande Hélène.

Cette invitation, c'est son calumet de la paix. Rachida apprécie le geste. Elle espérait cet instant. Elle attendait qu'Hélène le fasse, trop orgueilleuse pour le faire elle-même. Sous son jogging gris, elle est nue. Ses vêtements à terre, elle se glisse dans l'eau encore chaude, face à Hélène. Leurs regards jouent à cache-cache, leurs bouches ont une occlusion. Quand les mots se bousculent sans pouvoir sortir, ils se liquéfient et s'écoulent en petites gouttes au coin de l'œil. À moins que ce ne soit de la sueur, ou l'eau du bain.

— Tu sais... ose Hélène.

Il faut bien commencer.

Elle ne sait comment prendre le problème sans que ça ne parte en live.

Ça ne dépend pas tellement d'elle, au fond.

Quoi qu'elle dise... Alors...

Il faut bien commencer.

— Tu sais... Un jour je partirai... Je partirai d'ici. Je rencontrerai quelqu'un qui me plaira... À qui je plairai. Peut-être que ce sera Cédric, peut-être pas lui. Un homme. Un amoureux... Pas une amie. Une meilleure amie... Je te dis pas ça pour t'ennuyer. C'est dans l'ordre des choses. Les gens ne vivent pas éternellement avec leurs amis. Ils rencontrent un homme, une femme, ils fondent une famille. C'est banal ce que je te dis...

— Ça va, j'ai compris !

— Bon.

Le silence revient. Le silence vient toujours par Rachida. Tant qu'elle a encore des jetons à mettre dans son moulin à paroles, elle continuera à moudre. Quand elle est à sec, elle ferme sa gueule. Elle attend qu'Hélène remette une pièce. Hélène finit toujours par le faire.

D'un coup Rachida se lève. Si l'instant l'a rendue muette, il ne l'a pas rendue infirme. Son cerveau travaille à plein régime pour se sortir de cette situation la tête haute. Elle quitte la salle de bain et revient tout sourire, en tendant à Hélène une nuisette rouge.

— Qu'est-ce... Qu'est-ce que c'est ? demande Hélène qui voit très bien ce que c'est.

— Tiens ! C'est pour toi ! Et ton homme. Je l'avais achetée pour un gars, mais on s'est jamais revus alors, je l'ai jamais portée. Elle est neuve, y'a encore l'étiquette ! C'est un cadeau. Pour faire la paix.

— Merci, mais...

— Tu l'essaies ?

— Maintenant ?... Merci Rachida, je l'essaierai plus tard.

— D'accord.

Rachida pose la nuisette et replonge dans la baignoire. Face à Hélène, elle ouvre son autre main qu'elle avait gardée fermée. À l'intérieur se trouve un collier de perles.

— Tiens, ça aussi c'est pour toi. Rien que pour toi. Tu te souviens ?

Oui, Hélène se souvient bien de ce collier qu'elle avait repéré dans une boutique il y a quelques mois, alors qu'elle faisait du shopping, une des premières fois avec Rachida, avant qu'elles ne s'installent ensemble. Elles étaient passées vite devant la vitrine de cet antiquaire, sans s'arrêter. Rachida s'en était souvenue et avait acheté le collier sur lequel Hélène avait flashé.

Touchée, Hélène prend avidement l'objet des mains de Rachida et le met autour du cou.

— Alors, comment il me va ?

— Tu es ravissante, ma belle. Tu avais raison, il était fait pour toi ce collier.

— Merci. Merci, Rachida, c'est trop gentil.

— C'est normal, on est meilleures amies, non ?

— Bien sûr... Et on le restera, quoi qu'il arrive.

Hélène enlace Rachida qui se laisse faire. Quand elles sortent de leur étreinte, Hélène admire son collier et Rachida zieute sa nuisette abandonnée sur un coin de lavabo.

— Tu veux que je l'essaie, c'est ça ?

— Non. J'me demande seulement si ça va t'aller... Enfin, si c'est la bonne taille. T'es quand même plus grande que moi...

— Allez va, j'te dois bien ça.

Hélène sort de la baignoire à son tour. Sans se sécher, elle passe vite la nuisette. Elle a du mal à l'enfiler, le tissu colle à sa peau moite. Elle tire sur les côtés jusqu'à ce que la nuisette reprenne sa forme, sur ses cuisses, ses hanches, ses seins et ses épaules. On les voit bien se dessiner sous l'étoffe humide, rendue transparente. Rachida n'a pas lâché Hélène du regard.

***

« Je t'aimais d'amour ! » Cet aveu, c'est un second baiser. Plus profond encore.

Hélène sent sur ses lèvres le tabac de Rachida, dans son palais sa chaude haleine. Sa langue s'électrise du souvenir de celle de sa rivale, qui a glissé contre la sienne pour s'enfoncer tout au fond de sa gorge jusqu'à la suffocation. Rachida a rendu coup pour coup. Le corps d'Hélène se fige de culpabilité mais sa peau se hérisse de plaisir. Comme si on l'avait surprise en train de se masturber. Elle est troublée. Tout est trop neuf. Inattendu. Pourtant, elle aurait dû savoir que la bouche de sa coloc serait capable de tout. Rachida avait toujours paru étrange, Hélène le savait et l'acceptait, faisant avec. Sans s'en rendre compte, ou sans vouloir le voir, Hélène avait fini par donner le gouvernail de sa vie à Rachida.

CHAPITRE 18. Nicolas

— T'as pris du cidre ?

— Bah ouais… Quoi ?

— Personne boit du cidre en soirée.

— Et t'as pris quoi toi ?

Les deux amies se sont retrouvées devant la porte de l'appart du pote chez qui elles sont invitées. Seule Rachida avait le code, Hélène a dû attendre. En sonnant, elles ont été accueillies par une inconnue. Elles vont dans la cuisine où se trouve la bouffe. Hélène sort une bouteille de vin de son sac et la pose sur la table.

— Bah du vin, lance Hélène.

— Bah moi, j'ai pas de fric.

— Pff, t'es grave, s'amuse Hélène en quittant la cuisine avec sa copine.

Elles se dirigent toutes les deux vers le salon où elles posent leur manteau sur un grand canapé. Rachida va tout de suite retrouver ses amis qui se dandinent dans un coin en buvant des bières. Elle s'en fait offrir une. Comme elle n'a pas invité Hélène à la suivre, celle-ci n'ose pas s'incruster. Elle ralentit le pas et fait marche arrière. Elle trouve un saladier de punch sur une table basse avec quelques gobelets en plastique. Elle s'assoit sur le canapé aux manteaux pour se servir. En sirotant, elle regarde la soirée se passer devant elle.

Hélène a vidé le bol de Cheetos et sifflé trois verres de punch. Elle a vaguement dit *« Salut »* à un gars insignifiant qui voulait se servir. Elle somnole à présent, recroquevillée sur le canapé, les manteaux comme oreillers.

— Hélène ! Hey, Hélène !!!

Hélène émerge. Face à elle, un beau jeune homme au large sourire et au regard franc. Délicatement, il la prend dans ses bras réconfortants, se cale derrière elle et pose sa tête contre sa poitrine. Sa main caresse ses cheveux. Hélène peut se rendormir…

Non, pas du tout ! C'est quoi ce cliché de gamine à la con ? C'est simplement Rachida qui la secoue :

— Qu'est-ce tu fous ? Tu t'amuses pas ?

— Non, mais j'suis crevée… répond Hélène. Et j'ai promis de faire un brunch avec Cédric demain matin.

— Mais tu le vois tout le temps ton Cédric. Au boulot, le soir, les week-ends… Tu te fais chier avec moi ?

— Mais non, t'es bête !

— Alors viens, on s'amuse. Pour une fois qu'on a une soirée toutes les deux.

— Ok… lâche Hélène.

— Y'a pas un mec qui te plait ici ?

— Rachida, arrête ! Je suis avec Cédric…

— Hé oh, t'es pas mariée, encore. On peut s'amuser. Alors ?

Hélène scanne le salon, sans conviction.

— Ben… Bof.

— Ok. Alors, quel est le mec qui te plait le moins ?

— Quoi ?

— Celui qui est le moins ton genre.

Hélène scrute un peu mieux l'assemblée et finit par pointer du doigt un grand black baraqué, effrayant, à moitié de dos, qui rit comme un débile.

— Ah ! Demba ? réagit Rachida. Il est pas mal pourtant.

— Ouais bah tu m'as dit *« Pas mon style »*, bah c'est pas mon style. J'suis plutôt artiste maudit tendance geek, les faux bad-boy, des mecs gentils quoi.

— Tu t'es fixée sur un genre au bout de deux gars, toi ? Ton ex et Cédric... Faut tester d'autres trucs ma vieille

— Oui, bah lui, il fait peur. Il est horrible ce gars avec ses dents...

— Mais non, c'est une fausse racaille... Et puis, c'est pas toi qui disais qu'après avoir vu Basile et Brigitte, tu t'étais dit que ceux avec qui on est ne sont peut-être pas ceux avec qui on devrait être ? Demba, c'est pas ton genre. C'est donc que c'est peut-être celui qu'il te faut. Regarde la vie que tu as avec Cédric. Ça fait pas six mois que vous êtes ensemble et vous vivez déjà comme des vieux : une sousoupe, un téléfilm et au lit !

— N'importe quoi. D'abord, c'est des Ramen, pas une soupe ! Ensuite, c'est des séries pas un film et après, on baise ! Pas vraiment la même chose.

— Allez, j'te donne encore six mois pour que ce soit la même chose. Du jour où vous allez vous installer ensemble !

— On en a parlé, mais rien n'est fait.

— Ouais, c'est presque fait. Tu passes plus de temps chez lui que chez nous ! Moi, qu'est-ce que je te propose ? De te sortir de ta putain de zone de confort ! La folie, l'aventure ! À chaque minute de ta vie. Et ce Demba, il symbolise exactement ça. La vie. Cédric, c'est la mort ! Allez, viens, je te le présente !

Rachida tire Hélène par la manche en se levant. Hélène la tient au canapé.

— Non, ça va... J'veux rentrer.

— Putain, t'es chiante...

Rachida laisse Hélène à son canapé mais après quelques minutes, elle revient.

— T'as raison, on rentre. C'est nul ici de toute façon.

Les deux filles enfilent leur manteau et quittent la soirée sans dire au revoir. Dans l'ascenseur, Hélène remarque deux bouteilles de champagne dans le sac de Rachida.

— T'es pas gênée quand même ! s'amuse Hélène, complice.

Les deux amies échangent un regard. Elles explosent de rire.

Les jours qui suivent, Rachida n'arrête pas de bassiner Hélène avec Demba, si bien que pour en finir, ils sortent ensemble. C'est pas mieux qu'avec Cédric, ou Séb. Pire même… Mais quelques semaines plus tard, Rachida a gagné : Hélène quitte Cédric. Elle s'éloigne peu à peu de ses collègues de Truffaut mais Rachida va plus loin : elle convainc sa coloc de changer de boulot. Elle lui a trouvé un job en or ! Un truc pénard, pas physique, selon elle. Dans une boîte qui vient de s'installer dans le coin. C'est loin de tout, mais point de vue salaire et tranquillité, c'est vrai que ça vaut le coup. Rachida vend super bien le truc. En fait, ce taf, c'est encore plus chiant que vendeuse, mais il faudra six semaines à Hélène pour s'en rendre compte. Le temps de la routine. C'est trop tard, elle ne peut plus faire marche arrière. Hélène croise une certaine Véronique, une Magalie (toujours enceinte), un Mehdi… sans vraiment faire leur connaissance. Elle met trop de temps à rentrer pour rester boire un verre. Demba, c'est fini. Hélène est seule. Définitivement. Seule avec Rachida qui la trimballe de soirée en soirée, d'amis en amis, d'aventure en aventure. Que de lasses nouveautés. Rachida trimbale Hélène comme son ombre. Plus la lumière est sur elle, plus son ombre est petite, à ses pieds.

***

Ce n'est pas la déclaration d'amour de Rachida qui trouble Hélène. Pouvant douter de sa sincérité, elle la rejette. C'est l'élan qu'elle croit provenir d'une autre. Comme si ce premier baiser en avait fait renaître d'autres, passés, oubliés, futurs, à venir, le plaçant maintenant dans une normalité, une évidence. Les lèvres d'une autre femme sur les siennes qui l'apaisent et l'aimantent, la salive comme si elle se désaltérait à une fontaine connue qui la rassure et l'engage. Cette possibilité de ne faire qu'une avec elle-même, ou tout comme.

Que cette épiphanie ait pu venir de Rachida écœure d'autant plus Hélène. Elle voudrait faire abstraction de la bougie qui se consume et dégouline à ses pieds pour ne recueillir et conserver que la flamme.

À présent, sa coloc la dégoûte totalement :

— Mais moi, je ne t'aime pas, Rachida. Pas comme ça...

— Tu ne m'as jamais aimée.

Rachida s'effondre. C'est une loque qui se répand par terre. Hélène pourrait en faire ce qu'elle veut : s'en servir pour laver leur passé commun, le faire disparaître, puis la tordre jusqu'à l'humiliation... Si seulement cette affliction n'était pas feinte. Hélène n'en sait rien. Elle s'en fout. Elle ne peut rien pour son ancienne amie. Elle ne pouvait rien à l'époque, elle ne pourra rien maintenant ; jamais.

La seule chose qu'elle peut faire pour l'aider, c'est arrêter de l'aider.

Hélène s'en va. Pour la seconde fois, elle se sauve... physiquement et psychiquement. Plus elle s'éloigne, plus elle comprend que ce baiser était une ruse, que le sentiment qu'il a suscité n'est qu'un leurre ayant pour objet, encore et toujours, de la fragiliser, la déstabiliser, la réduire en pièces que Rachida aurait pris un malin plaisir à ramasser et recoller à sa convenance. Hélène s'en veut d'avoir cru déceler une vérité enfouie, une révélation, dans ce baiser fomenté et surjoué.

Tout le temps qu'elles avaient vécu ensemble, Rachida avait convaincu Hélène que la vraie liberté se nichait dans le provisoire : toujours de nouveaux lieux, de nouveaux amis, de nouveaux amants. Le danger comme règle de vie. L'immuable instabilité. Hélène s'en était persuadée mais au fond, ce tumulte ne lui convenait pas.

***

— Excuse-moi, Hélène... Mais... Tu peux rentrer chez toi maintenant ? J'peux t'appeler un taxi si tu veux.

Le garçon a dit ça quand Hélène a cherché à se blottir dans ses bras. Ils sont encore suants de leur étreinte, elle a froid et elle voudrait dormir.

— Ça a été super, la soirée, tout ça, mais, le premier soir, j'aime bien me retrouver seul un peu. J'ai besoin d'intimité, tu comprends ?

— Oui bien sûr, ça me dérange pas. J'allais rentrer de toute façon, ment Hélène.

Il est bien ce Nicolas. Elle l'a rencontré par Rachida, mais lui est différent des autres. Hélène a l'impression que cette fois-ci, sa coloc n'a pas très bien calculé ce qu'elle faisait en lui présentant ce jeune homme aux airs de gentleman. C'est peut-être lui la clé qui permettra à Hélène de s'échapper de l'emprise de sa copine. Peut-être que, grâce à lui, Hélène retrouvera un équilibre dans sa vie qui lui donnera la force de partir, fonder un foyer, avoir une vie normale.

Jusqu'à maintenant, Rachida ne lui a présenté que des détraqués qu'elle finit par quitter, plus ou moins facilement, toujours plus esquintée. Plus elle est abîmée, plus elle est facile à détruire. Elle ne se fait pas prier pour se mettre à genoux alors qu'elle est déjà à terre, alors ce Nicolas, quel espoir !

Ils ont beaucoup discuté aux soirées où ils se sont croisés avant qu'il n'ose l'inviter à sortir. Ils ont fait beaucoup de cinés, de cafés et de parcs avant qu'il l'embrasse enfin. Ils se sont beaucoup bécotés, galochés, câlinés avant de faire l'amour.

Après un resto - un resto qu'elle ne connaissait pas : une merveille ! -, il l'invite à boire un verre chez lui. Enfin. Passé 30 ans, on sait très bien ce que ça veut dire. On perd pas de temps. L'appart est superbe. Hélène rêve de s'y installer, de suite. Elle croit le monsieur amoureux aussi mais elle ne veut pas tout précipiter. Effectivement, ils prennent un verre.

— Ça fait combien de temps que tu la connais, Rachida ?

— Pfiou... Ça fait six ans. Six, sept ans.

— Et vous habitez ensemble depuis combien de temps ?

— Pareil. À peu près pareil.

— Ah ouais... Ça fait beaucoup, c'est cool.

— Ouais... Ouais, c'est cool, confirme Hélène songeuse.

Le taxi dépose Hélène au pied de l'immeuble qu'elle partage avec Rachida. Son mec (est-ce qu'elle peut appeler ce Nicolas *« son mec »* ?) l'a mise à la porte pour dormir tranquille ou pour ne pas supporter une nana au réveil. Ou les deux. Dehors, il fait froid, mais quand Hélène lève la tête et voit que, de la fenêtre illuminée de leur appartement, sortent une musique assourdissante et des rires emmêlés, elle n'a pas envie de rentrer. Elle sait exactement ce qu'elle va trouver : sa coloc avec des copains *random*, Agatha, cette pétasse guadeloupéenne qui est censée la rendre jalouse. Qu'elle prenne sa place tiens, Hélène n'en a rien à foutre ! Elle veut juste dormir et que tout s'arrête.

Son portable bipe. C'est Nicolas qui envoie un texto : *« Désolé. Je t'aime bien. On a passé une bonne soirée mais Rachida et toi, vous êtes un peu trop space pour moi. Je pense qu'il vaut mieux qu'on en reste là. Désolé encore. Nicolas ».*

Pff... Même lui, il l'a baisée et il la jette. Il a mis le temps, mais il est comme les autres. Hélène : le nouveau kleenex pour vos éjacs !

Six, sept ans, ça fait beaucoup ! C'est sûr !

Il y a deux types de personnes : celle qui donnerait sa vie pour son prochain, par altruisme ou par sacrifice, par pur égoïsme même, juste pour qu'on l'admire, en tout cas qu'on l'aime ; et celle qui a une petite valise dans la tête, toujours prête à tout quitter si les circonstances l'exigent. La première ne lâche rien, on l'a dit tenace. La seconde ne tient à rien, on la dit lâche. Rachida était de la première catégorie, Hélène de la seconde.

La récompense du lâche, c'est le contentement car la seule chose qu'il accepte d'affronter, c'est l'inconnu. Il se satisfait de toute situation, nouvelle ou actuelle, qu'on lui impose ou qu'il s'impose malgré lui. Il manquerait plus qu'il râle de la condition dans laquelle, en ne choisissant pas, il s'est choisi. Sa fuite constante, c'est sa liberté toujours renouvelée. Cette liberté, il la chérit. Car sans que personne ne le sache, pas même lui, il est déjà passé au plan B. Sa lâcheté lui offre une aventure. Le lâche ne peut qu'aimer la nouveauté car il est obligé de la subir. Il n'a d'autre choix que d'être content de ce que sa lâcheté lui apporte. Le seul courage du lâche c'est d'accepter, sans le vouloir, de tout recommencer.

En montant les marches jusqu'à son étage, Hélène a pris une décision : il faut qu'elle parte d'ici, qu'elle quitte la coloc, qu'elle se trouve un chez elle, qu'elle retrouve une vie. À elle. À elle seule. Loin. Très loin...

Le déménagement ne se fait pas sans heurts mais Hélène fait tout pour éviter le conflit. Elle ne cherche pas non plus à se justifier, ni à exprimer ses sentiments. Elle tient à fuir sans donner d'adresse, à disparaître définitivement de la vie de Rachida qui finit par feindre de s'en contenter. *« Tu parles ! »*

On pourrait croire qu'Hélène lâche lâchement sa vie d'avant mais non, le vrai lâche ne fuit pas ; face à ses responsabilités, ses contrariétés. La fuite est une forme de courage. Il attend plutôt que la situation le fuie ; le lâche. Ce n'est pas le cas d'Hélène. En tout cas, pas à ce moment où elle a décidé de partir.

Tant qu'à faire, elle se rapproche des bureaux de Weber-Améris. Finalement, ce boulot, c'est son seul havre de paix.

Le prix à payer est ce rêve qui revient.

Pour la seconde fois, il la saisit.

Celui où un mort en jean, t-shirt blanc et baskets est allongé à ses pieds. Celui où, en se réveillant, elle a l'impression d'avoir enterré le corps tout au fond des bois.

Sa première nuit seule, dans son nouvel appartement, le rêve prend possession des lieux, comme un nouveau colocataire.

CHAPITRE 19. Rachida

— Bruno ! crie Rachida.

Arrivée à l'ascenseur, Hélène se fige. Son sang se glace. Elle regarde son ancienne colocataire qui se redresse en séchant ses larmes.

— Quoi ?... demande Hélène effrayée.

— Tu ne te souviens vraiment pas ? sourit Rachida.

Non ! C'est pas vrai... Après la soirée, elles ont retrouvé ce connard de Bruno et l'ont buté putain !

Hélène revient sur ses pas.

— Le chat Bruno !

Rachida lui rappelle ce qui s'est passé ce soir-là après la boîte de nuit. Les souvenirs reviennent par bribes. Hélène recolle les morceaux.

***

— Allez ! Tue-le !

Rachida et Hélène sont rentrées de boîte de nuit. Un chat blanc poisseux tressaute sur la table du salon. Les deux filles le regardent agoniser. Il y a à peine une heure, Rachida lui a tout raconté au Duplex. Hélène ne s'en souvient déjà plus.

***

— J'vais te dire c'est quoi ma solution radicale....

Hélène s'était rassise dans les canaps en skaï de la boîte de nuit. Rachida avait continué :

— Si tu veux te débarrasser définitivement de ce gars-là dont tu m'as parlé...

— Bruno ?

— Bruno, ouais, ce connard... Si tu veux t'en débarrasser, moi j'peux t'aider. On peut faire ça ensemble. Mais d'abord, il faut que tu saches un truc... Y'a trois ans, on m'a proposé d'être cheffe op sur un petit tournage indé. Y'avait pas de fric pour rien. C'était la galère. Un matin, le réalisateur va voir le premier assistant et demande : *« Ça en est où pour le chat ? »* Le premier ass il est blême et il dit que c'est pas possible. Qu'ils ont pas trouvé de chat dressé, qu'un dresseur ça vaut trop de thune et qu'un chat mort, il faut tout un tas d'autorisations et qu'ils ont pas le temps. Moi, j'entends le truc et j'demande. Le premier assistant, il dit qu'on va tourner la scène mystique où il est censé y'avoir un chat mort mais que c'est galère et qu'il faut trouver une autre idée. Il propose plusieurs solutions au réal mais le gars, il veut son chat mort. Alors, moi je dis : *« Je sais où on peut avoir des chats »*. Bon, t'as vu, dans le parc en bas de chez nous, y'a plein de chats errants. J'leur dis. Mais je leur dis de décaler la scène du chat parce que pour en attraper un, ça se fait pas d'un claquement de doigt. Le réal est comme un dingue. Le premier ass change de jour pour la scène du chat crevé. Je sais pas c'que j'avais à c't'époque mais j'étais prête à tout pour le ciné et puis j'aimais bien tenter des nouvelles expériences. Me mettre en danger quoi ! Bon, là-dessus, j'ai pas vraiment changé, hein ? Bref... J'me dis, le meilleur moyen de choper un chat, c'est qu'il soit déjà à moitié dead. Alors je fous dans un buisson de la bouffe avec de la mort-aux-rats. Quand j'y repense, c'était dingue... Et boum, deux jours après, j'rentre de tournage et j'vois un chat tout gris, allongé, qui tressaute et qui bave. Heureusement, il était vraiment vilain et ressemblait à n'importe quel chat de gouttière. Ni vu ni connu, je ramène le chat à la maison. Et je le regarde mourir… Ça prend des heures. J'voulais abréger ses souffrances, mais je savais pas comment m'y prendre et puis j'avais pas le courage. Finalement, je me suis endormie devant lui et quand j'me suis réveillée, le chat était mort. J'le mets dans une petite valise et je pars sur le tournage. Le réal et l'équipe sont super contents d'avoir le chat, comme dans la scène. Ils avaient pas vu le chat mourir, ils se rendaient compte de rien… On tourne. Neuf mois après, on va à la projo d'équipe voir le film. Bon, un nanard… Arrive la scène du chat. Et là, ils avaient pris aucun des gros plans qu'on avait tournés. Un seul plan sur le chat, vu de loin. Franchement, on aurait pris la bonnette de l'ingé son, ça aurait été la même. J'étais dégoutée. J'avais une rage en moi. J'avais fait tout ça pour que dalle ! J'suis partie direct à la fin du film. J'suis même pas restée au pot… Mais il s'était passé un truc : j'avais tué un être vivant. Insignifiant, inutile, nuisible même, mais vivant tout de même. Bref… Quelques mois plus tard, un jour, un gars m'a vraiment fait une sale crasse. Tu vois c'que j'veux dire. J'étais démolie. Je me sentais trahie… Et en colère… J'ai repensé au chat… Et presque instinctivement, sans y réfléchir, j'me suis retrouvée à mettre de la mort-aux-rats dans de la pâtée. Comme ça, j'ai tué mon deuxième chat. Cette fois, j'ai abrégé ses souffrances. Je l'ai étouffé. Et ça m'a soulagée. J'ai tué six chats en tout… Jusqu'à maintenant. Pour te dire que j'en ai pris dans la gueule depuis… Je les enterre dans la forêt. Personne ne se doute de rien. Personne ne les réclame. C'est comme s'ils n'avaient jamais existé…

***

— Mais tue-le ! insiste Rachida en criant.

Hélène tient l'oreiller dans ses mains. Ivre, elle titube. Elle a envie de vomir à voir ce chat révulser sur la table du salon.

Quelques minutes plus tôt, Rachida et elle venaient de rentrer à l'appart. Rachida avait laissé Hélène seule. Elle avait failli s'endormir. Peut-être s'était-elle endormie. Rachida était revenue avec un chat tout fin et tout blanc. Comment l'avait-elle capturé ? Nul ne le sait. Quand elle l'a posé sur la table, il était tout flasque et pris de convulsions.

— Tiens ! avait-elle déclaré à Hélène. Je l'ai appelé Bruno. Tue-le, tu vas voir, ça va te faire du bien.

Hélène est incapable de tuer cette pauvre bête qui ne ressemble en rien à Bruno. Il est aussi mince que Bruno est grassouillet. Il est blanc. Bruno était rose avec des cheveux noirs. Elle regrette à présent de connaître la *« solution radicale »* de Rachida, d'avoir tant insisté pour qu'elle la lui confie. C'est l'épouse dans Barbe-Bleue qui vient d'ouvrir la porte.

Rachida persiste.

— Je peux pas... On a pas le droit d'ôter la vie comme ça, se justifie Hélène. Personne n'a le droit !

— Et même si c'est la pire des crevures ? Comme Bruno !

— Mais c'est pas Bruno. Un chat, c'est inoffensif...

— Ah bon ? Tu vas dire ça aux oisillons que ces bestioles bouffent. Aux lézards, aux papillons... Ça les tue même pas. Ça joue avec et après ça se lasse. Un chat, c'est un putain de prédateur... Exactement comme ton Bruno.

Rachida part dans son délire... Elle marmonne, on l'entend à peine :

— J'comprends pas... On bute bien des millions de vaches, d'agneaux, de poulets, de poissons pour bouffer, alors qu'eux, ils sont vraiment inoffensifs. Ils ne font de mal à personne. Ça broute de l'herbe, ça mange des graines, du plancton... Pourquoi tu crois que j'suis végétarienne ?... À la limite, y'a le cochon qui mérite qu'on le bute avec toutes ces saloperies qu'il peut bouffer !

Elle revient à elle. Elle pousse Hélène :

— Allez, tu vas voir, ça va te faire du bien ! Bute-le ce putain de salopard !

Hélène et Rachida sont au-dessus de Bruno qui n'en a plus que pour quelques minutes à vivre. Elles le regardent agoniser, face contre terre.

— Et tu y penses à toutes ses pourritures ? cire Rachida. Les violeurs, les tueurs en série ? Ils ont moins d'états d'âme quand ils commettent des crimes.

— Mais je suis pas comme eux, justement... On n'est pas comme eux !

— Y'a des gars qui se font des fortunes en mettant des filles sur le trottoir. Des crapules qui escroquent les gens fragiles en leur faisant croire tout et n'importe quoi. Et les nazis qui ont échappé à la justice en s'enfuyant en Amérique du Sud ! Avec la complicité du Vatican en plus ! Le monde, c'est de la merde et c'est toujours les méchants qui s'en sortent.

— Mais quel rapport ? déplore Hélène.

Rachida est aussi bourrée qu'Hélène. L'une crie vengeance quand l'autre voudrait dormir.

— Regarde ce peintre ! Cet enculé ! éructe Rachida qu'on ne peut plus arrêter. Il a peint toute sa vie des gamines qu'il violait par la même occasion... En toute impunité. Il s'en vantait même sur les plateaux de télé. Il disait que l'artiste a besoin de constante fraîcheur pour entretenir son génie et que les petites filles pouvaient tout à fait s'éveiller aux plaisirs charnels dès 13 ans... Pendant des années, on considérait ça cool... Et puis quand ça a commencé à puer, on a arrêté de l'inviter à la télé mais il n'a jamais arrêté de peindre, d'exposer, de vendre... Il a pas mis un pied dans un commissariat pour répondre de ses actes. Et c'est quand il était vraiment très vieux, quand sa vie était derrière lui, que les gens ont commencé à parler et qu'on a boudé son art. Enfin, officiellement parce que ses toiles, elles se vendent à prix d'or maintenant. Tu parles, le parfum du scandale ! J'en ai plein des histoires comme ça, de violeurs et assassins impunis, ou les témoignages sont apparus bien après leur mort, ou on a retrouvé des tas d'ossements humains dans les fermes et les jardins de mecs bien sous tous rapports ! Mon cul ouais !!!

— Arrête Rachida... Calme toi... Ces mecs, c'est des détraqués. Ils souffrent...

— Tu vas les défendre maintenant ?

— Non, c'est pas c'que je voulais dire... Mais ils doivent pas être fiers... Ils sont piégés eux-mêmes, victimes. Ils ont pour la plupart subi ce qu'ils font subir à leurs victimes.

Hélène se défend mal. La descente d'alcool et la fatigue lui font dire n'importe quoi :

— T'as jamais eu l'impression d'avoir déjà été punie pour un crime que tu n'as pas encore commis ? Bah là, c'est pareil. Ils sont punis dès leur enfance, avant même de commettre leur premier crime.

— N'importe quoi. Tu te rends compte que tu donnes une légitimité aux criminels pour commettre leur crime ? Le peintre là... Il a échappé à Auschwitz. Il a perdu toute sa famille... C'est son traumatisme. L'un des pires ! Et donc, ça lui donne le droit d'être une ordure avec les enfants ? Ce gars, alors qu'il était déjà à la fin de sa vie, il s'est suicidé !

— C'est peut-être qu'il regrettait.

— Tu parles. C'est parce qu'il voulait pas finir son existence, privé de liberté dans une cellule de 9 m². Il avait un cancer, donc il n'était plus à une semaine près. Sauf que : il n'a pas été jugé. Il est innocent aux yeux de la loi. Il s'est suicidé pour échapper à la justice des hommes, parce que ça commençait à craindre pour son cul. Il avait peur de la justice, mais il regrettait rien.

— Oui, mais d'une certaine manière, ils paient ces gens-là...

Hélène arrête sa réponse un temps. Elle se confie, espérant calmer son amie. Blême et les yeux rouges, elle poursuit :

— Regarde, un gamin qui fait une connerie... Qui... Qui vole un truc dans un magasin... Des... Des billes par exemple... Et qui n'est pas attrapé par ses parents... Ou un adulte. Qui n'est jamais puni pour ça... Bah, il paie d'une manière ou d'une autre...

— Comment ? demande Rachida.

— Bah, je sais pas... Il... Il tombe malade. Il se casse une jambe... Le karma quoi. Ton peintre, par exemple. Ben cancer...

— Mais de quoi tu me parles, Hélène ? Tu compares un pédophile à un gosse qui vole des billes ? Ce genre d'accident, ça arrive à tout le monde. Même ceux qui n'ont rien fait. Le karma, ça n'existe pas. Le karma, c'est que des coïncidences, c'est tout.

— Tu en connais des gens qui n'ont rien fait ? Même une toute petite connerie, un mensonge, une mauvaise pensée...

— On en a tous fait, c'est pas c'que je veux dire. Mais si tu mets tout sur le même plan, allons-y ! poursuit Rachida. Un enfant qui naît avec un handicap. C'est parce qu'il va faire quelque chose de mal ? Il paie quoi lui ? En avance ? Qu'est-ce qu'il va faire pour avoir déjà cette punition ? Ils paient pour un crime qu'ils n'ont pas encore commis. Ok. C'est toi qui l'as dit tout à l'heure... Donc, il a un crédit *« sale coup »* qui lui est accordé ? Ou alors, il paie sa vie précédente ? C'est ça ?... Allez, on arrête les conneries. Y'a des gens qui font rien de méchant et d'autres qui font des choses affreuses. Et y'a la majorité entre les deux. Y'a des gens qui se font attraper et qui paient et y'a ceux qui passent entre les gouttes et qui ont une belle vie. Point barre. Tu as le choix Hélène : soit tu vas te coucher et demain tu te réveilleras en continuant à avoir envie de buter ton putain d'ancien camarade tout en sachant que tu ne le feras pas, soit tu le retrouves et tu le butes. Ça va peut-être te soulager... Pas sûr mais tu risques de te faire gauler. Ou alors tu butes ce putain de chat Bruno ! Ça va te soulager et tu risques rien. C'est gagnant-gagnant ! De toute façon, les oiseaux continueront à se faire bouffer par d'autres chats alors, un de plus ou un de moins, qu'est-ce que ça change ?

— Bah si ça change rien, je lui laisse la vie !

— Mais il est déjà presque mort ! C'est un service que tu lui rends. Tiens, t'y as pas pensé à ça : tu serais prête à tuer quelqu'un pour abréger ses souffrances ? C'est une bonne raison de tuer quelqu'un ça, non ?

Tout à coup, Hélène pense à sa cousine Victoria qu'elle n'a pas vue depuis qu'elle s'est installée chez Rachida. Il faut qu'elle aille la voir... Il faut qu'elle lui parle de cette relation toxique avec sa coloc. Elle se demande maintenant si elle aurait été capable de supprimer sa cousine s'il avait fallu, pour arrêter qu'elle souffre, par exemple. Elle sait que non. Elle n'a pas un caractère assez fort. Elle le sait depuis toujours. Et puis l'amour qui lie Hélène à Victoria l'en aurait, justement, empêché. Hélène se dit qu'il faut qu'elle parle d'elles deux aussi. Des rapports qu'elles entretenaient avant l'accident, qui n'est pas loin de ceux qu'elle a maintenant avec sa coloc.

Hélène est coupée dans ses pensées.

— T'es vraiment une incapable, balance Rachida.

Dans ses mains, elle tient l'oreiller qu'elle retire de la tête du chat Bruno. Il ne bouge plus. Les deux jeunes femmes l'observent encore.

— Putain, j'suis dég... J'l'ai buté pour rien, soupire Rachida. Allez, viens, on va l'enterrer.

Le jour va bientôt se lever. Il faut faire vite. Une pluie fine tombe et dégouline sur le visage d'Hélène pour masquer les larmes qui coulent sur ses joues si bien qu'elle ne sait plus si elle pleure ou si c'est la pluie qui pleure pour elle. La terre est mouillée. Le trou, au milieu de cette forêt, est plus difficile à creuser encore. Rachida jette le chat et fait quelques pas en arrière. Maintenant, il faut reboucher. Hélène regarde le trou que Rachida éclaire. Le faisceau dans la nuit fait disparaître le chat. Hélène a un sentiment d'immense gâchis. Derrière ce sentiment de désolation pointe une étrange émotion qui ressemble à de l'excitation. Et puis, c'est vrai, elle est comme soulagée. Mais elle ne sait pas si c'est d'en finir enfin avec le chat Bruno ou si c'est d'avoir, comme Rachida lui avait promis, en quelque sorte, vengé ce qu'elle avait subi de son ancien camarade par la mort de ce chat innocent.

Il faudra qu'elle se souvienne de tous les détails de cette soirée, demain. Qu'elle essaie de comprendre ce qu'elle a ressenti.

Au petit matin, elle a tout oublié. Seul le rêve, premier de la série, inonde ses pensées : un homme est mort aux pieds d'Hélène. Il est face contre terre, comme endormi. En se réveillant, elle a la sensation qu'elle l'a enterré dans un trou creusé dans la terre, tout au fond des bois.

***

Rachida a tout raconté. Hélène n'en revient pas. Il n'y avait pas que de l'alcool dans ses verres à la boîte pour oublier à ce point un événement aussi traumatisant. Qu'est-ce que sa satanée coloc lui avait refourgué encore ce soir-là ? Pff, de toute façon, elle a pu raconter n'importe quoi puisque Hélène ne se souvenait de rien. Pourtant, entre le récit que vient de faire sa coloc et le rêve qui a suivi dont le premier était le soir même, il y a des similitudes troublantes : l'homme a remplacé le chat. Le reste est identique. Si Rachida avait tout inventé, pour se foutre de la gueule d'Hélène, une ultime fois, elle n'aurait pas pu tomber si juste. Jamais Hélène n'a évoqué son rêve… Et pourtant, Hélène ne peut être complètement sûre de la sincérité de son ancienne amie.

— Allez ! Casse-toi maintenant que tu as eu c'que tu voulais ! T'as failli me buter petite salope ! maugrée Rachida en se frottant le cou. On est bien loin du chat Bruno à c'que je vois… Tous tes principes sur les êtres vivants ! Tu parles…

Hélène n'écoute plus. Elle est retournée à l'ascenseur. Elle n'en revient pas de ce que Rachida vient de lui rappeler. Elle ne sait toujours pas si c'est vrai ou pas. Elle s'en serait souvenue quand même, non ? C'est un souvenir réécrit, mélangé, qui se retrouve dans son rêve. Les deux filles qui regardent un corps agoniser et qui l'enterrent au fond des bois sous la pluie, ça c'est vrai. Mais dans le rêve, il ne s'agit pas d'un chat mais d'un homme. Quel homme ? Bruno ? Peut-être mais pas certain… Hélène se demande si elle a oublié parce qu'elle ne voulait pas se souvenir de cette fin de soirée atroce et perturbante. Comme s'il fallait qu'elle le cache. Comme si elle en avait honte. Ça se comprend…

À moins que cette soirée ait éveillé en Hélène quelque chose de tout autre, enfoui jusqu'alors et qui s'était manifesté par ce rêve et qui, depuis, revenait à plusieurs reprises lui cogner le cerveau et écrabouiller son cœur…

CHAPITRE 20. Chantal et Patricia

Toute l'affaire d'Hélène prend très certainement sa source à la naissance de Chantal et Patricia Ceccaldi.

S'il existe bien une transmission des traits physiques, des parents certes, mais plus largement des autres membres de la famille : grands-parents, oncles et tantes, via l'ADN, il doit également exister une sorte de génétique du caractère et du tempérament. Certains racontent même que nous héritons d'une destinée familiale. Ses douleurs, ses secrets et oppositions sont un fardeau autant que le blueprint de notre vie future. Il est si difficile de casser les mécaniques de nos prédécesseurs, sortir d'un chemin qu'on a tracé pour nous, s'affranchir d'un tyran qui règne depuis toujours. On croit naître vierge, on est déjà marqué. Nous sommes tels des prisonniers qui crions notre innocence alors que nos racines sont la prison dont on doit s'enorgueillir. Pour se soustraire à sa peine, le condamné doit devenir soldat d'un passé, d'une histoire qu'il n'a pas vécue et dont il n'est pas responsable. Revêtir le même uniforme, mener les mêmes guerres. Il existe bien sûr une fierté légitime à être le patriote de sa lignée mais les raisons sont rares et celui qui fait de sa filiation une bannière soit la surestime, soit s'empêche de voir ce qui l'entache. Son drapeau est fait du tissu qui recouvre les fantômes.

Chantal et Patricia, les mères respectives d'Hélène et Victoria sont deux fausses jumelles. En rien elles ne se ressemblent si ce n'est un air, une attitude, dans leur regard et dans leurs gestes. Une touche d'inné, une trace d'acquis peuvent faire penser qu'elles sont sœurs tout au plus, certainement pas jumelles. On constate qu'elles vieillissent en même temps, c'est tout. Patricia est plus jolie sans doute mais plus taiseuse. Chantal est plus décidée, mais plus masculine dans ses traits et ses mouvements. Les deux sœurs ne se détestent pas mais de savoir qu'elles sont liées l'une à l'autre les fâchent. Elles auraient préféré avoir leur vie bien à elles. Un sexe différent ou quelques années d'écart auraient suffi, mais là, elles sont condamnées à être les mêmes : On les assemble, on les confond, on les échange. Le seul moyen de s'en sortir, c'est de se construire en opposition. L'une aime les fraises, l'autre se délecte de cerises. La première écoute les Stones, la seconde préfère les Beatles. Chantal suit papa, Patricia imite maman… Bref, vous avez compris. Ça paraît assez simple en fait. La difficulté, c'est de se déclarer la première. Patricia annonce : *« J'adore le chocolat aux noisettes ! »* Mince. Il ne reste à Chantal qu'à se rabattre sur le chocolat blanc. Elle ne dévorera des tablettes entières de chocolat aux noisettes qu'en cachette ou chez les autres, très loin…

Pour éviter toute comparaison, toute confusion, toute compétition, toute concurrence, elles se sont construit un mur au milieu du pays qu'elles occupent toutes les deux. Pour éviter toute jalousie, elles deviennent étrangères l'une à l'autre. Mais rien n'y fait. La vie, les autres, elles-mêmes les mettent face-à-face, en reflet. Le mur est un miroir. Un miroir grossissant. Elles voient chez l'autre tout ce qu'elles détestent d'elles-mêmes. Elles ne peuvent s'empêcher de tout provoquer ce qui pourrait mettre l'autre à défaut. Un compliment exclusif, un petit ami plus charmant, un job plus attractif. Ce qui est différent n'est pas forcément égal.

Cette guerre froide de l'enfance va se solder par une première victoire pour Chantal. Elle écoute son père - un fils de paysan qui est monté socialement grâce aux études -, est assidue à l'école, obtient de bons résultats plutôt encourageants pour son avenir. Patricia, de son côté, suit les conseils de sa mère qui est restée au foyer : faire un bon mariage pour être à l'abri du besoin. Elle n'a pas besoin de se fouler à l'école. Elle redouble sa seconde. Un an d'écart, c'est un cadeau qu'elle offre à sa sœur et elle. Enfin, elles seront décollées l'une de l'autre. Elle se fait passer pour la petite sœur, elle, l'ingénue. C'est si mignon une petite sœur. Elle traîne pour qu'on l'admire pendant que sa jumelle trace au loin. Chantal, le bac en poche, entame des études supérieures de comptabilité alors que Patricia s'amuse de boîtes de nuit en flirts éphémères. On n'est pas pressée de trouver le Prince Charmant quand on a 20 ans fin 70. Elle donne ses plus belles années à la désinvolture. Papa s'énerve mais maman excuse. Patricia, c'est sa p'tite. Elle est si fragile cet enfant. Mais bon, la trentaine arrive, il va falloir se caser !

Chantal a décroché son diplôme d'expert-comptable. Très vite, elle est embauchée dans une grande société de transport poids-lourds où elle rencontre Michel, responsable logistique. Ils se marient. Toute l'attention est portée sur ce jeune couple plein d'avenir qui va agrandir et égailler la famille Ceccaldi. Patricia s'est ternie de trop d'excès et de plus d'envie. On ne la voit plus. Elle est transparente. Comme quand elle était petite et timide, dans l'ombre de sa sœur.

Chantal : 1 - Patricia : 0 !

Sa revanche, Patricia va l'avoir dans sa descendance. Sans enthousiasme, elle passe un diplôme d'infirmière. La maligne a comme plan de se trouver un beau et riche médecin et arrêter de travailler fissa pour se repaître de belles fringues et d'esthéticiennes, comme avait dit rnôman. Si, c'est ça qu'elle avait dit ! Ses yeux aux reflets verts et ses lèvres retroussées trouveront sans peine le docteur idéal pour la belle effarouchée : Anton, un splendide maltais, arrivé douze ans plus tôt en France pour suivre des études de médecine en dermatologie. Alors que ça fait presque deux ans que Michel et Chantal essaient d'avoir un enfant, Patricia tombe tout de suite enceinte. Elle redevient le centre de toutes les attentions... et précautions. On se doit de céder à tous ses caprices. Elle brille de nouveau pendant que sa sœur s'éteint, épuisée par les examens, les traitements, les procréations planifiées, les disputes et les doutes pour concevoir cet enfant qui ne veut pas venir.

Le 24 octobre, à 3 h 47 du matin, Victoria, fille de Anton, médecin dermatologue et de Patricia, secrétaire médicale, pousse son premier cri. La princesse de son père et la poupée de sa mère naît dans des conditions idéales. Fille de parents appartenant au corps médical, elle vit ses premiers jours dans l'hôpital où ils travaillent. Elle a le droit à tous les égards ce bébé. Entourée de sa famille et de tous les collègues qui sont aux petits soins. Chantal rage. Elle est complètement évincée de l'histoire, elle, l'infertile. Elle a offert son cadeau ? Elle peut bien rentrer chez elle avec son mari. Oh, quels rabat-joie ces intellos !!! On dirait des zombies. Ils vont effrayer la p'tite !

Patricia : 1 - Chantal : 0.

Victoria est une enfant pleine de vie. Dès ses premiers cris, ses premiers regards, ses premiers gestes, on voit qu'elle veut être une star ! Du moins, c'est ce que disent ses parents à qui veut l'entendre. Ils sont si fiers. C'est vrai qu'elle est belle avec ses boucles blondes couleur miel et ses grands yeux verts. Elle fait des ravages ! Et puis elle est vive, elle n'a peur de rien. Elle prend les choses en main. Elle marche dès qu'elle peut marcher, elle mange dès qu'elle sait manger. Elle amuse la galerie avec son petit caractère bien décidé. Personne ne peut venir en travers de son chemin. Personne ?...

Chantal est enceinte ! Ça y est ! Enfin !!! Le dernier traitement a eu raison de leurs problèmes de fertilité. Chantal est en joie, Michel n'a plus le cœur tant il est épuisé. Le pôv'chou, si on lui avait dit qu'il aurait fallu tirer son coup sur commande, oublier toute forme d'originalité pendant l'acte pour que sa semence soit rentable et faire ceinture hors des jours d'ovulation de madame, tout ça pour se retrouver avec un chiard amorphe et falot au bout de neuf mois, pas sûr qu'il aurait signé. Non, c'est pas vrai, il l'aime sa femme et quand, le 2 juillet à 14 h 00, naît Hélène, il sait que, malgré tout, il va l'aimer sa fille.

Tout de même, elle ne suscite pas grand émoi cette Hélène. Elle est si effacée comparée à l'autre ! *« À l'autre »*, tiens, comme si elles étaient jumelles elles aussi, comme si elles n'étaient qu'une dans deux corps. Comme si on ne pouvait définir l'une que par rapport à l'autre. Victoria et Hélène. Hélène et Victoria. La jalousie des jumelles transpire sur les cousines.

Victoria a 3 ans quand débarque dans sa vie ce gros bébé-débile à gérer. Bon ! Elle va faire à sa façon, hein ! Et pas question de râler ! Ça a l'air de convenir à Hélène qui regarde sa grande cousine avec des yeux d'admiration. Victoria est une star, on l'a déjà dit. Seulement maintenant, elle s'en est convaincue. C'était un souhait des parents, c'est ainsi qu'ils la voyaient, elle n'a fait que répondre à leur attente. Mais plus elle fait sa star, plus elle les agace. Elle passe ses journées à se donner en spectacle, à chanter fort, à parler tout le temps, à crier, à faire des scandales, des caprices, à faire sa *drama-queen*. Anton et Patricia sont épuisés par c'te gamine. Pourtant, elle n'est pas souvent dans leurs pattes, plutôt chez la nounou, mais ce peu suffit. En rentrant du boulot, ils aspirent à un peu de calme et d'intimité. Victoria ne leur laisse ni l'un ni l'autre. Le couple bat de l'aile, ça fait déjà un moment. Pour ne pas voir qu'elle n'est pas heureuse en ménage, Patricia met devant ses yeux, comme elle se l'était promis, des chemisiers Yves Saint-Laurent, des escarpins Prada et des sacs-à-mains Chanel. Sa garde-robe, sans cesse renouvelée, est pleine à craquer. Elle a arrêté de travailler. C'est donc Anton qui paye les œillères hors de prix de sa femme. Il n'est plus d'accord. Il voudrait lui aussi se payer des joujoux (une autre voiture ? une maison de vacances ? une garçonnière en ville ?) Ça se ressent dans leurs rapports. Patricia a besoin de réconfort. Elle n'a que sa sœur à qui se confier. Une sœur est une sœur. Il faut savoir poser les armes. Dans les combats fratricides, il n'y a jamais de vainqueur. Chantal le sait bien également. Avec sa petite vie bien rangée, son couple équilibré et son bébé trop sage, peut-être qu'elle peut aider sa jumelle. Pas la conseiller, non. Mais l'écouter au moins.

***

— Faites de la place ! Faites de la place bordel, j'amène la côte à l'os, là !

Anton, au barbecue, vient de poser la viande sur la planche à découper. Il arrive en éructant :

— Poussez-vous les puces, c'est chaud ! Chérie, bordel, dis aux filles d'enlever leurs billes de là, on mange ! Où sont les frites ! Putain, ça va être froid !

Pour faire de la place, Anton, d'un revers de la main, envoie valdinguer toutes les billes de la table qui sautent sur la terrasse pour disparaître aux pieds des vignes vierges alentour.

— Mes billes ! proteste Victoria. C'est Hélène qui les a amenées en plus.

Anton n'écoute pas. Il hurle à la cuisine :

— Chantal ! C'est toi qu'as les frites ?

— Oui oui, je les amène, répond la porte qui donne sur la terrasse.

— Y'a la salade aussi, ânonne Patricia à son mari.

— Et la salade ! Tu peux prendre la salade ?! continue à crier Anton. Putain, tu peux pas aller la chercher toi ? demande-t-il à sa femme. Elle va pas tout faire ta sœur non plus.

Patricia se lève comme une servante apeurée et file dans la cuisine. Anton s'assoit et déclare à Michel :

— Mon Michel, tu vas me goûter cette viande ! Je suis sûr que t'en as jamais mangé une comme ça. Ça m'a pris du temps, bordel ! Allez, serre-moi du rouge !

Tout le monde déteste Anton, mais comme il est médecin, personne n'ose rien dire. Et puis, il est beau. Il le sait et ça le rend plus arrogant encore.

C'est le cinquième été que les sœurs jumelles et leur famille passent les vacances ensemble, ici, dans leur maison d'enfance. Depuis la mort de Papi l'an dernier, ils se retrouvent vraiment seuls pendant quelques semaines à cheval sur juillet et août. Mamie a décidé qu'à présent veuve, elle allait s'occuper un peu d'elle. Toutes les occasions sont bonnes pour faire des voyages avec son club du troisième âge. Là, elle est au Pérou avec Geneviève et Paulette.

La maison familiale est dans une région où il fait très beau dès le mois d'avril jusqu'en octobre. Au cœur des grandes vacances, il fait très chaud. Heureusement, les gros murs en terre cuite ocre gardent la fraîcheur à l'intérieur. La terrasse, sur quasiment tout le long de la maison, est à l'ombre, protégée par un auvent de vignes vierges. Elle donne sur le jardin en contrebas, qui descend jusqu'à une petite source inoffensive. De part et d'autre, des arbres font comme un sous-bois. Au loin, les champs des paysans du coin. Çà et là sur le gazon, un toboggan en plastique, une petite piscine gonflable. Des boules de pétanques colorées. Quand elles vivaient là, surtout à l'adolescence, les jumelles trouvaient ça sinistre. Dès qu'elles pouvaient, elles fuyaient la maison. Elles n'y ont pas vu beaucoup d'étés. Aujourd'hui, elles sont heureuses de se retrouver là une fois par an pour réunir les cousines, se raconter leurs petits malheurs, se souvenir du bon vieux temps, regretter de ne pas avoir assez aimé cette maison à l'époque et de s'être autant disputées.

Victoria a 8 ans. Elle en aura 9 fin octobre. Hélène a 6 ans. Elle les a eus il y a quelques jours. La première a toujours ses longues boucles dorées et ses grands yeux verts, la seconde une coupe au bol couleur paille et un accoutrement de garçon. L'une est toujours aussi vive, l'autre toujours aussi placide. Le Yin et le Yang...

C'est leur dernier été ensemble. Elles ne le savent pas encore, bien sûr... Après l'accident de Victoria, Mamie mettra ses projets de voyage de côté pour s'occuper d'Hélène qui viendra seule en vacances jusqu'à ses 11 ans, à la mort de Mamie.

Les jumelles et leur mari ne se reverront, tous les quatre ensemble, que deux fois : La première, pour aller voir Victoria à l'hôpital, une semaine après le drame. La seconde fois à l'enterrement de Mamie. Là, une dernière fois, ils prendront un repas à la terrasse en plein mois de mars. Mars n'est pas avril. La terrasse est comme une chambre froide, transpercée par des vents glaciaux. L'accident de la petite, la mort de la grand-mère, la séparation quasi officielle d'Anton et Patricia : l'ambiance n'aide pas.

En attendant, il réside encore un peu d'insouciance chez les parents autant que chez les cousines. C'est cette insouciance qui va sceller le destin de cette famille.

Pendant que les femmes débarrassent, les hommes prennent le café dans la cuisine, appuyés sur le plan de travail. Telles des abeilles près de la ruche, Chantal et Patricia vont et viennent par la porte-fenêtre, avec la vaisselle laissée sur la table de la terrasse. Les filles jouent à l'étage.

— Patricia ! Moins de bruit s'il te plait ! peste Anton.

Elle vient de poser une pile d'assiettes sur la paillasse.

— Oh ! Pardon..., souffle Patricia.

— Eh les garçons, vous pouvez aider au lieu de nous engueuler, proteste Chantal.

Michel se redresse un peu penaud et veut poser sa tasse à café, mais Anton le coupe dans son élan :

— Tu vois, c'est le bordel tous les jours comme ça à la maison. Et si tu rajoutes la p'tite qui hurle tout le temps et fait que des conneries... J'te jure, y'a des jours, j'aimerais qu'on la débranche.

— Pff, t'es con... répond Michel.

— Juste un petit coma d'une semaine, plaisante Anton, ça ferait de mal à personne.

Patricia déboule dans la cuisine avec les restes de la côte à l'os sur la planche à découper :

— C'est vrai qu'il préfère les jeunes filles dociles mon mari, ironise-t-elle.

— J'vois pas pourquoi tu dis ça, répond Anton, piqué.

— La p'tite Pauline, sa nouvelle assistante - 19 ans à peine - Elle te plaît bien, hein ? Pauline, Patricia… Qu'est-ce que tu as avec les P… Anton ?

Tout le monde rit jaune. Anton ne sait plus où se mettre. Les femmes finissent leur tâche en silence.

— Je voulais faire un compliment, se rattrape le père de Victoria. Je voulais dire à Michel qu'il avait de la chance d'avoir une fille calme, posée… Que ça nous ferait bien d'avoir une petite fille comme Hélène de temps en temps.

— Mais allez, arrête, répond Michel. Elle est super votre Victoria. Sa joie de vivre, son franc-parler… Moi ça me fait rire.

— On échange si tu veux !

— Oh ! Ce serait pas un cadeau !

Les deux beaux-frères rient. Les jumelles sont déjà parties.

Michel parle plus bas :

— Tout le temps que ça nous a mis à l'avoir c'te gamine. Tous les sacrifices, les disputes pour avoir Hélène et pourquoi ? Une petite fille effacée, fade, molle… Je l'aime hein, ma fille mais bon… Et Chantal, elle a du mal à se l'avouer, mais elle est déçue aussi. J'suis pas pratiquant, tu sais bien, mais quand même… Avec tout cet acharnement pour avoir un enfant alors qu'on ne devait pas en avoir au regard de la biologie… Est-ce que Dieu n'a pas voulu nous envoyer un message ? Est-ce qu'ils nous a pas puni pour avoir été contre Sa volonté ?

— Hop-hop-hop… T'as trop bu Michel. Qu'est-ce que tu racontes ? Elle est très mignonne ta petite Hélène… Quand elle sera adolescente, elle va se développer… Dans tous les sens du terme ! C'est un grand classique ! Tu vas voir, tout ça va changer. Ta petite, c'est un papillon qui attend son heure.

— Ouais bah pour l'instant, c'est plutôt une larve, plaisante Michel... Qu'est-ce que j'dis ? J'suis affreux ! T'as raison, j'ai trop bu !

Le silence s'installe de nouveau dans la cuisine. Michel finit son café, songeur.

— On est jamais content de toute façon, reprend-il... Un jour, - Hélène était bébé -, on a été au resto. C'était la première fois qu'on sortait en amoureux avec Chantal depuis la naissance de la p'tite. On habitait encore pas loin, on avait confié Hélène à Papi et Mamie. On avait promis de venir la rechercher après. Le resto était vraiment super, on a passé un super moment... On rentre à la maison, bien détendu... Contents d'avoir passé du temps rien que tous les deux. On commence à se faire des câlins, tu vois c'que j'veux dire...

— Tu parles ! Et alors ?

— Ben, on était en plein milieu du... enfin tu vois... Et là, Chantal elle me dit : *« Hélène ! »* On avait oublié Hélène chez ses grands-parents. Il est tard, on se demande si on doit aller chez eux pour récupérer la p'tite. On va p't-être les réveiller, tu vois. Moi j'dis à Chantal qu'Hélène peut quand même passer une nuit sans nous... Mais Chantal, elle me dit qu'elle a promis à sa mère qu'on repasserait. On appelle, mais personne ne décroche. Moi j'insiste : si y'avait eu un problème, on aurait eu un message sur le répondeur en rentrant. En plus, Mamie avait pris le numéro du restaurant, donc, pas de problème. Mais Chantal me dit d'y aller pendant qu'elle essaie de rappeler. Putain, j'étais vénère sur la route. On était à poil cinq minutes avant et là, j'me r'trouve dans ma bagnole en route chez ma belle-mère. Pendant ce temps, Chantal a Mamie qui lui dit qu'elle n'a pas Hélène.

— Non !!!

— Chantal, elle panique grave. Quand j'arrive, Mamie me dit qu'on est jamais passé chez elle déposer Hélène. Moi, j'deviens fou ! C'est impossible. On n'a pas pu la laisser au resto !

— C'est dingue ton histoire... Elle était où Hélène ? demande Anton subjugué.

Pour une fois qu'il n'est pas blasé celui-là.

— Attends ! Attends ! Mamie me passe Chantal qui se fait tous les pires scénarios : elle me dit qu'il faut aller au resto, mais vu l'heure, ils sont sûrement fermés. Aller voir sur le parking. Tu parles, pourquoi on l'aurait laissée sur le parking ! J'ai même pas le temps d'entrer dans la maison. J'suis au pas de la porte, le moteur allumé, la portière encore ouverte avec les phares de la bagnole qui éblouissent... Et là, j'entends comme des petits cris. Je me retourne vers la voiture dont l'habitacle est éclairé. Y'a Hélène ! Elle se réveille dans son siège-auto à l'arrière.

— Mais non... Vous l'avez laissée là ? Comment c'est possible ?!

— On était parti au resto dans la précipitation. On avait du retard par rapport à la réservation. Tu sais comment sont les femmes quand elles se préparent... Quand elles viennent d'accoucher, elles se trouvent tellement horribles, tu peux multiplier le temps par dix ! On avait convenu que je dépose Chantal au resto pour garder la table et que j'irais chez Papi et Mamie déposer Hélène en vitesse. Quand la mère et la fille sont ensemble, ça prend des heures. Avec moi, c'est expédié ! Sur le chemin, Hélène s'était endormie et on était tellement heureux de se retrouver qu'on s'est mis à parler dans la voiture et on a complètement oublié Hélène.

— Tout le long ?... demande Anton, soufflé.

— Tout le long, confirme Michel. Tout le long on a oublié de l'emmener chez Mamie, on l'a oubliée dans la voiture, au restaurant et en rentrant à la maison. Même quand j'ai repris la voiture pour aller chez Papi et Mamie, j'l'ai pas vue !

— Eh ben ! C'est pas avec la mienne que ça arriverait !...

— Mais c'est pas qu'on l'ait oubliée le pire... C'est qu'elle nous a pas manqué !... Tu gardes ça pour toi, hein, Anton. Si Chantal savait que j't'ai raconté ça, d'abord elle nierait, elle raconterait sa version et ensuite elle me tuerait... Elle a tellement honte... Moi non plus j'suis pas super fier.

Michel est soulagé d'avoir raconté ce souvenir à quelqu'un. Ça fait tellement longtemps qu'il garde ça pour lui. Il se dit que maintenant, il va pouvoir enterrer cet épisode culpabilisant et passer à autre chose. Anton l'a bien compris. Il lui donne une petite tape réconfortante sur l'épaule.

Dans les escaliers qui donnent sur la cuisine, à l'abri des regards, Victoria et Hélène sont là. Elles ont tout entendu. Elles n'ont pas tout compris mais elles ont compris. Elles n'ont pas besoin de se parler pour tomber d'accord : tout irait tellement mieux si elles prenaient la place l'une de l'autre...

En état de sidération, elles sont incapables de bouger, assises sur leur marche respective, les mains agrippées aux barreaux en métal froids de l'escalier. Elles ne sont même pas tristes, elles sont au-delà : elles sont résignées.

— Viens ! déclare Victoria un peu moins affectée que sa cousine. On va s'échanger. Tu vas être moi et je vais être toi !

Les deux fillettes disparaissent dans leur chambre à l'étage.

CHAPITRE 21. Transmutation

Une boucle blonde tombe sur le parquet. Puis une deuxième...

— Ça y est ! déclare Hélène, les ciseaux en main.

— Non, c'est pas assez ! Il faut que j'aie la même coiffure que toi !

Victoria est assise sur une chaise au milieu de la chambre que partagent les deux filles. Elle a revêtu les habits d'Hélène : un jean délavé et un t-shirt blanc avec un motif imprimé. Hélène, en simple culotte et chaussettes, coupe les cheveux de sa cousine. Quelques coups de ciseau approximatifs supplémentaires et voilà Victoria avec une sorte de coupe au bol.

— Ah toi maintenant ! déclare Victoria en se levant.

Les mèches de cheveux sur son t-shirt tombent au sol. La petite fille finit de s'épousseter les jambes. Elle court jusqu'à son armoire et sort une robe à fleurs pour sa jeune cousine :

— Tiens ! Celle-là elle est trop petite pour moi, elle devrait t'aller !

Hélène passe la robe et se regarde dans le grand miroir de la porte du placard. Elle se trouve coquette même si elle flotte un peu dans la robe. Pendant ce temps, Victoria farfouille dans le tiroir du petit bureau qui fait l'angle.

— Il est où ce scotch ? marmonne-t-elle. Ah ! Le voilà.

Pendant qu'Hélène s'admire dans le miroir, Victoria a ramassé sa touffe de cheveux. Par surprise, elle colle une mèche sur la tête d'Hélène, puis une autre.

— Qu'est-ce que tu fais ? demande Hélène.

— Si tu veux me ressembler, il faut que t'aies de beaux cheveux longs, comme moi.

Soit. Hélène se laisse faire. Une fois fini, Victoria se poste à côté de sa jeune cousine. Elles se regardent toutes les deux dans le miroir. On dirait deux monstres. L'une étant la version ratée de l'autre. Mais au fond, c'est vrai qu'elles se ressemblent les deux cousines même si la plus jeune est comme le brouillon de la plus âgée... Une pâle photocopie plutôt. Toutes les deux ont des yeux ronds, mais l'une a un regard décidé pendant que celui de l'autre est vide. Toutes deux ont des lèvres épaisses, qu'on trouvera pulpeuses chez la grande, charnues chez la petite. Et toutes les petites différences font toute la différence : un petit nez fin contre un épaté, une chevelure d'or ondulée contre des cheveux châtains et plats, une silhouette filiforme contre un corps trapu.

— Moi ça va à peu près, mais toi t'es vraiment moche, lance Victoria. Les cheveux, ça va pas du tout !

Victoria arrache ses boucles scotchées sur la tête d'Hélène qui crie autant de douleur que de surprise. Elle retient ses larmes pour ne pas paraître un bébé face à sa cousine.

— Voilà, comme ça, c'est mieux... Enfin, ça va, rectifie Victoria.

Hélène se regarde dans le miroir. Elle ne sait plus à qui elle ressemble le plus à présent : à elle-même ou sa cousine. Elle est restée bloquée dans la machine de transformation et maintenant la machine est cassée. Elle n'est plus ni l'une ni l'autre. La tête d'Hélène sur le corps de Victoria. Le corps d'Hélène avec des morceaux de Victoria...

***

Au bout du jardin, Victoria demande à Hélène de s'allonger.

— On va faire la « *transmutation* », explique-t-elle.

— La « *transmutaquoi* » ? demande Hélène.

— La « *transmutation* » ! Si tu veux être moi et que moi, je sois toi, on doit faire la « *transmutation* ». Allonge-toi !

Hélène obéit, amusée et intriguée. Elle étend sur le gazon la robe que lui a prêté sa cousine, comme elle le ferait avec un drap. Elle ferme les yeux. Elle ne sait pas trop pourquoi d'ailleurs, mais elle sent qu'elle doit le faire. Elle se dit que ça doit faire partie du rite, très certainement.

Elle sent un poids sur elle : c'est sa grande cousine qui s'allonge à son tour. Victoria est sur Hélène, elle la recouvre presque complètement. Hélène rouvre ses yeux et voit le visage de Victoria tout près d'elle. Ça la surprend et ça l'amuse. Elle rigole. Victoria rit aussi puis elle crie :

— TRANSMUTATION !!!

Victoria enserre de ses bras sa petite cousine à la taille. Hélène, mécaniquement, fait de même. La grande bascule les deux corps du côté où la pente du jardin descend jusqu'au petit filet d'eau qui sert de rivière. Les deux filles roulent sur elles-mêmes, l'une sur l'autre, en criant et rigolant à gorge déployée.

— Transmutation ! Transmutation !!! hurlent-elles en dévalant le jardin.

D'un coup, leur trajectoire s'arrête. Elles sont tombées dans une crevasse formée par les racines d'un vieil arbre et le travail de l'eau de la rivière quand elle est en crue l'hiver. Elles se sont cognées contre le bois, se sont griffées à cause des pierres, se sont salies avec la terre mais elles se marrent de bonheur et de liberté.

Victoria se relève la première. Les deux filles tapent sur leurs vêtements pour faire tomber la poussière et retirent les feuilles de leurs cheveux. Tout à coup Victoria a une nouvelle idée :

— Il faut que tu me tues !

Hélène ne réagit pas. Elle est encore à repasser sa belle robe avec ses mains. Victoria s'allonge de nouveau dans le trou.

— Pour que je puisse revivre en toi, il faut que tu me tues ! Je ferai pareil avec toi après... pour que tu puisses vivre en moi.

Hélène n'a rien compris.

— Il faut que tu m'enterres maintenant ! Allez ! peste Victoria.

Hélène, désemparée, trouve quelques branchages, un peu de terre qu'elle lance sur sa cousine qui reste allongée, imperturbable. Pour une fois, elle a le dessus sur sa grande cousine. Enfin, elle peut en faire ce qu'elle veut. C'est elle la poupée de chiffon qui ne dit rien. Hélène en profite. Avec frénésie, elle trouve tout ce qui pourrait couvrir complètement Victoria : des feuilles, des branches, des mottes de terre et même des petits cailloux qui font certainement un peu mal quand elle les lance sur le visage de sa cousine. Il y a un peu de sadisme de la part d'Hélène, mais elle n'en a pas conscience. Et puis, elle est épuisée avant que Victoria n'ait disparu complètement. À vrai dire, on la voit encore tout à fait. L'exercice est trop long et trop exigeant. Il demanderait une patience et une détermination pour en venir à bout qu'Hélène n'a pas. Elle s'arrête les mains encore pleines de terre qu'elle libère à ses pieds.

— Allez ! Il faut plus me recouvrir ! Regarde, j'arrive à bouger ! insiste Victoria qui joint le geste à la parole.

— J'en ai marre, Victoria. J'veux plus jouer...

— Mais comment on va faire la transmutation si tu me recouvres pas complètement ?

— J'veux plus jouer à Transmutation.

En fait, bien qu'au début elle se sentait glorieuse de pouvoir enterrer Victoria, cette cousine trop envahissante, trop dirigiste, trop exigeante, Hélène, la voyant vêtue comme elle : un jean délavé, un t-shirt à motif, avec ses cheveux fraîchement coupés, elle a l'impression de s'enterrer elle-même.

Victoria se redresse :

— Pff ! Bon, à toi alors. Allez ! Dans le trou !

Hélène s'exécute. Victoria peut faire vraiment peur quand elle est énervée. Hélène s'allonge et ferme les yeux au cas où elle recevrait de la terre sur le visage mais aussi parce qu'elle veut faire le vide en attendant que ça passe.

— Les filles, rentrez ! Ça va être l'heure du dîner.

Sauvée par le gong ! Patricia met un terme à ce jeu de transmutation. Les filles sortent de leur cachette et réapparaissent dans le jardin où la mère de Victoria vient à leur rencontre. Elle est interrompue dans son élan par la surprise du spectacle qui se joue devant ses yeux : ce sont véritablement deux souillons au look de zombi qui remontent de la rivière, le visage noir et les vêtements crasseux. C'est Victoria la pire avec ses cheveux coupés maladroitement et son accoutrement débraillé.

— Qu'est-ce que vous avez fait ?! Qu'est-ce t'as fait à tes cheveux Victoria ? Et regardez-vous, vous êtes crados ! Qu'est-ce que c'est que ces vêtements Victoria ? Mais c'est à Hélène ?! J't'ai jamais vue aussi affreuse.

Victoria est vexée autant qu'Hélène.

— C'est Hélène qui m'a coupé ! se défend Victoria.

— Mais pourquoi t'as fait ça, Hélène ? demande sa tante.

Hélène est interdite.

— Elle voulait jouer à être moi et moi à être elle, continue la cousine.

— Mais c'est débile comme jeu !

« C'est pas moi qui voulais ! » aimerait crier Hélène qui prend le *« débile »* pour elle.

Frustrée, elle a envie de hurler à sa cousine : *« Je voudrais que tu meures, je voudrais que tu meures ! »* mais, à la place, les mots sortent liquides au coin de ses yeux, le long de ses joues. Hélène s'interdit aussitôt cette pensée, cette pulsion de mort trop forte qui a explosé en elle sans raison réelle. Bien sûr, ça fait trop de fois que sa grande cousine la traite comme un bébé, comme son bébé. Pire, comme son chien… Même à un chien on ne ferait pas ça. C'est une poupée de chiffon que Victoria peut trimbaler ici et là, à sa convenance. Lui faire subir tous les affronts, toutes les humiliations sans qu'Hélène ne dise jamais rien. La faire accuser à sa place, mettre tout le tort sur elle. Hélène ne mouftera pas. Avec sa cousine, elle n'a aucune prise sur son destin. Elle la suit comme son ombre. Et on piétine toujours nos ombres… Hélène est également frustrée d'elle-même : pourquoi ne réagit-elle pas ? C'est tout autant de sa faute si cette situation s'est installée. Elle aurait dû se révolter la première fois. Mais elle n'est pas comme ça. Elle laisse le vent la pousser. C'est une forme de lâcheté en soi. Une peur de gêner ou de décevoir. Mais au fond, elle prend ça comme de la liberté : libre de ne rien décider, contentée par tout ce qui lui arrive. Est-ce son caractère qui l'a mise dans cette relation avec sa cousine ou est-ce cette relation établie dès le départ qui a forgé son caractère ? Impossible à dire… Quoi qu'il en soit, ce désir de voir sa cousine morte est disproportionné. Hélène s'en veut. Pourtant, il a dû se passer quelque chose de différent des autres fois pour éprouver ce sentiment mais Hélène l'a déjà oublié.

— C'est vraiment malin, hein ! Bon, allez prendre votre bain, ça va vous calmer. Et je prends rendez-vous chez le coiffeur demain Victoria ! J'espère qu'elle va pouvoir faire quelque chose ! Et toi Hélène, j'vais parler de tout ça à tes parents, tu sais ?

Hélène ne répond pas. Elle a honte. Pourtant ça paraissait si drôle d'échanger de vie avec sa cousine. Maintenant, Hélène n'est plus très sûre de vouloir vivre comme Victoria. Ce dont elle est sûre, c'est qu'au fond, elle l'aime bien sa cousine. Parce qu'elle n'a qu'elle, mais pas qu'elle aime bien être avec elle. Même si c'est un peu dangereux, même si ça fait un peu mal... C'est à chaque fois l'aventure !

***

Accroupie entre les quelques marches qui donnent sur le jardin et la cloison métallique derrière laquelle poussent les vignes vierges, Hélène ramasse les rares billes qu'elle a trouvées au pied de la terrasse. Les autres ont filé dans la plantation, elles sont impossibles à atteindre. Tonton Anton les a fait valdinguer ce midi, ça a rendu folle Victoria qui a obligé Hélène à les récupérer toutes si elle ne veut pas être disputée. Victoria est au bain. Hélène vient d'en sortir. Elle est en chemise de nuit.

Le soleil se couche sur les champs en face.

Anton arrive, justement.

— Qu'est-ce que tu fais ? demande-t-il doucement.

— Je cherche les billes de Victoria.

— Tu y arrives ?

— Bof.

— Tu veux que je t'aide ? propose-t-il en s'asseyant sur les marches, à côté d'Hélène. Puis avec un sourire : c'est un peu de ma faute si elles sont partout maintenant.

Anton se tord un peu jusqu'à la grille, passe son bras et le ressort avec une nouvelle bille dans la main.

— Tiens ma puce, dit-il en donnant la bille à Hélène.

— Merci.

Anton caresse la tête d'Hélène pour lui rendre son *« merci »*. Il glisse sa main sur son dos pendant qu'il lui parle :

— T'es bien gentille de faire ça pour Victoria. Tu sais, tu dois pas te laisser faire, hein. C'est pas une enfant facile ta cousine, mais c'est pas une raison…

La main d'Anton descend sur le genou d'Hélène.

— Et pour l'histoire des cheveux coupés, moi je te crois. Je suis sûr que c'est Victoria qui t'a entrainée là-dedans… Tu sais, dès fois, j'me dis que j'aurais préféré avoir une fille comme toi.

Anton prend sa nièce dans ses bras et la serre fort. Hélène a peur. Elle n'ose pas réagir. Il finit par la relâcher de son étreinte :

— Tiens, file-moi tes billes.

Hélène ouvre sa petite main et déverse son contenu dans celle de son oncle. Anton lance une bille au hasard dans le jardin. Hélène a un sursaut d'étonnement. Il ne va quand même pas gâcher tout le travail qu'elle a fait jusque-là ?

— Si tu lances une bille en laissant au hasard son parcours, commence-t-il, elle reste une bille, inerte, passive, victime.

Il pose trois billes éloignées l'une de l'autre sur la terrasse, se penche jusqu'à leur hauteur pour viser au mieux et en tire une avec ses doigts. La bille file jusqu'à la seconde, la percute. La deuxième bille part à son tour et cogne la troisième.

Il continue :

— Mais si tu lui donnes l'impulsion que tu souhaites, elle va là où tu veux qu'elle aille. Elle est active, assumée, elle prend vie. Elle est toi !... Essaie !

Anton pose de nouveau trois billes sur la terrasse, se met derrière Hélène et la plaque pour accompagner son corps jusqu'aux billes. Il guide sa main en tenant son poignet. Il enlace l'enfant puis l'enserre. Il pèse sur elle de tout son poids. Leurs joues se touchent. Hélène sent le souffle de son oncle sur son visage. Elle est au bord de l'évanouissement.

— Tu dois prendre le contrôle de tes actions présentes pour contrôler le futur. Dans la vie, si tu hésites, tu subis.

Hélène n'a plus peur. Elle est au-delà. Elle se concentre sur sa bille. Elle ne pense plus qu'à ça. Elle n'ose bouger son corps. Il est de toute façon maintenant insensible. Il n'existe plus. Tout Hélène s'est réfugiée dans son index et son pouce qui forme un cercle près de la bille. Son seul objectif est de tendre ce doigt qui fera partir la bille. Avec la bonne force, avec la bonne direction.

Ellc tirc.

La bille roule. Elle met un temps infini pour rejoindre sa jumelle qu'elle bouscule sans détour. L'autre bille prend le relais dans la direction de la troisième, un peu plus sur la droite, et l'atteint en plein cœur !

Elle y est arrivée ! Hélène est victorieuse. Un sentiment d'immense fierté l'envahit. L'oncle Anton, toujours courbé sur elle, couvre sa joue de baisers pour la féliciter.

— Qu'est-ce que vous faites ?

Chantal vient de débouler dans la terrasse et retrouve sa petite fille dans les bras de son beau-frère. Anton, gêné, se redresse. Hélène culpabilise d'avoir pris du plaisir avec son tonton. Ça ne se fait pas. Ça pourrait être mal interprété. Elle n'a pas compris que ce sont les billes qui lui ont procuré ce plaisir, pas son oncle.

— On joue aux billes, se défend Anton la voix blanche.

— Bon, j'ai besoin d'aide pour le repas.

— Oui oui, j'arrive !

Anton se relève. Les deux adultes disparaissent en laissant échapper quelques phrases de reproche et d'excuse qui s'emmêlent.

Hélène est seule avec le goût doux-amer d'une victoire interdite. Elle s'en veut d'avoir cru qu'elle était capable de quelque chose, qu'elle avait prise sur la vie. Elle a le sentiment d'un grand gâchis.

CHAPITRE 22. Tonton Anton

Les souvenirs sont des métamorphes qui peuvent gonfler ou disparaître pour revenir sous une autre forme, s'associer les uns les autres pour n'en former qu'un, se dissoudre, se déguiser, être celui d'un autre ; se tromper d'époque, se perdre dans le temps, ne pas être à sa place. On ne devrait s'y fier, pourtant ils bâtissent nos certitudes et nos doutes, guident et construisent notre vie, nous enferment dans des boucles et des schémas, nous empêchent de grandir. Heureux ou malheureux, ce sont des bourreaux qu'on vénère, nos dieux et nos démons. Nos prisons dans lesquelles nous nous précipitons pour nous y réfugier, pensant qu'ils nous protègent des affres du présent. Nos syndromes de Stockholm intérieurs. Il suffirait pourtant d'arrêter de les chérir, d'arrêter de les maudire, d'arrêter de les nourrir tout simplement, pour qu'ils arrêtent de grossir et finissent par mourir. Malheureusement, le souvenir est une drogue qu'on sécrète de l'intérieur, qui se maintient au plus profond comme le sang dans les veines et dont nul ne peut se défaire bien qu'elle trompe, endort et altère le jugement et les sens. Nous sommes alors atteints de cécité : nos souvenirs sont flous quand ils sont loin, déformés quand ils sont à fleur de peau.

Pour y remettre un peu d'ordre, les combattre, les apaiser, il faut parfois remonter la ligne du temps de notre propre histoire et les confronter à la réalité des faits : *« quand j'ai rencontré untel, fait telle chose, subi tel choc, quel âge avais-je ? Où étais-je ? Mais si j'avais cet âge, si j'étais là, je ne pouvais pas rencontrer cette personne : elle m'a été présentée par quelqu'un que je ne connaissais pas à l'époque ; que je ne pouvais connaître et*

« ça » ne pouvait m'arriver... Je n'avais pas l'âge, je n'étais pas là ! Est-ce que j'ai bien vu ? Bien entendu ?... » Non, tout est filtré par la subjectivité due à notre état.

Le métamorphe est né ! Le temps fera son œuvre.

[Malik : J'ai vécu jusqu'à l'âge de 17 ans dans une secte]

[Linda : J'ai perdu mon enfant, victime du syndrome du bébé secoué]

[Elise : J'ai survécu au crash d'un avion]

...

Hélène sursaute dans son lit. Un souvenir de son enfance lui est revenu alors qu'elle regardait une vidéo débile sur son smartphone. Sans doute ce long travelling sur des réverbères allumés en pleine nuit. Ça lui rappelle son oncle Anton. Cet homme qu'elle n'a côtoyé que durant l'enfance mais avec qui elle entretenait des rapports ambigus. Le peu de fois où il avait été là, il s'était montré très proche d'Hélène. Trop proche peut-être ? Quand elle était petite, il avait toujours été très affectueux mais en grandissant, il lui avait fait des réflexions déplacées.

Si le rêve d'Hélène n'avait rien à voir ni avec Bruno, son camarade vicelard, ni avec Rachida, sa coloc perverse, peut-être avait-il un lien avec Anton, cet oncle qui pouvait se révéler obscène ? Il faut qu'elle vérifie, qu'elle confronte ses souvenirs à la réalité. Tout au moins, une autre vérité que la sienne. Un souvenir différent. Elle se doit d'explorer toutes les éventualités en espérant pouvoir fermer toutes les portes.

Il est un peu plus de 10 h du soir mais elle doit appeler sa mère. Elle sélectionne son numéro dans le répertoire.

— Hélène, ça va ? commence sa mère inquiète.

Hélène n'appelle jamais aussi tard, d'habitude.

— Oui, ça va maman. Je voulais savoir… J'ai repensé à un truc… Il était comment tonton Anton avec moi ?

— Ben, il était gentil… Pourquoi tu me demandes ça maintenant ?... Il t'aimait bien, ça c'est sûr.

— Comment ça, il m'aimait bien ?

— Ben… Il te trouvait plus calme que Victoria. Ça lui convenait mieux.

— Pas plus que ça ?... Et quand, à l'enterrement de Mamie, il m'a touché la poitrine en disant *« T'as les nichons qui poussent »* ...

— Mais c'était un con. Il faisait toujours ce genre de blagues graveleuses, mais il n'aurait pas fait de mal à une mouche. Il était pas méchant… Enfin, pas avec nous… Encore moins avec toi.

— Ouais, mais quand même, j'me souviens très bien, tu venais de m'offrir mon premier soutif, j'avais rien à mettre dedans… J'étais hyper gênée quand il a fait ça !

— Excuse-moi ma chérie, j'aurais dû réagir… On a tous rigolé comme des idiots. C'était une autre époque. Tu sais Anton, c'était un gars qui aimait faire l'intéressant mais qui n'assumait pas son caractère. Avec Patricia, ils voulaient que tout le monde croie qu'ils étaient importants : la grosse baraque avec le grand jardin ; elle me racontait les soirées qu'ils organisaient où le champagne coulait à flot… mais ils ont fini par se rendre compte qu'à ce petit jeu, ils ne vivaient plus que pour les autres… Anton, il était comme Papi. Il venait d'une famille pauvre et il s'est hissé grâce à ses études. Mais au lieu de rester modeste, comme ton grand-père, il a voulu rouler des mécaniques.

Hélène écoute sa mère changer de sujet, sans même s'en rendre compte. À moins que ce soit une forme de déni qui l'oblige à bifurquer. Hélène revient à la charge :

— Il n'a rien fait d'autre dans le genre ? Je me souviens, il était très affectueux avec moi… Il aimait bien me prendre dans ses bras, réclamer des baisers, me caresser les cheveux, le dos…

— C'est un méridional. Ils sont tactiles, c'est comme ça !

— Plus qu'avec sa propre fille.

— Qu'est-ce que tu veux que je te dise ? Non, il t'a jamais rien fait... Une fois, juste avant l'accident de Victoria, je vous ai surpris en train de jouer aux billes. Il te tenait d'une façon assez bizarre, je lui en ai fait la remarque, il s'est excusé. Après, je l'ai eu à l'œil… Je te jure sur ma tête et celle de papa qu'il n'a rien fait. Tu sais, ton père et moi, on n'aurait jamais pris le risque de te laisser seule avec lui. Quand je ne vous ai pas vu, ni lui ni toi ce jour-là, j'ai tout de suite cherché après vous. Sans faire de fausses accusations, quand je l'ai rencontré Anton, j'ai tout de suite senti qu'il fallait rester sur ses gardes. Pour moi, pour toi… Il aimait les femmes… Enfin, la femme. La femelle, quoi. Y'a des signes qui ne trompent pas. J'me suis méfiée de lui, même sans être sûre. On est toujours resté prudents. Pourquoi tu crois que tu n'as jamais été en vacances chez eux ? Ou pourquoi on t'a jamais laissé chez Papi et Mamie quand ils étaient là et que nous n'y étions pas ?... On ne se serait jamais pardonnés s'il s'était passé quelque chose… Surtout en connaissance de cause. Ton oncle, c'était juste un gros lourd. On a fait avec, sans aller plus loin. Jusqu'à ce qu'il ne fasse plus partie de notre vie.

Hélène est un peu rassurée, mais elle doit aller jusqu'au bout. Elle repense à l'image qu'elle a vu dans cette vidéo qui lui a fait tilt :

— J'ai vu un truc tout à l'heure sur Facebook…

— Roh… Vous les jeunes avec vos smartphones, coupe Chantal, vous êtes vraiment des drogués, hein !

— Bon, tu m'écoutes ?… Et puis tu peux parler, toi… Et papa… Il a le nez collé H24 !

— Qu'est-ce que tu voulais me dire, ma chérie ?

— Bon, j'ai repensé à un souvenir que je croyais avoir enfoui à jamais… C'est fou comme les trucs ils reviennent comme ça, sans raison… Et c'est à propos de tonton Anton justement… Enfin, je crois que c'est lui… Peut-être que je confonds… Je sais même pas si vous étiez là…

— Vas-y, je t'écoute…

— Bon, j'ai un souvenir vraiment vague… On avait dû manger un soir avec eux…

— Chez eux ? Non, non, non… On n'a jamais été chez eux le soir… Ils habitaient trop loin de chez nous. On est passés avec ton père quand ils ont acheté leur maison, mais t'étais même pas née. Et puis, franchement, on évitait de trop se voir, hein ! Patricia et lui, franchement, c'était pas notre truc. J'ai fait l'effort pour ma sœur, quand ça allait mal dans son couple et puis pour que vous puissiez vous voir entre cousines… Deux semaines tous les étés chez Mamie, c'était suffisant.

— J'ai jamais dit *« Chez eux »*, c'était peut-être chez Mamie ! Ou au resto ! On s'en fout ! s'énerve Hélène.

— Oui. Pardon. Continue…

— Ben je me souviens, qu'un soir, je devais être fatiguée, il m'avait ramené sur son épaule. J'étais là pliée en deux, les jambes et les bras ballants, comme s'il ramenait un trophée… J'avais vraiment l'impression que c'était un ogre qui rapporte sa proie chez lui. Enfin, c'est le sentiment qui me reste… Je faisais semblant de dormir, mais je m'en souviens très bien maintenant. J'avais peur… Peur qu'il me découpe en morceaux et qu'il me mange, qu'il me mette dans une cave et qu'il m'enferme toute ma vie… Un truc comme ça. J'avais vraiment peur… Alors je faisais semblant de dormir pour fuir ce qui pouvait m'arriver. Je fermais les yeux parce que je craignais qu'il s'aperçoive que je ne dormais pas alors qu'il vous avait dit : *« La petite dort debout, je vais la ramener »* et qu'il me punisse. Mais moi, j'avais besoin d'ouvrir les yeux pour voir là où il m'amenait… Que c'était bien là où il vous avait dit… Et pas chez lui, ou ailleurs pour que vous puissiez plus me retrouver… Et en même temps, j'osais pas regarder là où il m'emmenait… Parce que j'avais peur qu'il me punisse si je dormais pas et j'avais peur qu'il m'amène pas là où il avait promis… J'étais terrorisée et en même temps, j'étais très excitée. Je vivais une aventure, comme dans les films que je voyais parfois en cachette quand vous étiez devant la télé le soir… À un moment, j'étais vraiment fatiguée… Je me berçais en regardant la lumière régulière des néons sur le trottoir pour m'endormir et fuir cet instant.

Hélène reprend son souffle et conclut :

— Maman. Où il m'a emmené tonton Anton ce soir-là ? Et qu'est-ce qu'il a fait de moi alors que vous n'étiez pas là ?

À l'autre bout du fil, c'est le silence. Et puis :

— Tu as gardé ce souvenir pour toi toutes ces années, ma pauvre chérie ?

— Oui, pourquoi ? panique Hélène. Enfin, je l'avais oublié. Il m'est juste revenu ce soir.

Hélène retient son souffle, pendue à son téléphone.

— Il ne faut pas t'inquiéter Hélène. Ce souvenir, c'est rien… On n'était pas chez Mamie, on était à l'hôpital. Ça faisait trois mois que ta cousine avait eu son accident. On était tous venus lui rendre visite pour son anniversaire. Tout le monde était très affecté. L'atmosphère était électrique. Ta tante ne s'en remettait pas... Toi, tu étais excitée comme une puce. On ne t'avait jamais vu comme ça. Pardon de te dire ça aujourd'hui, mais on aurait plutôt attendu l'inverse : d'habitude, celle qu'on ne pouvait pas tenir, c'était Victoria. Et la petite fille pas très expressive, c'était plutôt toi. C'est comme si vous aviez échangé vos places... Enfin, pas que j'aurais souhaité que tu sois à l'hôpital à la place de ta cousine, mais... Enfin, tu m'as comprise...

— Oui, j'ai compris, t'inquiète pas...

— Je sais plus c'que j'dis ! souffle Chantal. Enfin bref, se reprend-elle. On est restés dans la chambre le plus tard possible mais à un moment, il a bien fallu partir. On pouvait pas se quitter comme ça. Les hommes avaient faim et voulaient boire et ma sœur et moi, il fallait encore qu'on puisse se parler... On a trouvé un restaurant chinois à côté de l'hôpital mais c'était une heure beaucoup trop avancée pour toi. T'étais en descente de l'excitation de l'après-midi. Tu t'endormais sur ta chaise. Alors, quand on a quitté le resto, tonton Anton a proposé de te prendre sur son épaule pour t'amener jusqu'à la voiture. Nous on était derrière. On allait moins vite et à une bonne distance : ta tante avait besoin de parler et ton père était là pour nous soutenir. Anton a tracé tout seul jusqu'à la voiture. Quand on est arrivés, il venait de te déposer et nous attendait en fumant une cigarette. Tu dormais à l'arrière. On s'est quittés là. On a pris la voiture et on est rentrés à la maison. C'est tout...

Hélène est soulagée. Elle respire de nouveau. La seule personne qui est dans son cœur à présent, c'est sa cousine. Elle ira la voir demain.

Il le faut.

***

— Tu sais, j'ai compris beaucoup de choses ces derniers temps, ma belle, commence Hélène. C'est pas de notre faute...

Hélène est assise à côté du lit de Victoria qui l'écoute en silence. Victoria ne dort pas. Elle a les yeux ouverts. Elle n'a pas bougé d'un pouce depuis l'arrivée d'Hélène dans sa chambre, mais pour sûr, elle écoute sa petite cousine lui parler. Hélène le sait. Hélène le sent. Alors, elle continue :

— Si on était comme ça l'une envers l'autre quand on était petites, c'est parce qu'on nous a formatées comme ça... Par nos parents... Enfin, nos deux mères... Sans le vouloir, hein... Mais elles étaient toujours en rivalité... Un peu moins en grandissant, mais tout de même... Maman m'a toujours parlé de ta mère soit de façon détachée, soit énervée... Exaspérée même. Les choix qu'elle faisait, les relations avec ton père, comment elle se comportait avec elle... Maman n'était jamais satisfaite... Même si elle l'aimait bien... D'ailleurs, c'est quand elle était le plus énervée envers ta mère qu'on savait qu'elle l'adorait... Quand elle en avait rien à foutre, là, il fallait se méfier... Et nous, on a reproduit ce schéma. On les voyait faire... On comprenait pas, mais on sentait les choses. Ça transpirait sur nous. C'était toi la forte et moi la faible, ça c'était nos caractères qui ont fait ça. Ça aurait été l'inverse, le schéma aurait quand même existé. Le pire, c'est qu'après ton accident, j'ai reproduit ça avec d'autres filles. Des copines. Émilie, Rachida... J'attendais toujours d'elles qu'elles dirigent ma vie, qu'elles me prennent en main... Émilie était gentille, elle n'en a pas profité mais Rachida, elle n'a pas été bien pour moi... J'aurais pu le voir sur le moment, j'aurais dû partir. C'était toxique, mais j'en avais besoin.

Ça me rassurait quelque part. Je te retrouvais un peu à travers elle. Ce rêve, ça voulait dire ça... C'était l'expression de ma relation malaisante avec Rachida. Il fallait que je la revoie pour clore ce chapitre...

Hélène fait une pause. Elle n'attend aucune réponse de sa cousine, bien sûr. Elle attend juste qu'elle ait tout bien entendu et tout compris.

— Mais maintenant, ça va mieux. T'inquiète pas... Je vais me prendre en main. Je sais pas comment, mais j'vais plus me laisser porter par le vent comme si j'étais irresponsable. Je suis responsable de tout. De tout ce que je fais, de tout ce que je provoque... C'est plus facile à dire qu'à faire. Et qu'à accepter...

***

« Les rêves, c'est rien. On a cru pendant des années que ça voulait dire quelque chose, qu'il y avait des significations cachées, la réminiscence de souvenirs enfouis, refoulés, mais si tout ça, c'était faux ? Si les rêves, c'était les pensées inutiles qu'évacue le cerveau pendant la nuit, comme le fait le côlon des déchets alimentaires ; de façon agglomérée ? Oui, c'est ça ! Les rêves sont les étrons de la pensée. Les rêves, c'est de la merde. »

Les jours qui suivent, Hélène essaie de faire le deuil de ce rêve qui l'avait tant obsédée, d'être en paix avec ses souffrances. Rachida, Bruno, tonton Anton, elle n'aura jamais d'explication sur l'origine du rêve à part celle avec laquelle elle veut bien s'accommoder. Aucune interprétation fiable n'est possible. Il faut mettre tout ça derrière elle. Elle a envie de passer à autre chose. D'ailleurs, la première fois, ça avait été après avoir revu Bruno sur ce quai de gare. À bien y réfléchir, était-ce vraiment lui qu'elle avait croisé. C'était tellement loin maintenant, que ça paraissait irréel. Il n'aurait pas eu cette réaction là si ça avait été lui. Si ça se trouve, elle avait croisé le sosie de Bruno et ce sosie avait vu en Hélène, le sosie d'une de ses connaissances. Tous les deux s'étaient trompés, croyant avoir reconnu l'autre. Si ça se trouve, elle n'avait croisé personne... Tout au plus un visage au loin, qui lui avait rappelé Bruno.

Les souvenirs ne réparent rien, ils ne font qu'entretenir les plaies de l'âme.

Le rêve tire sa révérence. Il ne veut plus encombrer les souvenirs d'Hélène. Il sait qu'il n'est plus le bienvenu, alors il s'efface. Il disparaît avec le temps jusqu'à ce qu'Hélène doute aussi de son existence. Non. Elle n'a jamais fait ce rêve. Tuer un homme, l'enterrer au fond des bois. Ça ne devait pas être tout à fait ça. C'est impossible ! C'est une folie d'avoir eu pareilles idées. Ce n'est pas elle. C'est le rêve d'une autre qu'on lui a raconté. Elle serait incapable d'avoir de telles pensées.

De toute façon, maintenant, elle s'en fout bien de toute cette histoire !

CHAPITRE 23. Mehdi

Magalie est de nouveau enceinte. « *Un bébé pour Noël, super !...* » Hélène doit la remplacer à la compta. Ce changement dans son train-train quotidien n'est pas pour lui déplaire. Elle veut une nouvelle vie. Alors, même si c'est temporaire, c'est de bon augure. Véronique, jalouse des maternités multiples de Magalie (et très certainement aussi qu'on ait choisi Hélène plutôt qu'elle pour assurer le remplacement), préfère s'en amuser :

— Elle est à combien de gosses celle-là ? demande-t-elle à Hélène quand elle passe la prendre pour déjeuner.

— Je sais pas... Perso, je l'ai remplacée déjà trois fois depuis que je suis là, mais je crois qu'elle avait déjà au moins un enfant avant.

— Tu te rends compte, quatre mômes ! Ça doit être la foire chez eux. Je rêve pas de sa vie... Pas d'attache, pas de compte à rendre. Les mecs, tu les prends, tu t'amuses un peu et quand ils deviennent relous, pof, tu les dégages.

— Tu parles, s'amuse Hélène, tu serais pas contre une grande histoire d'amour !?

— C'est toi qui me parles de grande histoire d'amour ? Tu me fais rire. Je t'ai jamais vue avec personne. T'as quelqu'un en ce moment ?

— Non. Et toi, t'as quelqu'un ?

— C'est possible...

— Bah vas-y raconte !

— Il s'appelle Edouardo... C'est mon prof de zumba.

— Tu fais de la zumba ?

— Bah maintenant, j'en fais oui... C'est une amie qui en fait qui me l'a présenté...

Véronique raconte sa nouvelle love story. À chaque fois qu'un mec entre dans sa vie, malgré tout ce qu'elle peut dire sur le grand amour, elle est tout sourire, ses yeux pétillent, son souffle est fluide et vivace. Hélène est au spectacle à regarder Véronique chanter les louanges de cet Edouardo. Elle envie sa collègue de travail et se demande pourquoi, elle non plus, n'a pas le droit à une grande histoire d'amour avec, pourquoi pas, un bébé à la clé. Elle le mérite autant que n'importe qui après tout. Et puis, même une petite histoire d'amour ça lui irait tant qu'il y a un peu d'histoire et un peu d'amour.

Comme tous les ans, quelques jours avant les fêtes de Noël, Weber-Améris organise une soirée pour tous les employés de la boîte. C'est l'occasion, l'alcool aidant, de régler certains comptes qui parfois se terminent en coups de boule ou en coups de queue. Mais ce qui se passe aux fêtes d'entreprises reste aux fêtes d'entreprises et quand, après les vacances, les employés sont tous de retour, l'entreprise reprend sa vie, comme si de rien n'était.

Hélène déteste ce genre de réunions hypocrites et vulgaires. Elle aime bien Véronique, certes, mais c'est plus par habitude que réelle amitié. Quant aux autres employés, elle n'a rien contre eux, mais pas plus d'affection non plus. Pourtant, cette année, elle a fait l'effort de venir. Quand Véronique la voit arriver, Hélène a même le droit à un *« Waouh, t'es sexy ! »* de sa collègue. Elle est contente qu'elle produise l'effet escompté. Si elle veut que sa vie change, il faut qu'elle la prenne en main et c'est ce qu'elle a fait en venant à ce dîner. Elle a un objectif bien précis dont elle espère qu'il ne sera pas contrarié. Elle cherche quelqu'un du regard. Il est là : Mehdi ! Elle prend congé de Véronique et feint de s'approcher du bar pour prendre une flûte de champagne. Elle pourrait aller tout droit, le bar est grand et il y a trois serveurs pour satisfaire la centaine d'employés déjà présente. Pourtant, elle fait le grand tour de la salle pour finir à l'autre bout où se trouve Mehdi. Elle le croise sans le regarder et commande sa flûte.

— Hélène ?!

Ça y est, il l'a vu, il est venu lui parler. Hélène se retourne et marque son étonnement de voir Mehdi. Ils se font la bise et la conversation s'engage. Mais assez vite, il n'y a plus de sujet sur la table et un silence pesant s'installe. On meuble en vidant sa flûte jusqu'à la dernière goutte, en en recommandant une seconde : *« Laisse, j'y vais »* déclare Mehdi... La drague est un sport, Hélène manque d'entrainement. Mehdi et sa flûte tardent à revenir. Hélène tourne la tête. Mehdi est en conversation avec une autre jeune fille : Sonia, une commerciale, comme lui. Forcément, elle a plus d'expérience. Hélène les voit s'éloigner, l'air de rien. Elle prend une flûte, histoire de se donner une contenance, et se résout à aller retrouver Véronique qui a déjà une cour exclusivement masculine autour d'elle. En la voyant, Hélène baisse les bras. Sur le chemin, elle pose sa flûte sur une table et d'un pas rapide, dépasse Véronique et sort du restaurant.

***

— Bah alors, t'étais où ? T'es partie ? J't'ai cherchée partout... demande Véronique le lundi matin.

Hélène balbutie une excuse : sa cousine Victoria qui l'a appelée en urgence, un truc comme ça. Véronique s'en satisfait.

Elle chasse sa déception. Hélène est soulagée. Apaisement de courte durée. Elle croise Mehdi dans le couloir :

— Bah alors, t'étais où ? T'es partie ? J't'ai cherchée partout... demande-t-il.

Le cœur d'Hélène se remet à battre la chamade. Elle veut ressortir son excuse bidon, l'histoire de sa cousine, tout ça, mais ça ne vient pas. Même si c'est lui qui l'a plantée, elle culpabilise d'être partie. En fait, elle culpabilise qu'il s'en soit rendu compte et qu'il lui reproche maintenant. Lui non plus ne doit pas se sentir tout à fait à l'aise puisqu'il coupe court aux bafouillages d'Hélène :

— Peu importe. Tu fais un truc ce soir ?

Hélène est prise de court. « *Ah ouais ! Il doit avoir vraiment un truc à se faire pardonner... À moins que ça n'ait pas marché avec Sonia et donc, il se rabat sur moi...* » Mais puisque Hélène a décidé de changer de vie, de s'ouvrir à l'amour, elle répond :

— Heu, non. Tu veux qu'on aille boire un verre ?

Elle se surprend à prendre des initiatives. Mehdi en est ravi.

— Génial. Tu connais un endroit ? Je suis de passage, moi, ici. J'connais que dalle.

— Oui oui, y'a un truc super. Je t'envoie l'adresse par texto.

— Ok. Ce soir, 18 h ?

— Top... À ce soir alors...

Hélène est si troublée, qu'elle a peur que Mehdi le voie. Elle s'empresse de le fuir.

— Euh... Tu veux pas mon tel ?

— Si... Euh... Pourquoi ? demande Hélène qui sent qu'elle a loupé quelque chose tant la question de Mehdi lui paraît hors contexte.

— Bah pour le texto. Pour l'adresse...

— Ah oui, bien sûr...

Hélène a laissé Mehdi en plan à peine son numéro noté sur son smartphone. Elle s'empresse d'aller voir Véronique.

— Tu connais pas un bar sympa dans le coin ?

— Tu connais pas de bar, vraiment ? rigole Véronique.

— Si, mais, je sais pas s'ils sont *« sympas »*.

— C'est pourquoi ? T'as un rencard ?...

— Non... C'est... C'est ma cousine, enfin, une autre... qui vient... Elle vient de se faire plaquer par son mec qui la battait. Elle vient faire le point chez moi quelques jours...

« Mais pourquoi j'ai raconté ça ? » se demande Hélène. *« On va pas dans le même genre de bar pour consoler sa cousine que pour draguer un mec !!! »*

— Ta cousine, c'qui lui faut, c'est de remonter à cheval ! Et toi aussi, ça te ferait pas de mal de rencontrer un bonhomme. Allez à la Bodega, on peut danser, y'a des mecs hypers chauds, vous allez vous éclater. C'est *« avenue Saint-Michel »*, près de la Mairie. Tu vois ?

Hélène acquiesce et remercie Véronique. Même si elle trouve que ce *« Bodega »*, c'est pas une bonne idée pour amener Mehdi, elle n'ose pas demander une alternative. Ça va être bruyant, pas assez intime, mais bon... tant pis. Si elle trouve autre chose dans le coin qui correspond mieux à son humeur, elle changera ses plans au dernier moment. Elle envoie l'adresse à Mehdi.

À la fin de la journée, elle se dit que ce n'est peut-être pas une mauvaise idée : si c'est bondé de beaux-mecs, ça va faire concurrence à Mehdi qui redoublera d'effort pour la séduire et, au pire, si ça ne marche pas entre eux, elle pourra toujours faire de l'œil à un autre. Hélène a la confirmation que c'est le bon choix quand elle reçoit un texto de Mehdi : *« Super. J'adore danser »*. *« Tiens, il a été voir ce que c'était comme genre de bar... »*

Hélène angoisse : sait-elle danser ? Bah oui, bien sûr... Hélène met sa veste et souhaite une bonne soirée à Véronique qui est encore à l'accueil. Elle la remercie pour le bar.

— Ah bah tiens, je vais peut-être vous rejoindre, déclare Véronique.

Hélène panique.

— Mais non, j'déconne ! s'amuse Véronique. J'vais vous laisser entre cousines, vous devez avoir des millions de trucs à vous raconter.

***

De la neige fondue tombe en pluie fine sur l'avenue Saint-Michel. Hélène, qui attend devant la Bodega depuis une bonne dizaine de minutes, espère que Mehdi n'arrivera pas en retard. Pire, qu'il ne lui posera pas un lapin. Hélène est arrivée avec un peu d'avance pour voir si elle n'avait pas mieux à proposer comme bar, même si elle n'a pas vraiment cherché. Elle est rentrée chez elle après le boulot et s'est apprêtée. Elle n'a pas changé de vêtements. Elle aurait pu au moins troquer son jean contre une jupe, mais elle s'est dit qu'il ne fallait pas donner des signes trop clairs à Mehdi, qu'il fallait la jouer cool. Elle a quand même passé un gant sous ses aisselles et dans sa culotte, s'est parfumée et remaquillée. Elle s'est lavé les dents et a changé un peu sa coiffure pour quelque chose avec un peu plus de volume et de volutes, un truc plus sexy, sans y paraître. Elle a mis d'autres chaussures, des baskets noires, discrètes mais assez classe. Hors de question qu'elle danse avec des talons hauts. Avec son imper cintré beige et son petit parapluie jaune, elle se trouve suffisamment jolie.

Mehdi est là. Il accourt protégeant sa tête de la pluie avec sa veste. Elle trouve cette image follement romantique. Quand il arrive à sa hauteur, elle a l'impression qu'il s'est complètement changé par rapport à tout à l'heure au bureau. Il est très classe avec son ensemble et il sent bon. Il a fait un effort qu'elle a l'impression de ne pas avoir fait. Elle est un peu déçue d'elle-même mais elle se dit qu'il ne faut pas le montrer. Après s'être embrassés, elle prend les devants :

— Alors, on rentre ?

Les deux s'engouffrent dans la moiteur du Bodega. Ils sont propulsés en Amérique du Sud. Après deux cocktails chacun, la conversation se tarit, comme lors de la fête d'entreprise. Mehdi a beaucoup parlé cette fois. Hélène sait presque tout de sa maman et de ses frères et sœurs. Mehdi ne sait pas grand-chose d'Hélène et c'est quand il se rend compte qu'il a squatté la conversation et qu'il commence à s'intéresser à elle que les échanges se font plus rares. Elle a du mal à se dévoiler. Elle n'a pas vraiment envie. Il a du mal à relancer. Il n'a pas vraiment envie.

— On va danser ?

Cette question les sauve. Hélène accepte et remercie secrètement Véronique de lui avoir parlé de ce bar. Mehdi se débrouille vraiment pas mal. Hélène le suit comme elle peut. Leurs corps s'accordent. Plus ils se délient, plus ils se rapprochent. Mehdi a quitté sa veste. Il a des auréoles de sueur sous les bras, mais Hélène aime ça. Il sue pour elle. Alors elle colle sa joue moite contre la sienne. Mehdi veut l'embrasser, mais il n'ose pas. S'il interprétait mal les signes qu'elle lui envoie ? Si elle le repoussait devant tout le monde ? Mehdi est fier. Il ne veut pas compromettre sa virilité. Il essaiera de l'embrasser dans sa voiture avant de la déposer chez elle. Si elle le repousse, il reprendra la route, sinon, il essaiera de monter chez elle… Ce sera plus simple.

Exténué, le couple retourne à table. La danse leur a ouvert l'appétit autant que la parole. Pendant tout le repas, ils discutent de tout et de rien, mais surtout pas d'eux. Il y a toujours beaucoup de déchets dans les conversations, et si l'essentiel ravive l'âme, le superflu repose l'esprit. On a l'impression qu'ils se connaissent depuis toujours. Complices, ils échangent des regards, des rires et leurs plats. À la fin du repas, comme il l'avait prévu avant même d'entrer dans le restaurant, Mehdi propose à Hélène de la raccompagner chez elle. C'est l'heure de vérité. Si elle dit oui, il a gagné son cœur, si elle dit non, il a perdu deux heures et 150 €. Hélène n'a pas pris sa voiture. Elle la prend uniquement pour les courses ou pour aller voir ses parents. Elle accepte ! Elle aussi avait une idée derrière la tête avant de pénétrer dans le Bodega. Il ne faut pas croire…

Ils sont rentrés en silence. Dans la luxueuse voiture de Mehdi, personne n'ose bouger une oreille de peur de faire une gaffe qui compromettrait tout. Mais ce silence refroidit tout de même l'ambiance. L'un et l'autre doutent qu'au dernier moment, elle n'ait plus envie qu'il monte chez elle. Il se lance quand même en coupant son moteur :

— Et voilà. Ça va ici ?

— Oui oui… Merci, dit Hélène, la main sur la poignée de la porte.

Il se dit : *« Elle ne va pas me laisser monter. Il faut que je l'embrasse ici si je veux que quelque chose se passe. »*

Elle se dit : *« S'il m'embrasse maintenant, peut-être que je le ferai monter. Sinon, non. Tant pis. »*

Mehdi saute sur Hélène et l'embrasse fougueusement, attrapant sa tête avec ses deux mains. Il tente le tout pour le tout.

Hélène fond. Elle sent ses paumes bouillantes contre ses joues fraîches. Elle n'a pas envie que cet instant s'arrête. Elle ne veut pas qu'il monte chez elle. Elle ne veut pas plus qu'un torride et long baiser mais elle connaît les hommes. Eux ne se contentent pas de ça. Alors, pour faire durer le plaisir, elle lui caresse la cuisse, à quelques millimètres de son entre-jambe. Quand elle sent son sexe gonfler, elle éloigne sa main puis revient quand le tissu de son pantalon se détend. Ses va-et-vient prolongent le baiser. Il lui lèche le cou, lui mord le menton, embrasse ses yeux et son front. Il dégrafe son chemisier, glisse sa main comme un serpent qui ondule vers sa proie, caresse ses seins d'abord au-dessus du soutien-gorge puis à nu. Il pince ses tétons, se risque à y descendre avec sa langue pour les mordiller. Elle pose sa tête contre la vitre, son visage compressé sur le carreau. Sa joue tire sur ses cheveux, ses cheveux lacèrent sa joue. Cette promiscuité fait mouiller tout son corps. Quand il veut déboutonner son jean pour plonger son autre main dans sa culotte, elle l'arrête. C'est la frontière à ne pas dépasser. Hélène veut s'en tenir à de l'érotisme. Elle veut prendre son temps avec lui. Elle le lui explique. Il accepte mais ça le refroidit un peu. Il lui donne un dernier baiser pour que ça passe inaperçu, mais il a déjà les mains sur le volant, prêt à partir. Il regarde dans le vide le temps qu'elle se rhabille. Ils sont seuls, chacun. Quand ils savent que c'est foutu, les mecs aiment bien balancer un dernier scud. Politique de la terre brûlée :

— Tu veux pas me sucer au moins ?

Hélène éclate de rire (même si ses éclats sont toujours discrets), smacke Mehdi sur la joue, tout près de la lèvre et sort de la voiture.

— Je te rappelle. On a passé une super soirée.

Hélène disparaît, avalée par la porte d'entrée de son immeuble. Mehdi se dit que *« Je te rappelle. On a passé une super soirée »*, c'est déjà ça. Il retrouve le sourire en redémarrant le moteur. Son cœur vrombit de fierté. La voie est libre.

Bien sûr qu'Hélène va rappeler Mehdi. Bien sûr qu'ils vont se revoir. Bien sûr qu'ils vont baiser ensemble. Mais alors on retombe dans ce qu'on connaît déjà : il est prêt à tout accepter d'elle pour qu'elle finisse par lui ouvrir sa chatte. Plus il a envie, moins elle a envie. Elle, ce qu'elle veut, c'est lui ouvrir son cœur, c'est pour ça qu'elle le trimballe de telle boutique à telle expo, de telle surprise à tel souvenir. Plus elle a envie, moins il a envie. Elle le balade, elle le traînasse jusqu'à ce qu'il se lasse ou qu'il s'agace et qu'il s'éloigne. Mehdi a laissé sa virilité au vestiaire. C'est un toutou. Un paillasson. Hélène, ça l'a terriblement excitée au début d'avoir ce chevalier servant, cet étalon prêt à la suivre jusqu'au bout du monde. Puis elle a compris ses intentions, son mobile. Elle les a toujours connus, depuis leur premier rencard, mais là, elle réalise qu'ils ne cherchent pas la même chose, qu'ils ne se trouveront jamais. Elle est déçue, alors elle lui reproche, sans le dire, de s'être laissé faire. Mehdi le sent. Il est piégé. Il peut encore réagir, là, maintenant !

[salut bb. kes tu fé le 31 ?]

Il a envoyé le texto. Il s'est dit : *« Je lui laisse une dernière chance. Si on baise pas au jour de l'an, c'est fini ! »* Elle se demande pourquoi il l'appelle *« bébé »* tout-à-coup. Il lui fait un coup à la Demba. Ça fait tellement racaille. C'est de la provocation. Quelque chose d'un peu crade, histoire de raviver la flamme. On ne sait jamais… Il joue son va-tout. Elle le rappelle :

— Salut.

— Salut. Ça va ?

— Ça va et toi ?

— Tranquille… Alors ?

— Bah ok.

— Bah cool. Super… Mais… Ça te dirait de venir vers chez moi cette fois ? Comme ça j'te fais découvrir ma région. Je vais pouvoir te présenter à mes potes.

Mehdi pense : *« Et baiser… »*

Hélène demande :

— Tes potes ? On se fait pas un truc tous les deux, en amoureux ?

Mehdi pense : *« Euh… Ok… Si on baise, tout ce que tu veux… Par contre, si on baise pas et que c'est fini tous les deux, j'préfère m'éclater avec mes potes… donc, qu'est-ce que je dis ?… Bon… Bon, je dis ok, histoire de pas la contrarier mais faut que je trouve un moyen de pas être trop loin des potes, on sait jamais… »*

Hélène pense : *« Putain, ça y'est ! Il veut me présenter ses amis, me partager sa vie. Il s'ouvre enfin le bonhomme !!! »*

Mehdi pense : *« Je ne veux pas entrer dans ta vie. Je veux pas que tu entres dans la mienne. J'veux décider, reprendre le contrôle, avoir le choix. Je veux que tu m'appartiennes. »*

Elle voit ce déplacement comme une offrande, non comme une prison. Elle ne voit pas l'enfermement qu'il lui propose.

Mehdi répond :

— Si, bien sûr… J'connais des supers endroits pour passer la soirée… Tous les deux. Alors ?

— Ok. Super !

« Cool, je serai près de mes potes, sur mon territoire »

— T'inquiète. Je nous organise ça. Tu *s'occupes* de rien, je *s'occupe* de tout ! (Ah ! Elle rigole) Bisous !

— Bisous !

Il raccroche.

« Merde ! Il va être près de chez ses potes en cas de plan B... Putain, quelle conne Hélène, vraiment... Bah... Après tout. M'en fous ! »

Les quelques jours qui la séparent du 31, Hélène oscille entre l'amour fou et l'indifférence totale pour son nouvel amant. Véronique sent qu'il y a quelque chose de différent chez Hélène, mais elle ne dit rien. Elle garde son histoire pour elle, alors Véronique interprète :

— Ce qu'il te manque, c'est de faire une bonne grosse fête, te déglinguer, te changer les idées ! Je te rappelle que je fais le réveillon à la maison. T'es invitée, bien sûr, mais comme t'as jamais répondu, je te relance... Y'aura blinde de monde !!! Plein de mecs ! Tu peux inviter des gens, aussi... Alors ?

— Merci, mais j'ai déjà quelque chose de prévu...

— Ah bon ? Avec qui ? Raconte...

— C'est...

— Un p'tit copain ? Je connais ?...

— Non... C'est...

— C'est ta cousine ? C'est chez ta cousine ! Tu peux l'inviter si tu veux !

— Non, c'est pas ma cousine, non... Mais c'est...

— C'est, c'est, c'est... C'est personne, ouais ! Allez, viens chez moi, on va se marrer !!!

— Pff... Bon, d'accord... Je viens. T'es contente !

— Génial, s'exclame Véronique.

Hélène sourit en retour, mais à l'intérieur, son sourire est grimace : comment va-t-elle faire ? Dire *« Oui »* à l'un et *« Non »* à l'autre ? Impossible de faire les deux, c'est pas du tout au même endroit.

Le soir du 31, Hélène est prête… Enfin, apprêtée, mais toujours pas décidée. À 19 h, elle sait qu'elle a raté le train pour aller chez Mehdi. Quand elle le réalise, elle se jette sur son smartphone pour l'éteindre. Elle redoute de devoir s'expliquer. À 22 h 30, elle sait que c'est trop tard pour aller chez Véronique. Elle enlève sa tenue, se démaquille, met son t-shirt pyjama, allume la télé, va au frigo, sort une demi-bouteille de champagne, des toasts, un peu de foie gras, se prépare un plateau et retourne dans son salon, face à la télé. Hélène a toujours su qu'elle n'irait nulle part. Elle n'aurait pas acheté ce repas de réveillon de fortune sinon. Elle sait que lorsqu'elle ne sait choisir entre l'un et l'autre, elle choisit toujours ni l'un ni l'autre. Elle sait que l'indécision est un manque d'envie. Elle sait que, depuis qu'elle est dans cet appart, elle a toujours préféré être seule que mal accompagnée.

À minuit, Hélène pleure. Qu'est-ce qu'elle est en train de faire ? Elle redevient elle-même. Elle fait bégayer sa vie. Elle pense : *« Bonne année dernière ! »* et ça la fait rire dans ses larmes.

Mehdi l'a complètement ghosté. Quand elle rentre au bureau, Véronique lui demande pourquoi elle n'est pas venue. Hélène ne sait pas quoi répondre… Comme toujours… Rien ne change. Hélène s'entend dire à Véronique :

— Je sais pas quoi te répondre… Comme toujours… Rien ne change…

— Houlà, ma chérie, t'as l'air déprimée. Si rien ne change, rien ne change : je fais une soirée d'après jour de l'an chez moi samedi avec tous ceux qui n'ont pas pu venir ! Donc tu viens !!!

— T'es increvable toi !

— Rien ne change !!!

Elles rient toutes les deux.

— Si. Cette fois, je viens !

— Mouais, tu dis ça… Tu me plantes pas cette fois, hein ?

— Non, promis !

— De toute façon, si tu viens pas, on débarque tous chez toi !

— T'as pas mon adresse.

— Tu parles.

— T'inquiète, je viens.

CHAPITRE 24. Vincent

Pour être sûre de ne pas voir Véronique et tous ses invités débarquer chez elle, Hélène est arrivée chez sa collègue dans les premiers. Elle sait bien, de toute façon, qu'ils ne seraient pas venus la squatter, mais au moins, plus elle arrive tôt, moins elle a de gens à qui dire bonjour.

Effectivement, Hélène est accueillie par un petit groupe d'amis déjà installé sur le canapé autour de la table basse. Ils grignotent et parlent doucement. Hélène se sent obligée de faire le tour pour se présenter : *« Hélène. Alice. Bonsoir... Hélène. Bertrand. Salut... Hélène. Cécile. Enchantée... »* À la fin de son tour, elle a oublié qu'Alice s'appelait Alice et Alice a oublié qu'elle s'appelait Hélène. Par défaut, elle discute avec les derniers convives qu'elle a salués. La conversation tourne court. Ils se connaissent entre eux. Ils ne la connaissent pas. Ils retournent à leur précédente conversation.

Dans une soirée, un verre d'alcool qu'on boit tout seul vaut dix verres qu'on aurait bu avec les autres. Hélène en fait l'amère expérience. Accrochée à son smartphone comme à une bouée en pleine mer, elle tangue sans y paraître alors qu'elle n'a siroté qu'un demi-gobelet de Chardonnay. Elle se noie dans le flot de vidéos qu'elle ne peut regarder, qui défilent sur l'écran sur lequel balaie son index :

[Jade : J'ai passé trois ans comme travailleuse du sexe dans une maison close]

[Léon : J'ai vécu une expérience de mort imminente]

[Anna : J'ai rencontré l'homme de ma vie en étant visiteuse de prison]

...

Appuyée contre la table du buffet, on dirait une pochtronne. Elle grimace, désœuvrée. Elle n'est pas belle à voir. Mais dans ces cas-là, il y a toujours un chevalier blanc, âme encore plus perdue, à penser qu'il va réveiller et révéler la belle endormie qui, par œillades, trimballe un regard hagard sur l'assemblée.

— Tu me sers à boire ? demande un nabot à grosse tête, à trois chromosomes d'être un beau gosse.

— Tu veux quoi ? répond Hélène tirée de ses pensées.

— Un whisky-coca... Tu t'appelles comment ?

— Hélène.

— C'est joli Hélène...

— ...

— Et... Et moi, c'est Vincent.

— Salut.

— Tu connais Véronique ?

— Oui, on est collègues.

— Ah ok ... Tu connais d'autres personnes ici ?

— Non. Personne.

— Et toi, tu me poses pas de question ?

— Non, j'te sers ton verre. Tiens.

Le jeune homme attrape son verre et commence à le boire en silence. Il n'a même pas dû dire merci tant il est gêné. Hélène se sent un peu honteuse d'être aussi peu communicante ; agressive même. Mais elle n'ose plus rien dire. Il a l'air plutôt sympa ce garçon. Plutôt marrant avec sa grosse tête sur ce petit corps. Pas trop laid, on dirait un pilote de ligne ; non, un jockey : il sent le cheval. Elle a tout gâché. Lui, de son côté, reste un peu là par politesse, pour pas larguer Hélène de but en blanc, mais il regarde ailleurs. Alors, Hélène rallume son carrousel des moi :

[Romy : Je me suis fait opérer du mauvais bras]

[Hugo : Je suis donneur de sperme, j'ai 97 enfants]

[Inès : J'ai une hypertrophie des petites lèvres vulvaires]

...

Un rush d'adrénaline l'envahit. Hélène croit lire devant ses yeux, comme une révélation :

[HÉLÈNE : J'AI TUÉ UN HOMME]

Le jeune inconnu a attendu pendant les cinq minutes réglementaires au cours desquelles aucune conversation n'a été relancée. À peine a-t-il fait un pas pour s'extirper de sa galère qu'Hélène l'arrête par le bras. Il pensait s'en être débarrassé, elle le retient. Il se retourne avec l'air de dire : *« Qu'est-ce qu'elle me veut celle-là encore ? »*

— Ah oui... balbutie Hélène. Et aussi... J'ai tué un homme.

— Quoi ? rétorque le jeune homme incrédule.

— J'ai tué un homme, fait Hélène, plus bas.

— Qu'est-ce que ?... Pff... N'importe quoi...

Le gars file. Il a déjà perdu assez de temps. Il zieute les invités à la recherche de sa prochaine proie. Hélène le regarde s'éloigner. Elle croit l'entendre marmonner : *« Elle est complètement dingue celle-là »* mais Hélène s'en fout. Elle affiche un sourire discret. Elle vient de comprendre qu'avec son histoire de mort, elle a réussi à attirer l'attention ou tout au moins, susciter le mystère. Elle en a la confirmation à peine un quart d'heure plus tard : l'homme, qui discute avec deux autres jeunes femmes, n'arrête pas de lui lancer des coups d'œil furtifs, par intermittence. Peu à peu, discrètement, les deux femmes de dos tournent leur visage pour zieuter à leur tour, mi-subjuguées, mi-effrayées, la tueuse d'homme.

— Mais non, regarde-la, elle ne ferait pas de mal à une mouche, s'imagine Hélène en observant les lèvres de l'une bouger.

— Mais si, c'est possible hein, pourrait dire l'autre. Avec ses mains un peu larges et ses cheveux filasse, elle fait pas très saine cette fille. Si un jour, on m'apprenait qu'elle a refroidi un type, je serais pas surprise.

— Bon, les filles, regrette déjà l'aviateur/jockey, on parle d'autre chose ? Et si vous me parliez de vous ?

— Fais gaffe, elle nous fixe ! s'exclame la rousse dans un cri étouffé.

— Elle va nous buter ! Elle va nous buter ! pouffe la robe verte dans un murmure.

Les rires se perdent dans le brouhaha.

Qu'elle ait tué un homme ou non, peu importe : en devenant une autre, Hélène devient quelqu'un.

En lâchant cette bombe, elle sait que sa soirée est faite. Elle a redéfini la propre image qu'elle avait d'elle. Rien d'autre de plus grand ne pourra arriver lors de cette soirée atone. Elle est fière autant qu'elle a honte. En avouant son crime fantasmé, Hélène a l'impression d'avoir laissé un indice trop évident qui pourrait la compromettre. Elle doit partir. Elle va à la cuisine remercier sa collègue pour l'invitation.

Hélène retrouve Véronique, comme à son habitude, grisée par l'alcool et entourée d'hommes qui la collent et qui rient à chacune de ses saillies.

Véronique aime faire la fête. C'est son prétexte pour faire l'amour. À chaque fois qu'elle sort, elle se fait baiser, démonter, déglinguer... même quand elle n'en a pas vraiment envie. Elle s'aseptise d'alcool pour que ça fasse moins mal. Pourtant elle veut qu'ils lui fassent mal. Elle le réclame, elle le crie, elle le supplie. Elle pense que c'est le prix à payer. C'est pas qu'on la force à devoir s'offrir en pâture ; elle s'en persuade. Elle n'est abusée que par elle-même. Elle croit que c'est le seul moyen pour avoir un peu d'affection, d'écoute et d'attention. Elle attend le prince charmant jambes écartées, les poings crispés, les dents serrées et les yeux clos.

— Tu pars déjà ? Bah non... Ça fait que commencer ! hurle Véronique.

— J'suis crevée... J'ai pas l'habitude ! ajoute Hélène avec une ironie un peu forcée qui fait rire sa collègue.

— Attends, j'te présente Bertrand !

— Non, mais on s'est déjà présentés tout à l'heure, répond Bertrand soudainement gêné par l'ivresse de son hôtesse.

— Bah attends... reprend Véronique. Marie ! Marie ! hurle-t-elle maintenant.

Une jeune asiatique, tout droit sortie d'un James Bond période Sean Connery (longue robe noire pailletée, peau lisse et cuivrée, cheveux raides à frange étonnamment roux), tourne la tête d'un geste si gracieux et assuré qu'on croirait qu'elle est au ralenti.

— Marie. Il faut que tu rencontres Hélène !

— Salut, répond Marie de loin, avec un sourire un peu forcé, avant de retourner à ses occupations (faire une carafe de Mojito).

— Salut, fait Hélène, plus de la main que de la bouche. Allez, salut ma belle, ajoute-t-elle, décidée, à Véronique en l'embrassant.

Hélène s'en va. Véronique la regarde partir, hagarde quelques secondes puis revient à sa conversation avec ses mecs, comme si de rien n'était. La porte de l'appartement claque. En flash, le visage de Marie jaillit puis fond dans la rétine des yeux d'Hélène.

CHAPITRE 25. Sean

Vous connaissez Marie Nguyen peut-être sous le pseudonyme Mary_Virgo sur les réseaux sociaux. Certains savent qu'elle n'est pas Vierge de signe (née la nuit du 20 au 21 avril, Marie est Bélier ou Taureau, selon son humeur), d'autres pensent qu'elle n'est, de toute façon, vierge de rien du tout. Mais elle s'en fout ! Puisque qu'elle s'appelle Marie, autant se donner le blase de LA Marie, la mère de Dieu, la vierge Marie. Et en anglais en plus... Sauf que Marie Ngyuen veut aller vite et que ce soit simple. Elle sait très bien qu'en anglais *« vierge »* n'est pas le même mot selon si c'est le signe ou l'adjectif mais si elle prend pour pseudo *« Mary_Virgin »*, elle a peur d'attirer les vicelards alors, sur Insta, Youtube et Tiktok, elle s'inscrit sous le pseudo de Mary_Virgo. Quand on lui fait remarquer la confusion entre les deux, elle déclare avec assurance que, bien sûr, elle l'a fait exprès... Pour faire parler... Et ça marche puisqu'on vient justement de le faire ! Marie se présente comme influenceuse mais avec moins de 20.000 abonnées, tous réseaux confondus, elle n'est pas influenceuse, elle est opportuniste. Elle a eu sa période déco d'intérieur, sa période astro, sa période conseil beauté, sa période coach (sexe-sportive-séduction-embauche) et finalement, sa période végan. Marie est belle, ça on peut le lui reconnaître. Elle l'a travaillée, sa beauté. Et c'était pas gagné. Les asiatiques sont petites, des cheveux trop noirs, trop secs, des yeux invisibles, sournois, une peau plastique, sans odeur, des seins trop petits, un caractère trop gentil, soumis, discret, transparent, remplaçable, non remarquable. Une race de nains, pour celles qui ne font rien. Ce n'est pas le cas de

Marie qui s'est sculptée, étirée, prothésée, habillée, coiffée, maquillée, exprimée, exposée pour devenir cuivre plutôt que fer, miel plutôt que riz, torrent plutôt que lac. Marie a un look différent pour chaque soirée, chaque occasion. Elle adapte son attitude, ses postures, sa façon de se déplacer, de regarder les choses, les gens. Elle suit les modes et fuit les codes. Et parfois l'inverse. Des cheveux longs roses, une mini-jupe rouge. Une longue robe de soirée léopard, des lunettes en métal des années 80. Une salopette jaune, les longs gants noirs de Rita Hayworth. Mary_Virgo propose à chaque sortie un nouveau « *paradigme disruptif et systémique* » même si elle ne comprend pas bien ce que ça veut dire. C'est une belle vitrine. Elle peut y mettre tout ce que vous voulez derrière.

En la regardant danser sur la piste, Hélène est fascinée par son élégance et son énergie. Contrairement à Véronique, Hélène trouve qu'aucune vulgarité ne ressort de la jeune femme, mais au contraire, une forme de douceur. Aucun trouble, une force. Paradoxalement, ce magnétisme que dégage Marie éloigne Hélène qui n'ose se livrer complètement. Elle mimétise sans s'immiscer. Elle se fond sans se confier. Elles sont là, toutes les trois : Véronique, Marie et Hélène, à se trémousser au centre de la piste de la boîte de nuit du coin. Un gros truc avec lasers et fumigènes, à l'extérieur de la ville. Ça fait un bail qu'Hélène n'a pas été en boite, c'est plus trop son truc, mais à danser là, avec ces deux filles déchaînées comme des tigresses, elle a l'impression de retrouver ses 20 ans, où tout était encore possible. Véronique et Marie lui donnent l'énergie qu'elles ont en trop et qui lui manque. Elles forment dans la foule, un petit cercle encerclé d'un cercle plus grand d'hommes qui se pressent comme autant de spermatozoïdes à la surface d'un ovule.

L'agitation de ce cocon testostéroné leur donne une saine fureur qui les irradie. Si Hélène fait enfin partie du groupe de celles qui attirent, c'est qu'elle a su se créer, à la dernière soirée de Véronique, une rampe de lancement à sa nouvelle vie : la nouvelle Hélène, c'est une tueuse ! Ce nouveau costume, qu'elle a endossé depuis, la galvanise autant que d'être avec ses nouvelles copines. Elle y a pensé toute la semaine « *Je suis une tueuse, je suis une tueuse, je suis une tueuse !* » Elle se l'est dit plusieurs fois devant la glace pour s'en convaincre. Ce nouveau personnage la protège et lui donne de la force. Si bien même, qu'elle veut en faire profiter tout le monde. Tiens, si un mec vient l'aborder, elle dira : « *Salut, moi c'est Hélène et je suis une tueuse. Et toi ?* » Ça la fait rire, la met en joie.

Elles font une pause pour se désaltérer. Elles se perdent de vue, avalées par les clubbers. Hélène arrive à atteindre le bar. Elle voit ses deux copines un peu plus loin, se font un signe de la main. La serveuse tend l'oreille. Hélène crie :

— Un Martini-Schweppes !

— C'est pour moi ! répond une longue et fine main légèrement velue qui tient une Gold entre ses doigts. Un Talisker-glace pour moi, s'il vous plaît. Et puis, à Hélène : Bonsoir !

Hélène tourne la tête avec un sourire pour seule monnaie et tombe nez-à-nez avec de magnifiques yeux bleus, une bouche fine mais délicate, un visage allongé, légèrement buriné, une crinière blonde. Encore un de ses délires Disney d'adolescente ?! Non ! Cette fois, elle y est, elle y a le droit ! Le type est tellement beau et sa voix si douce qu'Hélène cherche le cheval blanc qui devrait l'accompagner, en vain. L'homme sourit de voir Hélène bouche-bée.

— Salut, moi c'est Sean. Et toi ?

« C'est une blague... Les filles, c'est vous, c'est pas possible... Waouh, le gars ! Et pourquoi il me parle à moi ? »

— Salut, moi c'est Hélène... répond-t-elle bêtement, comme une gamine.

« Et je suis une tueuse !!! Rappelle-toi !... Ta gueule ! »

— Merci pour le... ajoute-t-elle en mimant le verre.

— Ça me fait plaisir. Tu viens souvent ici ?

— J'ai tué un mec.

— Pardon ? fait Sean qui feint d'avoir mal entendu, mettant ça sur le compte de la musique assourdissante.

« Pourquoi t'as dit ça pauv'conne ! »

— J'AI TUÉ UN MEC !!!

« Mais tu insistes en plus !!!... Oui, oui, oui ! J'insiste. C'est trop excitant ! »

— C'est dingue ! Raconte !

Sean a les yeux exorbités. Il est aussi animé qu'Hélène. Pas un seul moment il se dit qu'il est en présence d'une criminelle ou d'une mytho. Ou peut-être que si, mais c'est ça qui l'électrise. Ce qui est encore plus étrange. Les deux se mettent un peu à l'écart en s'asseyant sur des banquettes, ce qui laisse le temps à Hélène de bricoler une histoire. C'est une chose de tuer un homme, c'en est une autre de savoir qui, quand, comment, pourquoi... Quand ils sont installés, Hélène prend une posture contrite, sirotant son Martini-Schweppes du bout des lèvres. Son Prince Charmant boit ses paroles autant que son whisky à grandes lampées :

— C'était un bête accident. J'ai renversé un gars sur la route et... Et au lieu de m'arrêter, j'ai fui. J'ai jamais su qui c'était, on m'a jamais attrapée !

« Comme ça, pas de détails sur le qui, le quand, le comment et le pourquoi... »

Hélène attend la sentence : l'incrédulité, la brimade ou le désarroi. Ou les trois. Un truc du genre : « *C'est pas croyable, il faut te rendre à la police ma pauvre...* » Au lieu de ça, elle se sent tiré vers Sean qui l'embrasse à pleine bouche, faisant fi de leur verre dont le contenu se répand sur leurs genoux. Les deux s'agrippent l'un à l'autre et se roulent un patin infini.

Hélène reprend son souffle après plusieurs minutes d'apnée.

— Tu vas pas me dénoncer, hein ? demande-t-elle, plus très sûre de son délire.

— Mais non, répond Sean trop pressé de l'embrasser encore.

Sean l'entoure de ses bras. Elle concède un baiser du bout des lèvres et sort de son étreinte :

— Sinon, je te tue toi aussi ! déclare-t-elle avec un regard sévère.

Sean éclate de rire, elle s'amuse avec lui et ils s'embrassent de nouveau. Elle prend le temps de tourner et de retourner tout ce qui vient de se passer dans sa tête. Elle est désarçonnée : pourquoi un aussi beau gars, face à une folle pareille, qui avoue avoir tué un homme, ne prend pas ses jambes à son cou ? Pire, ça a l'air de lui plaire, de l'enflammer. Certainement qu'il est sous coke, qu'il va lui proposer de se faire une ligne dans les chiottes. Ce n'est pas le cas. Si Sean est aussi excité, c'est qu'il est autant surpris que fasciné par Hélène. Elle a raconté son histoire avec un tel détachement, elle a été si impassible, qu'elle passe auprès de Sean pour une *badass*, fière plus que honteuse. Si elle avait geint, pleuré ; si elle s'était apitoyée sur son sort, il se serait contenté de la consoler comme il pouvait avant de décamper à la première occasion. Au lieu de ça, il presse son corps contre le sien, comme s'il voulait fusionner avec elle : son crime est devenu aux beaux yeux du jeune homme un fait d'arme, un récit épique, une légende dont il doit faire partie. Lovés l'un dans l'autre, ils flottent jusqu'aux toilettes dans lesquels ils font l'amour sauvagement. Cette fois-ci, c'est elle qui prend les devants. Elle le doit. Il l'attend. Elle se coince dans l'un des angles, entre le mur rugueux et la cloison poisseuse, dos à lui. Il la pénètre. Il l'écrabouille de tout son corps, à chaque saillie un peu plus. Elle se cogne, elle s'égratigne, elle se souille. Cette sauvagerie sexuelle qu'elle espère autant qu'elle dissimule, qui la remplit autant qu'elle en a honte, elle l'a enfin, pour de vrai ! Ils jouissent ensemble. Il a disparu. Elle ne veut pas qu'il reste. Elle demeure quelques secondes avec son souvenir, son parfum, les marques qu'il a laissées sur sa peau avec ses mains, ses cuisses, son sexe et son menton.

Quand Hélène retrouve ses deux copines, elle est redevenue celle d'avant, cachant le secret de l'autre. Mais Véronique remarque tout de suite qu'il y a quelque chose de différent chez sa collègue :

— Oh, toi, t'as rencontré quelqu'un !

— Non... répond Hélène sans trop y croire.

Elle sait que ses cheveux sont en bataille, que son maquillage est défait, que ses vêtements sont démis. Sans un mot, Marie dévisage Hélène avec amertume et jalousie. L'envie a changé de camp. Hélène sourit pour elle-même, par pure autosatisfaction. Elle lance un regard à Marie. Maintenant, elles sont à égalité. Elles peuvent faire connaissance.

Au petit matin, Hélène sort de la boîte boostée comme après un shoot d'héroïne. Dans sa voiture, elle est en descente : elle culpabilise de son mensonge, du gars qu'elle a trompé, du rôle qu'elle a joué, de toutes les victimes réelles des chauffards. Le lendemain au réveil, telle une véritable junkie, elle n'a qu'une pensée en tête : recommencer.

***

Hélène s'incruste dans l'agenda nocturne de sa collègue. Elle veut être de toutes les soirées de Véronique. Elle s'assure de la présence de Marie et quelques inconnus pour écouter son histoire de tueuse d'homme. Ou plutôt ses histoires : chaque aveu est différent. À chacun de ces récits la victime, le mode opératoire et le mobile changent pour retrouver l'excitation de la première fois. Plus elle assume ses crimes fictifs, plus elle donne vie à son mort.

Galvanisée, elle est comme un aimant aux yeux de la jolie asiatique qui délaisse de plus en plus le petit harem de Véronique pour se rapprocher de l'auditoire, toujours plus nombreux, d'Hélène.

Ses histoires séduisent autant qu'elles font fuir. Étonnamment, moins le meurtre est justifié, plus il fascine. Qu'elle ait tué son violeur n'intéresse pas les gens. C'est trop crédible et donc trop glauque. Mais qu'elle ait empoisonné puis découpé en morceau son prof de chimie par amour, ça, on est sur le cul. Les hommes surtout sont particulièrement fascinés par l'insolite et le sordide. Hélène voit dans leurs yeux monter leur désir au fur et à mesure qu'elle déroule ses affabulations. La froideur qu'elle y met rend suffisamment irréel ce qu'ils entendent pour ne pas être offusqués, mais au contraire, être saisis par un subjuguant effroi. Cette exaltation masculine se transmet à Hélène dès que Marie croise son regard : elle attire son attention. Au début, ce ne sont que des œillades de curiosité, puis, plus Marie se rapproche d'Hélène, plus l'intérêt est marqué si bien, qu'au bout du compte, la belle asiatique fait partie des disciples d'Hélène. Elle a entendu les gens pousser des oh et des ah mais elle ne sait pas pour quelle raison. C'est ce qui intrigue le plus Marie. Elle veut percer le mystère Hélène. Que peut-elle bien raconter pour être aussi magnétique ? Marie a remarqué que le public d'Hélène était à chaque fois renouvelé : elle ne raconte jamais la même chose à la même personne. Comme avec un Kleenex : elle prend, elle use, elle jette. Pour Marie, il y a une énigme derrière cette consommation frénétique. Si Hélène ne veut pas se répéter c'est qu'elle veut produire une sensation plus qu'un sentiment.

Effectivement, Hélène est déjà lassée par ce nouveau rôle. Elle a épuisé tous les récits de meurtre possibles qu'elle avait en tête. Elle veut aller plus loin et c'est la présence effective de Marie qui la pousse à franchir le pas.

L'air de rien, Hélène entame une conversation banale avec un type banal trouvé là. Assez vite, à son habitude, elle enchaîne par sa réplique devenue classique :

— Et sinon... J'ai tué un homme.

— Quoi ? s'étouffe l'autre.

— J'ai tué un homme, répète Hélène, un peu plus fort pour attirer l'attention de Marie et des convives à côté.

— N'importe quoi... Tuer un homme, toi ? T'as trop bu ma pauv'chérie, ironise son interlocuteur.

Hélène se lance dans le vide... Quelques invités, dont Marie, la regardent sauter :

— J'te jure... C'était... C'était il y a quelques années. Je vivais en coloc avec une nana qui s'appelait Rachida. Cette fille, je l'aimais bien, mais elle était un peu chelou. Un jour, Rachida se pointe, hyper énervée et tout. Elle me demande de m'asseoir et elle me raconte : elle a revu un ancien camarade dans le tram.

Bon, moi, j'me dis : *« Et alors ? »* Elle là, elle continue : *« Quand j'avais 14 ans, y'avait un gars dans mon collège, le fils du prof d'Anglais : Bruno... C'était un gros dégueulasse qui faisait des trucs horribles aux filles. »* Elle me raconte tout : il pelotait les filles dans les toilettes, leur mettait des billes dans la culotte, les obligeait à boire son sperme dilué dans de l'eau. Une horreur ! Bien sûr, Rachida avait été victime de cette ordure comme toutes les autres filles, mais, puisque Bruno était le fils du prof, personne n'avait rien dit et il avait continué pendant tout le collège. Alors quand elle revoit son ancien camarade, elle a la rage. Et quand elle vient me raconter ça, elle me dit : *« Je l'ai suivi, je sais où il habite. Je vais le tuer. Il faut que tu m'aides »*. Moi, je suis touchée par son histoire, alors j'accepte. Elle me montre le gars. Je rentre dans son quotidien, l'air de rien. Il a une femme, des enfants, il a l'air normal... J'essaie de créer une proximité... Et on finit par rentrer en contact sous un prétexte débile. Il a mordu à l'hameçon. Rachida est comme une folle. Je continue, je drague le gars et je l'invite chez moi... Enfin, chez nous, à Rachida et moi. Il hésite, il est marié mais il craque : c'est un mec quoi ! Là, avec Rachida, on est prêtes. Quand il arrive, Rachida n'est pas là. Il faudrait pas qu'il tombe sur elle et parte en courant. Bon, il arrive, je lui offre un verre. On a mis des somnifères. Il s'endort et avec un sac plastique, un grand sac de course, je l'étouffe. Il tressaute un peu. Il est mort. J'appelle Rachida. Je lui dis que c'est fait. Elle accourt. On est là, toutes les deux à voir le gars allongé sur le parquet, face contre terre. Mort. Rachida, elle travaille dans le cinéma. Elle a un petit utilitaire pour transporter son matos. On attend qu'il fasse bien nuit et qu'il y ait personne dans les rues pour mettre le corps dans sa bagnole. On va jusqu'à la forêt. On sort le corps. On le transporte au fond des bois. Là, elle me dit : *« Enterre le corps pendant que je surveille* ». Il pleut, je creuse, c'est galère... Mais finalement, j'arrive à mettre Bruno dedans. Je rebouche le trou. C'est fait... On n'en a plus jamais reparlé. On s'est efforcées de tout oublier. Ça fait des années que je n'ai pas revu Rachida. Enfin, je l'ai revue il y a pas longtemps parce que ce souvenir à refait surface. Je voulais être sûre mais elle a tout nié, bien sûr... C'est... C'est la première fois que j'en parle de toute cette histoire...

Hélène est au bord des larmes. Elle a tout sorti comme ça, d'un coup. Ce qui aurait pu être son rêve s'il avait été réalité. Ça lui a paru tellement réel qu'elle se sent troublée et se demande si, en fin de compte, ce récit n'est pas tout simplement la vérité qu'elle cherche depuis des mois. Elle tient enfin une explication : une victime, un mobile, un mode opératoire. Elle se sent libérée par cet aveu. Autour d'elle, la poignée de personnes qui l'écoute est bouche-bée, interdite. On pourrait les penser incrédules, ils sont dubitatifs. Eux-mêmes ne le savent pas encore. Ils aimeraient croire à cette histoire, mais quelque chose cloche. L'un d'eux explose de rire :

— C'est n'importe quoi !

— Ben... Si... Si, c'est vrai, j'te jure... bafouille Hélène surprise.

Elle qui pensait avoir touché du doigt la vérité qu'elle cherche depuis si longtemps, on lui renvoie de la moquerie. Sa certitude naissante s'écroule comme un château de cartes.

— Nan mais c'est vrai, c'est pas crédible, dit un autre. Pourquoi c'est pas ta copine-là, Rachida, qui fait le sale boulot ? Tu vas buter un gars que tu connais pas pour une coloc qui est à peine ta copine ? Ça tient pas debout.

— Attends, la meuf, elle va jusqu'à se galérer à creuser un trou, foutre le gars dedans et reboucher pendant que sa cops, qui est censé être la plus concernée quand même, se fait les ongles dans sa bagnole... Moi, y'a une nana qui me demande de buter un gars pour elle et l'enterrer au fond des bois, j'lui dis *« no way »*, s'amuse une des filles du groupe.

— Tu m'étonnes. T'as vu ses bras ? ajoute son copain en désignant Hélène. Tu crois qu'on peut étouffer un mec et creuser un trou avec ces bras-là ?

— Et puis, ta coloc elle te raconte l'histoire d'un tordu au collège et toi tu la crois sans vérifier ? Si ça se trouve elle a voulu se venger d'un pauv'type et elle s'est servie de toi.

— Mais bon, tu nous as bien tenus. Respect. C'est vrai les gars ! Elle nous a bien tenus ! On y a cru un peu quand même !!!

Ils s'en vont déjà en rigolant. Ils parlent de mauvais films de série Z. Y'en a qui poussent des cris pour faire peur mais ça fait rire de plus belle. Hélène est seule avec son souvenir en toc. Elle n'y croit plus elle-même. Ils ont raison. Cette histoire ne tient pas plus debout que tous les bobards qu'elle a pu balancer ces derniers jours.

Marie s'éloigne comme les autres laissant Hélène dépitée. Elle, au moins, ne s'est pas moquée. Leurs regards se croisent. Marie baisse les yeux. Elle reste fascinée par cette énigmatique Hélène.

Tout n'est pas perdu, mais quelque chose est cassé...

Hélène continue de sortir son bla-bla aux soirées de Véronique mais elle y met moins d'allant. Elle se croyait libérée par ce nouveau rôle, mais de plus en plus, il l'enferme. Elle n'est plus Hélène. Elle fait des excès, elle fait des esclandres. Elle ne sait plus se tenir. Elle devient mauvaise. Elle s'est sentie trahie par son subconscient, elle veut le faire payer. Elle veut se punir en se détruisant. Plus elle se détruit, plus elle se dégoûte. Plus elle se dégoûte, plus elle se détruit. Là est sa punition. Elle ne prend plus du tout ses affabulations au sérieux. Ses anecdotes meurtrières ne sont que provocation ridicule et violence gratuite. C'est devenu du grand n'importe quoi. Ses récits inventés n'ont ni queue ni tête. Ses victimes fictives sont des pantins ridicules, déjà morts avant d'être tués. Désincarnés. Elle cherche en vain quelqu'un qui lui dirait : *« Mais moi j'y crois à ton histoire. Elle me touche. Tu me touches... »* Mais comme elle n'y croit plus elle-même, elle se contente de *« C'est dingue ! C'est ouf ! C'est un truc de malade ton histoire »* qui, en langue mec, veut dire : *« T'es une tarée, ça m'excite, j'veux te baiser ».* Elle assume : ses épopées macabres sont des pièges à mecs qui la montent et la démontent. *« Si tu mets ta pine dans la fente, t'as une histoire... »* Pas dans cet ordre. *« Viens faire un tour dans le train fantôme, dans le grand-huit de mes mensonges et tu pourras peut-être tirer le pompon. »* Hélène est devenue un vampire qui se cache derrière le paravent de ses fables pour mieux attraper ses proies. Elle veut de la chair fraîche. C'est une baiseuse en série. Elle baise les têtes et les quéquettes. Il y a plus de coups de bite que de coups de cœur.

Elle a trop parlé. Elle le regrette. Même si elle a tout inventé, même si elle a bien fait attention de ne jamais raconter deux fois la même histoire, même si ses confidents d'un soir n'ont rien en commun et ne se connaissent pas entre eux, elle a peur d'éveiller les soupçons, d'être balancée, qu'on fasse des recoupements et de devoir avouer un crime qui n'existe pas. Les flics font tout pour obtenir des aveux et les suspects, trop souvent, craquent pour qu'on les laisse tranquilles. Elle ne sera jamais assez forte pour expliquer qu'il s'agit d'un malentendu... Dans les dossiers d'affaires irrésolues, il doit bien y en avoir qui correspondent de près ou de loin à l'une des sottises qu'elle a bien pu raconter. Elle a joué, elle a perdu. Véronique, excédée par la nouvelle et inattendue Hélène, l'exclut de ses soirées. Elle ne veut plus que sa collègue corrompe son entourage, lui vole la vedette. Elle a assez, avec Marie, d'une amie exubérante. Et encore, Marie sait se tenir.

Qu'à cela ne tienne, Hélène se passe de Véronique. Attirer l'attention de Marie n'est même plus le mobile des délires d'Hélène. Elle sort seule dans les bars du coin et dégueule ses histoires abracadabrantes de meurtre. Parfois on la croit, parfois non. Qu'importe, tant qu'on la remarque. Quelqu'un irait la dénoncer que ce serait mérité.

Un dimanche matin, le téléphone sonne.

CHAPITRE 26. Pierrot

Du salon jusqu'à la chambre, la sonnerie hurle dans tout l'appartement. Fais chier ! Hélène a oublié de le mettre sur *mute*. Elle ouvre un œil. Le soleil qui tape dans sa fenêtre fait le forcing sur ses paupières. Merde ! Elle n'a pas fermé ses volets roulants avant d'aller se coucher. Elle ne sait même pas comment elle est rentrée chez elle. La musique électro pulse encore dans ses oreilles. Ses tympans, en état de stress, font grésiller la sonnerie de son smartphone qui ne s'arrête pas.

— Faites taire cette lumière, s'entend meugler Hélène.

La sonnerie s'arrête. Le silence emplit l'appartement. Le calvaire d'Hélène peut prendre fin. Elle peut enfin se rendormir. Si l'extérieur est calme, l'intérieur ne l'est plus. La vessie s'est réveillée, le crâne s'enflamme, l'estomac pousse pour vomir cette soirée de trop. Hélène se précipite aux toilettes. Elle arrive à contenir sa nausée, prend un comprimé pour sa tête et ouvre la fenêtre. Elle est complètement réveillée mais le soubresaut est de courte durée. Hélène retombe dans la léthargie des lendemains de fête.

Après s'être avalé une bouteille d'eau et un café, elle prend son téléphone dans son sac : 10 h 49. Un appel en absence d'un numéro masqué. Un message. Elle appuie mollement sur la touche du répondeur :

— Hélène ?... C'est vous Hélène ? ... Rendez-vous au square Rosa Parks, celui à côté de la gare, vous connaissez ? ... Euh... Si vous venez de la gare, c'est à votre gauche... Si vous venez de la mairie... Bon, vous trouverez, hein ? Google est mon ami ! Ahah !!! Sinon, y'a le tram qui passe par là, station *« Rosa Parks »*... Bon, à tout à l'heure... Au revoir. Soyez-y ! Sinon...

Bon, allez, au revoir... Heu, allô ?! Allô ?... À onze heures et quart. 11 h 15 quoi. Voilà. C'est tout... (Quel message à la con Pierrot).

Hélène réécoute le message qui lui paraît irréel, surréaliste plutôt. La voix de l'homme est neutre, presque menaçante. Pourtant, ce fameux Pierrot n'a pas bien l'air sûr de lui. Hélène ne connaît aucun Pierrot. Qu'est-ce que c'est que cette blague ? C'est pas les flics, c'est déjà ça. C'est qui ce Pierrot ? Surement le diminutif de Pierre. C'est populaire d'appeler Pierre, Pierrot. À moins que ce soit *« Pierre-O »*, comme Pierre-Olivier. Dans ce cas-là, c'est un bourge... Ou alors, il a pris un nom d'emprunt pour pas qu'on le démasque. Non, on ne s'appelle pas soi-même avec un nom d'emprunt. Quand l'homme s'engueule à la fin du message, il se trahit. Hélène essaie de savoir d'où vient Pierrot pour comprendre qui l'a envoyé vers elle et pourquoi. Elle n'aura pas de réponse si elle ne va pas au rendez-vous. Il lui reste à peine un quart d'heure. Soit elle passe à autre chose et chasse tout espoir d'avoir le fin-mot de l'histoire, soit elle saute dans sa douche.

Dehors, le soleil de mars encore enrobé d'un froid sec agit sur le crâne d'Hélène comme le scalpel d'un chirurgien, décuplant sa migraine. Pour passer inaperçue mais également par manque de temps et d'énergie, Hélène a mis son imper beige sur un jogging gris délavé et une doudoune sans manches. Elle a vissé sur sa tête un bob jaune et des lunettes de soleil mangent la moitié de son visage dont elle cache la partie inférieure dans le col de son imper pour la protéger du froid. De loin, on dirait un gros détective privé des années 50, un inspecteur Clouseau du dimanche. Arrivée au square, elle regarde autour d'elle mais elle ne sait pas qui chercher. Elle s'assoit sur un banc et attend. Il y a quelques familles, des mamans, des enfants. Elle voulait être discrète, on ne remarque qu'elle. Elle est tellement engoncée dans ce jogging trop grand et cet imper trop cintré, les cheveux rentrés dans le bob, le visage caché par les lunettes, que les gens doivent penser que c'est un homme, un pervers venu reluquer les p'tits-n'enfants. On va bientôt appeler la police pour la chasser.

Heureusement, un autre imper-bob-lunettes-de-soleil fait son apparition. Lui aussi voulait faire discret, mais en se joignant à Hélène, il fait encore plus tâche. Ça doit être Pierrot. Une voix grave d'homme d'une cinquantaine d'années, sûrement un fumeur, sort du col de son imper :

— C'est vous Hélène ?

— Qui est-ce qui vous a donné mon numéro ?

— Ça n'a aucune espèce d'importance.

Sans dire un mot de plus, l'homme s'assoit à côté d'Hélène et lui tend une enveloppe kraft qu'il avait cachée sous son imper. Hélène ouvre l'enveloppe qui contient des photos d'un homme de cinquante ans, plutôt pas mal, quelques infos sur deux A4 imprimées et agrafées et deux liasses de billets de 200 €.

— Vous aurez le double dès qu'il sera mort, ajoute Pierrot sans la regarder.

— C'est qui ? demande Hélène.

— Ça n'a aucune espèce d'importance.

Ça y est, elle y est. Sa réputation l'a rattrapée. On lui demande de buter quelqu'un, comme elle l'a déjà fait tant de fois, puisqu'elle l'a raconté à qui voulait l'entendre. Hélène n'est pas une tueuse. C'est bien la seule à le savoir maintenant. Elle est à la croisée des chemins de sa destinée : soit elle accepte (assassinat du pauvre bougre, second meurtre forcément, spirale meurtrière pour de l'argent, beaucoup d'argent, frénésie, surpuissance, arrestation, prison, fin de vie seule et misérable), soit elle refuse (elle rentre chez elle, retrouve son train-train quotidien, arrête avec toutes ces conneries de tueuse d'homme, continue son travail, garde ses amis, trouve un mari peut-être, des enfants qui naissent grandissent et partent, tout le monde meurt autour d'elle, fin de vie seule et misérable). L'issue est la même. Les voies sont différentes. À elle de choisir.

— Ecoutez... Je... Je n'ai jamais tué personne, commence Hélène penaude. C'est des histoires que je raconte pour me faire mousser mais je ferais pas de mal à une mouche. Je ne suis pas la bonne personne... Je suis désolée.

L'homme enlève son chapeau, ses lunettes de soleil et desserre son imper. C'est un petit bonhomme replet avec une calvitie naissante sur une chevelure noire. Il porte une petite moustache. Il a de grands yeux bleus, hagards. Il a le physique du loser.

— Vous savez que ça m'a coûté de l'argent de venir jusqu'ici ! éructe le p'tit bonhomme avec une colère forcée.

— J'peux vous rembourser, répond Hélène désolée.

— J'm'en doutais de toute façon. Quand on a tué un homme, on ne s'en vante pas.

Une gêne s'installe entre eux. Comme ils ne se sont pas dit au revoir, ni l'un ni l'autre n'ose partir. Pourtant, ils n'ont plus rien à faire ensemble. Ils regardent tous les deux dans le vide.

— Vous pensez qu'ils ont appelé le square *« Rosa Parks »* parce qu'ils y avaient planté des roses ou c'est parce qu'il s'appelle *« Rosa Parks »* qu'ils ont planté des roses ?... Ou ça n'a rien à voir... demande Pierrot.

— Je sais pas, répond Hélène. Je crois que ça n'a rien à voir. Rosa Parks, c'est...

— Je sais qui c'est… Je trouve ça marrant, c'est tout.

— Ouais.

Pierrot se marre tout seul.

— Heureusement que c'est un square et pas un parc, sinon ils auraient dû l'appeler *« Parc Rosa Parks »*, ça aurait fait bizarre, non ?

— Euh... Je sais pas. Ils auraient trouvé un autre nom, vous pensez pas ?

— Peut-être… (Pierrot regarde alentour) C'est un peu ironique d'appeler une station de bus *« Rosa Parks »* sachant que tout le monde connaît l'histoire de Rosa Parks dans le bus, vous trouvez pas ?

— Je vais y aller, je crois… Bon dimanche monsieur. Et encore désolée, soupire Hélène saoulée par l'humour douteux de son interlocuteur.

Hélène veut se lever. Pierrot la retient avec fermeté.

— Attendez ! (Elle se rassoit) Je m'appelle Pierrot. Enfin, Pierre Augustin. Augustin, c'est mon nom de famille. Le gars sur la photo, c'est Olivier Prudhomme, mon associé. Mon meilleur ami… Il y a cinq ans, il a quitté la boîte d'envois postaux et emballages qu'on avait montée ensemble pour monter une boîte concurrente. J'ai perdu les deux-tiers de mes clients. Vous avez vu le mec. Il est beau. On fait toujours plus confiance aux beaux… Il y a deux ans, j'ai commencé à avoir des soupçons par rapport à ma femme et lui. J'ai fait appel à un détective privé. Il a confirmé. Vous comprenez que j'ai eu envie de buter cet enfoiré. Il m'a tout pris… Même si je continue à bien l'aimer ce con. C'est mon copain d'enfance après tout… Pff… C'est dingue, j'ai jamais pu en parler à personne et là, rien que tout vous déballer, ça va déjà mieux. Waouh… Ça fait du bien…

Pierrot rouvre l'enveloppe, sort la photo de son pote et l'embrasse sur la bouche.

— J'ai plus envie de te buter mon copain... J'peux pas... Ce s'rait dégueulasse... Excuse-moi, excuse-moi...

Il est touchant ce p'tit bonhomme dans son imper. Hélène le regarde avec affection. Il se confie encore un peu à elle sans se répandre puis, d'un coup, se ressaisit :

— Il fait froid, je vais vous laisser. (Il se lève) Au revoir mademoiselle... Merci. (Il s'en va.)

— Au revoir Pierrot... ânonne Hélène.

Mais Pierrot est déjà parti. Hélène est toute retournée. Quand elle rentre chez elle, elle a pris la décision d'arrêter toutes ces conneries d'affabulations. Tout ça pour attirer l'attention d'une copine de Véronique. Il va falloir qu'elle s'excuse et qu'elle passe à autre chose.

CHAPITRE 27. Marie

— Tu dis à qui veut l'entendre que t'es une tueuse, mais tu ressembles à rien !

Ce lundi matin, devant son miroir, Hélène se déteste. Elle se trouve moche, mal dans sa peau. Elle voudrait aller se recoucher, mais il faut bien aller bosser et affronter clients et collaborateurs.

Et Véronique…

Quand Hélène arrive au bureau, sa collègue lui fait encore la gueule. C'est plutôt calme aujourd'hui à l'accueil. Les deux filles passent le temps sur leur smartphone à mater des vidéos. Hélène fait défiler son Facebook Watch :

[Ian : J'ai trompé ma femme avec sa mère]

[Zoé : J'ai passé trois mois dans le coma après avoir mangé une orange]

[Emy : Je m'identifie comme une flaque d'eau arc-en-ciel]

— Pff… Qu'est-ce tu regardes, toi ? tente Hélène.

— La dernière vidéo de Mary_Virgo, répond Véronique sans sortir le nez de son écran.

— J'peux voir ?

Véronique jette un œil vers Hélène :

— Vu ta tronche, c'est pas que tu peux, c'est que tu dois ! plaisante Véronique.

Et paf ! Au moins, ça, c'est dit. Revanche acceptée. Balle au centre ! Hélène glisse son siège à roulettes jusqu'à celui de sa collègue.

— Salut les fidèles ! Aujourd'hui, je suis en extase ! Je me suis fait une toute nouvelle coupe de Madone noire avec une tunique Wax DI-VINE ! Vous en pensez quoi ? Je vous explique dans cette vidéo comment j'ai fait pour réaliser tout ça - vous allez voir c'est hyper simple -, ce que j'ai voulu y mettre comme énergie, pensées et objectifs de vie ! Comment ça m'est venu et ce qui a déclenché ce tout nouveau look ! Mais d'abord, place au tuto beauté du jour !

Certes, Marie a une nouvelle coupe : des cheveux acajou frisés type afro avec des reflets violets, mais elle n'arrête pas d'en changer, donc rien de nouveau. Son nouveau look est assez sympa, un style tribal qui est raccord mais sans *« waouh effect »*. Ce qui lui manque peut-être c'est un nouveau challenge, une poupée à maquiller, à coiffer et habiller pour faire joujou avec.

— Tu crois qu'elle pourrait quelque chose pour moi ? demande Hélène.

— Marie, elle peut tout ! Elle est prête à tout pour montrer qu'elle existe, répond Véronique. Ce serait mérité. Elle est douée. Elle peut changer ta tronche, refaire ta déco, te coacher pour draguer un mec… J'me demande même si elle sait pas réparer les ordis. C'est ça son problème : elle s'éparpille. Elle n'arrive pas à se fixer… Elle nous perd un peu, du coup.

— Elle dit qu'elle est quoi alors ?

— Elle se dit influenceuse mais elle est plutôt coach de vie… C'est pas ses vidéos qui la rémunèrent, mais plutôt ses prestations par-ci par-là. Mais coach de vie, ça veut tout dire et rien dire… Et puis, elle est plus toute jeune pour se lancer là-dedans…

— Mais elle a quel âge ?

— 43.

— Ah ouais, elle les fait pas.

— Je t'ai dit qu'elle était douée !

Hélène demande le téléphone de Marie à Véronique. Le soir même, Hélène regarde toutes les vidéos de Mary_Virgo. Elle est de nouveau subjuguée par cette femme aussi énigmatique que magnétique.

23 h 30 passées. Hélène appelle Marie. Marie ne dort pas. Jamais à cette heure…

***

— Salut les fidèles ! J'espère que vous allez bien ! Aujourd'hui, nous sommes avec ma copine Hélène, qui m'a demandé de la relooker un peu… en mode *« tueuse »* ! Ah ah ! J'espère qu'elle sera *« aux anges »* quand j'aurai terminé ma séance. Restez connectés, je vous partage tous mes trucs et astuces dans ce *live* !

Un peu plus tôt, quand Marie a accueilli Hélène, tout était déjà prêt : le smartphone sur un trépied dans une auréole en néon, quelques lumières supplémentaires encadrant une coiffeuse, les produits de maquillage, les brosses, sèche-cheveux et autres appareils pour lisser, boucler, crawler…

Marie est en débardeur stretch blanc qui moule ses formes mais la laisse à l'aise de ses mouvements. Elle porte un jean taille basse bleu foncé et des chaussures compensées noires. Ses longs et épais cheveux de jais sont attachés pour dégager son visage. Elle a entouré ses yeux avec de l'eyeliner en terminant par des pointes aux commissures. Elle a grossi ses lèvres avec du gloss. Elle a légèrement éclairci son visage avec du fond de teint. On dirait une Amy Winehouse de chez Franck Provost.

— J'adore la forme de tes lèvres ? déclare Marie. Vous en pensez quoi les fidèles ? Dites-moi ce que vous préférez chez ma copine ! Elle a besoin de se sentir belle ! Ce côté lèvres charnues, c'est le rêve pour le maquillage. On peut en faire ce qu'on veut... Et qui n'aime pas de belles lèvres généreuses ? Hein ?

En deux, trois coups de crayon et de pinceau, rouge à lèvre et blush, Hélène est déjà tout autre. Les compliments que lui fait Marie via ses internautes pendant la séance lui redonnent confiance en elle. Dès qu'Hélène peut jeter un œil au miroir face à elle, elle se trouve de plus en plus jolie, transformée. Elle garde son sérieux pour la caméra, mais à l'intérieur, elle est tout excitée, réjouie à l'excès. Reconnaissante qu'on fasse enfin attention à elle.

Marie s'active maintenant sur les paupières d'Hélène. Pour lui appliquer le mascara, elle est à deux centimètres de son visage. Hélène peut sentir le souffle de Marie sur sa joue. Elle est troublée. La promiscuité lui donne envie de l'embrasser à pleine bouche, comme quand on est tenté de se jeter du quai à l'approche d'un train, pour voir ce que ça fait, même si on sait que c'est un geste sans retour. Et si Rachida avait raison ? Si la solution radicale c'était ça : les femmes avec les femmes et les hommes avec les hommes ?

C'est déjà arrivé à Hélène de fantasmer sur des femmes. Elle ne veut pas se l'avouer mais dans les pornos qu'elle regarde parfois sur son smartphone où qu'elle projette dans sa tête, ils sont souvent trois : un couple hétéro et une seconde femme. L'homme est un alibi mais Hélène refuse de l'accepter. Maintenant qu'elle sait ce que c'est avec un homme, elle voudrait faire plaisir à une femme pour montrer (à l'homme ? aux hommes ?) comment lui faire plaisir à elle : comment titiller son clitoris du bout de la langue, ou la caresser entre les aisselles et les seins, sur les hanches, comment la pénétrer par derrière en la plaquant contre un lit, une cloison froide en placo ou rugueuse comme un mur, en l'appuyant jusqu'à l'étouffement. Dans ses fantasmes, le plaisir vient plus vite quand c'est avec une femme qu'un homme, mais bien sûr, elle ne s'autorise à jouir que lorsque c'est avec l'homme. Elle ne sait d'où vient ce frisson qui l'irradie quand elle voit une femme se dévêtir ou deux s'embrasser, dans une publicité ou une série télé. Elle n'y pense pas. De peur de trouver la réponse.

Hélène n'ose pas. Elle laisse les lèvres de Marie s'éloigner. Elle trouve son excuse avec la poignée d'internautes qui suivent sa transformation en direct. Ce n'est pas le moment !

Quand c'est au tour de la coiffure, Marie attache les longs cheveux d'Hélène comme elle l'a fait pour elle, en choucroute. Amy Winehouse donne naissance à Brigitte Bardot !

— Et voilà les fidèles, je vous présente la Hélène 2.0 ! Vous en pensez quoi ?! Et elle, qu'est-ce qu'elle en pense ?

Hélène est sans voix. Elle ouvre la bouche, mais rien ne sort.

— Elle ne sait pas à quel saint se vouer ! On dirait qu'elle a eu une apparition !!! Ah ah !! Et souvenez-vous, on ne fait pas de miracles sans bons produits ! Je vous mets la liste de tout ce que j'ai utilisé en commentaire ! Avec notre partenaire beauté : lacroixestetique.com ! À bientôt ! Bisous bisous !!!

Marie éteint le direct.

— Alors ? Comment tu te trouves ? insiste Marie.

— C'est… C'est dingue ! Je ne me reconnais pas ! Mais c'est bien hein !

Elle ne saurait l'exprimer à Marie : Avec ce nouveau maquillage et cette nouvelle coiffure, face au miroir, Hélène tombe amoureuse d'elle-même. Elle se voit sous un nouveau jour. Elle a envie de crier à la Terre entière qu'elle est une autre, qu'elle l'a toujours été, sans même le savoir. Mais elle ne dit rien. Elle se contemple. Après l'euphorie, une mélancolie naît en elle. Quel temps perdu à ne pas se connaître. Quel gâchis !

— J'vais me changer, lance Marie. T'as un peu de temps ?

— Oui oui, répond Hélène, hagarde.

Marie revient, vêtue d'un simple jogging bordeaux. Quand elle n'est pas Mary_Virgo, elle a en fait le crâne rasé et de petits seins qui lui permettent de jouer à loisir avec son visage et ses formes. Hélène n'en revient pas. Tout ce temps, elle n'a connu qu'une jeune femme qui portait perruques et wonderbras ? Que cache-t-elle d'autre encore ? Avec ce look de ladyboy, Marie voit gonfler un renflement entre les jambes de Marie. Hélène ressent pour la seconde fois une vive excitation pour sa nouvelle amie. Un homme-femme, ce serait encore mieux ; parfait ! Complet. Pile entre le connu et l'inconnu, l'habituel et la nouveauté, le rassurant et le mystérieux... Mais non, Marie n'est pas un homme.

— Tu veux ?

Elle lui tend le bidi qu'elle vient d'allumer.

— Non merci, répond Hélène.

Marie tire sur la petite cigarette.

— Alors ! C'était bien, non ?!!

— Oui, franchement, merci ! répond Hélène. Bon, je sais pas si je vais garder ce look pour aller au boulot et tout, mais ça change... Ça me fait voir d'autres choses, d'autres possibilités... Et ça c'est super ! Ça fait du bien en fait !

— Ah ! Merci. Ça me fait plaisir ! Je crois que ça va plaire à ma commu'.

Un silence s'installe entre les deux femmes. Marie propose du thé. Hélène accepte. Quand Marie revient avec la théière chaude et les deux tasses, elle a un nouveau sujet de conversation :

— Dis-moi, c'est quoi ces histoires que tu racontais chez Véronique ?

Hélène rougit. Elle avait commencé par raconter ses faux-meurtres pour attirer l'attention de Marie, maintenant que c'est fait, elle perd ses moyens. Marie la taquine, elle sait bien que ce ne sont que des bobards pour faire l'intéressante, mais elle est curieuse de savoir pourquoi Hélène s'est lancée là-dedans *in the first place*. Ça ne lui ressemble tellement pas. Mal à l'aise, Hélène bredouille. Elle est incapable de raconter la vérité, alors qu'elle en a envie. Elle commence une histoire, une de plus. Elle brode, recolle des morceaux ici et là. Marie est attendrie : elle sait qu'Hélène n'a tué personne mais elle ne dit rien.

— Mais allez, c'était pour te charrier !

Hélène souffle, soulagée de sortir de cette impasse.

— Pardon, hein, mais tes histoires de tueries, ça tient pas. Par exemple, quand t'as raconté que t'avais renversé un gars... Maintenant, même s'il y a délit de fuite, on retrouve le coupable avec les caméras de surveillance. Il faut faire attention à tout ! Et dans ce que tu racontais, on voyait bien que ça n'avait pas existé parce que sinon, tu te serais fait pincer et on ne serait pas là pour en discuter... Et puis, moi, j'ai tout écouté... Enfin, presque tout. D'une seule oreille, mais bon... Tu changeais d'histoire à chaque fois... Donc, rien que ça, c'est mort, point de vue crédibilité. Mais ça m'a bien fait marrer ! Merci. Quelle imagination !

Hélène répond par un sourire gêné mais un peu fier. Elle a atteint son but !

— Si tu veux commettre le crime parfait, continue Marie en s'allumant un autre bidi, bien sûr, il y a des évidences : ne pas prévenir les flics toi-même. C'est souvent celui qui appelle qu'est le coupable ; ne pas revenir sur les lieux du crime… Mais surtout, maintenant, il faut faire attention à l'ADN, aux caméras de surveillance, à la téléphonie : c'est dingue les affaires qu'on arrive à résoudre avec la géolocalisation ! Même si tu éteins ton portable pendant que tu commets ton meurtre pour pas être tracé, justement, on peut trouver ça suspect… Ne pas payer l'arme du crime avec sa carte bancaire… Toujours du liquide ! Enfin… Il faut pas laisser de trace, quoi… Des traces qui pourraient te lier au crime ou à la victime. Et c'est de moins en moins évident. L'autre jour, j'ai vu une vidéo, ils peuvent te retrouver avec les odeurs que t'aurais laissé dans une bagnole. En fait, si tu veux avoir une chance de commettre le crime parfait, il faut que tu n'aies aucun lien avec la victime. Mais alors là, à part un accident fortuit, - comme ton gars que t'as renversé en voiture - , le mobile est mince. Qui s'en prendrait à n'importe qui, comme ça ? Si t'es un prédateur sexuel, tu peux enlever une gamine sur le chemin de l'école ou tuer une bonne femme qui fait son jogging dans les bois, au hasard des rencontres… C'est ces profils-là qui échappent souvent à la justice. T'es une prédatrice sexuelle ? s'amuse Marie.

— Non, répond Hélène bébête.

— Pour que ça fonctionne, il faut être à distance de sa victime, continue Marie, si on ne veut pas être arrêté et mis en prison. Seuls les idiots se font pincer. Soit parce qu'ils veulent aller trop vite, soit parce qu'ils se sont pas assez préparés, qu'ils font preuve de négligence, ou alors soit, ils sont trop gourmands et en répétant leur crime, ils commettent des erreurs et laissent des traces qui se transforment en signature. Les crimes sont commis sous un excès d'émotion alors que pour être parfait, ils ne devraient être que le fruit d'une raison froide, sans faille. Mais comme c'est impossible, le meilleur moyen de commettre le crime parfait, c'est de le confier entièrement au hasard… Ou alors à quelqu'un d'autre !

Au cours de son monologue aux relents de thèse, Marie s'est emportée, comme possédée. Le sujet la passionne, on le voit. Mais pourquoi ? se demande Hélène. Elle ne voit pas bien le rapport entre une *fashion victim* et une criminologue en herbe ? Marie laisse quelques minutes de silence pour ponctuer sa dernière phrase avant d'en donner la raison à sa nouvelle copine :

— Moi j'ai déjà tué quelqu'un ! assène Marie.

— Hein ? Quoi ?! Non… N'importe quoi… ânonne Hélène.

CHAPITRE 28. Ambinintsoa

Ambinintsoa Razafindrasolo fut admise au collège Saint-Joseph en 5ème alors qu'elle n'avait que 10 ans. Surdouée, elle avait obtenu sa place dans cet établissement privé afin de pouvoir mettre toutes les chances de son côté quant à ses études et son avenir. Ses parents tenaient la petite supérette de la cité des Marguerites. Ils avaient eu, en second enfant, un garçon lourdement handicapé qui leur prenait beaucoup du peu de temps et d'énergie qui leur restait en dehors de leur activité professionnelle. L'intelligente Ambinintsoa avait été laissée à son propre sort mais toute la famille comptait sur elle pour les sortir de là. Les parents l'imaginaient ingénieure, chirurgienne ou, pourquoi pas, avocate. La petite fille s'en était pas trop mal sortie jusque-là. En entrant au CP, elle savait déjà lire, écrire et compter si bien qu'on la mit directement au CE1 puis, elle sauta de nouveau une classe quand il s'était agi de l'entrée au collège puisqu'elle avait déjà fait tout le programme de 6ème pendant son CM2.

Malgré tout, en arrivant si jeune à Saint-Joseph, elle manquait de maturité et, selon ses camarades, elle s'intéressait encore trop aux cours, plutôt qu'aux garçons et *gossips* de la classe. Avec son nom à rallonge, on ne savait comment l'appeler. Pour les plus respectueux c'était *« Ambina »* pour d'autres *« Bini »*, pour d'autres encore *« Raza »*. Certains même l'appelaient *« Ian Solo »* mais pour la plupart, c'était *« La malgache »*, *« Malgachie »* ou *« Rougaille-Saucisse »*. Pendant que toute la cour de récré se marrait, Ambinintsoa répondait par un sourire silencieux, soumis et fataliste et par de bonnes notes, premiers prix et félicitations. Toutes ces moqueries ne l'atteignaient pas car elle s'avait que là n'était pas sa vie. Elle répondait poliment aux enseignants et aux élèves qui voulaient bien lui adresser la parole, ne répondait jamais aux insultes, ne tombait dans aucun piège tendu par ses camarades. Elle attendait que passe la journée d'école, s'accrochant au savoir que lui transmettaient ses professeurs et, quand elle rentrait à la maison, elle était de nouveau pleinement heureuse. Elle aidait ses parents à l'épicerie, s'occupait de son petit frère, lui donnait à manger, le lavait et enfin, quand tout le monde était couché, elle pouvait faire ses devoirs puis, la nuit, elle rêvait au merveilleux destin qui s'offrait à elle. Elle savait que les enfants ne le restent pas éternellement et que les élèves harcelés ont leur revanche dans le monde du travail.

Marie (avant d'être Mary_Virgo) était en 4ème quand Ambinintsoa entra au collège. Les deux filles ne se connaissaient pas vraiment mais Marie, en tant que vietnamienne, avait aussi été victime de certains petits bourges qui voyaient d'un mauvais œil tous ces élèves d'origine étrangère venus des quartiers défavorisés, dont les parents envisageaient l'école privée comme une chance pour que leur enfant s'en sorte et s'élève socialement. Marie, c'était *« Le nem »* alors, quand elle vit débarquer *« Rougaille-Saucisse »*, et bien que, par vases communicants, elle s'en trouva moins moquée, elle eut pitié de cette enfant mais ne fit rien de spécial pour l'accueillir ou la défendre.

Bon an mal an, Ambinintsoa entra au lycée. Elle avait 13 ans. Elle avait réussi à se faire quelques amies à Saint-Joseph dont elle avait adopté les codes : les mecs, les fringues, le maquillage. On avait fait de ce bébé une très jolie jeune fille qui ne faisait pas son âge. À l'école, Ambinintsoa singeait la désinvolture de ses camarades et le mépris feint quand elle s'adressait aux garçons de sa classe. C'était très fatigant. Alors, à la maison, elle redevenait la petite fille à ses parents, ce qui la soulageait. Ses camarades la trouvaient drôle, atypique... Exotique ! Elle n'était pas comme les autres. C'était peut-être parce que, derrière ce costume de jeune femme, se cachait encore un enfant apeuré qui ne veut pas avoir de problème et veut juste étudier... Quoi qu'il en soit, quelques gars commençaient à tourner autour d'elle, à lui faire des compliments. Bien sûr, malgré la crudité des mots parfois utilisés, toutes ces parades restaient bien chastes. Aucune des filles de la classe n'avait encore vu le loup. Aucun des garçons n'avait encore lâché sa main pour laisser le sien se promener.

Ambinintsoa était tombée amoureuse de Gaspard. Un minet plutôt beau, à la peau très blanche et les yeux très clairs. Bien coiffé (entre la brosse et la banane) et sentant bon (*« Habit Rouge »* de Guerlain). Ses parents étaient fortunés (des nouveaux riches, le père était vétérinaire pour chevaux de course) mais il ne le montrait pas. Ça se voyait, bien sûr, mais il ne s'en vantait pas. Il était ami avec Ambinintsoa alors qu'elle commençait à en être amoureuse.

Un matin, à la récré, poussée par ses copines, Ambinintsoa avait pris son courage à deux mains et avait déclaré sa flamme à Gaspard, devant tous ses copains. Quelques éclats de rire étouffés avaient suffi à ne pas laisser le temps à Gaspard de considérer ce que venait de lui avouer son amie. Il répondit du tac au tac, pour ne pas perdre la face :

— Hein ? Mais t'es folle ?! Je t'aime pas moi. On est copains à la limite, mais c'est tout. T'as vu t'as quel âge ? Je sors pas avec les bébés moi.

Ambinintsoa était repartie sous les rires du groupe. Elle pleurait à l'intérieur. Elle pensa à ses parents, à son petit frère et chassa ce moment définitivement de son esprit. Étudier. Étudier. Étudier. Là était son seul amour.

Pourtant, quand arriva la fin de l'année, Gaspard, qui avait peut-être changé d'avis, invita Ambinintsoa chez lui :

— Mes parents ne sont pas là ce week-end. Ça te dirait de passer ?... Si tu as le temps… Pour… Pour fêter notre passage en Première !

— Non… Je peux pas… Je… Je dois travailler. Mes parents, ils vont pas être d'accord.

C'était la seule réponse qu'avait pu faire Ambinintsoa, là, maintenant. En refusant, elle pensait que ça lui laisserait du temps pour s'organiser. Accepter après un refus, c'est toujours plus agréable que de poser un lapin.

Elle avait beau imaginer tous les scénarios possibles, elle ne trouvait aucune raison pour que ses parents acceptent qu'elle aille chez un garçon, ne serait-ce qu'un quart d'heure, même pour étudier. Pourtant, à présent, Ambinintsoa avait follement envie d'aller chez Gaspard. Elle s'imaginait qu'il se collerait tout près d'elle dans le canapé quand ils regarderaient un film, peau à peau, lui en short, elle en jupe ; qu'il passerait son bras autour de ses épaules. Peut-être qu'ils s'allongeraient sur le lit et qu'ils passeraient le temps qu'on voudrait bien leur accorder à parler à messe-basse, à rigoler, à se caresser le visage, les cheveux et pourquoi pas, à s'échanger quelques baisers sur le front ou sur les joues. Il était si réconfortant son Gaspard, lui qui avait un an de plus que tout le monde (il avait redoublé sa 3ème). Elle avait 13 ans, il en avait 16… À ces âges, la différence est énorme.

Pour la première fois de sa vie, Ambinintsoa dut mentir à ses parents. Pour accepter l'invitation de Gaspard, elle leur dit qu'elle allait à la piscine avec des copines. Son père la déposa à l'entrée du parc aquatique, Ambinintsoa retrouva deux, trois complices et dès qu'elle ne vit plus la voiture, elle alla jusqu'à la gare routière tout près, direction les beaux quartiers.

Elle arriva chez Gaspard, il n'était pas seul. Elle fut déçue de voir quelques-uns de ses copains d'école et même un gars de Première qu'avait connu Gaspard avant son redoublement. Il y avait aussi un autre garçon, Jérémie, que Ambinintsoa n'avait jamais vu mais qui avait l'air de bien connaître le groupe. En voyant la jeune fille, la seule parmi tous ces jeunes mâles, ils étaient tous hilares. Elle ne montra rien de sa gêne et répondait, par des sourires, aux présentations que lui faisait Gaspard.

Gaspard attrapa une bière d'une main et de son autre bras, enlaça Ambinintsoa par les épaules, avec force.

— T'en veux une ? demanda-t-il.

— Non. Je ne bois pas d'alcool. Merci…

— Allez, juste une gorgée, tiens, goûte…

Puis il lui souffla à l'oreille :

— Tu sais, si tu veux qu'on sorte ensemble, il faut aimer boire. Les filles avec qui j'ai été avant toi, elles buvaient toutes.

Ambinintsoa ne voulait pas gâcher sa seule occasion de plaire à Gaspard. Elle accepta une seule gorgée de bière. Tout à coup, Gaspard lui roula un énorme patin qui la fit presque vomir de surprise. Elle en avait les larmes aux yeux mais tout le monde dans la cuisine avait l'air de se marrer.

— Excuse-moi ma puce ! C'est vrai, t'as pas l'habitude.

Gaspard donna des baisers plus tendres à Ambinintsoa sur tout son visage, certainement pour apaiser l'amertume du goût de la bière dans sa bouche. Quand il s'en lassa, il déclara :

— Les gars, je suis son premier !

Ambinintsoa avait envie de rentrer chez elle. Elle n'était plus amoureuse. Elle n'aimait même plus aimer… Son père lui avait laissé trois heures. En comptant le bus de retour, ça laissait encore deux bonnes heures à Gaspard et ses amis pour faire connaissance avec la toute fraîche et si naïve Ambinintsoa. Ils n'allaient pas la laisser s'échapper comme ça.

***

Ambinintsoa avait vomi dans le bus. Elle n'avait pu attendre son arrêt. Les passagers avaient bien vu que cette gamine n'allait pas bien, (elle avait pleuré en silence tout le trajet) mais personne ne s'était inquiété. Son père était déjà là, à l'attendre devant l'entrée de la piscine. Elle dut jouer de ruse pour ne pas se faire voir de la gare routière jusqu'au complexe. Elle était entrée par l'arrière, s'était passé un coup d'eau sur la figure, avait remis ses vêtements en ordre avant de ressortir par l'entrée principale.

— T'as vu l'heure ? Tes copines sont pas là ? avait commencé son père d'un ton agressif.

Ambinintsoa n'avait rien répondu. Elle ne le pouvait pas. Si elle avait prononcé un mot en montant dans cette voiture, elle aurait vomi de nouveau, hurler comme une cinglée, ou pleurer à s'en fendre le cœur. Quand il démarra le moteur, son père senti l'odeur d'alcool sur les vêtements de sa fille :

— Tu as bu ?... Qu'est-ce que tu as fait, Ambinintsoa ? C'est qui ces copines avec qui tu étais ? Des traînées ? Tu veux finir comme elles, c'est ça ? Et tes études ? C'est fini, tu m'entends. Plus de sortie !

Ambinintsoa laissa son père s'inventer un scénario, le pire qu'il soit n'aurait jamais été plus effroyable que celui qu'elle venait de vivre avec Gaspard et ses amis. D'une certaine manière, ça l'arrangeait bien que son père fasse les questions et les réponses et en tire les conclusions et les sanctions qui lui convenaient, ça évitait à Ambinintsoa de raconter la vérité ; à elle-même comme aux autres.

Elle retourna à l'école, pour le dernier mois de cours, comme si de rien n'était. Pourtant, des rumeurs commençaient à circuler dans la cour. *« Rougaille-Saucisse »* était en fait une vraie salope du cul. Elle s'était tapée Gaspard et tous ses potes chez lui. Il y avait même une cassette VHS qui circulait où on la voyait sucer un gars pendant qu'un autre lui baisait la chatte. Elle avait eu beau hurler *« Non »*, tout le monde savait que ça voulait dire *« Oui »*. Et ben, on n'aurait pas cru ça d'elle ! Elle cachait bien son jeu. On racontait que certains avaient finalement refusé de se mêler au groupe ce jour-là chez Gaspard, sans pour autant dénoncer quoi ni qui que ce soit. La plupart, tout de même, avait perdu leur virginité à cette occasion. L'un d'entre eux avait même eu la perfidie d'amener une caméra et de filmer le tout ! Et Ambinintsoa dans tout ça ? On lui avait demandé ce qu'elle avait vécu ? Ce qu'elle avait dû endurer ? Non. Tout le monde s'en foutait de Ambi-machin-chose.

Cette histoire fit la blague pendant les quelques semaines qui séparaient les élèves des vacances et puis, plus personne n'en parla. L'info était montée jusqu'aux oreilles des parents dont les enfants étaient concernés. Ils avaient mollement posé la question de la véracité de cette histoire à leur rejeton qui avait nié ou minimisé, prétextant une mauvaise blague. Les parents, qui ne voulaient pas de scandale, n'avait pas été chercher plus loin mais avaient vertement recommandé que toutes traces hypothétiques de cette soi-disant affabulation disparaissent à jamais afin que personne, jamais, nulle part, ne puisse trouver quoi que ce soit qui puisse éclabousser leur petit microcosme tranquille de grands bourgeois respectables. On détruisit la cassette en priant pour que personne n'en ait fait de copies et on oublia tout ça.

De son côté, Ambinintsoa en fit de même. Que pouvait-elle face à ses parents qui l'auraient condamnée à vie et ce monde d'en haut qui avait tous les pouvoirs ? Elle était impuissante. Pire, elle espérait elle aussi que personne ne ressortirait ce fantôme du placard. Ça aurait pu entacher son destin tout tracé. Les études avaient toujours été son salut. Elles devaient le rester. Ambinintsoa s'imagina même que cet événement pourrait lui servir. Si la rumeur avait pu se propager jusqu'aux décideurs de son avenir, Ambinintsoa espérait qu'ils se montreraient plus cléments à son encontre ; par pitié ou par méfiance. Elle aurait pu s'effondrer, pourtant. Elle en aurait eu le droit. Elle avait même pensé un soir en finir avec la vie, se voyant condamnée à jamais à une double peine : victime et pourtant jugée. Soit elle s'écroule et c'est comme une mort définitive, elle n'est plus qu'un fantôme parmi les ombres, soit elle résiste, elle se convainc que ce n'est pas si grave, qu'elle peut le gérer et qu'elle doit avancer. Ambinintsoa choisit cette option - le déni - , se persuadant que, dans la vie, rien n'est jamais définitif. Elle se releva, plus pour ses parents et son petit frère que pour elle. Elle ne devait pas décevoir les espoirs que la famille avait fondés sur elle. Elle savait que ce qui lui incombait était plus grand que sa propre personne. Loin de l'astreindre, ça l'avait, en quelque sorte, aidé à tenir la tête hors de l'eau et, peu à peu, reprendre pied.

En septembre, ce fut le choc : pendant les vacances, Gaspard avait été retrouvé mort, éventré, dans une cave de la cité Miró, la seconde plus grosse cité de la ville après celle des Marguerites où vivait Ambinintsoa. La police avait mené son enquête, cherchant tantôt du côté des dealers du quartier (on avait appris avec horreur que Gaspard consommait de la drogue), tantôt du côté de ses amis aisés soi-disant bien sous tous rapports... Rien ne fut concluant. Tous ceux qui avaient ouï-dire de la rumeur avec la petite malgache pensèrent qu'elle n'y était peut-être pas pour rien mais personne n'osa apporter son témoignage dans ce sens, de crainte de se compromettre dans ce qu'il fallait bien appeler *« un viol »* ... *« Une tournante »*, comme on disait dans les médias à l'époque ; bien que cette terrifiante pratique fut, généralement, plus le fait des racailles de banlieue que des enfants de notables.

Ambinintsoa n'y était pour rien dans ce meurtre. Elle l'apprit en même temps que les autres, à la rentrée des classes. On disait même que Gaspard s'était pissé dessus avant d'être tué. On voulait se moquer, mais il fallait quand même respecter le deuil. On se croyait concerné mais au fond, on n'en avait rien à foutre... La première réaction de Ambinintsoa fut une sorte d'exaltation qu'elle réprima tout de suite tant elle en eut honte. *« Karma »* avait-elle pensé. Bien vite, elle fut prise d'une peur panique. Elle se persuada que ça lui retomberait dessus. Elle se voyait ne pas pouvoir se défendre et être mise en prison pour un crime qu'elle n'avait pas commis, sa couleur de peau, sa condition sociale en faisant une coupable idéale. Tous les élèves qui l'avaient méprisée ou raillée pendant toutes ces années, la traitant tour à tour de bébé, de *« Rougaille-saucisse »* ou de pute, auraient fait des témoins à charge implacables. Elle était foutue. Une seconde fois, elle songea à mettre fin à ses jours.

Son chemin tout tracé vers ses espérances, dont elle avait réussi jusqu'alors à en débarrasser toutes les embûches, se trouvait maintenant définitivement bouché par un mur incontournable et indestructible. Quand elle imaginait Gaspard mort exsangue dans cette cave, elle voyait ce mur ; le sang aussi rouge que les briques. Elle attendit, fébrile, que la police débarque chez elle pour lui passer les menottes et mettre un arrêt définitif à son ambition ridicule de s'extraire de son milieu.

Mais il n'en fut rien. Elle ne fut même pas inquiétée. Ambinintsoa passa son bac avec mention très bien, maths sup, maths spé, Centrale ! Elle avait gagné ! Malgré toute la merde autour.

***

— Moi, j'habitais la cité Miró, conclut Marie. Je n'avais aucun rapport avec Ambinintsoa, qui habitait *« cité Marguerite »*, ni avec Gaspard, du quartier pavillonnaire. On n'avait rien en commun, à part l'école Saint-Joseph. Qui aurait fait le rapprochement ? C'est pour ça que j'ai tué Gaspard.

CHAPITRE 29. Gaspard

Le soleil s'efface doucement derrière les barres d'immeubles. Depuis une bonne heure, il ne cogne plus sur la vitre pour réchauffer la chambre. Le chauffage central de mauvaise qualité tente de prendre le relais, mais la nuit fraîche qui enveloppe la cité est plus forte.

Marie allume une lumière en même temps qu'un énième bidi et continue sa confession :

— J'étais la mieux placée pour le faire, la moins soupçonnable aussi... Pour venger la petite Ambinintsoa et pour me venger de tous ces connards qui m'appelaient *« Le Nem »* et qui m'avaient fait subir tout ce qu'ils avaient fait subir à Ambinintsoa à l'école. Sauf qu'avec elle, ça avait été trop loin. Il fallait qu'il y ait une réponse en forme d'avertissement. Un après-midi de juillet, j'ai croisé Gaspard dans un parc. Il faisait du skate avec ses copains. Moi, je traînais toute seule à promener le chien de mes parents. Quand je l'ai vu, je l'ai tout de suite reconnu. J'avais entendu cette histoire de viol qui faisait bien marrer tout le monde, qu'on excusait en le présentant comme une sorte de *« rite initiatique »*. Moi, ça me dégoûtait. J'ai attendu qu'il rentre chez lui, qu'il se retrouve seul, pour faire semblant de tomber sur lui par hasard. On a discuté. Je l'ai chauffé exprès. Je lui ai donné rendez-vous chez moi dans la cité. À l'époque, il n'y avait pas de portable ni rien de tout ça... il voulait noter l'adresse mais je lui ai dit de rien noter du tout et de garder tout ça pour lui, sinon, je lui ferai jamais ce que je venais de lui promettre. Il a accepté et il était là, comme convenu le jour du rendez-vous. Je lui ai demandé s'il en avait parlé à quelqu'un, il m'a juré que non. Je lui ai fait croire que je le croyais pas, pour être sûre. Il risquait de manquer la plus belle baise de sa vie, il a tout fait pour me convaincre de lui faire confiance. J'ai vu dans ses yeux qu'il disait vrai. Il était tard, le soleil commençait à se coucher. C'était le moment idéal pour n'être vu de personne. Il n'y avait pas de caméra de surveillance non plus à l'époque. De toute façon, si quelqu'un s'avisait un jour de mettre une caméra dans une cité, elle ferait pas long feu. Bref, j'ai entraîné ce connard dans une des caves abandonnées du bâtiment D, prétextant plus d'intimité. Il m'a suivi comme un toutou. La promesse de tout ce que j'allais lui faire était son os. Pourtant, j'étais pas hyper bandante. Pour éviter qu'on me reconnaisse et pour laisser le moins de trace possible, j'avais mis un jogging noir, j'avais rabattu la capuche pour contenir mes cheveux ; j'en avais à l'époque ! Je portais même des gants, c'est pour dire... Mais pas une seconde il s'est douté de quoi que ce soit, aveuglé par le sexe. Quand on est arrivés dans la cave, j'ai joué les dominatrices. Je lui ai demandé de s'attacher avec des menottes aux étagères métalliques qui étaient là. Il s'est pas fait prier. Ça avait l'air de l'exciter. Il arrêtait pas de me dire : *« Fous-toi à poil ! Montre-moi tes nichons ! Succ moi la bite ! Salope !!! »* mais moi je lui criais de fermer sa gueule. Mais plus je gueulais, plus ça l'excitait et plus il continuait, ce con. Moi, j'essayais de trouver le courage de passer à la suite. Au bout d'un moment, quand il a vu que j'avais même pas dézippé mon haut de jogging, il a commencé à s'énerver. Il s'est rendu compte qu'il était à ma merci et c'est là, je crois, qu'il a compris qu'y'avait un truc qu'était chelou. Il m'a demandé de le détacher. Il m'a dit *« Stop »* comme une gamine ; comme avait dû implorer Ambinintsoa pendant que lui et tous ses copains lui passaient dessus. Et j'ai fait comme lui, j'ai fait semblant de ne rien entendre. J'ai finalement sorti le couteau que j'avais planqué dans la cave. Il a pas tout de suite compris ce que c'était. Il a vu un truc briller, il s'est dit que c'étaient les clés des menottes. Il m'a remercié ce débile, soulagé, tu vois... Mais quand il a vu le couteau, il a fermé sa gueule. Il avait peur, vraiment peur ! Et puis il a gueulé mon prénom. Comme s'il voulait avertir quelqu'un que j'étais la coupable du crime dont il allait être la victime en mode *« Marie m'a tuer ! »* Tu parles, ça servait à rien. Y'avait personne dans ces caves. On entendait rien ! Et puis même. Des Marie, ça court pas les rues en cité. On aurait cru à une blague ou un illuminé qui aurait vu la vierge. Et puis même, quand on aurait découvert que c'était un gosse de riche qu'était crevé dans cette cave, aucun témoin providentiel n'aurait rien dit. Solidarité pour nous. Tant pis pour eux ! Le Gaspard, il a dû comprendre tout ça, mais en une fraction de seconde... Sans comprendre vraiment. C'est là qu'il s'est pissé dessus. Alors, pour que tout s'arrête et que je puisse rentrer chez moi, je l'ai planté. Il est mort assez vite. J'ai passé une autre tenue. Y'avait du sang sur mon jogging. J'ai brûlé le jogging dans une poubelle et je suis rentrée chez moi. La police est venue dix jours après. Ça commençait à puer dans le bâtiment D. On a fait une enquête, on a arrêté des petits dealeurs, des indics, mais ça n'a rien donné. Et voilà. Quand tu veux commettre le crime parfait, il faut qu'il y ait le moins d'éléments qui puissent relier la victime à toi. Moi, j'ai commis qu'une seule connerie qu'aurait pu m'envoyer au trou : j'ai utilisé un couteau. C'est dangereux un couteau. Ça peut se retourner contre toi. Ça peut te blesser. Tu peux laisser ton ADN... À l'époque c'était un peu nouveau et puis, il aurait fallu qu'ils me pincent pour un autre truc pour avoir mon ADN. J'avais 15 ans, j'étais une fille sage. Y'avait rien à craindre de ce côté-là, mais tout de même. Si c'était à refaire, je l'aurai étouffé avec un sac plastique. Il faut un peu de force, et c'est plus long, mais comme il était attaché, ça l'aurait fait. Un sac plastique, ça laisse moins de trace. Bref… Après ça, plus aucun enfant d'origine étrangère ou venant de la cité n'a eu la moindre emmerde… Et ça s'est répandu sur tous les bahuts privés du centre-ville. On pouvait perdre sa vie à faire une mauvaise blague.

Marie se tait. Hélène est soufflée par ce récit, même si elle n'est pas sûre que ce soit vrai. Ça lui paraît trop énorme : la gamine de banlieue qui tombe amoureuse du p'tit bourgeois, ça fait cliché, pourtant, ce qui pourrait lui faire croire que ce souvenir est vrai, c'est le regret que Marie évoque quant à l'arme du crime. Si elle avait inventé toute cette histoire, elle l'aurait faite parfaite. Ici, l'aveu de son erreur rend crédible le forfait. Et puis, Hélène se reconnaît dans Ambinintsoa, ainsi que toutes les autres filles de son école, victimes comme elle. Quand elle a dû visualiser Gaspard, c'est le visage de Bruno qui est apparu. Un Bruno plus beau, plus affiné, plus distingué, plus présentable, certainement plus séducteur, mais un Bruno tout de même. Elle a de la tendresse et de la compassion pour cette petite malgache et de la fierté pour sa nouvelle amie. Et puis, même si l'histoire de Marie, c'est du pipeau, c'est quand même une *master class* par rapport à tout ce qu'elle, elle a pu inventer. Elle se trouve tout à coup ridicule avec ses saynètes fantaisistes qu'elle balançait à qui voulait l'entendre quelques jours plus tôt. Elle a honte. Pour se faire pardonner de tous ceux qu'elle a abusés, bien que la plupart n'était pas dupe, elle doit faire amende honorable auprès de Marie et tout lui raconter :

— C'est stupide, j'ai fait un rêve il y a quelques mois qui a réveillé en moi des vieux démons… J'ai rêvé que je tuais quelqu'un. Ça m'a paru tellement vrai que ça m'a bien secouée pendant tout un temps. J'ai dû aller jusqu'au bout, revoir des gens que j'avais pas forcément envie de revoir, me rappeler de souvenirs que j'avais pas vraiment envie de raviver. Tout ça pour me rendre compte que c'était sûrement moi qu'on avait tuée... Psychologiquement. Bref, il fallait que je m'en sorte la tête haute, probablement. C'est pour ça que j'ai inventé cette histoire comme quoi j'étais une tueuse... Et puis... Pour t'impressionner aussi. Parce que toi, tu m'impressionnais...

Marie prend dans ses bras Hélène.

— C'est trop gentil ce que tu me racontes ! déclare Marie voulant consoler sa copine. Ça me touche vraiment que tu m'ouvres ton cœur comme ça.

— Non, c'est moi qui te remercie. Ça fait tellement du bien d'être écoutée. J'ai une cousine qui est à l'hôpital depuis qu'elle est toute petite. Je vais souvent la voir. Elle m'écoute elle aussi, mais c'est pas pareil. Elle n'a pas le choix. C'est comme si c'était ma poupée, mon doudou. Je pourrais lui raconter tout un tas d'horreurs qu'elle ne pourrait pas fuir.

— Je te comprends. Avec moi, tu peux tout me dire... On échange. C'est mieux qu'une écoute. D'ailleurs, j'ai un peu étudié les rêves et quand on rêve d'un mort, c'est sûrement l'expression d'un deuil qu'on n'a pas pu faire.

Marie s'est redressée. Elle reprend son ton docte. Les vieux réflexes. Hélène voit bien que Marie flirte toujours entre sincérité et superficialité. Ça pourrait l'énerver mais ça lui va ; ça permet d'apporter de la légèreté à toute discussion, aussi profonde soit-elle.

— C'est vrai que j'ai du mal à faire mes deuils. Mon ex, mon ancienne coloc... Pourtant, c'est pas que je sois nostalgique, loin de là.

— C'est peut-être parce que tu n'arrives pas à savoir si tu t'en veux ou si tu en veux à l'autre que ce soit terminé ?

— Hum ! sourit Hélène, surprise. T'as sûrement raison. C'est toute ma vie ça, de m'en vouloir. Je m'en veux quand j'éprouve du plaisir et je m'en veux de blesser les gens. Alors je m'interdis d'avoir du plaisir et j'essaie le plus possible d'éviter toute forme de conflit.

— Houlà ! C'est un peu triste tout ça ! La vie ça sert à ça : vivre intensément. Adorer ! Détester !

Marie écrase son septième bidi. Le cendrier est plein.

— Bon, on refait une vidéo ? Ça va te changer les idées ! La tête, ça va, mais tes fringues, c'est n'importe quoi !

Hélène sourit. Elle est d'accord.

***

Les deux jeunes femmes ont joué les clowns devant la caméra, c'était n'imp ! Mais qu'est-ce qu'elles ont ri ! La vidéo touche à sa fin, elles sont comme deux sœurs siamoises.

— Putain, il est presque 23 h ! Bon, tu restes dormir là ?

— Euh... Ben...

Hélène est un peu surprise mais elle aussi a envie de prolonger la soirée.

— Super ! enchaîne Marie. Y'a le canapé du salon... Il faut que je voie avec mes parents. Mais sinon tu dors avec moi dans mon lit !...

De la chambre de Marie, on ne croirait pas être au beau milieu de la cité Miró. Bien que le quartier soit assez calme, il est plutôt moche. En tout cas, mal entretenu. Désolant. Au contraire, cette chambre est un écrin voluptueux. Marie a mis des tissus aux tons orientaux partout là où elle le pouvait. Des plantes naines et de petits fétiches bouddhistes dans les coins et les angles. Un grand portrait de la Vierge Marie qu'on croirait venu d'Inde. Sa tenue est rouge, orange et rose. Ses cheveux sont noirs. Ses yeux sont verts. Elle a un rond rouge sur le front et des bijoux dorés aux mains. En fait, c'est pas du tout la Vierge Marie. C'est une Indienne. Seule sa posture pourrait faire croire qu'il s'agit de la mère du Christ, et l'enfant qu'elle porte dans les bras et qu'elle regarde avec tendresse. La chambre est si chargée qu'elle semble plus petite qu'elle ne l'est vraiment. Tous les vêtements de Marie sortent du placard pour déborder sur deux portants Ikéa recouverts de tissus. Une ancienne table de massage est dépliée en dessous de la fenêtre. Elle occupe presque tout le mur et accueille toute une série de boîtes à bijoux, perles et billes, produits et accessoires de maquillage, des parfums (beaucoup d'échantillons), des fils, des rubans, des aiguilles ; une machine à coudre Singer des années 90 dort à l'une des extrémités de la table. En face, se trouve la coiffeuse vert pastel/table de maquillage/studio de tournage, dans un coin, de l'autre côté du lit qui sert de canapé comme de débarras et qui prend pas mal de place. On pourrait penser être à l'étroit, on s'y sent à l'aise dans cette chambre. On pourrait trouver ça en bordel, voire crasseux, on a l'impression d'être dans une boutique d'antiquités, un micro-musée qui nous appelle à l'aventure. On retrouve son âme d'enfant. On ne se dit pas un seul instant qu'on est dans l'antre d'une jeune femme qui ne veut pas grandir. Marie a surchargé sa chambre mais n'investit pas les autres pièces de l'appartement (le salon, le bureau, la chambre parentale, la cuisine, la salle de bains, les toilettes) qu'elle laisse à son père et sa mère. On pourrait croire qu'elle vit recluse ou prisonnière, elle se sent plutôt comme dans un hôtel. Les pièces communes ne sont pas les siennes mais celles du propriétaire de l'établissement (ses parents en l'occurrence). Elle ne se permettrait sous aucun prétexte de les contaminer d'elle-même. Quand elle fait la cuisine, qu'elle prend sa douche ou va aux toilettes, elle fait en sorte qu'on ne s'en rende pas compte. Elle fait le moins de bruits possible, le moins de gestes aussi. Elle nettoie tout ce qu'elle a touché, elle range tout ce qu'elle a utilisé. C'est un fantôme dans son propre appartement. C'est dehors que Marie s'exprime, imprime sa marque, se fait voir. Marie n'est chez elle qu'hors de chez elle. Et encore, c'est Mary_Virgo qui sort. Marie, elle, reste dans la chambre.

— Bon ! D'accord ! déclare Hélène.

— Tiens ! Ton pyjama.

Hélène attrape un large t-shirt et un vieux legging détendu. Elle se change pendant que Marie s'active à la cuisine. Elle revient avec deux assiettes de pâtes au beurre avec du fromage râpé pas encore fondu qu'elles mangent en silence devant un film d'horreur sur l'ordi portable de Marie, assises dans le lit. Ce silence est salutaire pour Hélène. C'est comme si le temps était suspendu. Ça lui rappelle les films qu'elle regardait avec sa cousine avant l'accident, dans le salon de chez leur grands-parents. C'était le seul moment où Victoria daignait poser les armes et fermer sa gueule. Les deux cousines ne faisaient alors qu'une, l'une contre l'autre, dans le silence et les émotions partagées.

Quand le film est fini et qu'elles ont été se brosser les dents, les deux jeunes femmes, comme des petites filles, se couchent dans le lit, chacune de son côté. Marie éteint la lumière. Elles se disent bonne nuit sans le dire, par un sourire de bonheur partagé dans le noir. Elles se font dos. Chacune épie à l'aveugle, tous sens en alerte, ce que fait l'autre et quand l'une bouge une oreille, l'autre pousse des petits rires pour rien jusqu'à ce que les deux amies tombent dans un voluptueux sommeil.

CHAPITRE 30. Judas69

— Mây ! Đi rửa cho bố đi. Bố đang tắm ! crie une petite voix chevrotante.

Hélène est réveillée par des bruits sourds dans le salon. Deux femmes discutent en s'activant. L'une d'elle est Marie. Hélène reconnaît sa voix, même si elle s'exprime en vietnamien. L'autre a l'air de l'engueuler, mais ça ressemble plutôt à une complainte.

Marie arrive avec un plateau repas, du thé, des galettes de riz et du miel.

— Salut, ça va ? Tu as bien dormi ? demande-t-elle.

— Oui, super. Merci, répond Hélène.

— Je mets le petit-déj là. Je reviens... Si tu veux prendre une douche, je finis de m'occuper de mon père et la place est à toi.

— T'inquiète pas...

Marie, dans son kimono rouge, disparaît de nouveau. Hélène s'étire et se sert un peu de thé qu'elle boit avec une galette au miel. Elle regarde tout autour d'elle ce capharnaüm qu'est la chambre de Marie mais Hélène ne s'est jamais sentie aussi bien depuis longtemps. Là, l'expression *« nid douillet »* prend tout son sens.

Marie revient :

— Voilà, je suis à toi. Désolée. Mes parents sont vieux. Il faut que je les lave et les habille le matin... Ils ont une aide à domicile, mais elle ne vient pas tous les jours. Et puis, c'est mes parents, il faut bien que j'm'occupe d'eux... On est une famille.

— Ils ne parlent pas français ?

— Un peu. Pas trop. En tout cas, entre nous, on ne parle que viet.

— Ils t'appellent comment ?

— Mây. C'est mon prénom vietnamien. Ça se prononce « *Maé* »... Ça ressemble à Marie. C'est pour ça qu'on m'a donné ce prénom à la préfecture quand on est arrivé.

— T'as vécu au Vietnam ?

— Non. J'avais 2 ans quand je suis arrivée en France.

— Ça veut dire quelque chose ton prénom ?

— Nuage !

— Pour quelqu'un qui a sa tête dans le *cloud*, c'est pas mal ! s'amuse Hélène.

— C'est ce que je me suis dit, confirme Marie par un sourire.

***

Hélène sort de la douche. Elle a essayé de se faire aussi discrète que son hôte pour ne pas importuner les parents qui sont cloîtrés dans leur chambre et ne doivent certainement pas savoir qu'elle est là. Elle retrouve Marie face à son ordinateur, concentrée, les sourcils froncés. Elle porte de discrètes lunettes rectangulaires en métal et est habillée comme un homme : pantalon en toile bleu foncé, chemise blanche aux manches retroussées, cravate unie assortie au pantalon et un pull col V sans manche vert bouteille. Ce look androgyne fascine Hélène qui reste quelques secondes sur place. Elle s'habille enfin, se cachant comme elle peut de Marie.

— Ça va ? demande Hélène.

— Oui, ça va, répond Marie en se retournant.

Elle enlève ses lunettes pour essuyer ses yeux.

— Mais tu pleures ?...

— Non... C'est rien...

Hélène se précipite vers son amie en finissant de boutonner son pantalon. Elle n'a pas eu le temps de mettre ses chaussettes.

— Qu'est-ce qui se passe ?

En guise de réponse, Marie s'écarte de l'écran de son portable. Hélène comprend qu'il faut lire :

[Vous vous croyez belles et malines toi et ta copine ? Vous faites pitié mes pauvres. C'est pas avec tes ravalements de façade grossiers que tu vas faire du boudin qui te sert de modèle une bombe sexuelle ! Y'a rien à garder chez elle. Quant à toi, tu ferais mieux d'arrêter tout de suite ce boulot... Que dis-je ? Ce hobby. Tu dois pas gagner beaucoup de fric avec ta tronche. Je serais toi, je trouverais le premier pont venu et je m'y jetterais... Dans l'eau ou sous un train. Comme tu préfères ! Prends ta copine avec toi. Ça fera deux connes de moins dans l'univers. Au moins t'auras rendu service à l'humanité ! - Judas69]

Hélène aussi a les yeux qui piquent.

— J'suis désolée ma belle, s'excuse Marie. J'aurais pas dû te mêler à ça...

— T'inquiète pas... C'est qui ce naze ? Judas69.

— Un enculé qui ne me lâche pas depuis plus d'un an. Il m'avait contacté par Insta et tout de suite il s'est montré lourd. Il voulait qu'on se voie, il m'a demandé des *nudes* et des trucs de plus en plus chelous. Au début, je lui ai dit gentiment que ça m'intéressait pas mais comme il comprenait rien, je l'ai bloqué... Et je l'ai même signalé. Un jour, j'ai reçu une lettre. C'était lui. Il menaçait de s'en prendre à mes parents, de me violer, de me tuer... J'ai carrément flippé. J'ai été à la police mais à l'époque, on prenait pas ça au sérieux... Et puis, il a arrêté. J'ai cru que j'étais tranquille mais il a commencé à pourrir mes vidéos sur ma chaîne. Il a une chaîne lui aussi, mais elle est vide, bien sûr... Tu te rends compte, le gars il a rien d'autre à foutre que de créer une chaîne pour passer son temps à faire des paragraphes entiers d'insultes et de menaces. Je sais pas c'qui me veut. Juste parce qu'il a été frustré que je refuse ses avances...

— T'as essayé de le retrouver ?

— Un peu, mais j'ai pas trouvé grand-chose. Juste une critique qu'il a fait d'un bar dans le coin... Si ça se trouve, je le connais bien le gars... On se croise tous les jours dans la cité mais je l'ai jamais calculé. Je connais pas son visage... Ça peut être n'importe qui. Si ça se trouve, c'est un mec qui habite à l'autre bout de la planète et qu'a posté une review d'un bar près de chez moi pour me faire flipper. Tu vois, à cause de ces conneries, je deviens parano !

Marie s'arrête de parler. Elle ne peut plus. Elle a la gorge nouée. Elle est triste et elle a peur. Hélène fulmine. Elle voudrait pouvoir aider sa copine. Elle a bien une idée mais c'est une folie. Pourtant, les mots se bousculent dans sa bouche qui tarde à s'ouvrir.

— Pourquoi tout est toujours une histoire de sexe !? scande Marie à bout.

Hélène ravale ce qu'elle s'apprêtait à dire. Marie continue :

— Tu vas peut-être pas me croire ou me traiter de folle, mais *« Vierge Marie »*, mon blaze, c'est pas pour rien...

— Comment ça, répond Hélène qui se demande si elle a bien compris.

— Ben... Moi aussi... Comme la *« vierge »* Marie...

— ...

— Je suis vierge. Pas de signe.

— Ah... Euh...

— C'est pas que j'ai pas eu l'occasion, tu penses bien... C'est que ça m'intéresse pas. Ça m'a jamais intéressé... Je suis asexuelle. Je suis aussi panromantique, c'est-à-dire que je peux tomber amoureuse... Des garçons, des filles... Des personnes quoi... Mais j'ai pas besoin de passer par le sexe. Et c'est pas de l'amitié, c'est plus fort... En général, j'aime qu'une personne à la fois, mais parfois j'en aime plusieurs... Panromanique et polyamoureuse.

— Ok... encaisse Hélène.

Elle n'avait jamais rencontré personne qui se définisse ainsi. Elle en avait entendu parler bien sûr, les vidéos qu'elle mate en sont plein de gens comme ça, mais elle pensait que c'était réservé aux bizarres où bien que c'était une posture pour se faire remarquer. Marie aime bien la provoc et être le centre de l'attention, mais là, elle a l'air sincère. Loin de son personnage de Mary_Virgo.

— Pardon, commence Hélène, mais si tu ne l'as jamais fait, comment tu sais que ça ne va pas te plaire ?

— J'ai pas dit que ça ne me plairait pas, j'ai dit que ça ne m'intéressait pas. Tu sais, à l'adolescence, je me suis posé des questions aussi... J'ai maté des pornos, je me suis même retrouvée à un mariage où tous les jeunes s'étaient enfermés dans une pièce un peu loin et avaient commencé à s'embrasser, se peloter et à la fin de la soirée, ils étaient tous en train de baiser, chaque couple de son côté, pas tous ensemble, c'était pas une partouze ou un délire échangiste, mais quand même dans le même endroit. Et moi j'étais là... Y'en avait d'autres qu'étaient seuls aussi qui me mataient mais qu'osaient pas venir me voir - j'aurais refusé de toute façon - J'étais là, je les regardais et ça me disait rien. Je les enviais pas du tout. Pourtant, ils avaient l'air de prendre du plaisir mais moi je trouvais ça hyper triste... Pas glauque. Triste. Je saurais pas l'expliquer. Au début, je me suis demandé si j'étais normale, mais au fur et à mesure, j'ai trouvé que ça me convenait bien. Maintenant, à mon âge, c'est plus du tout un problème parce que je sais, qu'au fond, ça m'a libéré l'esprit d'un poids... Moi je m'épanouis vraiment pleinement à apprendre, créer et partager. J'ai parfois l'impression d'atteindre une forme d'extase quand je fais certaines vidéos. Ça doit être pas très loin de la jouissance... Si je pouvais me renouveler et me surprendre jusqu'à la fin de ma vie, je serais la plus heureuse des femmes. J'suis pas une fille coincée, tu l'as bien vu ! C'est vraiment pas pour ça que je suis restée vierge. J'aime faire la fofolle, me faire remarquer... J'ai l'impression que les autres, elles font ça pour plaire - Véronique, par exemple - moi, je fais ça pour m'amuser.

— Mais avoir une relation longue, quelqu'un qui te prend dans les bras... Ça te manque pas ?

— Pas besoin de sexe pour ça. J'ai des relations longues. J'ai des amis depuis la maternelle. Je passe des fois des soirées enlacée dans les bras d'un homme à regarder un film, à manger de la glace et à discuter toute la nuit. Ils n'attendent rien de moi de plus que ce qu'ils font à l'instant. Ils savent que de toute façon, on va pas baiser. En plus, ça fait le tri entre les sincères et les tocards. C'est des relations plus vraies en quelque sorte. Et ça existe les gars qu'on pas d'arrière-pensées. C'est beaucoup des homos, certains qui ne le savent pas encore, je l'avoue, mais il y a aussi des hétéros. Et il y a des filles... Comme toi. Des filles avec qui j'ai une connexion... Bien sûr, je peux être trahie comme tout le monde. Je suis pas naïve non plus mais en imposant cette règle de chasteté à moi et aux autres, je suis libre : je n'appartiens à personne et personne ne m'appartient. C'est un moyen de respecter l'autre, de me respecter et de me faire respecter.

— Tu es prête à faire une croix sur la maternité ?!

Marie explose de rire :

— T'es mignonne mais je vais t'apprendre un scoop ma belle, ironise gentiment Marie : On n'a plus besoin de zigounette pour être enceinte ! Au moins, quand j'aurai mes gosses on sera sûr d'une chose : la Vierge Marie qui a enfanté existe ! Et ce sera moi !... Enfin, j'suis pas sûre d'en vouloir moi des gosses.

Hélène rit à son tour. Ça y'est, elle est prête à la balancer sa folie :

— Et si je le tuais ton gars ? Judas69.

— Hein ?

— Bah oui, y'a rien qui me relie à lui. C'est la condition principale tu m'as dit... Tu vas m'aider bien sûr... Si ça se trouve, c'est le gars dans mon rêve ! Si ça se trouve, mon rêve il me disait ça : tu dois tuer le connard qui harcèle ta copine !!!

— Mais ouais !!! Carrément !!! Alors ? Comment on va s'y prendre pour le buter ce gogol sans se faire piquer ? Comment on va le commettre notre crime parfait ?!

CHAPITRE 31. Julien

Julien - « *Pourquoi Julien ?* » « *Bah ché pas... Judas, Julien, ça sonne pareil...* » « *Ok, va pour Julien !* » - Julien, donc, avait toujours traîné dans la bande de Christophe. C'était comme ça. Pourtant, Julien n'aimait pas spécialement Christophe mais il avait des amis du quartier qui traînaient avec lui, donc Julien rôdait avec cette cour autour de ce Christophe qui, il fallait bien l'avouer, était assez charismatique. Il avait une sorte d'autorité douce, une force tranquille, qui en imposait. On aurait été prêt à le suivre au bout du monde s'il avait voulu. Au moins, avec lui, les gamins de la cité Miró ne faisaient pas de conneries et ça rassurait les parents... - « *Pourquoi la cité Miró ?* » « *Bah c'est bien si c'est un gars qui habite ici... C'est plus flippant encore... Et puis plus simple pour la suite.* » « *Ok.* » - Pourquoi donc Julien n'aimait pas ce garçon, ce gentil leader, qu'était Christophe ? Sûrement un peu par jalousie. Christophe était un grand gars bien charpenté. Certains disaient qu'il était d'origine polonaise, d'autres des îles... Il aurait pu être les deux : il était très blanc de peau, quasi albinos, de grands yeux verts et coiffé de dreads épaisses couleur paille. Il portait très souvent des chemisettes à fleurs ouvertes sur un t-shirt blanc, un bas de jogging blanc, des baskets blanches, un bob jaune. Julien lui, était un petit gars plutôt rachitique, une touffe de cheveux très épaisse et très sombre et de petits yeux noirs trop rapprochés surmontés d'un quasi-monosourcil. Et puis, ce qui agaçait Julien chez Christophe, c'était sa double face : le jour, dans la cité, face aux anciens comme aux minots, Christophe se présentait comme un être irréprochable, un brin moralisateur, le gendre idéal. Il jurait qu'il ne buvait pas d'alcool, qu'il ne fumait pas d'herbe ni se droguait... Ce qui était rare dans son contexte. Il avait été approché par les barbus du quartier qui voyaient en lui un bon représentant de commerce pour leur religion mais Christophe se disait athée, n'empêche que sous son t-shirt se cachait une petite croix en or au bout d'une chaîne. Le soir, en revanche, Christophe se lâchait. Son plaisir à lui, c'était la vodka-orange. Parfois il fumait, rarement il se faisait un rail. Dans les caves abandonnées du bâtiment D, avec sa garde rapprochée complice, il se déglinguait la gueule jusqu'à vomir. Il n'y avait pas de filles à ces soirées biture et jeux vidéo. C'était un truc de bonhommes. Alors, quand Christophe voulut introduire Magda, une cousine avec qui il s'entendait bien qui avait un look et une dégaine de mec, les choses commencèrent à partir en couille. Julien trouva-là l'occasion d'exprimer tout ce qu'il pensait de Christophe. Car c'était ça, au fond, le problème de Julien : il n'avait pas les couilles d'affronter Christophe en face, de lui dire que c'était qu'un hypocrite, qu'il n'était pas si saint qu'il voulait bien le faire croire. Julien restait à sa place. Il fulminait, mais il fermait sa gueule.

Julien avait compris que Magda était plus qu'une cousine pour Christophe. Comme tous les mecs de banlieue, Christophe avait du mal à exprimer ses sentiments quand il s'agissait d'amour et de filles. Il se cachait derrière le fait que Magda était sa *« cousine »* pour lui porter de l'affection, mais qui aurait cru qu'un Polonais-Caraïbéen puisse être cousin avec une Marocaine ? Julien se rapprocha donc de Magda et s'en fit une amie. Elle l'introduisit dans le cercle rapproché de Christophe qui fut convié de facto aux soirées débauches du bâtiment D. Quand Julien découvrit comment Christophe pouvait se mettre minable, il sut qu'il tenait-là la preuve irréfutable de ce qu'il avait toujours pressenti : Christophe n'était pas celui qu'il faisait croire. Un faux prophète. Un soir, Julien vint avec un tout petit appareil photo et s'en donna à cœur joie. Christophe raide mort, gueulant comme un dément, désagréable avec Magda, la pauvre, qui faisait tout pour lui et qui n'avait en retour que blagues déplacées et mépris, fut capturé sous toutes les coutures par le discret objectif de Julien.

Le lendemain, les photos circulaient partout dans la cité. Christophe tomba en disgrâce parmi les habitants. Tout le monde savait bien que c'était Julien qui avait trahi (ça ne pouvait être que lui puisque les photos étaient apparues en même temps que son introduction dans le cercle rapproché de Christophe), mais personne ne dit rien : ni les complices qui étaient là aux soirées, ni les jaloux qui auraient bien voulu y être... Il y avait même une petite poignée qui pensait que Julien avait eu raison de montrer au monde la vraie face de l'Élu de la cité Miró. De toute façon, le groupe s'était dissous assez vite et Christophe avait disparu des radars. Certains disaient qu'il avait déménagé, d'autres qu'il avait trouvé un travail de nuit.

Julien jubilait. Il savait maintenant qu'il avait une arme redoutable à sa disposition derrière laquelle il pouvait se cacher pour se venger de toute personne qui ne trouverait pas grâce à ses yeux. L'arrivée des ordinateurs et des réseaux sociaux améliora son arme bien plus encore. Il serait désormais une sorte de vengeur masqué, en tout cas anonyme, prêt à détruire la réputation de quiconque se mettrait en travers de son chemin. Il serait Judas69 mais également tout un tas d'autres pseudos, histoire de brouiller les pistes.

De sa fenêtre, Julien pouvait voir, dans le bâtiment F en face, une jolie asiatique un peu plus âgée que lui. Il imaginait qu'elle aurait pu lui faire découvrir les délices de l'amour. Parfois il la croisait, de loin, sur la place entre leurs deux immeubles mais n'osait pas l'aborder. Ce fut une aubaine pour lui quand il réalisa que la femme de ses rêves produisait du contenu sur les réseaux sociaux sous le pseudo de Mary_Virgo. Via Instagram, il pourrait alors entrer en contact avec elle et tenter une approche sans se montrer. Malheureusement, les réponses de Mary_Virgo à ses messages n'étaient pas celles qu'il attendait. Il devint alors plus insistant. L'amour fit place à la possessivité. La jeune femme lui appartenait, qu'elle le veuille ou non. Elle devait le comprendre, par tous les moyens. Au contraire, elle bloqua son compte sur Instagram et mit des rideaux à ses fenêtres. En quelque sorte, elle creva les yeux du cœur de Julien. Une fureur monta en lui. À présent il détestait celle qui l'avait éconduit avant même de faire sa connaissance. Il fallait que cette connasse paye, qu'elle mesure la conséquence de ses actes, qu'elle craigne aveuglément celui qu'elle avait rejeté. Il commença alors à pourrir de commentaires haineux ses vidéos Youtube et, de temps en temps, il déposait des lettres de menace.

Une jeune femme sonna à sa porte. Ce n'était pas Mary_Virgo mais Julien avait l'impression de l'avoir déjà vue quelque part. Pourtant, quand elle annonça qu'elle faisait une étude sur le comportement des jeunes et internet et demanda si elle pouvait entrer, il accepta. Julien habitait seul. Il avait quitté ses parents trois ans auparavant passant du bâtiment E au bâtiment B, celui qui était en face du bâtiment F où logeait Mary_Virgo. On aurait pu croire que le petit studio d'un mec célibataire d'une cité populaire ressemblât à la tanière d'un ours, celui de Julien était, au contraire, très propre et ordonné, presque trop, comme si personne n'y habitait, ce qui le rendait étonnamment lumineux et spacieux. Il invita la jeune femme à s'assoir à la table près de la kitchenette et s'assit en face d'elle. Elle n'était pas trop mal cette nana, pas très originale (surement son métier l'obligeait) mais pas trop mal. Baisable, selon Julien. Peut-être qu'elle était venue pour ça après tout. Julien se demanda s'il lui restait des capotes, il fut rassuré quand il se souvint qu'il devait s'en trouver dans une boîte à chaussures de l'étagère du haut de sa penderie.

— Alors, nous allons commencer, avait déclaré la jeune femme. Quel est votre âge s'il vous plaît ?

— 27.

— Possédez-vous un ou plusieurs : ordinateur, tablette, smartphone, télé connectée ?

— Un ordi. Un téléphone. C'est tout.

— Combien d'heures par jour utilisez-vous internet ?

— Ché pas... Une heure ou deux la semaine... Quatre, cinq heures le week-end, je suppose.

— Utilisez-vous les réseaux sociaux ? Si oui, lesquels ?

— Oui... Euh... Insta. Facebook, un peu...

— Avez-vous une chaîne Youtube.

— Oui... Euh... Non... Enfin oui... Mais je l'utilise pas.

La jeune femme se leva alors et commença à faire les cent pas. Le questionnaire vira à l'interrogatoire

— Vous arrive-t-il de laisser des commentaires aux restaurants où vous avez été, des vidéos que vous regardez ?... continua la jeune femme.

— Euh... Oui...

« Pourquoi elle me parle de ça celle-là ? »

— Quel genre de commentaire laissez-vous ?!

Le ton était agressif. Julien sursauta bêtement. Tout à coup, il se sentit enfant quand sa mère l'engueulait. Il perdit tous ses moyens et bafouilla en guise de réponse. Il se rendit compte que la jeune femme, bien que femme, était plus grande et plus forte que lui. Il prit alors sa dernière déclaration comme une punition d'avoir pu penser qu'elle était venue pour coucher avec lui. Il se trouvait ridicule. Bien sûr qu'il n'aurait jamais osé aucune approche pour la séduire et, éventuellement, la mettre dans son lit. Les seules femmes qui avaient bien voulu coucher avec lui, il avait dû les payer.

— Qu'est-ce que ça vous apporte d'écrire des saloperies sur les réseaux sociaux. Vous n'avez même pas le courage de les dire en face ! Ça vous fait jouir ? Vous avez un sentiment de surpuissance ? Vous pensez être inatteignable ? Mais vous êtes qu'une merde en fait, qu'un lâche. Vous êtes minable !

Julien voulait que ça s'arrête maintenant, que la jeune femme sorte de chez lui, qu'il oublie ce moment gênant à tout jamais. Il aurait voulu se défendre, mais il ne trouvait rien. Elle avait raison : il était minable. Il l'avait toujours été. Il valait mieux ne rien dire et attendre que ça se passe, il aurait risqué de faire pire. Pourtant, il s'entendit répondre :

— Pardon. Je suis désolé...

Il fut coupé dans sa phrase. Il sentit une sorte de mouchoir ou de serviette avec une forte odeur qu'on compressait contre son nez. Quand il s'endormit au bout de quelques secondes (surpris, il n'avait pas eu le temps de réagir), il se souvint où il avait déjà vu la jeune femme : sur l'une des vidéos de Mary_Virgo, son amour contrarié. Alors il comprit ce qui l'attendait.

C'était trop tard. Julien s'était endormi, contre sa volonté, sur la table de la cuisine.

La jeune femme ouvrit le gaz, s'en alla de chez lui en l'enfermant de l'extérieur (elle avait trouvé le trousseau de clés sur la porte d'entrée) et ce fut le noir complet.

Après une semaine sans réponse aux multiples messages téléphoniques des amis et de la famille, les parents de Julien décidèrent d'aller frapper à sa porte. Personne ne répondit. On fit appel à un serrurier-maison, c'est-à-dire un petit minot de la cité plus malin que les autres, et on découvrit le corps sans vie de Julien. Il semblait dormir. Rien ne laissait entendre qu'il s'agissait d'un meurtre : le studio était en ordre mais on sentait tout de même une vague odeur de gaz qui se dissipa tout de suite quand on ouvrit les fenêtres. Effectivement, le gaz était resté allumé jusqu'à ce que la petite bonbonne fût complètement vide.

Ça aurait pu être un suicide, bien qu'il n'y avait aucune note pour expliquer le geste. On ne trouva pas non plus le trousseau de clés de Julien. Ni sur la porte d'entrée, ni sur lui, ni nulle part dans l'appartement. Le lendemain, un gamin du bâtiment F trouva les clés au pied d'un pot de fleurs, dans le gazon, comme si on les avait négligemment jetées. La police, qu'on avait fait venir sans trop y croire, avait conclu définitivement à un suicide : Julien s'était enfermé à clé, avait jeté son trousseau par la fenêtre et avait ouvert le gaz. Point. Pour calmer les parents incrédules, les agents avaient répondu que c'était heureux que le gaz n'ait pas explosé sous l'impulsion d'une quelconque étincelle dans le circuit électrique. Le bilan s'en serait trouvé bien pire encore et ça aurait été pour leur pomme !

« Fin de l'histoire. Merci messieurs-dames !... » « Mouais... Pas mal... C'est pas mal le coup des clés. » « Merci. » « Tu sais qui c'est Santi » ? » « Santi ? » « Ouais... Santi ! » « Non... »

Tout le monde aimait Santi mais Santi n'aimait que les films d'espionnage. Il en avait vu des milliers et s'était toujours acheté les gadgets du parfait petit agent secret. Il n'en faisait pas grand-chose mais ça le faisait kiffer de les regarder, voir comment ça marche. Bien sûr, il aurait bien voulu faire James Bond comme métier plus tard, mais c'était pas pour lui, pas un petit gars de banlieue, pas ce gros nounours poilu de Portugais. Mais, puisqu'il s'intéressait à tout ça, et qu'il avait du temps à perdre, les grands-frères lui avaient confié la mission de surveiller les bâtiments D, F et B qui formaient une sorte d'étoile à trois branches autour d'une petite placette en bitume cerclée d'herbes cramées et de pots de fleurs vides. On ne savait pas trop si Santi s'appelait ainsi parce qu'en réalité son nom de famille devait être *« Santiago »* ou si c'est parce que sa fonction dans la cité faisait de lui une sentinelle. Certainement les deux.

Dès que Santi observait des mouvements inhabituels sur la place et aux alentours, il les filmait. Depuis plus de dix ans, il avait troqué sa dernière caméra pour son téléphone portable. Parfois, il avait à suivre les éléments perturbateurs jusque dans les rues alentour, parfois dans les cages d'escaliers (discrètement), parfois même, il devait sortir son drone flambant neuf pour avoir des vues d'ensemble ou monter aux étages.

Trois mois plus tôt, il avait vu une petite voiture blanche inconnue se garer tout près de la tour F. Bien sûr, Santi avait filmé la voiture - zoom sur la plaque d'immatriculation - et la jeune femme blonde-châtain qui en était descendue. Sans se faire remarquer, il l'avait suivie avec son téléphone en mode caméra, cette fois en gros plans, entrer dans le hall du bâtiment F et prendre l'ascenseur. Il avait appuyé de nouveau sur *« REC »* quand il avait vu l'inconnue redescendre. Elle était changée. Elle avait une nouvelle coupe de cheveux, un maquillage à son avantage et de nouvelles sapes qui ne lui ressemblaient pas trop. Santi avait été tellement subjugué par la beauté soudaine de cette mystérieuse femme, qu'il oublia presque d'éteindre sa caméra quand elle s'en alla avec sa voiture…

« Oh ! N'exagère pas trop ! » « Laisse-moi continuer ! »

Santi avait fait son rapport. Rien de grave pour les caïds qui tenaient la cité. La nana devait certainement être une copine de cette gonzesse un peu chelou du bâtiment F qui se fait appeler Mary_Virgo sur les réseaux sociaux. *« Ça fait depuis qu'elle est môme qu'elle habite là mais elle nous calcule même pas… Elle nous snobe carrément ! Bah, elle est pas méchante mais c'est encore une gamine qui pense qu'elle va pouvoir sortir de là en fréquentant des bourges alors qu'est condamnée à rester avec nous. Elle est comme nous, pas comme eux ! »* devaient-ils penser.

Une après-midi, la copine de l'influenceuse était revenue. À pied cette fois. Elle avait dû prendre le bus ou se garer plus loin. Elle avait adopté un look simple et chic ; type nana de la Caf qui vient s'aventurer parfois dans les cités pour vérifier qu'untel ou untel est en règle. Ça faisait bien marrer tous les gars devant les tours. Mais, au lieu de monter chez Mary_Virgo, la fille était entrée dans le bâtiment D, en face. En la voyant débarquer, Santi, qui s'était souvenu qu'il était tombé amoureux de la meuf, avait arrêté son VLC qui diffusait *« Ennemis d'Etat »* et avait basculé sur le mode caméra de son smartphone. Voyant qu'elle s'était dirigée vers le mauvais bâtiment, il attendait qu'elle ressorte mais au bout de quelques minutes, comme rien n'arrivait, il se dit qu'il y avait quelque chose de chelou. Il sortit de sa poche sa petite bestiole : son drone, qu'il pouvait contrôler de son téléphone et voir sur l'écran tout ce qui serait filmé en l'air. Santi passa en revue de loin tous les appartements de la tour et il retrouva la fille chez Julien le Traitre. Le drone captura l'étrange discussion entre Julien et la jeune femme, le meurtre déguisé en suicide, la fuite. Quand l'inconnue quitta le hall d'entrée, Santi la filma jetant le trousseau de clés avant de disparaître.

La sentinelle alla directement voir ceux qui l'avaient missionné pour leur montrer tout ce qu'il avait enregistré sur son téléphone. On décida de ne rien faire : Julien était un salopard de première - On se souvenait encore de l'histoire de Christophe - : c'était bien fait pour lui. En se renseignant ici et là, on comprit alors que la nana s'était vengée de Mary_Virgo qui subissait le harcèlement de cette pourriture de Julien. En demandant à Romuald, avec la plaque de la voiture, on retrouva l'adresse de la jeune femme. Bien sûr, on n'appela pas la police mais les grands-frères savaient que, dorénavant, ils pouvaient faire ce qu'ils voulaient de Marie Nguyen et Hélène Mansard.

***

— Meeeerdeee... pousse Hélène.

— Et ouais ma vieille ! répond Marie. Je t'ai eu... C'était pas mal ton plan, mais je t'ai dit : il faut laisser le moins de traces entre toi et le suspect !

— Tu m'as aidée ! On l'a tué à deux ce Judas69 ! Moi je voulais l'étrangler ou un truc comme ça... C'était toi l'idée du gaz.

— L'étrangler, c'est impossible. On n'a pas assez de force !

— Le coup du gaz, c'est vachement risqué !

— Oui, mais c'est plus froid. Tout à fait réalisable !

CHAPITRE 32. Kévin

Les deux amies se disputent amicalement sur la meilleure arme pour tuer Judas69. La première, préférant l'hémoglobine, envisage tout ce qui est couteau, pistolet, massue de tout genre, la seconde, plutôt portée sur l'étouffement, opte pour la baignoire pleine, la cordelette, le sac plastique, le gaz et autres composés chimiques. L'une rectifie le scénario de l'autre en objectant tel détail, tel mode opératoire qui pourraient compromettre leur plan. Galvanisées, elles s'amusent à imaginer cent façons de tuer sans se faire prendre. Follement excitées, elles rigolent beaucoup !

Hélène, comme hors de son corps, observe la scène : deux filles qui fusionnent dans un projet commun, aussi funeste soit-il. Elle profite de ce moment pleinement. C'est plus qu'une discussion avec une amie, un instant, une connexion ; même avec une meilleure amie. Là, elles s'admirent, se supportent, s'aident à se dépasser l'une l'autre, s'encouragent et se consolent. Une sororité jamais connue d'Hélène. Ça vaut toutes les confessions du monde, tous les petits secrets qu'on distille au gré du temps. C'est dix ans d'amitié concentrés en quelques heures. L'émotion à travers les hormones qui inondent son corps est plus que de l'excitation. C'est presque une plénitude. Une masturbation douce et continue. Un nirvana.

Malheureusement, ce qui manque à leurs crimes parfaits, à chaque fois, c'est comment identifier ce Judas69 : est-ce quelqu'un de proche ? Un voisin pervers ? Un admirateur éconduit ? Ou est-ce un parfait inconnu, à l'autre bout de la terre, tombé par hasard sur les vidéos de Mary_Virgo ? Un rageux qui n'a d'autre but dans la vie que de s'en prendre à n'importe qui sur le net ? Est-ce un homme d'ailleurs ? Ça pourrait tout à fait être une femme. Véronique, tiens ? Pourquoi pas. Ou les parents de Marie qui, le jour, jouent les infirmes et qui, le soir, font passer des messages à leur fille pour qu'elle arrête ses stupides vidéos et trouve enfin un vrai job !

— Tu vas un peu loin, là... Mes vidéos, c'est un vrai job !

— Je rigole, répond Hélène dont le bonheur révèle le côté taquin. Allez, viens, on va le trouver ton gars !

— Mais j't'ai dit... À part la critique du bar Le Boomerang, y'a rien...

— Laisse-moi faire ! déclare Hélène qui se surprend à tout à coup prendre le dessus. J'ai vu un reportage sur la communauté OSINT. Tu sais c'que c'est ?

— Non.

— Ça veut dire *Open Source Intelligence*. En français : Renseignement d'Origine Source Ouverte.

— Merci, je connais l'anglais.

— C'est toutes les infos qu'on laisse tous sur le net. Et ces gars, ils peuvent trouver pratiquement n'importe qui à partir de très peu d'éléments. Il suffit juste de bien savoir se servir de Google.

Hélène s'installe devant l'ordinateur de Marie et pianote frénétiquement sur le clavier. Effectivement *« Judas69 »* n'est référencé que sur un avis du bar *« Le Boomerang »*. Hélène passe en revue tous les réseaux sociaux : Youtube, Facebook, Tiktok et Instagram. Bien sûr, elle retrouve ses critiques sous les vidéos de Mary_Virgo. Facebook et Instagram ne donnent rien. Mais sur Tiktok, les filles tombent sur une courte vidéo d'une foule à un concert de Death Metal. On ne reconnaît pas grand-chose mais dans la description est écrit : concert de Judas69. La vidéo a été publiée à l'autre bout de la France.

— C'est quoi ce groupe ? C'est bizarre, j'ai rien trouvé sur Google, s'interroge Hélène

— Regarde qui a posté la vidéo !

Hélène clique sur le profil de *« SpecialK »*. Toutes les vidéos qu'il a postées sont ses victoires sur Fortnite ou des plans de foule à des concerts. Enfin, dans cette flopée de shorts, les filles trouvent une vidéo d'un jeune ado qui, pendant à peine une minute, gueule sa haine de ses parents, son ex, ses profs... Bref de toute la société. C'en est presque comique mais Marie bondit :

— Je connais ce gars !

— Quoi ?

— Kévin. Il s'appelle Kévin ! Il était plus âgé quand je l'ai rencontré mais j'en suis sûre ! *« SpecialK »*, c'est pour Kévin ! Je l'ai croisé un jour dans un bar du coin. Le Boomerang si ça se trouve, tiens ! Il était avec des potes ou de la famille... Bref, il m'a dit qu'il était là pour la soirée. Il était super sympa, hyper drôle ! Et puis, il est parti ! Putain non, ça peut pas être lui qui me harcèle quand même !!!

— Bah ce serait un super hasard si c'était pas lui. Et puis, tu te souviens d'un gars que t'as croisé qu'une seule fois ? ...

— Bah lui oui... Je sais pas si c'était une technique de drague ou quoi, mais il m'a avoué que malgré son âge (il est plus jeune que moi mais quand même), bah, il avait jamais couché avec une nana. Du coup, moi je lui ai dit que j'étais asexuelle. Il avait l'air de bien le prendre... J'aurais bien voulu qu'on reste en contact, mais d'un coup, comme ça, il a disparu.

— Tu lui avais dit pour tes vidéos ?

— Bien sûr. Je lui en ai montré quelques-unes... Mais les messages et les menaces sont arrivés bien plus tard. J'ai pas fait le rapport. Le gars, je l'avais zappé.

— Je suis sûre qu'on peut le retrouver ! déclare Hélène.

— Comment ?

Hélène fait une capture d'écran du gamin sur la vidéo. Il est plutôt pas mal mais classique : brun, les cheveux dressés, la peau blanche et rasée. Les yeux marrons. On ne voit que sa tête, mais on devine un corps plutôt musclé sans excès. L'agressivité de ses propos contraste avec la douceur de son visage.

Hélène passe la photo sur Google Lens : bingo ! On a trouvé Kévin. Un Kévin qui a maintenant plutôt 27 ans que 17 comme sur la vidéo, mais un Kévin tout de même. Kévin Drouin, pour être précis. Son Facebook est plutôt généreux. Marie peut aisément confirmer qu'il s'agit de l'homme qu'elle avait croisé un soir dans un bar du centre-ville. Kévin ne cache rien de sa vie publique. On le retrouve dans les cafés et restaurants de sa ville, dans les stades de la région avec son club de rugby, dans les MJC et salles des fêtes : Kévin est régisseur pour les groupes et spectacles qui se produisent près de chez lui. C'est un auto-entrepreneur avec son propre matériel son et lumière. Il a un site internet qui donne une adresse. Avec Google Map les deux amies se retrouvent devant chez lui en quelques clics : un appartement haussmannien en plein centre d'une grande ville de province.

— Et voilà ! annonce fièrement Hélène. On n'a plus qu'à aller le choper ton gars !

— Grave !!! répond Marie en transe. Imagine, on arrive devant chez lui, qu'est-ce qu'on fait ?

— Si j'y vais, il ne fera pas le rapprochement. J'ai aucun rapport avec lui, les flics non plus ils pourront pas. Impossible de se faire pincer !

Hélène repense au procès auquel elle a assisté quelques mois plus tôt : ces deux femmes, Soraya et Sandra, la coiffeuse et la cliente, complices dans l'assassinat du mari violent. Et si c'était elles ? Hélène et Marie. Unies d'abord par cette séance de relooking, liées à jamais dans un crime futur ? Et si c'était Marie et non Rachida la seconde femme dans son rêve qui regarde le corps inerte dans le salon ? Cette peau cuivrée, cette taille fine, si c'étaient celles de sa nouvelle amie plutôt que celles de son ancienne coloc ? Et si ce cauchemar n'avait pas été un souvenir mais un rêve prémonitoire ? Sans pourtant y donner crédit, cette idée la fait frissonner, redoublant sa secrète fascination envers son hôte.

— Vas-y, fais-moi un look de tueuse à la Milla Jovovich dans *« Le 5ème élément »* ou non, je sais : Uma Thurman dans *« Kill Bill »* !

Hélène est *on fire*, on ne la reconnaît plus. Elle a l'impression de connaître ce sentiment qui n'est pourtant pas habituel chez elle. Cette sensation de surpuissance elle ne l'a expérimentée que peu de fois auparavant : dans ses rêves de meurtre, et peut-être dans tous les rares moments où elle a eu l'occasion de décider de sa vie, de faire un choix contraire à ce qu'on aurait pu attendre d'elle ; à ce qu'elle aurait pu attendre d'elle-même.

Marie a lancé à Hélène quelques fringues chipées dans sa penderie : une salopette rose flashy, un t-shirt jaune et un blouson de cuir. Ça fait plutôt tueuse des années 80 à la Cindy Lauper mais ça amuse Hélène qui s'imagine avec des flingues dans les mains et un cran d'arrêt planqué dans la santiag. Marie attrape ses accessoires d'esthétique et installe Hélène devant sa coiffeuse :

— On fait une vidéo ?

— Non. Pardon, mais il vaut mieux pas, si on veut pas faire le lien avec le gars… Hélène continue : D'ailleurs, on devrait supprimer les vidéos d'hier.

— Bah non… C'est des vues. C'est important pour moi… Tu sais ça m'a coûté d'avoir ma commu'. Et c'est grâce aux vidéos que je publie régulièrement. Si j'en supprime, les vues sont plus comptabilisées. Je perds du fric et je risque de perdre des abonnés.

— J'comprends, mais toi-même tu m'as dit qu'il fallait laisser aucune trace.

— Oui, t'as raison… Mais… Bon, je vais y réfléchir.

Hélène comprend que cette décision radicale peine sa nouvelle amie. Elle essaie de se rattraper :

— Tu sais quoi ? On n'est même pas obligées de le buter. On lui fait juste très peur… Il faut qu'on se fasse respecter, merde !

— Oui, t'as raison. Ces gars, en général, c'est des lâches. Ils se cachent derrière leurs écrans. Tu les regardes dans les yeux, ces tocards, ils s'effondrent. C'est pas Kévin qu'il faut tuer, c'est Judas69 !

— Bon, on est devant chez lui. On vérifie : il est chez lui. Je monte. Je sonne. Il ouvre…

— T'as un couteau dans la main, t'es hyper remontée ! Tu lui expliques que c'est pas bien ce qu'il fait, il se dégonfle tout de suite.

— Oui, c'en est presque décevant. Il bredouille. Il dit qu'il fait ça pour s'amuser. Il fait l'enfant.

— Il essaie de t'apitoyer, c't'abruti, mais ça marche pas.

— Je l'intimide, je le menace et je le dissuade de parler de tout ça à quiconque.

Hélène s'observe changer dans le miroir ; miroir reformant. Une coupe au carré, une teinte aux reflets roux, des pommettes saillantes, un regard fier et soutenu qui font ressortir ses grands yeux clairs… Elle tue ! La transformation s'opère aussi à l'intérieur : plus Hélène change physiquement, plus l'assurance la gagne. Marie la sublime, c'est manifeste, et magnifie sa plastique comme son estime. Elle ajoute :

— T'as enregistré le moment avec une mini caméra dans tes lunettes. Il faut que je te trouve des lunettes ! Il faut quand même que tu lui demandes s'il fait ça à d'autres personnes.

— Tu parles, il me jure que non, qu'il sait pas ce qui lui a pris.

— Demande-lui pourquoi moi alors ?

— Il ne sait plus, il est minable. Il dit qu'il a fait ça pour s'amuser au début et puis qu'il s'est pris au jeu. Que t'as servi de punching-ball virtuel... Quand il était frustré ou énervé, il se vengeait sur toi... Il se souvient même plus comment il t'a rencontré.

— Ah bon ?! Bah ça, c'est pas cool... Je laisse pas indifférente en général... Bon, après tout, peu importe. Faut juste qu'il arrête ! Stop ! Basta !!! s'énerve Marie.

— Kévin promet qu'il recommencera plus. Fin de l'histoire !

Les deux jeunes femmes tombent dans les bras l'une de l'autre. Elles ont gagné ! Elles ont terrassé le monstre masqué. Elles savent qu'elles ne tueront pas ce gars, qu'elles n'iront même pas le voir. Hélène s'est jetée dans cette folle entreprise pour rendre à Marie l'apaisement qu'elle lui a donné en s'occupant d'elle comme elle l'a fait. C'est ça le crime parfait : tuer les gens en pensées ! Ça soulage... Effectivement, Marie semble consolée de s'être amusée de ce qui faisait, quelques heures plus tôt, sa contrariété. Pour Hélène aussi, toute cette aventure a eu un effet cathartique sur les souvenirs qu'elle avait avec Bruno, mieux encore que de passer par un pauvre chaton comme l'avait suggéré Rachida.

Libérées, elles s'en veulent à présent du crime qu'elles n'ont pas commis. C'est absurde, mais c'est ainsi : elles culpabilisent. Surtout Marie, empêtrée par ses croyances issues de ses parents bouddhistes et de sa scolarité chez les cathos. À moins que ce soit le souvenir ravivé du meurtre de Gaspard... Si cette histoire est vraie. Fataliste, elle relativise :

— On pourrait échafauder tous les plans possibles pour ne pas se faire prendre par les flics, il faudrait quand même qu'on paie... On doit tous rendre des comptes à un moment donné.

— Pourquoi tu dis ça ? On n'a rien fait, hein ? On délirait, c'est tout, essaie de dédramatiser Hélène. Et puis la justice divine, ça sert surtout de consolation aux victimes d'auteurs impunis... ironise-t-elle.

— Nan, mais il y a vraiment quelque chose, c'est sûr, continue Marie. Comment il en serait autrement ? Qu'est-ce qu'on foutrait là alors ?

— Tu parles de karma ? C'est plus psychosomatique que divin selon moi... Si on fait un truc moche, parfois on tombe malade, mais surtout, on se sent mal, on dort mal... Regarde moi et mon rêve. Ça veut bien dire quelque chose au fond. Grave ou pas, ça veut dire quelque chose dont je n'arrive pas à me libérer.

C'est le moment où l'une n'écoute plus l'autre. Chacun veut parler dans son coin. Défendre son petit territoire de certitude.

— Moi, par exemple, j'ai toujours su que j'étais promise à un grand destin, continue Marie. Ça peut faire gamine de dire ça, pourtant, c'est quelque chose que je ressens au plus profond de moi. Je suis française mais je viens du Vietnam, j'ai fait une école privée alors que je viens d'un petit milieu. Tout ça a un but. Ça veut dire quelque chose ! J'vais pas tout gâcher en faisant une connerie.

Hélène le sait maintenant, Marie n'a pas tué Gaspard. Elle n'aurait pas pu. Pas en tenant ces propos. A-t-il même existé ? Cette fiction qu'elle a dû s'inventer, c'est le moyen pour Marie de surmonter les quolibets dont elle a réellement souffert, se consoler. Une vengeance de l'esprit. Un autre crime parfait comme seul sait réaliser l'imaginaire. S'il n'y a jamais eu de *« Rougaille-Saucisse »*, il y a, en revanche, très certainement eu une *« Nem »*. Pour s'extraire de sa condition, on peut se raconter des histoires ou fuir et se cacher. Mettre un masque pour qu'on ne nous reconnaisse pas. *« Mary_Virgo »* n'est pas une vitrine, c'est un rempart pour la petite Marie.

— J'ai rien décidé, c'est mon destin qui a décidé pour moi. Ça donne de l'ambition, un objectif de penser qu'on fait pas tout ça pour nous tout seul. Quelle tristesse d'être seul !

Hélène ne sait que répondre. À vrai dire, elle n'en sait rien. Ce qu'elle sait, c'est qu'elle n'a jamais ressenti le besoin ni même l'envie d'être plus que ce qu'elle n'est. Pourtant, il faut bien l'avouer, elle a ressenti une nouvelle forme d'excitation à jouer les tueuses hier comme aujourd'hui ; à s'inventer un personnage. Mais elle sait bien que c'est un jeu, un bal masqué, une illusion. Son quotidien, ça c'est concret ; rassurant. Elle préfère s'en contenter plutôt que de se bercer d'illusions.

Too.Doo.Doom ! Le téléphone de Marie s'éclaire.

CHAPITRE 33. Véronique

— C'est Véronique. Elle demande c'qu'on fout. Elle propose d'aller boire un verre, tu viens ?

— Ouais, super, répond Hélène timidement.

Marie tapote son smartphone.

Nouvelle notification :

— Elle a vu les vidéos, elle te trouve top, elle veut voir ça en vrai.

Les filles se préparent. Hélène ramasse ses affaires. Marie lui a prêté sa veste en cuir qui, avec son nouveau visage, lui donne un look *badass*.

Dans l'ascenseur, la styliste lui confesse :

— Je trouve que tu as quelque chose en toi Hélène... Quelque chose que tu n'as pas encore découvert.

— Ah bon... Merci... Je sais pas si je dois dire *« Merci »*.

— Il faut qu'on découvre ça... Ensemble ! C'que j'te propose, c'est de faire d'autres tutos beauté. En vrai, j'te cache pas, il faut que je me renouvelle un peu... Il faut que je relance ma chaîne, c'est ce qui rapporte le plus de fric... Quand je fais du placement de produits.

— Ouais, pourquoi pas, répond Hélène qui veut aider sa copine.

Marie, se sentant encouragée, continue :

— Génial ! Merci ! Je t'avoue, faut pas le prendre mal hein, mais c'est ta banalité qui m'intéresse. C'est ça qui va faire vendre ! Si j'arrive à quelque chose avec toi, ça veut dire que tout le monde peut y arriver avec les produits que je propose...

Enfin, c'est ce qu'ils vont croire ! On ne s'improvise pas relookeuse.

La délicatesse n'est pas toujours incluse dans l'enthousiasme. Certainement pas dans celui de Marie qui se laisse parfois déborder par son amour-propre. Mais ce n'est pas grave. Hélène sourit, plus d'affection que de moquerie, pour chasser l'affliction née d'une maladresse.

***

L'asphalte transpire sur le trottoir du *« Moloko »* qui sert de terrasse où sont installées les trois copines. Il a plu il y a un quart d'heure, avant qu'elles n'arrivent. Maintenant le soleil les brûle.

— Ce soir, pas de mec ! annonce Véronique, plaisantant à moitié. Donc pas de bobard pour se faire mousser !

Hélène est prévenue. De toute façon, elle n'en est plus là. Elle sait bien que cet avertissement n'est pas tout à fait dirigé contre elle. Véronique veut juste s'assurer que personne ne viendra plus lui gâcher ses possibilités d'homme. Pour faire preuve de bonne foi, Hélène résume à Véronique les deux jours passés avec Marie : leurs séances vidéo, Judas69, Kévin... Mary_Virgo redevient le centre de la conversation et c'est très bien comme ça.

Tout à coup, Hélène stoppe les apartés et les rires :

— Je sais ! déclare-t-elle comme si elle avait une révélation. Je sais comment te débarrasser de Judas69 !

— Ah bon, comment ? demande Marie.

— Il faut tuer Mary_Virgo ! Il faut que tu arrêtes tes vidéos. Moi, je préfère Marie Nguyen !

— Nan mais t'es gentille, mais c'est pas si simple... Ça fait mon beurre ces vidéos.

— Mais tu trouveras autre chose, j'en suis sûre !

Face à l'enthousiasme d'Hélène, Marie reste interdite.

Un apaisement l'envahit soudain :

— Tu crois ?

— Mais oui... T'as vu qui tu es ? C'est toi qui parlais de destin. Ton destin, il est ailleurs... Quelque chose de plus grand que tout ce truc ridicule d'influenceur.

— Ok... Mais qu'est-ce que je vais faire ?

— Je sais pas... On n'a qu'à monter un truc, toutes les trois ! On tire un trait définitif sur nos vies d'avant ! Allez hop ! On passe à autre chose ! Vous en pensez quoi ?

— Bah, c'est cool !!! C'est génial même ! s'exclame Marie.

Les deux nouvelles amies échafaudent tout un tas de nouvelles idées. On ne peut les arrêter. Des tables autour, on leur demande même de se calmer un peu, mais elles s'en foutent. Elles savent qu'ici, à la terrasse du Moloko, à cet instant en transition d'un après-midi d'avril, elles commencent une nouvelle vie.

Leur nouvelle vie.

FIN.

Non !

Marie aime Hélène, mais elle s'aime elle-même plus encore.

Flash-back... Contrôle Z... Effacer l'historique !

— Il faut tuer Mary_Virgo ! Il faut que tu arrêtes tes vidéos. Moi, je préfère Marie Nguyen !

Face à l'enthousiasme d'Hélène, Marie reste interdite.

Une colère l'envahit soudain :

— Mais qu'est-ce tu crois ? répond-elle, mauvaise, à sa nouvelle copine. Tu crois que je vais m'arrêter en si bon chemin. J'suis pas une esthéticienne de grande surface, moi. Je te l'ai dit tout à l'heure : j'ai un destin ! Les vidéos Youtube, c'est qu'une étape. J'veux faire de la pub, du cinéma. Et j'vais y arriver, crois-moi. Ce que je vise, c'est Hollywood. Oh, vous pouvez rire ! Tant pis pour vous. Mais moi, je sais que je vais laisser une trace sur Terre.

Hélène se tait, elle ne répond pas. Elle regrette de s'être enthousiasmée pour rien, d'y avoir cru pour deux. C'est tout de même excessif cette réaction de Marie. Presque ridicule. Pathétique. Mais si elle y croit, que peut-on y faire ? Elle serait même capable d'y arriver à force de s'en persuader alors, autant se taire. Puisque Marie a pris la mouche, Hélène peut au moins le prendre comme une petite revanche sur l'échange dans l'ascenseur. Ce qu'Hélène ne sait pas c'est que si elle avait été seule avec Marie, cette dernière aurait pu mieux considérer son point de vue mais là, c'est impossible, pas avec du public même s'il se résume à Véronique.

On ne sait vraiment être radical qu'en l'absence de témoin. C'est le propre du tueur. Ils vous le diront tous. Ceux qui affirment le contraire ne sont que des amateurs, des forcenés, des animaux. Ça reste vrai quand il s'agit de tuer une part de nous-même.

Pour changer de sujet, et comme si Marie avait lu dans les pensées d'Hélène, elle lui demande :

— Et en fait qui tu veux tuer en vrai ?... Si tu avais le choix et si tu étais sûre de pas te faire pincer.

— Quoi ? T'es dans son délire de tuer des gens maintenant ? interroge Véronique qui ne comprend rien.

— Par rapport à ton rêve là... précise Marie.

— Euh... hésite Hélène, surprise par la question... Probablement un garçon quand j'étais gamine : Bruno. Oui, si j'avais une autre chance de le recroiser, probablement, j'aimerais le tuer.

Véronique sent qu'elle a un train de retard mais ne le montre pas :

— C'est qui ce Bruno ? C'est un ex ?

— Bien sûr, c'est son ex, confirme Marie qui joue celle qui en sait plus avant qu'Hélène ait le temps de répondre.

Marie aussi a fait des raccourcis dans ce qu'elle croit connaître d'Hélène qui comprend alors qu'elle ne pourra jamais complètement partager ce qu'elle vit depuis que ce rêve est revenu. Elle aimerait corriger, mais elle ne sait par où commencer. Ou alors, il faudrait tout raconter. Elle n'est pas sûre que ses amies aient le temps, encore moins l'envie. Alors elle les laisse parler, simplifier, broder, recréer ; trouver des solutions faciles à des problèmes complexes. Aller au plus simple pour passer à autre chose. Confronter une expérience à une autre pour les standardiser toutes, les uniformiser, les essentialiser pour n'avoir qu'une réponse à donner. LA réponse :

— Le meilleur moyen de tuer un ex, c'est de le revoir, déclare Marie.

— Oui, je sais, répond Hélène.

— Bah oui, je lui ai déjà dit, tu penses, ajoute Véronique.

— C'est normal, c'est moi qui te l'ai dit, précise Marie.

— T'avais lu ça dans un magazine…

— Bah oui, et alors ?

— Moi aussi, j'avais lu ça quelque part, de tout façon, confesse Hélène.

— Ah ! Tu vois ! clame Marie.

— Oui, bah moi, je l'ai pra-ti-qué ! Alors que vous… se défend Véronique. Ça fait vraiment du bien… C'est dingue, tu te fais une idée de la personne qui reste figée depuis le jour où tu l'as quittée… T'imagine pas une seule seconde qu'il ou elle ait pu changer et quand tu la revois, pouf ! Y'a tout qui s'évanouit : les souvenirs, le physique, tout ça… Comme une nouvelle coupe de cheveux. Dès qu'on la voit, on oublie celle d'avant ! Parfois, c'est même bien de se revoir pour recommencer quelque chose. Y'a des gens qui se sont mis avec leur premier amour après l'avoir recontacté.

— Ça, c'est des histoires, interjette Marie.

— Les gens changent avec le temps, parfois en bien. De temps en temps, on a de bonnes surprises…

— Tu parles. T'as eu de bonnes surprises toi ?

— Non, pas moi, mais j'en connais qu'ont retrouvé un amour d'enfance et c'est devenu l'amour de leur vie.

— Oui, mais c'est hyper rare !

— Ça arrive quand même !

Hélène n'écoute plus ses amies se chamailler. Elles ont raison, elle le sait déjà : il faut revoir les êtres dont on veut tuer le fantôme. C'est le seul moyen de s'affranchir du souvenir, des images, des regrets ou des remords. Hélène en a fait l'expérience pas plus tard qu'il y a quelques mois en revoyant Rachida, il y a quelques années en croisant Bruno par inadvertance. Autant elle a pu confronter la première, autant la surprise et le manque de temps l'en ont empêché pour le second. Si Hélène pense avoir quasiment guéri de l'une, elle est certaine de ne jamais tout à fait guérir de l'autre, précisément par le manque de cette salutaire confrontation. Elle pourrait remuer ciel et terre pour retrouver Bruno, peut-être qu'elle le devrait, mais elle sent que c'est déjà trop tard. Le Bruno qu'elle a connu n'existe plus. Incriminer celui d'aujourd'hui reviendrait à accuser un inconnu, un innocent peut-être. Certes, l'enfant qu'il était a tout à fait pu persister dans la méchanceté et accoucher d'un salopard de la pire espèce, méprisant, violent et pervers mais alors le revoir ne ferait qu'empirer les choses. Que peut-elle pour lui ? Que peut-il pour elle ? Probablement plus rien.

On ne peut que pour soi.

***

Hélène glisse l'enveloppe dans la boite jaune qui se trouve entre son arrêt de bus et l'entrée du building de Weber-Améris.

Cette lettre contient peu de mots : *« Salut. Comment vas-tu ? Tu te souviens de moi ? J'aimerais bien qu'on se revoie. Si toi aussi, tu peux me joindre au… »* et un numéro de téléphone ainsi que le nom d'Hélène et sa signature. Au dos, elle n'a pas mis ses coordonnées. À quoi bon ? Sur le devant est noté l'adresse d'un couple qui doit être âgé maintenant. On peut espérer que ces personnes soient encore en vie tout de même et qu'elles n'aient pas déménagé. Ce n'est pas eux qui intéressent Hélène : c'est en fouillant dans de vieux cartons, qu'elle est retombée sur des lettres de leur fils avec leur adresse dessus. Les parents de ce garçon, c'est le seul moyen qu'elle a trouvé pour reprendre contact avec la dernière personne qui pourrait l'aider à déchiffrer son rêve. Elle a écarté toutes les possibilités : Rachida, Bruno et même son oncle Anton. Il ne reste que lui... Plusieurs fois elle avait voulu reprendre contact pour avoir des explications mais elle n'avait jamais osé, trop partagée entre la colère de sa trahison, la tristesse de son abandon et l'espoir un peu fou de pouvoir reprendre là où leur histoire s'était arrêtée. Hélène a besoin de mettre un visage sur ce mort dans les bois dont elle a rêvé tant de fois, de l'enterrer définitivement, reboucher le trou, le vide en elle et passer définitivement à autre chose.

Sur l'enveloppe introduite dans la fente pour disparaitre dans le noir, juste au-dessus de l'adresse, est écrit : *« Monsieur Sébastien Da Costa »*.

Avant d'être un monsieur, Sébastien était Séb, l'ex d'Hélène.

Son premier amour.

3ème PARTIE
L'ÉCUME DU TEMPS

Nous allons tous mourir, nous tous,
quel cirque !

Portions from a wine-stained notebook
Charles Bukowski

CHAPITRE 34. Franck et Jim

— Tu dois absolument écouter ça !

C'est un de ces soirs encore chauds de septembre, à quelques mois de ses 15 ans, que la vie de Sébastien Da Costa commence réellement. Il est interne au collège Saint-Exupéry, à plus de soixante bornes de chez ses parents, alors, la plupart des week-ends, il les passe avec son parrain Franck, un vieux beau qui a réussi dans la vente de matériel médical. En joyeux célibataire endurci, il a acheté une très belle meulière en banlieue, beaucoup trop grande pour lui seul, mais où il peut inviter et loger tout un tas d'amis bigarrés. En en croisant quelques-uns, Sébastien imagine son parrain organisateur d'orgies en tout genre. Il n'est pas loin de la réalité.

Franck aime les vieux tubes des années 60, 70 et, tous les week-ends, il essaie, en vain, de transmettre sa passion à son filleul qui, pour marquer son attitude polie, reste exceptionnellement immobile. C'est cette posture trop sage qui trahit le désintérêt de Sébastien pour Elvis, les Beatles ou les Stones. Il est d'accord pour reconnaître auprès de Franck un certain talent chez ces artistes mais de là à le qualifier en talent certain, c'est moins sûr.

— On les a trop entendues tes chansons, Franck ! profère Sébastien. Rien de nouveau sous le soleil !

Sébastien vient de retrouver cette agitation légendaire qui le qualifie et qui lui a valu d'être viré de toutes les écoles de sa région jusqu'à se retrouver à Saint-Ex, une école qui mise tout sur la discipline. Sébastien a fini par abdiquer et est rentré dans le rang mais les week-ends avec Franck, il peut renouer avec lui-même : un enfant sauvage.

Éclairés par les lumières de la cuisine, parrain et filleul sont sur la terrasse qui donne sur un petit jardin arboré qui les isole du monde. L'un sirote un whisky dans son rocking-chair, l'autre fait les cent pas, comme poursuivi par ce rock diabolique. Sébastien surjoue et ça amuse Franck qui est au spectacle. Tout à coup, l'ancien se lève et retourne dans le salon où il retrouve sa platine et ses vinyles. Il examine minutieusement sa discothèque, essaie de lire les tranches des pochettes de ses 33 tours. Il trouve, sort le disque et le met à la place de *« Aftermath »*.

— Tu dois absolument écouter ça !

Franck pousse le bras de sa platine. Le disque se met à tourner. Il pose le diamant sur le sillon. Une descente d'orgue en boucle emplit le jardin. La basse et la batterie font leur entrée. Sébastien sait que c'est du rock, encore, mais cette fois, il y a quelque chose en plus ou en moins qui change tout. Ce n'est pas un slow - trop fiévreux - mais c'est planant, psychédélique. Une voix chaude et envoûtante se fait entendre : *« Strange days have found us / Strange days have tracked us down / They're going to destroy / Our casual joys »* (Les jours étranges nous ont découverts / Ils nous ont traqués / Ils vont anéantir nos joies les plus simples). Sébastien ne bouge plus, hypnotisé.

— Alors ? demande Franck avec un sourire. C'est les Doors, *« Strange Days »* ... Ça te plaît ?

Sébastien ne dit rien. Peu habitué, Franck continue de parler, pour meubler. Il attend les critiques acerbes de l'adolescent mais tant qu'elles ne viennent pas, il parle du groupe, de Jim Morrison et raconte tout ce qu'il sait sur les Doors pendant tout le morceau. Mais Sébastien ne l'écoute pas. Il écoute la voix.

Celle qui sort des enceintes. Franck se tait et, sans rien dire, ils écoutent religieusement tout l'album.

Après un long silence, Sébastien demande :

— Il y en a d'autres ?

Franck n'en demandait pas tant. Il se replonge dans sa discothèque, fiévreux. Il craint que le gamin revienne sur sa parole. Le parrain attrape le premier Doors qui se présente à lui : ça tombe bien, c'est le premier album du groupe, l'album éponyme. Franck s'empresse de le placer sur la platine et, au moment où retentissent les premières notes de « *Break on Through* », il sent l'erreur de sa précipitation : ce premier album est trop rock. Il voit déjà les portes du rock qu'il a réussi à entrouvrir avec *« Strange Days »* se refermer avec *« The Doors »* qu'il sait trop proche d'un album des Stones : trop brut, trop rock, pas assez planant. Trop de guitare, pas assez d'orgue.

Mais non, Sébastien est toujours attentif. Encore. Franck sait alors que c'est gagné. Ensemble, ils ouvrent la nuit à Jim, Ray, John et Robby. Jusqu'au petit matin, ils vont écouter tous les albums, certains morceaux plusieurs fois. Le whisky détend leurs cordes vocales. Ils chantent, gueulent et rigolent comme Morrison. Ils scandent des extraits de *« An Amercian Prayer »* (en anglais, en français). Ils regardent le film d'Oliver Stone. Ils vomissent les albums *« Other Voices »* et *« Full Circle »* enregistrés après la mort de Jim : Les Doors ne sont rien sans Jim Morrison, Jim Morrison n'est rien sans les Doors ! Ils sortent en pleine rue dans le froid du petit matin, réveiller les gens en singeant les paroles de *« Wake Up ! »* jusqu'à ce qu'un voisin à bout leur rétorque :

— Vos gueules bande de cons ! Y'en a qui dorment encore !!!

Sébastien et Franck sont des Morrison un peu couards. Ils se réfugient en courant dans la meulière, hilares puis s'endorment dans les canapés du salon.

Quand il se réveille, Sébastien sait enfin ce qu'il va faire de toute cette énergie qui coule dans ses veines depuis qu'il est né : il va devenir The Doors. D'une manière ou d'une autre.

À 15 ans, Sébastien n'est pas très beau. Petit, boutonneux et crépu, ça va être dur d'être Jim mais Sébastien, dès le week-end suivant, se rend seul dans une petite friperie à la périphérie du centre-ville et s'achète une paire de Santiags craquelée, un pantalon en cuir trop large et une chemise blanche bouffante. Il attend de laisser pousser sa tignasse avant de mettre sa panoplie à l'école mais comme ses cheveux, quand ils sont longs, se transforment en coupe afro, lui, le blanc-bec, retourne chez le coupe-tifs avant de se montrer avec son nouvel accoutrement à St-Ex.

À peine a-t-il posé une tiag dans le hall de l'école que tout le monde se met à pouffer mais Sébastien s'en fout. Il n'a peut-être pas le physique du chanteur, mais il a la même assurance et n'a peur ni du regard des autres ni du ridicule. Ce sera à lui, et lui seul, de décider quand le carnaval aura assez duré.

Sébastien canalise toute son énergie à relire *« Une prière américaine »*, découvrir Arthur Rimbaud, Aldous Huxley et toutes les références littéraires du groupe. Il revoit en boucle le biopic avec Val Kilmer et tous les autres films de l'acteur dont le charme l'hypnotise. Il retrouve toutes les vidéos de concerts du groupe : Les Doors est plus un groupe de scène que de studio même si produire six albums en quatre ans d'une telle variété relève de l'exploit si ce n'est du génie ! Il se met à son tour à écrire des poèmes qui sont tous l'expression du surgissement de ses hormones. Sébastien a l'impression de très concrètement pousser les portes de la perception.

La *parade molle* de Sébastien Morrison dure jusqu'à fin novembre. Entre son anniversaire et celui de Jim (ils sont tous deux sagittaires), il décide de remettre au placard son accoutrement et de ne garder du chanteur que l'attitude désinvolte. Son look de petit-bourgeois débraillé fera meilleur effet. Il scande ses poèmes dans les couloirs aux intercours. Il fait encore un peu rire mais commence à récolter quelques applaudissements timides. Il sait alors qu'il faut continuer dans cette voie.

Un après-midi, alors qu'il a tardé au self pour draguer une gamine, il entre en classe cinq minutes après le début du cours de M. Bertrand, le prof de physique. Il s'excuse, mais avant que M. Bertrand ait pu dire quoi que ce soit, déboule Armand, le *nerd* de la classe.

— Sébastien et Armand, la prochaine fois, vous vous achèterez une montre. En attendant, vous passerez le cours dans le couloir !

Les deux garçons referment la porte sous les rires de la classe.

On ne peut pas dire qu'Armand et Sébastien soient copains. Bien au contraire. Armand déteste le côté fanfaron de Sébastien et Sébastien s'agace du côté trop sérieux d'Armand, un petit binoclard aux cheveux corbeau mi-longs. Pourtant, ni l'un ni l'autre ne sait qu'ils sont reliés par la ferveur qu'ils portent aux Doors et, alors qu'Armand sait que Sébastien est un poète, ce dernier ignore que l'autre a fait une dizaine d'années de piano au conservatoire.

Sébastien met ses écouteurs.

— Qu'est-ce que tu écoutes ? demande Armand après un temps.

— Les Doors, tu connais ?

— Bien sûr que je connais. Mon album préféré c'est *« Waiting For The Sun »* et toi ?

— Je sais pas... Je les aime tous.

— Tu connais *« Deep Purple »* ?

— Non.

— Supertramp ?

— Oui, un peu... De nom... Mais c'est que des groupes de ieuvs !

— Bah les Doors alors ? J'te parle de ces groupes car c'est des groupes où y'a un clavier. C'est rare pour un groupe de rock.

— J'aime pas trop le rock. C'est justement parce qu'il y a du clavier dans les Doors que j'ai accroché.

— Bah moi, c'est parce que je fais du piano justement...

— C'est vrai. C'est génial. Moi j'écris un peu quelques poèmes... J'aimerais bien les mettre en musique. Tu veux que j't'les lise ?

— Si tu veux...

Sébastien et Armand ne sont pas Jim et Ray. Saint-Ex sous la pluie n'a rien à voir avec les paysages ensoleillés de Californie mais en lisant ses poèmes, le jeune adolescent a l'impression d'être dans le film d'Oliver Stone. Armand adore ses textes et l'invite à intégrer le groupe qu'il a formé avec son frère et un ami du lycée Edmond Rostand. Les premiers mois, Sébastien ne chante pas très bien. Il crie plutôt. Mais c'est pas grave vu que personne ne prend ça très au sérieux. Le clavier d'Armand est un jouet pour enfant, la batterie de son frère est faite de barils de lessive et de couvercles métalliques de boîtes à biscuits, seul Marcus, le copain, a le matos qu'il faut.

Aux fêtes de Noël, Armand a reçu un super synthé. Avec Sébastien, ils décident de se séparer de son frère qui faisait la batterie plutôt pour rendre service. Marcus propose alors pour le remplacer un copain de classe d'Edmond Rostand avec qui il va dans une école de musique. Il s'appelle Paul-Alain mais tout le monde l'appelle Pé-A. Le nouveau groupe se trouve un nouveau nom : *« Tribune »*. Ils répètent tous les week-ends. Sébastien loge chez Armand et voit de moins en moins son parrain. Le soir, ils font la fête et de temps en temps donnent des concerts-répétitions bien appréciés. Les groupies se pressent autour de Sébastien qui raconte maintenant que ses parents sont morts (comme Jim) et qu'il a été élevé par son parrain, ce qui n'est pas tout à fait faux vu le peu de fois où ils se sont vus ces derniers mois. Les garçons comme les filles sont envoûtés par son assurance et son sens de la répartie. Tout le monde se demande comment il fait. L'énergie présente dans sa personnalité originelle y est pour beaucoup. Le groupe aide, bien sûr, mais pour aller aussi loin dans son aplomb, il fait la connaissance de Jack. Jack Daniels. C'est lui qui lui a offert l'audace nécessaire pour aller voir les filles et leur lancer :

— Salut, je t'aime. Tu me dirais pas ton nom ? (*« Hello, I love you. Won't you tell me your name »* The Doors)

Et c'est cette audace qui pousse les jeunes filles à lui répondre plutôt qu'à le rejeter. Alors, entre deux concerts, entre deux cours, entre deux portes, Sébastien collectionne les bouches. Il ne fait pas le difficile. À 15 ans, elles s'offrent assez rarement. Mais ce jeu le passionne, alors il chine ailleurs que dans son école. Son groupe lui permet de brasser un peu de monde. Bientôt ces demoiselles viennent à lui sans qu'il ait à faire le moindre effort. Il termine l'année avec sa nouvelle trinité : musique, filles et whisky.

Pour sa rentrée en première, Sébastien Da Costa se fait appeler *« Séb Coste »*. *« Coste »*, ça fait un peu plus américain que *« Da Costa »*. Ça fait penser aux côtes de Californie… Avant Noël, même les profs l'appellent *« Coste »*. Ça a commencé par son prof de français, un vieux hard rocker aux cheveux gris et longs, puis ça a contaminé tous les autres. *« Coste »* c'est plus facile à crier que *« Da Costa »*. *« Coste à la porte ! »*, c'en est presque romantique.

En un été, toutes les gamines de son âge sont devenues des femmes et *« Coste »*, ça attire les jolies filles, plus mûres, sûres d'elles. Tout un vivier s'agglutine autour de lui. Il n'a que l'embarras du choix. Il court plusieurs *lèvres* à la fois. Il ne sait plus où en donner de la bouche. Séb passe tellement de temps dans les bras de l'une et les cuisses de l'autre, qu'il n'a plus de temps pour son groupe. Après un concert de Noël calamiteux, il se fait virer de *« SA »* Tribune. Armand, Marcus et Pé-A lui ont donné rendez-vous dans leur bar fétiche pour lui expliquer qu'il n'est plus à ce qu'il fait et que le mieux, c'est qu'ils se séparent. De toute façon, ils ont déjà trouvé quelqu'un pour le remplacer : Juliette, la copine de Pé-A. Séb ricane : une fille dans un groupe de mecs, ça va foutre la merde. Séb se marre : quand il va lancer sa carrière solo, ils auront bien l'air con. Séb glousse : lui, il va baiser ce soir, bande de puceaux !

Le soir, Séb se retrouve dans les bras de sa bouteille de Jack. Il sait très bien qu'il ne fera aucune carrière solo. Au lieu de ça, il retourne dans le troupeau des gens moyens. C'est plus rassurant d'être comme tout le monde. Ça se fait pas du jour au lendemain, bien sûr, mais au fur et à mesure *« Séb Coste »* redevient *« Sébastien Da Costa »*. Il a retrouvé une tenue de petit bourgeois, il boit moins, il étudie plus, ses amours durent plus longtemps. Il rencontre encore et toujours de jolies filles, sûres d'elles qui veulent un homme beau et sûr de lui : c'est ce que laisse paraître Sébastien. C'est devenu un assez beau jeune homme qui, surtout, prend soin de lui et est encore assez gouailleur, alors qu'au fond, Sébastien manque de confiance en lui. Il se sent instable, fragile. Il est en descente de ces années *« frénésie »*. Et ces jolies jeunes filles par lesquelles il est attiré, et réciproquement, n'ont qu'une seule envie : le changer, l'adapter à leurs envies et leurs humeurs, le casser... Plus ça va, plus il se laisse faire. Il se vide. Au fond, il rêve d'une fille vierge (pas de corps, mais d'esprit) pour pouvoir retrouver lui aussi sa virginité perdue. Et, ensemble, ils pourront s'écrire.

Sébastien termine le lycée avec succès, à la grande surprise de certains profs qui l'ont suivi pendant trois ans. Tous conviennent qu'il a mûri. Sébastien choisit de prolonger ses études dans le commerce international. Son intelligence et sa vivacité d'esprit sont de grands atouts pour ce genre de carrière.

À l'EBFS, Sébastien continue à faire marrer tous ses camarades. Il reste un trublion impertinent parmi les élèves tous trop sérieux. Il se fait très ami avec Grégory, un grand gars tout maigre au visage plutôt dur mais aux grands yeux bleus qui effacent toute menace que ses traits pourraient susciter. Sébastien et Grég partagent leur passion pour le whisky et ils se retrouvent souvent en dehors des cours pour faire des dégustations.

— J'fais une soirée avec ma p'tite sœur samedi. Mes parents nous laissent la baraque. Ça te dit de venir ? demande Grég à Sébastien entre deux gorgées d'un single malt.

***

— Samedi ? Oui, pourquoi pas. Merci, répond Hélène intérieurement ravie.

Elle vient d'être invitée à une soirée par Justine, une camarade de classe du BTS en communication qu'elle vient de démarrer. Elle a quitté son lycée, ses parents, sa petite ville pour trois ans d'études supérieures. Elle est venue avec sa meilleure amie Émilie mais les deux jeunes filles ne suivent pas le même cursus. Elles n'ont plus trop le temps de se voir. Elles auraient bien aimé partager un appartement, mais ça n'a pas été possible. Hélène se sent un peu seule en cette fin de mois d'octobre alors cette invitation est une véritable aubaine.

Justine est une jeune fille très dynamique. C'est avec les beaux yeux verts pétillants de son regard franc et sa grande bouche rieuse qu'elle ouvre la porte pour accueillir les convives, les mettre à l'aise et les présenter les uns aux autres. Son frère Grég n'est pas en reste : il s'occupe des boissons et amuse-bouche dans la cuisine. Hélène est reçue par un excès d'enthousiasme général de l'assemblée qui la met en joie. On va passer une bonne soirée !

Entre le salon et la cuisine est posté un beau gosse qui donne des ordres aux petites mains qui s'activent. Il est plus ou moins écouté, mais ça n'a pas l'air de le déranger. Diriger lui suffit, qu'importe qu'on lui obéisse. C'est un enfant qui s'amuserait avec la baguette d'un chef d'orchestre face à des musiciens qui s'accordent. C'est celui qui, l'été, lance l'idée d'un barbecue et regarde les autres s'activer autour du gril en donnant des conseils sur la préparation du feu et la cuisson des viandes. Ça amuse Hélène de voir ce Don Quichotte de soirée. Elle n'est pas la seule. L'entourage rit également des frasques de l'inspecteur des travaux finis, sans lui en tenir rigueur. Sa vigueur donne du courage aux troupes.

— J'aurais dû être un gourou, lance-t-il à Hélène qui s'est approchée. J'aurais dit aux gens comment penser, comment agir, comment s'habiller… J'aurais eu plein de nanas à mes pieds… En attendant, je suis Séb Da Costa, 20 ans, 2ème année à l'EBFS, commerce international. Et toi ?

Hélène lâche un rire cristallin. Elle est surprise autant que séduite par cette introduction quelque peu cavalière.

— Hélène.

— Juste *« Hélène »* ?

— Non. Euh… 19 ans, et… Je suis en classe avec Justine.

— Justine, la sœur de Grég ?

— C'est ça…

— Tu connais Grég ?! Mon pote Grég ! s'enthousiasme Séb.

Il offre un verre à Hélène sans attendre la réponse et ils vont s'installer dans un coin, bien au calme, isolés du monde. Ils passent la soirée à discuter. Séb va parfois remplir les verres. À deux, trois reprises ils se lèvent pour se dégourdir la tête, avaler quelque chose, puis se remettent dans leur cocon. Séb raconte son groupe de rock avorté, sa passion pour les Doors, son parrain Franck, ses envies de découvrir le monde, d'où ses études en commerce international. Il veut découvrir d'autres réalités, fuir ce système qui nous berce d'illusions, franchir *Les portes de la perception*. Il s'enflamme ! (*Come on, baby, light my fire !*) Il demande à Hélène si elle a vu *Matrix*, si elle a lu *« lasociétéduspectacledeguydebordetlediscoursdelaservitudevolontairedelaboetie »*. Hélène n'a pas grand-chose à dire quand Séb la questionne, réalisant qu'il monopolise la conversation. Elle parle un peu de ses premiers mois de BTS, de sa copine Émilie, de son ancien lycée, de sa petite ville, de ses parents. Séb fait semblant de s'intéresser et reprend la parole dès que possible. Ça lui va à Hélène. Elle trouve Séb trépidant, ça l'excite. Elle sait qu'il raconte tout un tas de conneries pour l'impressionner, mais elle l'aime bien son baratin. Séb voit en Hélène enfin cette *« bonne-pâte-à-modeler »* qu'il pourra façonner à sa guise. Elle pourra partager ses goûts, accepter ses délires, adopter sa personnalité. D'ailleurs, en milieu de soirée, quand il l'embrasse, elle se laisse faire. Les baisers langoureux les costument en amoureux. C'est un plaid qui enveloppe et qui réchauffe dès les premières secondes et qu'on ne veut quitter avant plusieurs mois. Il s'épaissit plus on se retrouve, plus on se touche, plus on s'embrasse, plus on se regarde.

En embrassant Séb, Hélène pense à sa cousine Victoria clouée dans son lit. Elle veut tout lui raconter : qui est Séb, comment ils se sont rencontrés, qu'est-ce qu'elle aime chez lui, comment elle va faire sa vie avec lui...

Séb et Hélène vont se revoir. Pas le lendemain, le mercredi dans l'après-midi. L'attente fait grandir le désir plus encore. Il l'a invitée chez lui. Elle sait pourquoi, bien sûr, elle n'est pas stupide. Ce sera sa première fois, mais elle est prête. Elle en a envie. Avec lui.

C'est un minuscule studio d'étudiant que Séb s'est évertué à ranger. C'est touchant. Il est plus empoté qu'à la soirée mais ça le rend plus mignon encore. Lui a l'habitude d'amener des filles chez lui pour les sauter, mais là, c'est pas pareil. Avec Hélène, il a une connexion différente d'avec les autres. Il faut dire qu'Hélène n'est pas le genre de fille que se tape Séb. Elle a l'air plus fragile. Pure. Il ne veut pas la casser alors il prend toutes les précautions quand il lui demande si elle veut s'asseoir à côté de lui sur le lit. Elle accepte. Il l'embrasse doucement. Elle se laisse faire. Il va la déshabiller lentement, par étapes, comme s'il attendait un consentement d'Hélène à chaque instant. Comme elle l'aide à se dévêtir, il continue. Quand il ne lui reste que les sous-vêtements, il se déshabille à son tour, ne gardant que son caleçon. Il la couche sur le lit et s'allonge sur elle. Il l'embrasse tendrement et lui caresse les épaules. Sa main descend sur ses seins, son ventre et entre ses cuisses, profitant de la mettre complètement nue. Les baisers de Séb empruntent exactement le même chemin que sa main qui a caressé Hélène. Elle se détend. Elle est comme sortie de son corps. Elle regarde Séb laper ses tétons, le creux de ses hanches, entre les lèvres de son sexe. Elle analyse chaque mouvement, chaque sensation.

Il est revenu au-dessus d'elle, en a profité pour ôter son caleçon. Elle sent son sexe chaud entrer en elle. Le cerveau d'Hélène explose en mille souvenirs. Elle voit sa vie défiler dans le désordre : les petits copains qu'elle avait embrassés, Joris au club de vacances quand elle avait 14 ans, toute tremblante d'émotion quand leurs bouches et leurs langues s'étaient mélangées, Miguel en Première, ainsi que Louis qui lui avait volé un baiser sur la joue après la représentation du spectacle de fin d'année de CM1 et même l'affreux Bruno qui forçait les filles dans les toilettes. Elle pense aussi à Émilie qui *« l'avait fait »* pendant les vacances d'été et sa cousine Victoria qui ne connaîtra sans doute jamais ce qu'elle ressent à présent. Elle revoit Michel et Chantal, ses parents. Enfin, elle se revoit elle, petite fille. Elle a juste le temps de dire au revoir à l'enfant qu'elle n'est plus quand Séb jouit en elle. Il se retire, presque honteux d'avoir profité d'elle. Il sait qu'elle n'a pas senti grand-chose. C'est vrai mais ce n'est pas grave. Elle a eu son expérience bien à elle et ça lui suffit. Ce sera mieux la prochaine fois. Ils seront plus ensemble. Ils se rhabillent dans le silence. Il lui propose d'aller boire un verre. Elle accepte. Elle est heureuse avec lui, apaisée et amusée. Il est fier de voir qu'Hélène s'abandonne complètement à lui. Ce n'est pas vraiment de l'admiration dans ses yeux mais de la confiance. Il a pour mission de ne pas la trahir.

Séb aime bien manger et beaucoup boire. En mode Gargantua, il déborde d'enthousiasme pour tout un tas de projets, coups de tête et folies en tout genre. Il fait rêver Hélène et elle veut y croire mais elle n'y arrive pas : Sébastien est quelqu'un qui aimerait être quelqu'un d'autre, jamais satisfait. Il aurait voulu être une rock star, il est étudiant en commerce, un aventurier et même un gourou comme il s'en était amusé à leur première rencontre, mais en fin de compte, ce n'est qu'un petit gars simple qui est incapable d'aller au bout de ses ambitions. Hélène s'en accommode. Il ne demande pas à être poussé, juste à ce qu'elle le laisse croire en ses délires.

Sa fantaisie ne les empêche pas de se décider à s'installer ensemble. Sébastien se lance corps et âme dans la recherche de l'appartement parfait. Il repère des palais beaucoup trop chers pour eux. Ils les visitent, s'amusent à s'y voir vivre mais savent très bien tous les deux qu'ils n'ont pas les moyens. En définitive, c'est Hélène qui trouve l'annonce d'un appartement plus modeste, à leur mesure. L'affaire se fait tout de suite. Le propriétaire sait très bien que louer à deux étudiants, c'est la garantie d'un loyer réglé tous les mois. Si l'un défaille, l'autre peut assurer. Si c'est les deux, il y a toujours les parents en caution.

Dans leur nouveau nid, Séb veut faire tout un tas de travaux. Il voit déjà le tableau : des murs repeints ici, du mobilier changé là, un coin bureau à aménager dans le salon. Rien ne sera fait.

***

— Messieurs-dames, vous avez fait votre choix ?

Au restaurant, Séb est toujours à la recherche du plat le plus original, incongru, nouveau. Hélène reste sur des valeurs sûres. Le serveur dépose les assiettes sur la table :

— Et voilà pour vous. Bon appétit.

— Merci.

Séb donne un bon coup de fourchette au démarrage mais assez vite il s'épuise, triture le contenu de son assiette avec ses couverts. La viande est trop grasse, la sauce trop épicée ou l'accompagnement mal assorti. Il est déçu, ça se voit.

— C'est bon ? demande-t-il à Hélène.

— Tu veux goûter ?

— Ouais. Merci.

Hélène tend sa fourchette. Sébastien avale son contenu. Il se délecte. Il regrette son choix.

— Hum, c'est bon. Tu veux goûter le mien ?

— Si tu veux.

À son tour Séb partage son plat avec Hélène.

— Alors ? C'est bon hein ? insiste Séb.

— Pas mal.

— Tu refais goûter ?

— Tu veux qu'on échange ?

— Bah… Comme tu veux… À la moitié si tu veux.

Sébastien récupère l'assiette d'Hélène qui accepte, par amour, d'abandonner son repas pour celui de son mec.

Les mois passent. Sans s'en rendre compte, le couple s'essouffle. Lui s'ennuie, elle se fatigue. Pour changer d'air, ils revoient d'anciens amis oubliés : Grég pour lui, Émilie pour elle. Ils font parfois des soirées à quatre mais les deux amis ne s'entendent pas tellement. L'un des deux doit disparaître. Ce sera Grég. Séb le remplace par du whisky, en souvenir, toujours plus. Ça l'aide à oublier qu'il ne sera pas Jim Morrison, qu'il ne sera pas Indiana Jones, qu'il ne sera pas Raël. Ça l'aide à supporter les soirées avec Émilie, toujours plus fréquentes. Il l'aime bien Émilie, il l'aime trop. Dès le premier jour où il l'a rencontrée, il a regretté d'être avec Hélène. Il aurait préféré être avec Émilie bien qu'il sache que sans la première il n'aurait pu rencontrer la seconde. Il n'est jamais trop tard pour passer de l'une à l'autre mais Sébastien n'a pas le courage de ses sentiments. Il ne veut pas blesser Hélène et ne pourrait souffrir un refus d'Émilie. Il commence à fantasmer qu'un couple à trois serait la solution. Il est sûr que les deux copines sont trop proches pour qu'il n'y ait pas une attirance refoulée entre elles. Il va les révéler.

Un soir, en boîte, après avoir dansé plusieurs heures d'affilée, ils se retrouvent tous les trois pour reprendre leur souffle. Ils sont pétillants, détendus, pas mal éméchés. Séb est entre les deux filles. Il prend la main d'Hélène qui serre ses doigts contre les siens. Ils se regardent et s'embrassent. Séb s'est assuré qu'Émilie les regarde, un peu envieuse. Quand leur baiser est fini, sans quitter Hélène des yeux, Séb se tourne vers Émilie et l'embrasse à son tour. La jeune fille a bu, elle ne sait pas ce qu'elle fait. Elle le trouve beau le mec de sa copine. Elle se persuade que tout le monde est d'accord, que les deux autres en ont parlé avant. Elle prend la nuque de Séb dans ses mains pour accompagner son baiser. Lui jubile. Son plan se passe comme prévu. Quand il finit d'embrasser Émilie, il essaie d'approcher les deux amies pour qu'elles s'embrassent à leur tour. Émilie se laisse faire, masquant son embarras derrière un rire désinvolte, Hélène hésite, tiraillée entre l'excitation et la gêne. Elle pense à sa cousine Victoria, comme si elle pouvait les voir. Elle est mal à l'aise et botte en touche :

— Je suis fatiguée. On rentre ?

Les trois jeunes redescendent sur terre. Embarrassés par ce qui vient de se passer, ils se lèvent, silencieux. Ils se quittent d'un *« Salut »* chuchoté au sortir de la boîte sans vraiment réaliser ce qui est arrivé. Une semaine se passe sans qu'Émilie n'appelle sa copine. Elle se sent affreusement honteuse d'avoir agi ainsi avec son mec. Elle décroche finalement quand Hélène l'appelle. Elle s'excuse. Hélène ne lui en veut pas : ils étaient tous les trois bourrés. Pourtant, Hélène ne rappellera plus Émilie. Émilie ne rappellera plus Hélène. La boîte de nuit sera la dernière fois où elles se verront.

Hélène est terriblement déçue par son homme qu'elle découvre de plus en plus instable. Elle préfère sacrifier sa meilleure amie sur l'autel de leur amour, espérant qu'ainsi leur vie reprenne son cours. Elle est prête à accepter d'autres déviances sexuelles de Séb tant qu'elles n'impliquent qu'eux deux. Tous les couples ont leurs travers. Tous ont leurs secrets. Mais personne d'autre ne doit le savoir. Hélène veut bien endurer mais sans dommages collatéraux. Sébastien n'est pas bête et puis, il est encore amoureux. Il voit bien qu'Hélène ne partage pas ses fantasmes. Alors il arrête, rêvant la nuit de pouvoir les réaliser avec une autre.

Sa frustration s'exprime dans son verbe. Plus il boit, plus il est mauvais. Il se moque d'Hélène à chaque occasion. Il la blâme de tous les maux. Il l'humilie disant à qui veut l'entendre qu'il est avec elle par pitié. Hélène essaie de le raisonner, le ramène à la maison quand il en a trop dit mais un soir il résiste. Il se met torse-nu et monte sur le toit de leur voiture en gueulant. Ça y est, il est de nouveau Jim Morrison. Enfin ! Le Roi Lézard a repris possession de son corps. L'esprit de l'indien mort est en lui. Le *Changeling*. Ça fait marrer les badauds mais pas Hélène qui le fait descendre.

— T'as défoncé le toit de la caisse ! peste-t-elle.

— Mais non !

Séb ouvre la portière et donne un grand coup de poing dans le creux du toit à l'intérieur. La carrosserie retrouve sa forme normale.

— Tu vois ?

— Pff. T'es con. Allez, on rentre.

— Non. Viens, on va faire la fête.

— T'es bourré, on rentre.

— Ta gueule !

La baffe part. Séb projette sa main sur la joue d'Hélène. Les doigts claquent sur sa peau comme un fouet. Par réflexe Hélène gifle à son tour Sébastien. Le geste est mou, on pourrait croire une caresse mais Sébastien prend ça comme un uppercut. Il se tait et rentre dans la voiture. Hélène s'en veut d'avoir pu blesser Sébastien mais elle est fière d'avoir riposté sans que ça ait conduit à la surenchère.

Sébastien s'arrête de boire et se remet dans ses études. Pendant quelques mois, le couple connaît l'accalmie des redditions, des habitudes dont on ne sait se défaire, des amours mortes.

— J'ai un stage en Allemagne cet été.

— Ah super ! Combien de temps ?

— Je sais pas trop, hésite Sébastien.

— Génial, je vais pouvoir venir te voir. J'ai toujours été curieuse de découvrir Berlin. Il parait qu'il y a une super vie underground.

— Tu sais, ça va pas être simple… Je sais pas où je vais loger encore.

— Oui, c'est vrai. On s'organisera. Tu pars quand ?

— La semaine prochaine.

— Déjà ?! Et tu m'as rien dit.

— Enfin, pas la semaine prochaine… Mais il faut que je prépare mes affaires, tout ça… Je vais vivre chez mon parrain.

— Mais j'comprends pas trop…

— C'est compliqué. Ça n'a rien à voir avec toi, mais tu sais, j'ai toujours voulu voyager. Je vais faire ce stage en Allemagne, mais après, je compte bien aller en Suisse peut-être et puis après, j'ai rien prévu, mais il faut que je voie du pays. Je trouve que c'est un peu bête de s'enfermer alors que c'est le moment pour découvrir plein d'autres trucs… Tu comprends ?

— Tu me quittes ? tremble Hélène.

— C'est pas toi que je quitte, c'est moi que je retrouve.

La semaine d'après, Séb sort de la vie d'Hélène. C'est si soudain qu'elle ne peut le croire. Elle attend qu'il revienne. Il lui reste encore un an pour finir son BTS. Après elle le rejoindra… Mais lui ne donne pas de nouvelle. Il est parti sans avoir osé lui dire qu'il la trouvait fade, trop gentille, obéissante, si discrète… il a fini par détester ce qui lui avait plu à leur rencontre. Qu'importe. Hélène lui aura servi de galop d'essai. Elle, veut se laver de lui. Elle sort de nouveau avec Justine, roule des pelles à son frère Grég, se dévergonde, se libère, boit autant que lui buvait.

Les nuits elle se retrouve seule, désespérément. Il a vidé l'appartement de ses affaires un week-end où elle était chez ses parents. Le choc en rentrant ! Comme rien n'avait bougé depuis leur arrivée, c'est comme s'il n'avait jamais habité là. Pourtant, il y a les souvenirs, ces fantômes qui tourmentent Hélène. Ils ont pris possession du lit trop grand pour elle seule, de la table à manger qui a les stigmates d'une vie à deux, de la salle-de-bains à moitié vidée, du porte-clés accroché près de la porte d'entrée.

Tout lui rappelle Séb, tout le temps, alors elle fuit. Elle fuit sa vie. Elle s'oublie. Elle répond à une petite annonce pour un job d'été chez Truffaut, pensant que ça lui changera les idées, sans savoir que toute sa vie va s'en trouver chamboulée. Pourtant la veille, dans la boîte de nuit, elle sent que tout est encore possible. L'ivresse la pousse à la folie, prenant Justine à témoin :

— Tu vois le mec là ?

Hélène montre un jeune handicapé grassouillet dans son fauteuil roulant qui se dandine seul sur la piste. Il est immonde à vomir et son regard lubrique fait peur.

— Tout le monde a le droit au bonheur, lance-t-elle à sa copine.

D'un bond, Hélène se lève de la banquette qu'elle partage avec sa copine et se dirige droit vers l'infirme pervers. Sans lui dire un mot, elle s'assoit sur lui et l'embrasse à pleine bouche. Le gamin est comme un fou. Il tripote Hélène dans tous les sens. Elle empoigne le fauteuil et se dirige vers le vestiaire, laissant Justine est ses copains dans la boîte.

Dans le taxi, les deux inconnus se galochent de façon indécente. Le garçon a une main dans le soutif d'Hélène, l'autre entre ses cuisses pendant qu'elle frotte son pénis sous son jean avec sa jambe. Chez lui, ils vont baiser plusieurs fois. Allongé, l'handicapé est comme un poisson dans l'eau. Il peut oublier ses jambes inertes et ramper partout sur le lit à la force de ses bras. On dirait un super héros qui entre en action. Un mutant. Il léchouille sur le corps d'Hélène la vodka qu'il fait couler de ses seins à son sexe puis l'embrasse, la bouche encore pleine. Il l'étouffe avec sa pine qu'il enfonce au fond de sa gorge. À sa demande, elle le lacère avec ses ongles et lui crache dessus avant de ravaler sa salive à coup de suçons. C'est un vicelard, mais elle ne refuse rien : le détraqué est plutôt un bon coup. Il joue les contorsionnistes pour la faire jouir.

Ils sont exténués et encore ivres quand le jour se lève. La nuit est partie avec leurs râles. L'appart est plongé dans le silence quand elle s'en va. L'anguille est redevenue un simple gardon qui frétille de ses jambes flasques. Il ne demande pas le numéro d'Hélène pour la revoir. Cette nuit a été trop proche du rêve pour qu'il perdure dans la réalité. Le jeune homme préfère conserver le souvenir, le chérir comme un trésor, que l'altérer avec les répétitions du temps. Hélène ne demande pas non plus à revoir sa proie. Elle ne veut plus se lier d'amour. Elle n'est pas là pour ça. Sa deuxième fois aura été avec un taré, dans tous les sens du terme. Un point c'est tout. Sa vie est à l'image de ce coup d'un soir : malade, cassée, dégueulasse.

La bouche pâteuse et la démarche mal assurée, Hélène s'en va retrouver sa première journée - sa nouvelle vie - chez Truffaut.

CHAPITRE 35. Sébastien

Il est déjà tard mais le soleil vient tout juste de se coucher et la nuit qui s'étend apaise la rue au-dehors. Ça fait une heure qu'Hélène scrolle pour rien sur Facebook Watch.

[Eve : J'ai été escroquée par un faux milliardaire sur Tinder]

[Léo : J'ai été violé par mon cousin]

[Mia : J'ai infiltré pour vous...

Le téléphone vibre. *Too.Doo.Doom !* Surprise, Hélène sursaute. C'est un numéro inconnu. Elle affiche le texto :

[Salut ! Ça fait plaisir d'avoir de tes nouvelles. Qu'est-ce que tu deviens ? Séb]

Le cœur d'Hélène s'emballe. Elle avait complètement perdu espoir d'avoir une réponse de Sébastien à sa lettre envoyée chez ses parents. Hélène hésite. Doit-elle répondre tout de suite ou attendre ? Elle ne peut pas attendre, c'est trop dur. Il faut qu'elle réponde :

Tab.Tab.Tab_Tab.Tab_Tab.Tab : [Hello. Ça va très bien. Je suis trop heureuse que tu aies reçu ma lettre...]

Pff. C'est nul ! Et puis, il va peut-être falloir qu'il s'excuse le salaud avant qu'on soit cool. Hélène efface et recommence :

Tab.Tab_Tab.Tab.Tab_Tab.Tab : [Enfoiré. Tu oses me recontacter après c'que tu m'as fait ?]

Non. Si Hélène a repris contact, ce n'est pas pour le rembarrer.

Tab_Tab.Tab.Tab_Tab : [Hello. Ça va. Merci d'avoir répondu à ma lettre. LN.]

Hélène n'est pas satisfaite. Elle trouve ça trop direct... Et puis, bon, foutu pour foutu... Elle envoie le message. *Vuuit !* Le téléphone vibre de nouveau :

Too.Doo.Doom : [Mais c'est normal... Ça fait un bail.]

[Est-ce qu'on peut s'appeler ?]

[Non. Pas pour le moment. Je suis encore au boulot.]

[À cette heure ?]

...

[Décalage horaire]

[Ah bon ? T'es où ?]

[São Paulo]

[Waouh. T'as vraiment voyagé alors...]

Sébastien lui raconte tous les pays qu'il a visités de par sa profession. Il fait voyager Hélène par textos interposés : après son stage en Allemagne, il a été en Suisse, comme prévu. Il avait un plan : son parrain Franck avait un bon ami installé à Genève qui avait une boîte d'import-export. Cet homme et Sébastien se sont tout de suite très bien entendus. Il a rapidement gravi les échelons et a commencé à faire le tour du monde.

Dans son lit, Hélène s'évade à travers les récits des déplacements de Séb : Le Caire, puis Moscou, La Havane, Tokyo et Pékin pour finir par l'Inde et le Pakistan. Ce qui l'excite le plus, ce sont les récits des pays en guerre où il s'est rendu, en Afrique et dans l'Asie toute proche. Elle souffre pour lui et en même temps l'envie. Elle aurait aimé être là près de lui, surtout quand il avoue que dans ces moments-là, il pensait à elle.

[Tu m'emmènes avec toi la prochaine fois ?]

[Oui] / [J'aimerais] / [Il faut voir si je peux] / [Ce serait bien] / [Je te promets]

Il conclut :

[Comme tu vois, pas mal de trucs depuis qu'on ne s'est pas vu] / [Tu es mariée ?]

...

Séb aurait pu écrire « *Tu as quelqu'un ?* », mais ça fait trop le mec intéressé. « *Tu es mariée* » joue plus sur le temps qui a passé, ce qui est une réalité.

Hélène aimerait dire « *Oui* » pour le piquer, mais elle ne sait pas mentir alors elle écrit :

[Non. Et toi ?]

[Non plus]

Le cœur d'Hélène s'embrase. Ils sont quittes dans leur vie, malgré leur séparation et tant d'années à s'oublier. Il ajoute :

[J'ai eu une histoire qui a duré quelques années, mais c'est fini]

[Pareil]

[À quoi tu ressembles, maintenant ? T'envoies une photo ?]

Hélène est prise de court. Elle déteste les photos d'elle.

[Attends...]

Elle fouille dans son téléphone mais elle ne trouve rien de convainquant.

[J'ai pas de photo récente. Je me prends rarement en photo. Lol]

« Merde, pourquoi j'ai dit ça ? Ça fait la fille qu'est toujours toute seule... »

[Et là, maintenant ? Tu peux te prendre en photo ?]

Hélène est embêtée. Malgré son nouveau carré auburn réalisé par Marie, dont elle n'est pas peu fière, elle essaie de faire quelques selfies, mais rien ne lui convient.

[Non, je suis trop moche. Je te laisse la surprise quand on se verra]

[Ça donne envie ! Lol. Je suis sûr que tu es très jolie, comme avant]

[Et toi ? T'envoies une photo ?]

Le téléphone d'Hélène vibre. Elle ouvre la pièce jointe. Elle reconnaît tout de suite Séb, le souvenir qu'elle avait de lui. Il a pris quelques rides et quelques rondeurs, mais c'est bien lui, encore très beau.

[Pas mal.]

[Merci]

[T'as pas trop changé en fait]

[Pff. Tu parles...] / [Tu sais Hélène, j'aurais jamais dû te quitter. J'ai été un beau salaud avec toi. J'ai fait une grosse connerie...]

...

Hélène est émue, touchée même. Le peu d'animosité qu'elle pouvait avoir s'envole avec ce texto d'excuse. Elle jubile mais ne préfère pas trop le montrer. Elle préfère relativiser :

[Ça t'a permis de voyager au moins...]

[C'est ça]

[Il est un peu tard... J'aimerais discuter plus longtemps, mais demain, je bosse... Et j'ai un peu mal aux doigts ! Lol. Vais me coucher. Tu m'en veux pas ?]

[Non, pas du tout. Je vais rentrer à l'hôtel...]

[On se rappelle demain ?]

[OK. Je t'envoie un texto quand je suis dispo. Bonne nuit ma belle]

[Bonne nuit.]

Hélène éteint son téléphone et essaie de dormir. Elle n'y parvient pas tout de suite. Ces retrouvailles par le truchement des téléphones la font gamberger. Comme un patient se réveille d'une anesthésie générale dans le même état que dans lequel il était en s'endormant, Hélène retrouve la même affection qu'elle avait pour Sébastien avant qu'il ne la quitte. Elle ne peut s'empêcher de se remémorer tous les souvenirs de leurs années ensemble : leur rencontre, leur amour, les premiers accrocs jusqu'à la séparation. Le désir d'une nouvelle vie à ses côtés, comme un nouveau chapitre prêt à être écrit, l'emporte sur la rancœur du gâchis de leur relation passée. La promesse de voyages éternels ensemble aide. Les rêves de destinations exotiques, aussi surannés que mystérieux, emportent finalement Hélène dans le monde des songes.

***

[Salut. Ça va ?]

Hélène a attendu toute la journée ce texto qui arrive encore bien tard. Heureusement qu'elle l'a reçu en fin de compte, elle n'aurait pu s'endormir sans. Elle n'a pas osé appeler Sébastien, ni même lui envoyer de texto. Il avait dit qu'il la contacterait quand il serait dispo, elle ne voulait pas le déranger dans son travail.

Quand elle a parlé à ses copines de ces retrouvailles avec son ex, Marie lui a conseillé de se méfier. Un gars qui ne parle que par texto et tard le soir, ça sent pas l'engagement. Ça ne peut pas durer. Mais Véronique, qui espère encore le grand amour, a dit à Hélène de foncer, qu'elle n'avait rien à perdre. Hélène a préféré écouter Véronique. *« Faudra pas compter sur moi pour te ramasser à la petite cuillère après »* a conclu Marie, plus pour faire réagir Hélène que la condamner.

Hélène et Sébastien échangent quelques banalités pour commencer, mais très vite, ils retrouvent leur complicité d'antan. Ils échangent sur le passé et sur leur futur possible quand ils se reverront. Ils se sont fixés le 2 juillet : l'anniversaire d'Hélène. Elle trouve ça très beau qu'ils puissent se retrouver ce jour-là. C'est elle qui le lui a proposé. Sébastien promet de tout faire pour être présent. Hélène aimerait bien entendre sa voix, qu'ils s'appellent, mais Séb lui dit que la communication est mauvaise, qu'ils vont s'énerver à se comprendre. Elle se souvient combien il avait toujours détesté le téléphone. Elle décide de ne plus lui en parler et se persuade que se sera plus beau encore quand ils pourront s'entendre enfin de vive voix. En attendant, elle trouve un certain érotisme à être privée de tous les sens jusqu'au moment de leurs retrouvailles. Ils n'ont que le toucher à leur disposition quand leurs doigts glissent sur l'écran de leur téléphone, quand leurs yeux caressent les mots qu'ils reçoivent de l'autre.

Ils ont maintenant leur rendez-vous quotidien, autour de 22h, sauf les week-ends où ça peut être en journée. Leurs messages sont en rut. Ils ne peuvent plus tenir de ne pas se voir. Ils veulent se toucher, se caresser, s'envelopper l'un dans l'autre. Les journées vont être longues jusqu'au 2 juillet, si Séb arrive à se libérer ce jour-là. Il est rentré en France, mais son travail lui prend encore beaucoup de temps. Beaucoup trop pour Hélène. Un dimanche, le téléphone sonne. C'est lui ! Elle a enregistré son nom dans son répertoire. Ils vont enfin pouvoir se parler :

— Hélène ? Salut, c'est Séb...

Hélène tremble, elle reconnaît la voix de son ancien amant. C'est la même ! Un peu plus éraillée et rauque, mais c'est la même voix qui l'irradiait tant, l'émouvait et la faisait rire.

— Salut. Ça va et toi ?

— Ça fait plaisir de t'entendre... Après toutes ces années.

— Oui. Ça me fait plaisir à moi aussi.

La conversation s'enchaîne, intarissable jusqu'à la fin de l'après-midi. Pourtant rien d'essentiel ne sera dit. Hélène n'a pas demandé de nouvelles de son parrain Franck. Sébastien n'en a pas demandé non plus des parents d'Hélène. Elle n'a pas osé demander s'il revoyait Grég et Justine. Ça fait tellement longtemps. Il n'a pas eu l'indécence de parler d'Émilie. Ils ont échangé des banalités mais quand ils raccrochent, ils sont repus. Hélène espère pouvoir lui parler rapidement, mais à la place, elle retrouve leurs échanges de texto. Leur conversation devient un lointain souvenir, de plus en plus diffus, comme un rêve.

***

Ça fait déjà plusieurs semaines d'échanges de textos quand le téléphone d'Hélène sonne de nouveau :

— C'est moi.

— Ça va ? répond Hélène.

— Ça te dirait de me retrouver à Plaisir ?

Plaisir-sur-mer : certainement le plus beau week-end qu'Hélène et Sébastien avaient passé ensemble, jeune couple fraîchement installé. Ça avait commencé un vendredi soir dans un resto chinois en bas de leur nouvel appartement. Après avoir fait l'amour une bonne partie de l'après-midi, ils avaient faim. Trop flemmards pour aller jusqu'au supermarché refaire des courses, ils avaient décidé d'aller au *« Lotus »*, leur QG gastronomique. Le couple s'étant réveillé à 14 h du matin, ils étaient en pleine forme. Quand ils terminèrent leur repas par les sakés, Séb déclara, en se levant de sa chaise :

— Viens ! On va à Plaisir !

— Quoi ? avait rétorqué Hélène qui pensait que Séb avait oublié quelques mots dans sa phrase.

— Plaisir-sur-mer. Il faut que je te fasse découvrir.

Séb raconta que son parrain Franck l'y avait amené un week-end, profitant d'un séjour professionnel et qu'il y avait passé un moment incroyable à manger des huîtres au champagne au petit-déjeuner, à se baigner nus dans une petite crique connue d'eux seuls, à découvrir des paysages somptueux en haut de la falaise qui enserrait la ville, à se bourrer la gueule au vin blanc dans une sorte de bar-boite de nuit en plein air dans une petite rue du port.

— Si on part maintenant, on y est au petit matin. Y'a un resto incroyable qui donne sur la plage. On pourra prendre notre petit-déj le temps que je réserve un hôtel.

— C'est loin ! Il est tard, non ?

— Pas encore 10 h ! Allez viens !

— Bon... Faut que je prépare quelques affaires.

— Mais non ! On y va comme ça. On s'en fout d'avoir des fringues sales, on va passer le week-end à poil !

— Pour voir la vue de la falaise, aller au bar du port, on va y aller à poil ? s'amuse Hélène.

— Je t'achèterai une robe !

Hélène rigola. Ça voulait dire *« D'accord »*. Séb avait bu au resto, mais pas trop, suffisamment pour être grisé et pleins de projets d'avenir, pas plus. Ils roulèrent toute la nuit. Le couple arriva à Plaisir en même temps que le soleil qui les accueillait de ses milles feux courants le long des nuages et des vagues jusqu'à la plage. Rien n'avait changé à Plaisir-sur-mer depuis que Sébastien était venu avec son parrain. Il fit découvrir à Hélène tous les endroits que Franck lui avait montrés, avec le même enthousiasme. Hélène était amoureuse, tout était beau dans ses yeux mais ce qu'elle aima par-dessus tout, c'est quand Séb l'enlaça pour la réchauffer en écoutant le vent du haut de la falaise, quand il l'embrassa pour boire le Gewurztraminer qui perlait sur ses lèvres, quand il la regarda danser avec sa nouvelle robe rouge qu'il lui avait achetée dans une boutique du port, quand il lui fit l'amour dans tous les recoins de la petite chambre d'hôtel et de son cœur.

Quand ils quittèrent Plaisir-sur-mer le dimanche en début de soirée, Hélène avait l'impression d'être enceinte. Enceinte d'allégresse. Séb avait mis en elle une petite étincelle de joie qui grandissait d'heure en heure. Le bonheur poussait à l'intérieur, gonflait jusqu'à se diffuser par tous les pores de sa peau.

— Ça te dirait de me retrouver à Plaisir ? demande Séb. J'ai un week-end pro là-bas, c'est dingue, non ? Et je me disais si ça te disait qu'on se rejoigne... Si tu peux... J'ai des dîners avec des clients, tout ça, donc je vais pas pouvoir me libérer trop longtemps et plutôt assez tard, mais bon... En souvenir du bon vieux temps, ce serait dommage de ne pas y aller...

Hélène est sans voix. Son cœur a tilté dès que Sébastien a prononcé le mot « *Plaisir* ». Tous les souvenirs remontent à la surface. Tous heureux, mais douloureux de n'être plus. Elle ne sait pas si elle doit pleurer ou rire. Intérieurement, elle s'autorise les deux. L'émotion est trop forte pour sortir. Sa réponse n'est qu'un artéfact mou, un déguisement détaché de son cri intérieur, une banalité qui ne suscite pas l'enthousiasme :

— Il faut que je voie si je peux me libérer, répond-elle, alors qu'elle sait déjà que, bien sûr elle veut venir, bien sûr elle sera là pour le retrouver !

— Bon. Super, ajoute Séb en miroir. Tiens-moi au courant par texto et je t'enverrai les infos.

CHAPITRE 36. Les figurants

— Mesdames et messieurs, nous arrivons à Plaisir-sur-mer. Plaisir-sur-mer. Assurez-vous de n'avoir rien oublié. Nous vous souhaitons une agréable journée.

Hélène est dans le train depuis plus de trois heures à se demander ce qu'elle va faire de sa journée. Il est un peu plus de 17 h et Séb lui a donné rendez-vous, au plus tôt à 23 h, au plus tard 1 h du matin. Il a des rendez-vous aussi le lendemain dès 10 h. De toute façon, Hélène a pris un billet de retour pour 11 h 34.

Quelle folie d'avoir accepté ! Revoir son premier amour après quinze ans, un inconnu, à l'autre bout de la France. Devoir attendre six heures, toute seule, un hypothétique rendez-vous à la va-vite... Ils ont convenu de se retrouver en fin de soirée au resto face à la plage. Là-même où ils avaient pris leur petit-déjeuner dès qu'ils étaient arrivés la première fois. Que faire entre-temps ? Que faire une fois sur place, en l'attendant ? Hélène a réservé une chambre avec un lit simple à deux pas du port. Elle ira déposer ses affaires, peut-être faire une sieste, prendre une douche, prendre le temps de s'apprêter. Pourquoi pas, aller chez le coiffeur. Traîner dans la ville... Se remémorer les souvenirs. Marcher sur leurs pas d'antan, au bras du fantôme de Sébastien, avant de le retrouver pour de vrai...

La rame s'arrête, les portes s'ouvrent. Les voyageurs se jettent sur le quai, Hélène les suit, frêle, sa petite valise à la main. Face à eux, un groupe attend. Certains se retrouvent, s'enlacent. Ça rit de se revoir enfin. Hélène avance seule. Un bras qui s'agite en l'air devant elle l'agrippe :

— Hélène ?

C'est Sébastien. Il est là. Il l'attendait. Il l'a tout de suite reconnue quand elle est descendue. Malgré son nouveau look, au moment où elle se ressemble le moins, il l'a vue. Améliorée. Son physique lui paraît moins fade que celui qu'il a quitté.

Hélène quant à elle, ne retrouve pas le Séb d'avant :

— Salut, répond-elle troublée.

Les yeux dans les yeux, ils n'osent pas se faire la bise. Hélène est surprise. Elle ne pensait pas voir Séb si tôt. Elle aurait voulu avoir le temps de se préparer : accommoder son cœur, agencer ses émotions. Hélène est déçue. Elle avait été quittée par Jim Morrison, elle se fait rattraper par Zucchero. Séb a grossi, bien plus que ce que laissait entrevoir la photo. Son visage est griffé par le temps. Un chapeau fatigué en feutre marron cache ses cheveux mi-longs grisonnants. Une barbe de trois jours essaie, en vain, de gommer les rondeurs du bas de son visage.

— Tu as fait bon voyage ? demande-t-il en prenant sa valise.

— Oui, ça va.

— Tu as changé… Tu es encore plus belle.

— Merci.

Ils quittent la gare en continuant à parler :

— J'ai pu me libérer pour venir te chercher. À un moment, j'en avais marre, je les ai envoyés balader. Je me suis dit que je préférais être auprès de toi qu'avec eux.

— Mais ça va pas te poser de problème ? … Pour ton boulot, ose-t-elle.

— Non, je suis avec un collègue. Il a pris le relais. T'inquiète pas. Bon, on va où ?

Hélène se sent gênée. Honteuse d'avoir eu ce dégoût, tout du moins de la déception, à la vue de Sébastien pourtant toujours aussi charmant, à s'inquiéter pour elle. Sa prévenance le révèle à nouveau : sous ce masque usé et gonflé, elle reconnaît l'air coquin de son amour de jeunesse. Elle le retrouve dans son sourire. Elle tombe de nouveau amoureuse de son regard joueur. Elle oublie bien vite l'enveloppe de quadra qui l'avait saisie à l'arrêt du train. Le souvenir gomme la réalité, prend sa place. Elle est embarrassée de ne pas être prête à l'accueillir. C'est elle qui n'est pas à la hauteur. Elle a l'impression de puer le wagon, d'être mal fagotée, ébouriffée par les roues sur les rails, gourde et insipide, ensuquée de paysages à la fenêtre. Elle avait prévu le temps de s'apprêter pour faire femme, à présent ce n'est plus possible. Si elle avait su, elle aurait pris quelques minutes dans le train pour être présentable. Et puis tant pis, il est là, ils se sont retrouvés. C'est le principal. Elle n'a plus qu'à se laisser porter.

— Comme tu veux, répond Hélène.

***

Elle a posé sa valise à l'hôtel.

— J'en ai pour cinq minutes ! a-t-elle promis à Séb.

Elle en a profité pour mettre un pschit de déo, se remaquiller, donner un coup de brosse à ses cheveux, passer une robe.

Il l'attend au bar de l'hôtel avec un whisky-glace.

— Toujours amateur ?

— Moins maintenant. Mais aujourd'hui, je fais une exception. C'est jour de fête !

— Je suis prête !

Il a réservé un restaurant sur la falaise qui donne sur la mer. Un restaurant bien trop cher quand ils avaient 20 ans mais qu'il peut maintenant offrir.

— Champagne ? demande-t-il sans attendre de réponse.

— Si tu veux, répond-elle alors que le serveur est déjà à leur table.

De l'extérieur, surtout de nuit, le restaurant ressemble à un phare un peu tassé. Sa baie vitrée à 360° brille de mille feux : des lumières du bar et son mur de spiritueux à l'immense foyer central, des bougies sur les tables comme autant de lucioles aux lampes industrielles des années 30 qui tombent du plafond.

— Qu'est-ce que tu prends ? demande Hélène en jetant un coup d'œil à la carte.

— Je vais prendre le poisson.

— Tiens ! s'étonne-t-elle. Tu prends pas le *« Jarret vapeur à l'aneth sur lit de raifort gorgonzola avocat »* ? Ou *« Rognons glacés vanille réglisse et sa compotée poivron ananas cannelle »* ?

— Non. Je vais sur des valeurs sûres maintenant. Et puis, je mange plus trop de viande.

— Y'a des choses qui changent, plaisante Hélène.

— Et toi ?

— Moi aussi, je prends la *« Galette de cabillaud menthe poivrée sur écrasé de pommes de terre fenouil, kumquat confits et sauce beurre citron vert cumin »*.

— Comme ça, y'aura pas de regret... C'est la première fois qu'on prend la même chose, non ?

— Oui.

— Et en entrée ?... Je prends le *« Macaron parmesan, estragon, crevette »*.

— J'hésite.

— Vas-y, fais-toi plaisir… On partage de toute façon, rigole Séb.

— Bon, ben je vais prendre le *« Mille-feuilles concombre betterave chorizo sésame grillé ».*

— Super. Comme ça, si mon entrée me plait pas, on pourra échanger !

Les deux rigolent. Séb vide la bouteille de champagne et siffle sa flûte.

— On va commander un petit rouge frais avec ça. Le blanc pour le poisson, c'est trop cliché !

— Ah, enfin je retrouve mon Séb ! éclate Hélène.

Séb goûte le vin d'une gorgée et, après avoir complimenté le sommelier, il se lance :

— Je suis content qu'on puisse se voir Hélène… J'aimerais m'excuser. J'ai pas été correct avec toi. Comment je t'ai largué comme un gros égoïste…

— On était jeunes. Il fallait qu'on voie autre chose… C'est fait pour ça les premières amours.

— Mais pas que : la gifle, le plan que je t'ai fait avec ta copine… Comment elle s'appelait déjà ?

— Émilie.

— Émilie, c'est ça… Et puis comment je me suis comporté, comment j'étais avec toi quand j'avais bu, ce que j'exigeais sexuellement… J'étais un p'tit ado suffisant. J'te demande pardon.

— Merci… Mais c'est derrière nous… Parlons d'autre chose.

— D'accord. Tu m'en veux pas ?

— Plus maintenant… Plus depuis une minute.

— Bon…

Séb attaque son entrée. Hélène relance la conversation :

— Et Franck, comment il va ?

— Il est mort il y a dix ans.

— Merde. Pardon, je suis désolée.

— Ça va. C'était y'a longtemps... Il a eu une tumeur au cerveau. Ça a duré neuf mois. J'étais auprès de lui à ce moment-là, c'était le principal. Il m'a tellement apporté. Il était seul, tu sais. Y'avait que moi sur son testament. J'ai hérité de sa meulière, tu te souviens ?

— Oui, bien sûr.

— Et de ses dettes, sourit Sébastien. Bref, au final, j'avais plus rien que sa collection de disques. Mais ça me suffit pour me souvenir de lui...

Pour changer de sujet, Hélène demande à Sébastien de continuer les récits de ses voyages. Il retrouve un peu le sourire à l'évocation de ses souvenirs. Des étoiles brillent dans ses yeux. Hélène le regarde s'exalter. Au fond, il était toujours le même, un p'tit gars qui adore s'écouter parler. Seul le discours a changé : moins centré sur lui, plus ouvert sur les autres. C'est comme s'il emmenait Hélène à l'autre bout de la Terre : en son centre, le même feu qui s'enflamme mais en surface, un autre paysage, un climat différent, une atmosphère plus sereine. Hélène aime le nouveau pays où Séb a posé ses valises. Elle est prête à l'y rejoindre. À s'installer avec lui, pour de bon. Elle se laisse contaminer par cette idée, dans son cœur et dans sa tête, jusque dans sa chair. Alors, à cet instant, tout à coup, comme sortie de ses entrailles, la mélancolie reprend Sébastien. Il revient, sombre soudainement, à ce qui le travaille, au fond, tout au fond de lui. À ce qui transpire en vapeur invisible mais palpable :

— Tu sais, ce que ça m'a appris de visiter tous ces pays ?... C'est qu'on est rien. On naît, on vit, on meurt sans que ça ait la moindre importance pour le reste du monde. Regarde Franck, c'était mon mentor, mon père spirituel et mon meilleur ami… Il est mort dans l'indifférence générale. Chaque seconde érode nos souvenirs jusqu'à ce qu'ils disparaissent. Encore combien de temps pour qu'on ne parle plus des Beatles, par exemple ? Combien pour Steve Jobs ? Même Molière ? 200 ans ? 500 ?... Ce n'est rien. Pour qu'on oublie Socrate ? 3000 ans ? 5000 ans ? Ou Jésus ? 1000 ans ? 2000 ? 10.000 ans, même. C'est quoi à l'échelle de l'humanité ? Un clignement d'œil…

Il compulse frénétiquement son smartphone et demande :

— Tu te souviens de Marcel Briguiboul ? Félix Mayol ? Salvador Videgain ?...

— Non, répond Hélène interdite.

— Ils ont été de très grandes célébrités françaises pourtant. Il y a à peine cent ans.

Il continue ses recherches sur Google.

— Et Paing Takhon ? Tu connais Paing Takhon ? Emma Theofelus ? Egils Levits ?

— Non, désolée, déclare Hélène qui, surprise, étouffe un rire de nervosité.

— Moi non plus ! Eux, ils sont bien vivants par contre. Ce sont même des stars dans leur pays… Mais eux aussi, ils finiront bientôt par être inconnus chez eux, tout autant qu'ils le sont pour nous maintenant. Stars, sportifs, politiques : on s'excite aujourd'hui pour des gens qu'on aura oubliés demain. Le temps est un cannibale nécrophage. Il mange le temps d'avant, l'engloutit et le digère, pour le recracher sous une autre forme. Cette apparente nouveauté nous rend plus amnésique encore. Tout a déjà existé et un jour, plus rien n'existera. Alors, rien n'aura jamais existé… Attention, c'est pas triste ce que je te raconte, ça permet de retrouver une forme d'humilité. Quand on aura accepté notre insignifiance, on commencera à vivre. La vie n'a que la valeur qu'on lui donne. Du prince, bien né par hasard, qui n'a rien prouvé et rien demandé au bébé qui meurt à peine sorti du ventre de sa mère, de maladie ou de faim… La valeur de la vie, c'est de la spéculation. À toi de te donner ta valeur sinon d'autres s'en chargeront.

Le silence revient à la table. Avec tout ce qu'a bu Séb, Hélène se dit qu'il doit avoir l'alcool amer. Elle essaie de retrouver de la légèreté et de la douceur en lui caressant la main et lui offrant un sourire. Mais Sébastien continue :

— Quand j'étais jeune, j'étais vraiment un p'tit con. Je pensais tout savoir. Tu sais, j'en ai rencontré des peuples différents, des gens par-delà le monde… C'est impossible d'imaginer ce que peuvent vivre les uns ou les autres à l'autre bout de la planète. Entre le dealer de Medellin et le papou de Nouvelle-Guinée, y'a tellement tout qui les sépare… C'est comme si plusieurs univers coexistaient sans qu'on en ait aucune idée… Regarde autour de toi…

Sébastien montre la salle en désignant les gens qui mangent : ce couple d'octogénaires qui n'échangent aucun mot mais se sourient constamment, cette famille mal fagotée qui va devoir se saigner pour régler la facture, cette *business-woman* pressée, à la plastique parfaite, tirée à quatre épingles et pourtant affreusement seule ; les serveurs, le barman, la cheffe qui fait cuire quelques plats à la vue des clients.

— Qu'est-ce qu'on sait de tous ces gens ? Qu'est-ce qu'ils savent de nous ? Tout le monde s'en fout. On ne saurait faire autrement. Ce sont des figurants pour nous. Et nous, nous sommes les figurants des figurants de notre vie. Et pourtant, on est un peu tous les mêmes. On raconte tous la même histoire. On a les mêmes problèmes, les mêmes besoins, les mêmes rêves. On est d'une banalité confondante. Ça peut paraître désespérant mais au lieu de nous angoisser, ça devrait nous rassurer. On est toujours un peu l'autre, jamais complètement ; notre vie est à la fois à un pas et à une éternité de celle de l'autre, de notre frère, de notre voisin, de nos amours et nos ennemis, de celui qui est à l'autre bout de la planète et qu'on ne verra jamais, de celui qui n'entendra jamais parler de nous.

***

Après avoir terminé par une charlotte de spéculoos cassis praline pour Hélène et des profiteroles briochées glace nougat cerise confites, sauce cacao thé vert flambées au kirsch pour Séb, il avale un dernier cognac XO.

Au moment de payer, il exhibe tous ses gros billets de son petit portefeuille comme s'il avait tiré sur la fermeture éclair de son pantalon pour montrer sa bite à la fille à la caisse ; la tête baissée, les genoux en dedans, recroquevillé, presque honteux, concentré sur lui-même avec un regard pervers et un sourire fielleux. On aurait pu penser qu'il voulait qu'Hélène soit choquée ou envieuse peut-être, elle est juste étonnée de sa gêne soudaine.

Quand ils sortent, l'air frais grignote leurs joues.

— Et toi, tu loges où ? demande Hélène.

— La boite m'a pris une chambre pas très loin de la gare.

— Tu me montres ?

Elle prend les devants. Elle a envie de lui. Sa fougue l'a excitée, sa mélancolie l'a émue. Quand ils entrent dans l'ascenseur de l'hôtel, elle embrasse Sébastien.

***

Il la couche sur le lit, s'allonge sur elle et la couvre de baisers. Hélène retrouve l'odeur de Sébastien, son souffle, mais pas sa silhouette ni sa peau élastique sur ses hanches. Ses rondeurs d'homme, sa lourdeur, écrasent son bas-ventre et le haut de ses cuisses. C'est comme si un ogre avait avalé son amour d'antan et qu'il y vivait à l'intérieur. Séb défait la robe d'Hélène, libérant sa poitrine, et la remonte jusqu'à sa taille. Il dégrafe son soutien-gorge et enlève sa culotte. Il descend le long de son corps en embrassant des morceaux de peau jusqu'à son vagin qu'il lape généreusement. Il en profite pour descendre son pantalon à ses chevilles et déboutonner sa chemise. Il attrape son manteau et sort de sa poche intérieure un préservatif. Son portefeuille tombe par terre, une pièce roule sous le lit. Séb s'assoit sur un petit coin du lit pour enfiler la capote, dos à Hélène. *Déplaisir solitaire.* Il revient sur elle mais son sexe enserré a perdu de sa vigueur.

— Ça va ? demande-t-elle.

— Oui oui, c'est rien... rassure Sébastien.

Hélène sait quoi faire. Elle se redresse au bord du lit, invitant Séb à se mettre debout face à elle. Elle prend le bout de bite en plastique dans sa bouche. Après quelques succions, le petit ver se dresse de nouveau dans son cocon de latex. Hélène s'étend de nouveau. La deuxième tentative n'est pas plus concluante. C'est la débandade ! Sébastien n'y arrive pas.

— Merde !

Il abandonne et s'allonge à côté d'Hélène qui l'embrasse sur la joue.

— On a trop bu... Allez, on n'a qu'à dormir.

— Non. Pas tout de suite... Laisse-moi un peu de temps. J'ai envie de toi. J'ai envie de nous...

Il se met derrière elle et la prend dans ses bras. Elle rabat la couverture sur leurs corps nus.

— Parle-moi de toi, lui dit-il.

— Bah, qu'est-ce que tu veux que je te raconte ? s'amuse-t-elle.

— Je sais pas... Parle-moi... De tes rêves.

Le cœur d'Hélène bondit. Elle réalise que si elle est là ce soir, c'est bien à cause d'un rêve. Oserait-elle lui en parler ? Elle se convainc qu'elle le doit. Qu'il le faut. Que c'est le moment. Peut-être arrivera-t-elle enfin à résoudre ce mystère :

— Bah... En fait... C'est drôle que tu parles de rêve, balbutie-t-elle, mais si on est là ce soir... C'est à cause d'un rêve, en fait.

— Ah bon ? Vas-y, raconte...

— Je fais un rêve récurrent... Un rêve où je tue un homme et quand je me réveille, ça a l'air bien réel. Sur le coup, j'étais vachement troublée. Je me suis même demandé si j'avais pas buté un gars pour de vrai... Je sais maintenant que c'est qu'un rêve qui veut me dire quelque chose... Et putain, j'aimerais savoir quoi !

— Et c'est qui ? Le gars dans ton rêve.

— Bah justement, je sais pas. Je vois pas son visage... C'est ça qui m'obsède.

Hélène est heureuse. Elle arrive enfin à mettre des mots, simples et directs. Comme si elle assumait mieux, qu'elle prenait de la distance. Elle raconte à Sébastien son rêve et la sensation qui suit, avec tous les détails, espérant que l'un ou l'autre pourraient lui donner des indices qui l'aiguilleraient.

— Et tu te sens comment quand tu fais ce rêve ? Quand tu te réveilles ? demande-t-il.

Hélène n'avait jamais pensé à ça, elle n'avait jamais parlé de son ressenti quand elle avait parlé aux autres de ce rêve, ne cherchant les réponses que dans les images et non ses émotions.

— Bah... Quand je suis dans le rêve... Quand je vois cet homme allongé sur le ventre dans le salon... J'ai une forme d'excitation.

— Une excitation ? Mais *« excitation »* comme une joie ou comme un énervement ?

— Ni l'un ni l'autre... Comme une fierté. Fière et presque soulagée d'avoir tué ce type. Comme si une foule m'applaudissait.

— Ok... Et après ?

— Bah quand je me réveille... Je vois pendant une demi-seconde, comme un flash, le gars que j'ai mis dans un trou au fin fond d'une forêt. J'suis même pas sûre de la voir cette image, c'est plus comme un voile qui passe... Mais hyper vite.

— Et tu te sens comment ?

— Je ressens de la désolation... De l'effroi, ânonne Hélène. Comme une grande impression de gâchis. Une impossibilité à faire marche arrière... Je m'en veux.

— C'est normal de ressentir de la culpabilité après un trop grand plaisir... Dans notre éducation judéo-chrétienne... Occidentale même... Monothéiste, c'est inscrit dans nos gènes. Ce qu'il faudrait savoir c'est ce qui te provoque cet état-là. Quel événement. Qui...

— J'ai quelques idées... J'ai des raisons d'avoir eu envie de tuer l'un ou l'autre... Toi, par exemple ! Mais j'ai peur de faire des interprétations.

Hélène se tait, pensive. Elle lève la tête vers ce vieil ami qu'elle vient de retrouver. Elle a pu lui raconter ce qui est au cœur de sa vie en ce moment. Il n'a pas fait de commentaire, de réinterprétation qui auraient dénaturé son propos. Il ne l'a pas jugée. Il l'a juste écoutée. Sans le savoir, il commence à la réconcilier avec elle-même. Ça fait tellement longtemps qu'Hélène n'a pas vidé son sac. En remerciement, elle l'embrasse sur la joue, tout près de sa bouche. Il répond à son baiser. Elle continue en se tournant vers lui. Il l'enlace de nouveau et la serre contre lui. Il sent ses seins contre sa poitrine. Elle lui picore le menton, le cou, les épaules et les bras, le plexus, le nombril, les hanches, le pubis, le gland, le prépuce et les testicules. Elle remonte et se frotte contre lui en le regardant droit dans les yeux.

— Merci.

— Merci pour quoi ? sourit Sébastien.

— Pour tout... Pour ce voyage, pour ce dîner, pour ce que tu m'as dit là-bas, pour maintenant... Pour être revenu dans ma vie...

Elle prend son sexe dans la main et le masse.

— Ça a l'air d'aller mieux, on dirait...

— Attends. Faut que j'aille à la réception demander des... Enfin, j'avais pas prévu de...

— Pff. Tu parles, s'amuse Hélène. Allez ! File et reviens vite *« Latexman »* !

Séb enfile le peignoir de l'hôtel et sort de la chambre. Hélène se rallonge dans le lit. Face à elle, le manteau de Sébastien dégouline sur le fauteuil. Elle se lève et le remet en place, bien plié. À ses pieds se trouve le portefeuille tombé de la poche intérieure. Elle le ramasse et repense à la pièce qui a glissé sous le lit. Accroupie, aidée par la lumière de son smartphone, elle essaie de retrouver la pièce. Quelque chose brille, ça doit être ça. Hélène l'attrape.

Ce n'est pas une pièce, c'est une bague. Plus précisément, ça ressemble à une alliance. De son autre main, Hélène tient le portefeuille. Elle l'ouvre. Dans l'une des pochettes plastifiées se trouve un petit dessin d'enfant avec un cœur où est écrit *« Je t'aime papa »*. Derrière, une photo : Séb avec une jeune femme rousse et une petite fille d'à peine 5 ans.

Quand Sébastien revient, Hélène est déjà rhabillée.

— Qu'est-ce qu'il y a ? demande-t-il en perdant son sourire.

Elle tend la photo à la face de Sébastien :

— Tu m'expliques ?

« S'il te plaît, me raconte pas de connerie... »

— C'est... C'est ma nièce... Ma filleule et sa mère... Ma sœur... Enfin ma belle-sœur !

— Quoi ?! Tu dis de la merde, Séb. T'es fils unique. Pourquoi tu racontes ça ...

Hélène lui montre le dessin de sa fille. Il se justifie :

— On est séparés, sa mère et moi, t'inquiète pas.

— Quand on est séparés, on ne cache pas son alliance dans son portefeuille. On la range dans un tiroir. Y'en a même qui la revendent !

— Je...

— T'étais prêt à foutre en l'air ton mariage pour un coup de bite ?

— Non, pour toi.

— Tu parles... Tu me dégoûtes !

Hélène claque la porte. Dans le couloir, elle se demande ce qui la dégoûte le plus : que Sébastien ait pu tromper sa femme, qu'il ait pu la tromper elle ou qu'elle se soit trompée elle-même sur Séb ; qu'elle ait pu croire qu'il avait changé.

En longeant la plage qui mène au port, cette plage de Plaisir-sur-mer où ils avaient fait l'amour le deuxième soir il y a quinze ans, Hélène réalise qu'il n'y a plus trace de leurs souvenirs sur le sable. Le récif a tout oublié. L'écume a tout effacé de ces instants passés.

Il n'est pas encore 7 h du matin quand elle retrouve son hôtel. Il lui reste à peine quatre heures pour dormir… ou pleurer.

CHAPITRE 37. Élodie et Manon

— Qu'est-ce que j'avais dit ? J'en étais sûre que ça puait ton histoire...

— Mais non, elle a bien fait d'aller jusqu'au bout. Là au moins, elle a pu se rendre compte que c'était un connard. Dossier clos !

— J'lui avais dit aussi que le coup des textos à 10 h du soir, c'était chelou.

Hélène et Véronique ont quitté le bureau un peu avant 18 h pour retrouver Marie au Moloko. À cette heure, il fait encore une chaleur écrasante sur la terrasse. Les verres d'Aperol sont perlés d'eau et les olives commencent à sécher dans le bol. Pourtant, Hélène frissonne. Ses deux copines se disputent sa vie sexuelle depuis plus d'un quart d'heure dans le vacarme assourdissant des lycéens qui fêtent la fin de l'année scolaire aux tables alentour. Hélène n'entend rien, Hélène ne dit rien. Elle est ailleurs.

Depuis Plaisir-sur-mer, elle se demande s'il n'y a pas une Eileen qui, à Londres, se languit de *« Chébastiane »*, une Elena à Rome, une Aliona à Moscou. Ou une Lenka, ou une Ilona, à l'autre bout du monde.

En réalité, il n'y a que sa femme Élodie et leur petite fille Manon qui l'attendent après son travail qui se trouve à 20 km de la maison. Ça fait bien longtemps que Séb ne fait plus le tour de la Terre. Depuis le mariage, depuis la naissance de la petite... Depuis qu'il est adulte. Avec Hélène, il s'est acheté quelques jours, enfin, une poignée d'heures, de jeunesse supplémentaire. C'est tout. Il aurait aimé que ça continue. Il voudrait... Il pense que ça passe par des explications. Des excuses tout au moins.

Le smartphone d'Hélène vibre.

— C'est lui ! Texto ! s'écrie-t-elle. *« Il faut qu'on se parle. Pardonne-moi. Rappelle-moi s'il te plait »*.

— Ne rappelle pas ! Laisse tomber. Oublie-le. Bloque-le, tiens ! déclare Marie.

— Laisse-le s'expliquer au moins ! intervient Véronique.

***

Les textos sont venus s'empiler dans le téléphone d'Hélène. Des suppliques languissantes et dégoulinantes, des menaces ridicules mais émouvantes, des souvenirs tendres, des promesses illusoires qui ont fini par rendre faible Hélène qui décroche quand Sébastien se résout à appeler. Il fait face au silence. Alors, il relance :

— Allô ! Hélène ! Tu es là ?

— Oui oui, je suis là, répond une voix à peine audible.

— Ah ! Tant mieux ! Je suis content…

Il a, dans sa voix, la douce prudence d'un soleil froid derrière les nuages mouillés après l'orage. Pourtant, tout à coup, il s'embrase :

— Je vais tout lui dire ! À ma femme, j'vais tout lui raconter. Tous les deux, nos retrouvailles. Cette soirée était trop belle, c'est avec toi que je veux vivre. Tu m'as rendu ma jeunesse, ma fougue ! J'étais devenu sombre. Je brille de nouveau avec toi. Je veux vivre avec toi, je veux qu'on ait des enfants. Je veux que tu me fasses un garçon. Tu te souviens, comme on avait dit. Un garçon qu'on appellera Corentin, comme on le voulait.

— Tu racontes n'importe quoi Sébastien. Notre histoire, c'était y'a longtemps. C'est fini maintenant. J'ai ma vie, tu as la tienne, avec ta femme, ta fille…

— On ne s'aime plus avec ma femme. On va se séparer. Un jour ou l'autre, c'est sûr... On doit vivre ensemble, Hélène. On est fait l'un pour l'autre... Il n'y a jamais eu de rendez-vous d'affaires à Plaisir-sur-mer. J'ai tout organisé pour toi, j'étais là que pour toi ! Plaisir-sur-mer, c'était chez nous ! Quand je t'ai vu sur ce quai, même si tu avais changé, je t'ai tout de suite reconnue. C'était comme une évidence. Tu es plus belle qu'avant.

Hélène est troublée par cette déclaration. Même si ça lui fait du bien, elle sait de quoi sont capables les hommes pour ne pas perdre la face, pour parader dès qu'ils ont gagné, pour tirer un coup.

— Pourquoi tu as répondu à ma lettre si tu avais une femme et une petite fille... C'était pas juste pour baiser ? Se retaper une ex ? *« Allez hop, c'est toujours ça de gagné ».*

— Mais non. Je te promets que non... J'ai jamais trompé ma femme. Tu sais, après dix ans de mariage, on fait l'amour comme au premier jour.

— Bah alors, qu'est-ce que tu vas chercher ailleurs ? ...

— Comme au premier jour : je jouis tout de suite et elle ne sent rien !

— Pff, t'es con...

Hélène rit. Elle sent que, de l'autre côté du téléphone, Séb fanfaronne en silence. Il a trouvé le moyen de désamorcer la conversation. Pourtant, si Hélène ne raccroche pas, c'est qu'elle veut des explications :

— Alors c'est quoi ?

— Oui, c'était égoïste, c'est vrai... Je te demande pardon... Et puis, quand je t'ai vue descendre du train, j'ai compris que c'était pas pour moi que je l'avais fait, mais pour nous.

— Tu n'as pas répondu à ma question... Pourquoi tu as répondu à ma lettre ?

— J'avais envie de revivre une première fois. De retrouver les émotions d'une première fois. Plus on a d'années, moins on a de premières fois.

— Y'a plein d'occasions de vivre encore des premières fois à nos âges. Tu as déjà sauté à l'élastique ? Monté tout en haut du Mont Blanc ?...

— Je ne te parle pas des premières fois sur rendez-vous, préfabriquées. Je te parle des vraies premières fois, celles qu'on ne prévoit pas. Tous ces instants arrachés à notre destin. Le premier amour, le premier saut dans l'inconnu, la première claque, la première cuite. J'aimerais tellement revivre mon premier baiser en CM2, redécouvrir les Doors avec Franck, voir naître ma fille et la prendre dans mes bras pour la première fois, déguster mon premier Saint-Estève, faire mon premier concert. Regarde, point de vue musique, je me suis arrêté à Muse. Quand je regarde un nouveau film, j'ai l'impression de l'avoir déjà vu et que de toute façon, on ne fera jamais mieux que les films des années 80 ou 90.

— Mais quel est le rapport avec moi ? Je ne suis pas ton premier amour. Tu en as eu d'autres avant moi, - contrairement à moi -. Tu dis vouloir des premières fois que tu ne prévois pas et en même temps, tu m'avoues que tu avais tout prévu pour Plaisir-sur-Mer. Ça ne tient pas la route ton histoire. Tu es nostalgique en fait.

— Non, je ne suis pas nostalgique. Pour rien au monde je voudrais redevenir celui que j'étais à 20 ans. Aujourd'hui, je suis mieux dans ma peau, plus serein. Mais à nos âges, on n'a plus toutes ses surprises de la vie qui nous font continuer de l'aimer passionnément. À partir d'un certain âge, on fait un peu vieux couple avec notre vie. On se connaît par cœur, on n'a plus grand-chose de nouveau à s'offrir.

— De toute façon, nous revoir, ça fait une seconde fois, ça refait pas une première. Vraiment, ça n'a pas de sens ce que tu racontes.

— Je ne suis pas nostalgique, je suis mélancolique. Pas que sur moi, mais sur la vie. Tu l'as bien entendu quand j'ai fait mon laïus au resto. Je me demande ce qu'est le but de tout ça si on n'a que la valeur qu'on nous donne ou qu'on veut bien se donner... Avec toi, tout a plus de sens. C'est important de vivre pour quelqu'un d'autre que soi et de savoir que quelqu'un vit pour nous en plus de lui-même... C'est rare quand c'est réciproque. Une personne suffit. On dit que les mecs ne savent pas chercher... C'est pour ça qu'il y en a qui trouvent jamais l'amour. Moi je l'avais trouvé et je l'ai abandonné et je ne l'ai pas retrouvé après... Cet amour, c'était toi.

— Qu'est-ce que tu racontes ? demande Hélène. Tu essaies de m'apitoyer maintenant ? Tu as une femme, je te rappelle. C'est moi qui n'ai pas encore trouvé l'amour, pas toi.

— Ma femme, c'est pas moi qui l'ai trouvée, c'est Franck. Quand il était malade, il y avait une infirmière très mignonne qui s'occupait de lui. Il s'arrangeait toujours pour faire appel à elle quand je venais le visiter. C'était Élodie. C'est comme ça que je l'ai rencontrée. Je l'ai aimée. On s'est vraiment aimés... Mais je me demande si c'est pas mon parrain que je continuais à aimer à travers elle.

— Je... Je suis désolée, répond Hélène troublée, mais ça c'est toi qui dois le régler. Je ne suis pas la solution. Désolée... Je vais raccrocher maintenant. Si tu ne veux pas tout bousiller dans ta vie, je te conseille de ne rien dire à ta femme sur nous. Il ne s'est rien passé de toute façon. Adieu Sébastien.

Hélène raccroche. Elle se met à sangloter. Quel gâchis ! Que d'espoirs contrariés ! Elle repense au très beau moment qu'elle a passé avec lui, à leur complicité retrouvée. C'était au-dessus de ses attentes. Elle se souvient maintenant de leur jeunesse, des souvenirs heureux, des plaisirs partagés. Elle est si désabusée, si déçue qu'il lui ait menti à ce point. Elle doit s'endurcir pour se protéger. Elle doit être mauvaise pour les autres si elle veut être bonne pour elle. Elle aurait tant aimé ne pas lui dire adieu mais si elle avait accepté cette situation, il aurait alors pu faire tout ce qu'il aurait voulu avec elle, comme quand ils étaient jeunes ou pire encore. En acceptant ses conditions, elle serait devenue un objet à sa merci, dans la salle d'attente de ses priorités. C'est ça être la maîtresse d'un homme marié.

Sébastien rappelle tous les jours, lui laisse des messages, des textos. Il devient fou. L'amour-propre est un faux-ami. Blessé, il salit tout ce qu'il touche du sang qui coule de sa rancœur et maintient sur le champ de bataille l'homme qui est déjà à terre.

Too.Doo.Doom ! [Un oui de ta part et je réserve une suite dans le plus bel hôtel du Mans. Je dois y aller pour animer une conférence.]

Too.Doo.Doom ! [J'ai un congrès à Toulouse. Il faut qu'on se voie. Laisse-moi une chance.]

Too.Doo.Doom ![Viens me rejoindre à Strasbourg, j'y serai pour le week-end. On peut rester amis au moins.]

Les notifications tambourinent comme un cœur fatigué. Ah ! On est bien loin du Caire, de Toronto ou Sydney. Hélène trouve ces textos minables. Séb le dégoûte. Mais comme il n'arrête pas, un samedi après-midi, elle l'appelle. Elle essaie de ne pas pleurer :

— C'est quoi toutes ces invitations pourries ? Tu crois quoi ? Que *« c'est déjà ça pour cette petite idiote qui est toujours restée dans la ville qui l'a vue naître ? »*

— Quoi ? Mais pas du tout ! Je t'aime Hélène. J'arrive pas à te sortir de ma tête.

— Tu parles... Tu veux me faire une preuve d'amour ? Alors arrête de parler et de m'envoyer des messages, des textos. Arrête de me harceler. Je t'avais invité pour mon anniversaire. Soit là ! Comme un ami, puisque tu es prêt à le devenir.

— Ben... Euh... Oui... C'est le 2, c'est ça ?

— Oui. Le 2 juillet. Jeudi. Dans cinq jours. J'ai posé ma journée.

— Ça fait court... Mais... D'accord. Je vais réserver quelque chose à Plaisir-sur-mer.

— Non ! Viens chez moi. Je te ferai découvrir ma vie, ma ville, mes amies. Ou dis-moi de venir chez toi, présente-moi ta femme, ta petite fille. Dis qu'on est des copains d'enfance, puisque tu dis que tu sens capable de n'être qu'un ami. Si on reste amis, on n'a pas à se cacher. Mais ne propose pas un terrain neutre qui ne nous implique pas. Ce sont des refuges qui nous invisibilisent, nous excluent de nos vies. Ce sont les prisons d'un passé qui n'existe plus et qui n'existera plus, Sébastien. Tu sais, si j'ai repris contact avec toi, moi aussi, c'était un peu égoïste de ma part... Je te demande pardon.

— Oui, c'est vrai... Je t'avais oublié moi.

— Ah bah merci. Sympa... Bon, ben ciao alors...

— C'est pas c'que je voulais dire... J'ai été content de recevoir ta lettre, ça a remué beaucoup de choses chez moi. Je te remercie. Tu as bien fait. Tu vois, ça n'était pas pour rien. On est fait l'un pour l'autre Hélène.

— Écoute-moi ! Si je t'ai contacté, c'était pour faire le deuil de ce passé justement. Tu sais, pendant longtemps, le jour de ton anniversaire, je pensais automatiquement à toi. J'ai eu du mal à m'en défaire de cette habitude, de cet automatisme... Ces retrouvailles, ça devait clore définitivement ce chapitre et toi, tu m'as fait croire, au contraire, qu'on pouvait le reprendre là où on l'avait arrêté, là où TU l'avais laissé et moi j'ai été suffisamment conne pour y croire. Et maintenant, je suis contrainte de refaire ce deuil, le deuil d'un présent qui ne sera jamais. Revoyons-nous pour mettre les choses à plat et après, on verra si on peut rester amis.

— Je comprends... Bon. Dis-moi où tu veux qu'on se retrouve et j'y serai !

Un stupide espoir envahit le cœur d'Hélène. Une énième chance ? Encore ?... Non. Rien n'est possible entre eux. De l'amour, certainement pas, Hélène ne veut pas se mettre entre Sébastien et sa femme. De l'amitié... Peut-être. Pourtant, elle ne sent pas son ex prêt à ça. Elle repense à ce que lui avait dit Marie sur sa relation asexuée envers les hommes. Sébastien ne fait pas partie de ceux qui sont capables d'avoir ce genre de rapport. Pourtant, Hélène aimerait y croire. Bien qu'elle regrette d'avoir passé ce coup de fil, elle est prête à payer pour voir... Une dernière fois. Là, elle pourra définitivement clore le chapitre.

Et puis au moins, Séb ne la harcèle plus. Il doit être en train de trouver un moyen de faire face.

***

Hélène pousse la porte du salon de thé. Il n'y a personne à l'intérieur. Elle est restée quelques secondes sur le trottoir à se demander si c'était ouvert ou non. Pas même quelqu'un pour l'accueillir. Elle s'assoit tout de même à une table ronde en métal blanc qu'on trouve souvent dans les jardins. Une nappe parme la recouvre. Deux autres tables, dépareillées, désespérément vides, complètent le petit espace du salon qu'on pense être celui d'un antiquaire ou d'un fleuriste. Çà et là, des accessoires hétéroclites et des vases pleins sur des meubles de toutes tailles et de toutes époques. L'ensemble pourtant est harmonieux mais n'a pas l'air de plaire tant l'endroit est déserté. On se croirait dans ces maisons qu'on a dû fuir subitement alors que la seconde d'avant papa lisait le journal en buvant un verre de vin, maman tricotait en regardant la télé et les enfants jouaient à la poupée et aux petites voitures. Tout est en place pour une fête qui ne veut pas avoir lieu.

Hélène commence à regretter d'avoir donné rendez-vous ici à Sébastien. C'est un salon de thé qu'elle avait vu du coin de l'œil en rentrant des courses à l'épicerie chinoise au coin de la rue Emile Zola. Un endroit qu'elle avait trouvé joli vu du dehors, qu'elle avait imaginé être une boutique d'objets anciens jusqu'à ce qu'elle découvre, au fond, le bar, la vaisselle et les pots de thé et café.

Quand ses copines lui avaient conseillé d'inviter Sébastien certainement pas chez elle mais plutôt dans un endroit neutre, après avoir tenté de la dissuader de laisser une énième chance à *« ce gros lâche »*, Hélène avait tout de suite pensé à ce lieu hors de tout. Loin du tumulte du centre-ville, dans une petite rue piétonne, elle était certaine qu'ils ne seraient vus de personne. Elle pourrait mettre tout à plat sans être empêchée ni jugée. Elle pourrait prendre son temps, être vraie. Cet endroit était vierge de tout souvenir. Une page blanche pour d'ultimes retrouvailles. Une réconciliation espérée. Un nouveau départ peut-être.

— Bonjour mademoiselle ! Que puis-je vous servir ?

Hélène sursaute. Elle s'est mise face à la fenêtre pour attendre Sébastien, elle n'a pas entendu le serveur arriver derrière elle.

— Euh... J'attends quelqu'un.

— Très bien.

Elle regarde l'homme partir. Il n'est plus tout jeune mais il joue les vieux beaux : cheveux blancs ébouriffés, yeux bleu clair, visage ridé mais bronzé. Il est élancé et plutôt élégant. C'est peut-être à cause des circonstances, mais le serveur lui fait penser à Franck, le parrain de Séb. Elle n'a pas eu beaucoup d'occasion de le croiser mais le souvenir qu'elle garde de son visage et de son allure sont assez proches de ceux de l'homme qui vient de lui parler.

Franck avait invité le jeune couple un soir dans un restaurant assez chic près de chez lui. Tout le monde avait l'air de le connaître. Il avait fait le malin avec le patron et quelques clients qui étaient venus le saluer. Franck était un homme qui en faisait des caisses mais au fond très agréable et généreux, à l'écoute et enthousiaste. Par-dessus tout, il aimait la jeunesse, son dynamisme, sa candeur et ses possibles. Il s'était donc montré particulièrement attentif quand Sébastien lui avait annoncé qu'il était en couple depuis un moment avec une certaine Hélène et qu'il voulait lui présenter.

Dans la rue, peu de monde. Sébastien a déjà cinq minutes de retard. Hélène se dit que cet endroit n'est définitivement pas le bon. Froid et silencieux, il est aussi impossible à trouver. Sébastien doit galérer à se garer et s'il a choisi le parking souterrain de l'église, il a encore quelques bonnes minutes pour rejoindre le salon de thé. Et puis, il ne connaît pas les raccourcis. S'il se fie au GPS de son portable, il n'est pas près d'arriver.

À la fin du repas Franck avait déclaré sans même jeter un regard à Hélène :

— Ce week-end, je pars à Florence avec Johanna, tu te souviens de Johanna ? Elle fait le vernissage de son expo photo. Ma maison est libre. Fais une fête avec tes amis si tu veux !

Bêtement, Hélène avait pensé que Franck ne l'avait pas aimée. Il n'avait pas dit : *« Invite ta copine »* mais *« Fais une fête avec tes amis »*. Elle en était doublement déçue parce qu'elle avait trouvé le parrain de Sébastien plutôt sympathique. En rentrant chez eux, son compagnon l'avait rassurée. Franck lui avait glissé qu'il avait beaucoup aimé Hélène. Elle était soulagée. Elle avait retrouvé son entrain et, avant d'aller se coucher, elle avait voulu faire la liste des invités qu'ils pourraient convier le week-end chez Franck. Séb répondit simplement :

— Mais personne. On va y aller rien que tous les deux chez Franck. C'est ton anniversaire ce week-end, non ? J'ai pas besoin de faire la fête avec mes amis pour ton anniversaire. J'ai juste besoin de toi. Tu sais, je n'ai jamais amené personne chez Franck. Ce sera notre petit jardin secret à nous !

Hélène était aux anges. Elle ne put s'endormir tout de suite, imaginant tout ce qu'ils pourraient faire un week-end entier, rien que tous les deux, hors du temps. Seuls. Ensemble.

Aujourd'hui jeudi 2 juillet, Hélène fête ses 37 ans. Elle est seule. Ils ne sont pas encore ensemble… Une grappe de jambes, bras et têtes glisse sa silhouette noire le long de la vitrine. Un corps se détache. Un homme. C'est lui ! C'est Sébastien !

Hélène lève la main pour se faire remarquer et l'inviter à entrer dans le salon de thé. Elle sourit et feint de se lever mais la masse en contre-jour avale le corps qui disparaît de la vitre. La rue est vide de nouveau. Hélène se rassoit, honteuse d'avoir cru reconnaître Sébastien.

La maison de Franck était une splendeur ! C'était l'écrin idyllique pour une famille nombreuse. Quand Hélène pénétra dans l'entrée aux dalles en damiers, aux murs de grosses pierres et à la charpente en bois, elle eut l'impression que la maison la prenait dans ses bras pour l'accueillir et la protéger. Quand elle monta le grand escalier à la rambarde olive qui menait jusqu'à la chambre, elle entendit le rire des enfants qu'elle imaginait dévaler en sens inverse. Quand elle s'allongea dans le lit de la grande chambre, elle vit défiler devant elle tous les levers de soleil propices aux petits-déjeuners sous la couette, aux balades du dimanche, à tous les matins heureux même quand on va bosser, les soirées à regarder la télé dans les bras de son homme avec toute la famille et, une fois les enfants couchés, à se faire des câlins, des baisers, à laisser aller les corps dans des danses fiévreuses et parfois interdites, dans des cris, dans des pleurs d'extase et de fusion.

Treize minutes. Ça fait treize minutes qu'Hélène attend. Sébastien ne vient pas. Elle lui a laissé un texto qui reste parfaitement muet. Elle a scrollé les derniers échanges : la confirmation que Séb avait pu se libérer pour son anniversaire, l'adresse du salon de thé qu'elle avait envoyée, le *« À jeudi »* en réponse. Le faux-Franck est revenu pour prendre la commande. Hélène s'est sentie obligée de répondre qu'elle avait opté pour un Chaï à la rose. La tasse chaude est maintenant devant elle.

Sébastien avait prévu, pour ce premier soir chez Franck, de cuisiner sa spécialité d'étudiant : hachis parmentier aux champignons. Malheureusement, la bonbonne de gaz avait lâché pendant la cuisson des pommes de terre. Hélène et Séb rigolèrent. Ça commençait bien ! Ils partirent à la recherche d'une bouteille de rechange, en vain. Pas grave. Sébastien enfourna le plat avec le haché, les oignons et champignons crus. Ça pourrait mijoter une bonne heure avant de mettre la purée de pomme de terre encore un peu dure qui finirait de cuire dans le four. Pour patienter, Séb servit à la fêtée un Martini blanc qu'il trouva dans le meuble à alcool du salon. Il mit l'album *« Waiting For The Sun »* sur la platine vinyle et ils prirent leur apéritif en se prélassant dans le sofa en skaï caramel. Paf ! Black-out ! Les plombs avaient sauté ! Le couple explosa de rire (et de surprise) !

Il ne viendra pas. Hélène se sent conne. Elle finit son thé en se dépêchant. Elle ne veut plus être là. Au moins, c'est clair. C'est FI-NI !!! Elles avaient raison les filles : le mieux pour en finir avec un amour passé, c'est de le revoir et de se rendre compte à quel point on a été stupide. Elles avaient raison sur toute la ligne : ce mec est un connard. *« Un de plus tu me diras… »*

Séb essaya de remettre les plombs mais ça sautait automatiquement. On ne pouvait plus se servir du four apparemment. Quand Hélène l'éteignit, la lumière revint. Sébastien tenta d'appeler son parrain pour avoir plus d'explications et peut-être une solution, mais personne ne décrocha. Qu'à cela ne tienne, ils goûtèrent leur hachis mi-cuit. C'était pas fameux. Les jeunes amoureux furent alors pris d'un fou rire inarrêtable.

Hélène est au comptoir. Elle paie son thé avant de partir. Elle veut se faire la plus petite possible. Il n'y a qu'elle dans le salon de thé, elle ne peut même pas se fondre dans la masse. Elle attend que le serveur lui demande de rendre des comptes. Elle est à deux doigts de tout lui raconter pour justifier sa présence seule dans ce lieu. Elle va bientôt avouer à cet inconnu derrière la caisse que, quand elle avait 6 ans, elle a volé un sac de billes. Elle se sent coupable de tout. Si Sébastien n'est pas venu, c'est à cause d'elle.

— Bon anniversaire ma puce !

Séb fit tinter sa flûte de champagne contre celle d'Hélène. Le repas n'avait pas été des plus réussis mais à cet instant, cette soirée-là à cet endroit-là, Hélène n'avait jamais été aussi heureuse. Elle était convaincue qu'avec Sébastien, ils pourraient tout affronter tant qu'ils étaient ensemble. Elle était lovée contre lui. Il était appuyé contre le marronnier au milieu du jardin, le soleil se couchait derrière les maisons en face. Tout à coup, un bourdonnement se fit entendre, puis un autre et puis dix. En l'espace de quelques secondes, ils furent envahis d'énormes frelons qui regagnaient leur nid. Les deux amants se levèrent d'un bond, quittant la nappe qu'ils avaient posée sur l'herbe, le gâteau, le champagne. Ils voulurent s'enfuir mais les frelons les suivirent jusqu'au fond du jardin. Comme si ça ne suffisait pas, ils sentirent sur leurs joues des gouttes d'eau qui se transformèrent en pluie serrée. On entendit l'orage gronder au loin. Les hyménoptères et l'averse eurent raison d'eux, ils rentrèrent s'abriter dans la maison, coururent jusqu'à la chambre, se cachèrent sous les couvertures et ne bougèrent plus, encore trempés. La pluie grasse et chaude enserrait leurs corps dans les vêtements. Ils se déshabillèrent en se buvant de baisers. Elle glissa le long de ses jambes et pressa sa poitrine contre la sienne. Il la pénétra dans un souffle. Ils s'abandonnèrent jusqu'à se confondre l'un l'autre. Ils s'allongèrent dans leur igloo de tissus maintenant frais qu'ils réchauffèrent d'étirements et d'agrippements. Spéléologues horizontaux. Acrobates langoureux. Danseurs de doigts. Funambule sur les pieds de l'autre.

Il n'est pas venu.

Hélène quitte le salon de thé. Quand elle est au bout de la rue, prête à rejoindre la foule du centre-ville, elle jette un dernier regard en arrière, vers la vitrine. Au cas où.

Il n'est pas venu.

Elle s'en veut d'avoir regardé. Elle savait qu'il n'y aurait personne pour pousser la porte de ce foutu salon de thé. Personne pour venir à sa rencontre. Personne pour lui dire *« Désolé, je suis en retard »*. Elle s'en veut d'y avoir cru. Elle enrage.

Il n'est pas venu. C'est tout.

Il n'avait pas l'intention de venir de toute façon.

Il a dû se dire que le coup de l'amitié, ça ne l'intéressait pas. Que lui, c'qu'il voulait, c'était aller voir ailleurs si sa queue y était. Que sinon, y'avait sa femme. Il a dû se dire que, de toute façon, l'amitié entre un garçon et une fille, ça n'existait pas. Qu'il y a toujours ambiguïté. Il a dû se dire qu'en plus elle habitait loin et puis qu'elle n'était pas si belle, pas très intéressante. Il a dû se dire qu'au fond, elle avait raison, que ça servait à rien de tout foutre en l'air pour ça. Il a dû réfléchir et se dire que ça valait pas le coup de venir.

Il la condamne.

Il la condamne à devoir donner raison à ses copines. Il la condamne à vivre éternellement avec son fantôme. Il la condamne à s'en vouloir d'avoir voulu le revoir. Il la condamne à se méfier de tous les hommes après lui, à déjà les détester avant même de pouvoir les aimer.

Il est mort, tuant avec lui tous les souvenirs. Cet anniversaire dans la meulière de Franck, ce n'est plus leur union face à l'adversité mais leur impuissance et leur résignation. C'est la bonbonne de gaz qui a gagné. Pas eux. C'est le compteur électrique, les frelons et la pluie qui ont eu raison d'eux. Le souvenir a changé de camp. Chaque anniversaire passé à ses côtés était une catastrophe. Elle s'en souvient maintenant. Le premier comme le dernier.

Il a tout gâché. Le passé autant que le futur. Les hommes labourent les sentiments de celles qui ont le malheur de leur accorder une once de confiance pour n'y planter que des graines de ressentiment.

CHAPITRE 38. Les hommes

Avant d'être moi, je suis tous les autres...

Maintenant, c'est clair : ce rêve n'est pas un souvenir mais une prémonition. Il faut qu'on tue l'Homme ! Cet être vicieux... On se rappelle tous les hommes de notre vie qui, à leur manière, nous ont agressé.

Il y a Sébastien, bien sûr, qui vient de nous briser, une nouvelle fois, plus fort encore. Mais tous les autres sont là, en lui.

Il y a d'abord tous ceux qui, enfant, nous regardent avec des drôles d'air, nous appellent *« Ma petite chérie »*, *« Ma princesse »* ou *« T'es une petite coquine toi »*, nous prennent sur leurs genoux, nous caressent les cheveux ou nous volent un baiser. C'est avec eux qu'on a appris à nous effacer, à nous rendre transparentes, à disparaître. Fades, insipides.

Même si le caractère se tait, le corps s'exprime, malgré tout. Les tétons finissent par pointer sous les t-shirts. On a 11 ans quand tonton Anton scande à table, à l'enterrement de Mamie, pour détendre l'atmosphère :

— Ça y est Hélène, t'as les nichons qui poussent !?

Les regards se braquent sur nous. Tout le monde rit sous cape, par réflexe ou par gêne. On voudrait disparaître.

Deux ans plus tard, c'est Bruno qui nous pelote de force, en nous coinçant dans les toilettes de l'école. On est entre excitation (on devient femme et plus petite fille), peur (qu'est-ce qu'il va faire de plus ?) et dégoût (Bruno ressemble à un porc et profite de son statut pour faire subir le même traitement à toutes les gamines du bahut). On ne dit rien. Personne ne dit rien.

Le professeur de piano, le palefrenier, l'instructeur d'auto-école qui nous caressent la cuisse, les épaules, l'air de rien, de façon paternaliste pour nous donner confiance :

— Allez, tu vas y arriver !

Qui s'attardent toujours plus que de mesure, histoire de voir s'il y a du répondant, un espoir de quelque chose.

Les *sifflééhmademoiselle* sur le quai de la gare ou dans la rue commerçante. Les deux, trois hommes qui nous ont suivies dans la rue, pour rien, pour s'amuser à faire peur et même celui dont c'est réellement le chemin mais qui sciemment change de trottoir pour se retrouver derrière nous, quasiment à nous coller pour, au bout de quelques mètres, nous dépasser avec un air victorieux. On veut se retourner et lui demander des explications. Il bredouillerait sans doute et prendrait la fuite, mais on n'ose pas. On ne veut pas se retrouver dans ce genre d'embrouilles. On veut juste qu'on nous foute la paix.

... Les hommes qui regardent les corsages...

Il y a Aurélien, qui tient ab-so-lu-ment à nous raccompagner :

— Les rues ne sont pas sûres...

Au pied de l'immeuble, il demande, comme une récompense ou un salaire :

— Tu m'invites à boire un dernier verre ?

On est fatiguée. On trouve Aurélien sympa même s'il n'est pas très beau mais on n'a pas envie. Pourtant notre « *Non* » est remplacé par un :

— Ok, mais juste un verre, hein ?

On sait très bien ce qu'Aurélien veut dire par « *Un dernier verre* ». On se laisse faire quand Aurélien abandonne sa bière pour nos lèvres, on est la première à se mettre nue, à quatre pattes sur le canapé pour qu'il finisse son affaire au plus vite. Mais Aurélien est un tendre, un sentimental.

— J'peux pas faire ça comme ça. C'est ton plaisir qui me fait plaisir.

Aurélien nous inflige alors un trop long et mécanique cunnilingus puis exige qu'on lui rende la pareille. On le suce. Il nous interrompt toutes les quinze secondes car il craint de décharger trop tôt puis, à peine on a arrêté, il demande de reprendre. Finalement, il nous prend en missionnaire et ça ne dure plus très longtemps. On passe la nuit ensemble. Il est fatigué. C'est surtout qu'il a la flemme de rentrer chez lui à pied et pas assez d'argent pour prendre un taxi. Il nous laisse tranquille cette nuit-là mais il s'installe dans notre vie sans qu'on ait vraiment notre mot à dire.

Quand deux solitudes se rencontrent, qu'est-ce qu'elles se disent ?

— Il vaut mieux être mal accompagné que seul.

Aurélien se dit romantique, en fait c'est un parasite qui passe ses journées dans notre appartement alors qu'on part travailler. On les retrouve, l'appartement et lui, dans la même position. Il travaille à son génie. On sait que ce sont des conneries, mais on n'ose plus faire marche arrière. On l'invite même à passer Noël en famille parce qu'il est seul. Un événement pour les parents ! On n'a présenté personne depuis Sébastien et papa-maman se désespèrent un peu de voir leur fille unique finir vieille fille. Ils sortent le grand jeu pour cet Aurélien trop content d'avoir à lui toute l'attention.

Aurélien décrit à ses beaux-parents d'un soir une vie qu'en trois mois, on n'a jamais eu l'occasion de voir :

— D'où venez-vous, Aurélien ? commence la mère.

— De Paris.

— Paris même ?

— Oui, j'y suis né.

« Quoi, tu m'as dit que tu venais de Créteil ! »

— Ah, très bien, très bien...

— Et vous faites quoi dans la vie ? continue le père.

— Je suis compositeur.

— Chef d'orchestre ?

— Non. Compositeur... De musique...

— Ah !...

Déception.

— De musique de film !

— Ah bon, de film !!!

« Tu parles, il est à peine guitariste. Si vous l'entendiez... Grin-grin-grin-grin... Il passe ses journées à griffonner des paroles de chansons qu'il fredonne à peine. »

— Et... Vous avez des passions et hobbies ?

— Oui, bien sûr ! J'adore la pêche. J'y allais quand j'étais petit avec mon grand-père...

— C'est génial ça ! Moi aussi j'adore la pêche... D'ailleurs, saviez-vous que...

— Michel, laisse parler Aurélien !

— Mais... Il est mort mon grand-père maintenant donc...

— Ah. Pardon... Tu vois, Michel, t'aurais mieux fait de te taire !

— C'est pas grave. C'était il y a longtemps. Donc... Euh... Maintenant, je vais aux champignons !

— Aux champignons ! Moi aussi, je vais aux...

— MICHEL !

— Pardon.

— Et je fais de la natation.

— C'est super tout ça. Hein, ma chérie ?

Maman nous regarde.

« Natation, champignons, pêche... Tu parles, n'importe quoi. Je l'ai pas vu bouger son cul de mon canap' depuis qu'on se connaît ! Quel mytho. Qu'est-ce qui m'a pris de l'inviter ? »

— Ma chérie, tu dis rien ?

— ...

On sourit. On n'existe plus à ce dîner, sauf quand on évoque la question des enfants :

— Il faut faire vite !

— Oui, Euh... On a le temps. Hein Hélène ?

Il nous prend la main.

— Aurélien ne veut pas mettre ses chansons sur le net !

— Mais ! Pourquoi tu racontes ça ! ...

Puis plus bas :

— Tes parents, ils s'en foutent.

— Ah bon ? C'est dommage ça. L'internet, c'est l'avenir pour des artistes comme vous...

— Oui, justement. Je ne me considère pas comme un *« simple »* artiste ! Non, le net, c'est surfait.

Fin de la conversation. On est extrêmement mal à l'aise d'avoir gâché un réveillon en invitant ce guignol. Alors, à peine rentrée à la maison, avant la nouvelle année, on se fait quitter par Aurélien. On a trouvé son talon d'Achille : l'artiste a peur de montrer ses créations, de se confronter au jugement des autres. On insiste pour qu'il mette ses *« supers compos »* sur le web. Il refuse. On se dispute. Il nous largue.

— Si tu crois pas en moi, c'est pas la peine qu'on continue. Moi, pour réussir, j'ai besoin d'une femme qui m'admire.

Même si c'était vrai, ce n'est pas quelque chose qu'il faut dire aux femmes mais qu'il faut susciter chez elles. Mais ça, il est loin de le comprendre. Il prend ses affaires et se casse. Chacun reprend ses chaînes. Ça nous allège, ça l'alourdit.

On en veut à papa aussi, qui nous tient pour responsable de ne pas savoir garder un homme. Du haut de sa ringardise, il balance :

— Un homme c'est simple : il doit bien manger, faire l'amour, avoir la paix et être fier de montrer sa femme. Si les garçons s'en vont, c'est qu'il y a au moins une de ces choses que tu ne fais pas. À toi de le savoir ma chérie…

Et puis, il y a tous les hommes dont on tombe amoureuse et qui ne nous regardent même pas ou pire, nous font souffrir parce qu'ils savent qu'ils ont le dessus. Certains s'inventent des petites amies, une rupture compliquée, pour se dérober à nos avances et sortir avec une autre. Certains font des monologues au lieu de dire *« Non »*. D'autres enfin se disent : *« C'est toujours un coup de bite de pris... sans engagement »* et nous larguent aussitôt leur affaire faite. Comme ce Demba qui se sert puis nous jette puis nous reprend et nous jette encore…

Contre tous ces hommes qui nous ont tuées à petit feu, prenant notre cœur et notre cul pour des punching-balls…

Pour Patricia, la femme trompée, abandonnée, pour Chantal, la femme mariée et transparente, pour Soraya, la femme battue, la femme violée, la femme meurtrie, pour Ambinintsoa, qui a bien dû exister quelque part, pour Véronique qui espère trouver le prince charmant en écartant les cuisses parce qu'on lui a raconté que ça marchait comme ça, pour toutes les petites filles qui se sont retrouvées avec des billes dans la culotte pour rigoler.

… On sait maintenant qu'on doit en tuer un.

Avant d'être moi, je suis tous les autres... Ta gueule !

Je ne suis pas que la fille de mon père, que l'employée de mon patron, que la locataire de mon proprio, que la cliente du magasin, que la cousine de ma cousine, que la copine de mes copines, que l'ex de mon ex !

Avant d'être les autres, je suis d'abord moi !

CHAPITRE 39. Albert Groom

C'est con de tomber malade en plein été mais quand l'âme souffre, le corps lâche. Sébastien a tout détruit chez Hélène : son corps, son moral, sa dignité et ses souvenirs de jeunesse avec lui. Le fiel coule dans ses veines et la ronge de l'intérieur. Ses nerfs assèchent sa peau. Dans sa bouche, un goût de sang et de métal. Sous sa couette, Hélène tremblote tant elle étouffe.

Elle réalise que, pendant toutes ces années, sa timidité a peu à peu changé sa candeur par de la lâcheté. Elle s'en veut. Elle s'en veut d'avoir cru à quelque chose qui n'existe plus depuis longtemps. Elle s'en veut de n'avoir pas réagi. De ne jamais réagir. Ni avec Séb, ni avec Rachida, ni avec personne. Ni avant, ni maintenant, ni jamais.

Le rêve tourne en boucle dans sa tête : un homme est allongé au sol, face contre terre. Elle ne voit que l'arrière de sa tête : des cheveux noirs raides, coupés court. Elle ne voit que sa nuque : une peau fine, légèrement basanée, cuivrée... non... couleur miel. Elle ne voit que son t-shirt blanc, aveuglant. Elle ne voit que son jean clair et ses baskets blanches.

L'homme a été mis dans un trou, tout au fond de la forêt. La lumière de la lampe-torche efface son visage. Il commence à pleuvoir. Il faut reboucher le trou au plus vite !

Elle croit maintenant entendre une voix. Des mots incompréhensibles : une invitation ou plutôt un avertissement. Hélène délire. Elle croit que c'est sa tante Patricia qui l'appelle. Qu'est-ce que sa tante vient foutre là ? Elle entend trois coups sourds tout au loin. Elle est au théâtre !

Tout ceci n'était donc qu'un spectacle ?

Elle entend encore les coups. Elle doit aller saluer. Personne n'applaudit. Les coups se font entendre, plus forts. Avec cette fois une sonnette. La porte ! Quelqu'un est à sa porte !

Ça frappe à la porte, ça sonne, ça tambourine. Hélène ne veut pas ouvrir. *« J'ai de la fièvre ! J'suis au fond de mon lit ! »* croit-elle crier. Mais la porte ne lâche rien et joue de la sonnette comme une alarme en plein week-end, comme une voiture à un mariage, comme un sifflet un jour de l'an. Ça casse les *dring-dring-driiiiiiiing* !!!

La police ! C'est la police ! Ils viennent la chercher. Ils ont trouvé un corps dans les bois. Le corps d'un homme enterré. Ils viennent arrêter Hélène. Non ! La police, elle s'annonce. Hélène l'a vu dans les extraits d'émission qu'elle regarde sur Facebook Watch.

Sébastien. C'est sûrement lui. *« Pas un texto, pas un message et là il vient frapper à ma porte ce connard ? »*, *« J'suis venu m'expliquer... hashtag ouain-ouain ! »*, *« Tu parles ! Comment t'as eu mon adresse, d'abord ? »*... C'est vrai. Hélène lui avait donné rendez-vous dans un endroit neutre, justement pour ne pas lui dire où elle habitait, histoire d'avoir la paix, au cas où... Et ce *« au cas où »*, c'est précisément maintenant.

Qui c'est alors ?! Merde !!! Si elle ne va pas voir, on ne s'arrêtera pas de défoncer sa porte.

Hélène pousse sa lourde couette au pied de son lit. Elle se débat avec son t-shirt XXL qui lui sert de pyjama. Elle y a calé ses genoux contre ses seins et maintenant, elle n'arrive plus à sortir de ce sac à patates. Ses pieds écrasent au sol des biscuits restés dans un paquet et de vieux mouchoirs usagés. Après la moquette, le carrelage est froid dans l'entrée. Où sont ces putains de clés ? Son sac est dans sa chambre, au pied de son lit, sous la couette jetée au sol. Hélène retourne dans sa chambre.

Ça paraît interminable… Et la porte qui gueule encore ! Elle soulève de nouveau la grosse couette, farfouille dans son sac à main, en extrait le trousseau, retourne dans l'entrée, enfourne la clé dans la porte, tourne.

La sonnette s'arrête ! Enfin.

— Vous avez pas vu mon chat ? J'suis sûr qu'il est passé sur votre balcon.

« *Bonjour, d'abord !* » Le vieil homme en face d'Hélène n'est pas du genre à dire bonjour. Les cheveux blancs autour du crâne nu, impeccablement peignés, la petite moustache tout aussi claire, de grosses lunettes carrées, c'est le voisin d'Hélène, Albert Groom. Il se tient encore bien droit pour son âge. Il joue d'élégance comme s'il était en smoking alors qu'il est en pyjama à boutons rayé, robe de chambre épaisse marron et charentaises rouges.

Albert Groom n'est pas homme à se laisser faire. Tout petit déjà il avait compris que ceux qui se plaignent étaient toujours les mieux servis. Et même si le prix à payer était de se retrouver seul (personne n'aime ceux qui se plaignent), il avait fini par comprendre que cette solitude était pour lui un avantage : les gens seuls obtiennent toujours plus vite gain de cause. Pour eux, les procédures sont plus simples.

Enfant, le petit Albert était colérique, boudeur et mauvais joueur. Il obtenait ce qu'il voulait par usure. Ça fonctionnait plutôt bien, même s'il devait accepter en retour une atmosphère pesante dans la maison, un ressentiment constant de ses frères et sœurs, un épuisement qui se transformait en désintérêt de ses parents, une énergie éreintante de sa part.

Il se rendit compte, avec les années, qu'il y avait deux façons de se plaindre : soit des autres ou de ce qui nous entoure, soit de sa propre situation. La première suscitait de l'agacement, la seconde de la pitié... Ce qui était plus efficace, car plus apaisant pour tout le monde. Albert ne criait plus quand il perdait aux échecs mais, dès qu'il voyait que le jeu lui était défavorable, il était soudainement en proie à un mal de tête qui l'empêchait de terminer la partie. Il ne pesta pas, pour une fois, quand son patron voulut le mettre dans un bureau au dernier étage sans ascenseur, mais avec ses problèmes de hanches, vous comprenez... bien sûr qu'on allait lui donner le bureau de Monsieur Balu et que ce dernier déménagerait en haut. Son acrimonie s'était mue en complainte dont son entourage proche n'était pas dupe et faisait plutôt sourire, mais qui fonctionnait assez bien avec les inconnus. Ainsi, il obtenait toujours les meilleures tables au restaurant ou dans les transports en commun, des ristournes exceptionnelles sur tout un tas de produits et services, la possibilité de faire ce qu'il voulait de qui il voulait au gré de ses humeurs dont il faisait croire aux autres qu'il devait les souffrir plus que les décider. Albert était tout de même un très grand travailleur, méticuleux et décidé. Il avait donc acquis bien vite un statut qui imposait le respect. Tout le monde obéissait donc à *« Monsieur Groom »* et assouvissait ses moindres caprices, mais ça n'allait pas plus loin. Albert n'avait pas d'ami. Quelques collègues de circonstance l'invitaient parfois à des dîners chez eux, plus par obligation que par envie. Albert avait une famille fuyante qui avait choisi de s'expatrier très loin du vilain petit canard pour ne plus avoir à supporter son caractère soupe au lait. Il n'avait pas d'amour, juste le souvenir d'une relation de jeunesse qui avait existé et peu duré, plus par conformisme que par réelle passion. M. Groom, à plus de 80 ans, vivait maintenant tout seul dans ce petit appartement, avec comme unique compagnie, son poste de télé et son maigre chat blanc.

Il avait tout obtenu par ses colères et ses lamentations mais il se rendait compte aujourd'hui que tout ça n'était rien si on ne peut le partager.

Albert se sentait trop vieux pour changer maintenant alors il se présente comme un miséreux quand il sonne à la porte d'Hélène :

— J'ai un petit chat, vous le connaissez ? C'est un petit couillon, mais je n'ai que lui… Avec mon arthrose, je ne peux plus jouer les Belmondo sur la terrasse pour essayer de le récupérer… Et puis, je suis sûr qu'il a filé par chez vous le p'tit salopard. Je viens juste de rentrer de l'hôpital - j'ai un cancer à ce qui paraît - mais lui, il s'en fout, tu parles ! Tant que j'lui donne à bouffer ! Pourtant, j'ai besoin de lui, alors si vous pouvez m'aider… C'est un petit chat blanc avec que la peau sur les os !

Hélène sursaute. Elle repense au chat blanc de Rachida. Un chat de gouttière tout miteux qu'elle avait demandé à Hélène de tuer pour se venger de Bruno. Et si Rachida était revenue buter le chat du voisin ?

Non. Impossible. Pourtant, le souffle de la mort pétrifie Hélène encore fiévreuse. Elle ne sait que répondre alors Albert Groom continue sa litanie. Il remonte très loin dans ses doléances : la guerre, la femme qu'il n'a pas eue, sa famille qui l'a oublié, ses collègues et amis qui l'ont abandonné à la retraite, la maladie qui le ronge de l'intérieur. Ce vieil homme n'a apparemment plus aucune raison de vouloir vivre et, précisément, c'est ce qui a l'air de lui donner cette incroyable vitalité.

Hélène bout à l'intérieur. Elle n'a pas vu l'ombre du chat de M. Groom : elle était au fond de son lit ! mais elle ne saurait envoyer chier son voisin, un vieux monsieur qui a l'air si démuni.

Alors, elle attend qu'il ait fini de se lamenter, qu'il s'épuise de sa logorrhée, pour retourner se coucher. Il est intarissable. Pour une fois qu'il a quelqu'un à qui parler… Tout au moins, pour l'écouter. Un spectateur à son piètre spectacle qu'il a mis toute une vie à répéter. Hélène a envie de lui tordre le cou.

Elle a soudain une solution idéale qui lui redonne un peu d'énergie. Une solution qui pourrait l'arranger, elle, autant que lui : il faut qu'elle tue son voisin !

Il faut qu'elle passe à l'acte, c'est le seul moyen de reprendre possession de sa vie et trouver sa vraie nature. Cachée dans son lit, elle a pensé cent fois tuer Séb, il l'aurait mérité. Toute cette histoire a commencé par lui. Sa trahison originelle. La première blessure. Mais comme lui a dit Marie, il faut le moins de liens possibles avec sa victime. Pour ça, il faut transposer sa pulsion de mort sur un innocent. Dans ce cas-là, ce serait même un acte salutaire. En tuant un p'tit vieux à l'article de la mort, elle remplit ses obligations morbides autant qu'elle rend service.

Hélène fomente un plan en quelques secondes : il faut qu'elle joue les infirmières, lui montre de l'intérêt, pour le faire taire et endormir sa vigilance. Elle va l'emmener chez lui, lui préparer à manger, lui demander où sont ses médicaments, charger la dose dans son repas ou sa tisane du soir, le coucher en lui promettant qu'elle trouvera son chat. Drogué, M. Groom s'éteindra dans son sommeil. Personne ne soupçonnera qu'il a été assassiné sauf la coupable qui pourra s'en enorgueillir, enfin repue.

« Chaque année en France, plus de cent femmes sont tuées sous les coups de leur conjoint. Cent femmes par an. Un homme tue une femme tous les trois jours… Même si le mien n'a rien fait, il va payer pour les autres. »

— Venez, monsieur Groom, déclare Hélène en joignant le geste à la parole, je vais venir chez vous pour voir si votre chat n'est pas caché sous le lit ou au-dessus d'une armoire… J'vais nous faire un bon thé. Il est quelle heure ? Vous n'avez pas des médicaments à prendre ?

Albert se laisse accompagner chez lui mais à peine entré, il houspille Hélène, critique la façon dont elle a fermé la porte en oubliant l'entrebâilleur, de remplir la bouilloire avec l'eau du robinet pleine de calcaire plutôt que celle filtrée par la carafe Brita.

— Vous allez saloper toute ma théière ! Allez ! Laissez-moi faire !

Albert Groom pousse Hélène. Elle aurait bien envie de le tuer, là, maintenant, en fracassant cette putain de bouilloire sur son crâne mais elle se rend compte qu'il y a du carrelage dans la cuisine et non du parquet, que sa victime est en pyjama et pas en jean t-shirt, qu'Albert Groom n'est pas son mort, juste un petit vieux qui, derrière son emportement, regrette sa vie de râleur. Il fait pitié. Hélène en a assez. Elle veut rentrer chez elle.

Le petit chat blanc, qui a dû aussi vouloir se jouer du vieil homme ou fuir un temps son mauvais caractère, a l'air de s'être également lassé de son petit jeu. Il sort de nulle part pour se frotter contre les maigres jambes d'Albert. Au lieu de se réjouir du retour de son seul compagnon, M. Groom lui balance :

— Ah te voilà toi ! T'étais où petit con ? Bien sûr, maintenant tu as faim et tu te radines ! Oui oui, d'accord ! Je vais te la donner ta pâtée, on est pas aux pièces non plus !!!

Albert Groom disparaît de l'autre côté de la cuisine dans la buanderie. Il a complètement oublié Hélène qui en profite pour s'éclipser.

Elle va mieux tout à coup ! Albert Groom s'en est bien sorti. Un voisin, on peut encore faire le rapprochement avec elle si on décide un jour, en découvrant le cadavre, que le vieux n'est pas mort de causes naturelles.

Il faut qu'elle trouve *son* mort. Il doit bien être en vie quelque part ! C'est forcément quelqu'un qu'elle a croisé. Il ne sort pas de nulle part ce rêve.

Une fois qu'elle l'aura trouvé, elle le tuera.

CHAPITRE 40. Le monstre

Ça fait plus de dix jours qu'Hélène est partie à la recherche de *l'homme de ses rêves*. C'est ce qu'elle dit à Véronique quand celle-ci la voit scroller comme un dingue sur son téléphone.

Elle a repris le travail et le soir ne suffit plus pour éplucher les réseaux sociaux et ses anciennes photos à la recherche de sa future victime. Elle est retournée chez ses parents consulter les albums de famille. Elle a replongé dans les souvenirs d'enfance, les rencontres de vacances, les cousins éloignés, les amis des parents. Elle a branché son disque dur interne où elle stocke les images de ses anciens téléphones portables. Elle a passé en revue tous ses amis Facebook et les amis de ses amis. Un œil sur ses photos Insta, un autre sur *copainsdavant*. Même si elle sent qu'elle brûle, elle ne trouve pas là la cible idéale.

Elle a déjà scruté tous les dos de ses collègues masculins pour voir si ça pouvait *« matcher »* avec celui qu'elle a vu dans son rêve. Quelques secondes, elle a cru que Mehdi était le grand gagnant mais non, il a la peau trop foncée. Peut-être Alain à la compta. C'est un asiatique d'une quarantaine d'années. La peau correspond, mais les cheveux, pas sûr. Ils sont plus gris que noirs. Quand elle attend le bus, quand elle fait ses courses, elle se met toujours derrière, tout au bout de la file. C'est l'arrière d'une personne qu'elle recherche avant tout. Elle espère que ça lui sautera aux yeux mais rien. Toujours rien. Elle croit reconnaître un dos, mais quand elle s'avance et qu'elle découvre le visage de celui qui pourrait être son mort en chair et en os, elle est déçue. L'homme en question a bon dos, mais il ne mérite pas qu'on lui y plante un couteau.

Au fond, l'apparence n'a pas beaucoup d'importance. C'est un rêve après tout, qui, forcément, déforme la réalité. Il faut s'attacher au caractère. Trouver le bon connard qui mérite de mourir.

Bruno !

Elle a beau le chasser de son esprit, il revient toujours. S'il y en a bien un qui mérite de crever pour ce qu'il a fait, non seulement à Hélène, mais à toutes les autres filles du collège, c'est bien lui. Elle a toujours eu envie de le tuer et maintenant, depuis toutes ces années, ils n'ont plus rien en commun. C'est un inconnu pour elle. Personne ne fera le lien.

Elle tape *« Bruno Guedj »* sur Google. Les photos qu'on lui propose pourraient toutes être lui, mais ce n'est jamais lui complètement. Trop vieux, trop jeune, trop fin, trop souriant. Hélène doit quand même prendre en compte que, depuis le temps, il a vieilli mais aucun des quadras dont elle voit le visage ne correspond. Elle recherche alors sur Facebook. Encore une fois, les profils proposés ne peuvent être le sien. Une photo d'un homme avec ses enfants à la plage, retient quand même son attention. La photo est prise de loin, difficile à dire si c'est le bon Bruno. L'âge correspond en tout cas. Hélène clique sur *« À propos »*. Malheureusement, les études indiquées ne correspondent pas. Ce Bruno n'a jamais été au collège Mendès-France comme Hélène.

D'autres Bruno ont choisi comme photo de profil une moto, un coucher de soleil, le logo de Star Trek. En quelques clics, Hélène découvre qu'ils n'ont, eux non plus, rien en commun avec elle. Dans la liste, une personne habite dans sa région : un beau black qui mériterait plus qu'on le drague plutôt qu'on le tue.

Sur LinkedIn, rien non plus ! C'est si frustrant. Hélène ne peut se résoudre, elle doit retrouver Bruno Guedj !

De retour sur Google, elle essaie toutes les combinaisons possibles de mail : bruno.guedj@, bruno_guedj@, b.guedj@, b_guedj@, bruno.g@, bruno_g@, bruno@, guedj@... Elle s'épuise, ça devient ridicule. C'est comme si son Bruno Guedj, cet enfant maléfique, n'avait jamais existé. Pire, c'est annuler les souffrances qu'il a infligées à elle et aux autres. Elle aimerait tant le retrouver !

***

Les rames ont bien changé depuis le temps où Hélène avait croisé Bruno dans cette station de l'autre côté de la ville. Plus lumineuses, plus spacieuses, sûrement plus confortables, les designers ont bien bossé. Hélène a eu l'idée ce matin en se levant : en retournant là où elle avait revu son camarade de collège alors qu'elle était en colocation chez Rachida, peut-être qu'elle aura la chance (si on peut appeler ça de la chance) de tomber sur lui de nouveau.

Il va faire beau. Rester assise sous l'abri de la station à scruter tous ceux qui descendent et montent dans les trams flambants neufs aux couleurs de la région, ne serait pas un grand effort pour elle, dusse-t-elle y passer la journée.

Il n'y a pas grand monde aujourd'hui. Bien que ça fasse moins de possibilités de tomber sur Bruno, statistiquement parlant, c'est plus facile pour Hélène d'analyser chaque visage qui attend sur le quai ou y descend. Assez motivée quand elle est arrivée vers 9 h, elle perd son entrain quand sonne midi. Il y a de moins en moins de monde, surtout des grands-mères qui promènent leurs petits-enfants et des bandes de jeunes désœuvrés. Autour de 14 h, l'affluence revient. Hélène a avalé un sandwich qu'elle s'était préparé, s'est accordé une pause-café dans le bar-tabac juste à côté d'où elle a pu poursuivre sa veille. Elle est de nouveau d'attaque pour l'après-midi mais vers 15 h, c'est de nouveau le calme plat. Elle espère reconnaître Bruno parmi les travailleurs qui rentrent chez eux entre 17 et 19 h mais la pêche est plutôt maigre. Il faut dire qu'il fait encore grand soleil, peut-être qu'il a accepté de partager quelques bières avec ses collègues et qu'il rentrera plus tard. Ah ben non, on est samedi ! Mince ! Effectivement, elle-même n'aurait pu attendre toute la journée si on avait été en semaine ; elle aurait dû se rendre à son travail. Sauf si elle avait été en vacances... On va bientôt être en août. Quoi ?! *« Mais quelle conne ! »* C'est les vacances ! C'est le week-end ! C'est normal qu'il n'y ait personne à cette station de tram. C'est normal qu'elle n'ait pas vu Bruno.

Son désespoir est le moteur de sa rage. Elle veut tuer un homme, tout de suite, n'importe lequel. Coupable, innocent, gentil ou méchant. Elle s'en fout. Elle veut que ce bête besoin meurtrier lui passe comme on gratte un bouton pour que la douleur s'en aille.

— Espèce de connasse ! Regarde où tu vas, salope !

Hélène tourne la tête : un homme en t-shirt blanc, jean, baskets, engueule une jeune trottineuse qui file sans écouter. L'homme qu'Hélène ne voit que de dos est sorti du bar-tabac et tourne dans une petite rue sombre. Il a jeté sur la chaussée le papier d'emballage de son paquet de cigarettes. Il disparaît dans un nuage de fumée.

C'est lui l'homme qu'elle doit tuer ! Il est plus râblé que le gars de son rêve, plus pâle aussi, les cheveux gris épais et ondulés, mais tant pis… En fait, ça pourrait être Bruno, avec quinze, vingt bonnes années de plus. Même silhouette, même attitude : dégueulasse ! Un Bruno qui aurait déjà trop vécu. Un Bruno en sursis. De toute façon, Bruno appartient au passé et même s'il n'est vivant que dans ses souvenirs, il reste un fantôme. Il est déjà comme mort pour Hélène. Sorti définitivement de sa vie comme elle est morte dans la sienne. Là au moins elle tient un Bruno incarné, un Bruno avec qui elle n'a strictement aucun lien, un Bruno dont la mort suffirait à l'apaiser et qui vengerait sans doute, par la même occasion, toutes les victimes passées du Bruno de son enfance et les probables de ce vieux Bruno qui s'éloigne en râlant.

Hélène se lève et le suit. Elle baisse la tête et met ses mains dans les poches de sa veste. Son cœur palpite. Avec quoi elle va le tuer ? Un sac de courses roulé en boule dans l'une des poches fera l'affaire. Merde les courses ! Hélène avait prévu d'y aller après… C'est con, elle aurait pu l'assommer avec une boîte de conserve ou l'étrangler avec la nouvelle paire de collants qu'elle avait prévu d'acheter. En fait, ce sac en plastique est une arme du crime idéale pourvu qu'il ne soit pas percé : elle le passera sur la tête du vieux cochon et attendra jusqu'à ce qu'il ne bouge plus. Dans cette petite rue sombre, personne ne les verra. Pas de caméra de surveillance, Hélène vient de vérifier. Il faut qu'elle le tue maintenant. Elle n'aura pas une seconde chance.

Elle serre le sac plastique fort dans son poing. Elle va le sortir de sa poche et le passer autour de la tête de sa victime. Il faudra qu'elle fasse vite. Il faudra qu'elle soit forte et patiente.

C'est possible. Dans quelques minutes, elle sera libérée de son rêve, libérée de ses angoisses, libérée de cette immense désolation qui la dévore depuis que Sébastien l'a quittée une seconde fois.

Sa main pleine sort de sa poche, l'autre s'apprête à agripper l'inconnu. Il se retourne, quelques millisecondes trop tôt :

— Qu'est-c'que tu m'veux ? Pourquoi tu m'suis ?

La face de l'homme est immonde. Il grimace, on dirait un monstre. C'est un vieux Bruno dont un AVC aurait paralysé une partie du visage. Il est effrayant. Il ne parle pas, il gueule... Ou plutôt, il dégueule.

— Tu vas répondre pouffiasse ? Tu veux de la quéquette ? C'est ça que tu veux ?

L'homme attrape Hélène qui pousse un cri. Elle va se faire violer par son mort. La rue est sombre et déserte. Aucun témoin, pas de caméra de surveillance. Elle est à sa merci. Quelle ironie !

— De toute façon, vous voulez toutes ça vous les bonnes femmes. Toutes des putes qui sucent des queues pour se faire engrosser et quand c'est fait, finito ! On ferme boutique. Quand on voit vos gueules et vos nichons qui partent en couilles, vous croyez qu'on a envie de vous baiser ? Il faut de la chair fraîche comme toi, hein, petite cochonne.

L'homme fixe Hélène. Ses petits yeux perçants noirs d'encre fusillent Hélène qui tremble. Tout à coup, l'homme éclate de rire. Avec sa voix rauque, on dirait plutôt un aboiement.

— Mais j'rigole ! Tu m'as fait flipper, c'est bien normal que j'te fasse flipper à mon tour !

Il lâche Hélène qui recule de deux pas.

— Allez, casse-toi ! Barre-toi, j'veux plus voir ta sale gueule.

Hélène s'enfuit. Elle remet le sac dans sa poche. Quand elle a quitté la petite rue, elle prend une grande inspiration. Elle entend encore l'homme hurler :

— Que j'te retrouve pas connasse ! Sinon c'est ta fête ! C'est ça, casse-toi !

Hélène s'engouffre dans le tram qui vient d'arriver. Mauvaise direction. Pas grave. De la porte vitrée, elle voit l'homme encore gueuler quand le tram passe devant la petite rue. Ça y est, il a disparu. Hélène s'assoit à la première place qu'elle trouve. Elle reprend son souffle. Se calme. Ferme les yeux pour oublier.

Cette première tentative devrait la dissuader de recommencer...

Pas du tout ! La rage est toujours là en elle.

La prochaine fois, elle sera mieux préparée. La victime sera mieux choisie, l'arme plus adéquate, le terrain mieux étudié.

La prochaine fois, un homme va mourir.

CHAPITRE 41. Le chauffeur de bus

C'est la fin des vacances. Dans le bus, ça s'agglutine de nouveau. Tous les dos forment un amas compact d'où sortent quelques têtes que l'on ne connaît pas, qui ne nous connaissent pas.

Il y a les grands-mères sans leurs petits-enfants, les étudiants avec leur *sac-ado*, les travailleurs qui rentrent du boulot, les glandeurs pour qui le bus, c'est des vacances à l'année. Et puis il y a Hélène, mélangée. Telle une figurante parmi les figurants. *« Nous sommes les figurants des figurants de notre vie »*, comme avait dit Sébastien. Pourtant, c'est son histoire ! Mais personne ne le sait. Chacun a son histoire et c'est bien suffisant. Les écrans et les écouteurs sont autant de murs et de sentinelles supplémentaires pour que ne s'échappent, par inadvertance, au détour d'une rencontre ou d'une conversation, aucune de ces histoires.

Hélène laisse traîner son regard à la recherche de sa proie. Elle ne l'a pas encore trouvée, ça fait déjà un mois. De temps en temps, elle a cru que c'était le bon, mais il y a toujours le détail qui sauve. Elle s'est persuadée que c'était elle qui leur trouvait des excuses, s'en trouvant ainsi à elle-même pour ne pas passer à l'acte. Pourtant, le crime mental, aussi parfait soit-il, ne suffit plus. Il faut que ça passe par la chair. Alors elle s'endurcit, c'est le seul moyen pour qu'elle trouve la force de se venger et de s'apaiser enfin. Si cet enfoiré de Sébastien avait raison : la vie n'a de valeur que celle qu'on lui donne, alors tous les passagers dans ce bus sont comme elle : moins que rien, inutiles, dispensables.

Maintenant, elle en est convaincue. Depuis Sébastien, tout le monde l'a lâchée de toute part. Personne ne lui parle plus au boulot. Elle ne parle à personne non plus. Véronique ne l'invite plus nulle part. Elle ne serait pas venue de toute façon. Marie l'ignore. Celle qui avait fait d'Hélène un premier rôle la relègue à présent au rang de simple silhouette, et encore... La haine envers Séb, transformée en haine des hommes, s'étend en aversion pour le genre humain. Femmes, hommes, jeunes, vieux, Hélène les déteste tous. Ils ont tous leur part de responsabilité dans ce qu'elle éprouve aujourd'hui. À moins qu'elle n'en soit la seule responsable... Qu'est-ce que ça change de toute façon ? Le résultat est le même.

En y repensant, ça pourrait être n'importe qui dans son rêve : un homme, une femme aux cheveux courts, un enfant, un vieillard mourant... Ce n'est qu'un dos après tout !

Une bonne-sœur descend du bus, un imam y monte. Et Dieu dans tout ça ? Tuer un pauvre innocent, c'est bien beau, ne pas se faire pincer, c'est déjà autre chose, quant à subir la punition divine pour l'éternité, ça mérite réflexion. Il ne faut croire en rien pour que, tuer un Homme, puisse être justifiable. Même celui qui commet un crime alors qu'il croit bien faire, perd son excuse, car il croit déjà en quelque chose. Ça fait des semaines qu'Hélène rumine. Sa haine transformée en colère lui a fait ressasser une réflexion qui trouve maintenant sa logique :

« Dieu n'existe pas parce qu'il est plusieurs », rabâche Hélène. *« Les Églises, par leur nombre, s'annulent l'une l'autre. Les Dieux égyptiens ont tué les Dieux sumériens. La mythologie indienne se substitue à l'égyptienne. Les croyances Maya abrogent les indiennes. Les romaines remplacent les grecques. Les chinoises, les romaines. Yahvé relègue tout ce petit monde dans le rayon fol-*

klore. Dieu tue Yahvé. Allah renverse Dieu. Ron Hubbard prolonge le doute. Quant aux sectes d'aujourd'hui... Elles aussi revendiquent toutes leur Dieu comme le seul, le vrai. Toute religion est d'abord une secte, alors pourquoi les contemporaines auraient moins raison que les autres ? Dieu, s'Il avait existé, Il n'aurait pas laissé de doute possible. Le mystère de la foi, c'est le cache-sexe de l'inexistence divine. La réalité est unique. Si elle est double, c'est un point de vue. Dieu n'est rien d'autre qu'un point de vue. Tiens, demande aux gens de te décrire quelqu'un que tu n'as jamais vu, tu n'auras qu'une description partielle. Des ouï-dire, des racontars. Pour Dieu, c'est pareil. Le Dieu des hommes n'est qu'un ragot de lui-même. Croire en lui revient à ne pas le connaître. Ne pas croire en lui nous laisse la possibilité de son existence. S'Il n'est rien, alors Il peut être tout ! Je préfère faire le pari qu'Il n'existe pas. Si j'ai raison, je ne serai pas déçue, si j'ai tort, je ne le serai pas non plus car je ne m'attends à rien. Pour celui qui croit, il faut que Dieu existe et qu'Il existe comme il l'entend pour ne pas être déçu... Ça laisse peu de chance d'être réjoui. C'est même indécent pour ceux qui sont à l'aise de croire en Dieu ! Les pauvres, les miséreux ou les malades, ils ont une légitimité dans leur foi. Ça leur donne une forme d'espérance, comme quand on joue au loto et qu'on espère devenir riche plus tard ; qu'on sera récompensé d'une manière ou d'une autre... Mais pour les gens sans trop de problèmes, croire en Dieu, c'est accepter hypocritement que quelqu'un d'autre s'occupera de la misère du monde. Ça permet de regarder ailleurs, d'avoir la conscience tranquille en se consolant de savoir qu'au moins, après leur vie de souffrance, les moins gâtés auront une forme de consolation dans l'au-delà, qu'ils n'auront pas payé pour rien. Continuons à festoyer pendant que d'autres crèvent la gueule ouverte ! La vie n'a de valeur que celle qu'on lui donne, ici, maintenant, pas ailleurs dans un paradis hypothétique ou dans les enfers. Ça n'existe pas. Pas besoin d'aller voir la famine, l'exploitation des enfants, les guerres en tout genre dans le quart-monde où l'on crève en masse dans une totale indifférence pour s'en rendre compte. Il suffit de croiser les zombies en manque de crac du quartier Jean Jaurès. Ils ne ressemblent plus à rien, ils ne tiennent même plus debout. Ils sont prêts à se mettre des queues dans tous les orifices possibles pour une dose, à se faire taper dessus, pisser dessus, défoncer la gueule. Ils ne diront rien. Ils n'ont plus de dignité, plus d'âme, plus d'humanité. Et ils n'ont plus aucune chance d'être autre chose. Et tout le monde s'en fout… À commencer par Dieu. Le paradis et l'enfer, il est pour qui d'abord ? Qui est bon ? Qui est mauvais ? Nous sommes tous un peu des deux. Comment décider ? Quelle prétention de l'Homme que de croire qu'il existe un endroit, un état, qui lui est réservé après la vie pour l'éternité ! Si le paradis existe, il doit être infesté de mouches ! Pourquoi pas ? Pourquoi elles auraient droit aux enfers ou à rien du tout sous prétexte qu'elles n'ont pas d'âmes ? Qui décide qui a une âme ?... Quel égocentrisme ! Quel égoïsme de croire qu'on va pouvoir revivre une seconde vie, puis une troisième sans fin… Que nous n'appartenons qu'à nous et non à l'univers qui nous a fait ! Après la vie, nous nous diluons dans l'éternité. Notre matière, notre énergie sont rendues à la terre, notre ADN à nos enfants, le souvenir de nous à ceux qui veulent bien le maintenir jusqu'à ce qu'ils disparaissent à leur tour. Tout se dilue de plus en plus avec le temps comme nous, nous sommes construits à notre naissance de cette dissolution : notre matière, notre énergie, notre ADN, le souvenir des autres. Nous faisons partie d'un tout duquel notre conscience se détache le temps de notre existence pour revenir au tout à notre mort... Tous les héros meurent quand le film est fini. »

— Excusez-moi Mademoiselle ! Excusez-moi ! commence à s'exciter une passagère qui veut sortir du bus.

Hélène revient à elle. En effet, elle bouche la sortie. La jeune femme la pousse pour sauter sur le trottoir avant que les portes ne se referment. Le bus part. Le sac à main de la voyageuse s'est répandu par terre. Elle ramasse ses affaires et fixe Hélène dans le bus en pestant :

— Mais quelle connasse celle-là ?! Tu peux pas bouger ton gros cul au lieu de dormir debout ! J'te jure, si j'te r'croise toi, j'te fous ma main dans ta gueule, espèce de pute !

Une figurante de la vie d'Hélène, qui s'est prise pendant quelques secondes pour un second rôle, disparaît. Les autres restent à leur place. Ils meublent le bus, ils meublent le quartier, ils meublent l'existence. Le papy avec son chien sur les genoux : figurant. Son chien : figurant. Les trois blacks qui jouent les racailles en riant fort : figurants. La dame avec tous ses bijoux et ses papiers du divorce : figurante. Le SDF au coin de la rue : figurant. Le cycliste qui a fait un malaise (il aura quelque chose à raconter ce soir à ses proches, mais on s'en fout !) : figurant. Les badauds qui se pressent autour de lui : figurants. Les pompiers qui viennent à son secours : figurants. Le président de la République, même : figurant !

Figurant : agglomération lointaine qui se transforme avec le temps, telles les bulles d'une mousse sombre qui apparaissent et disparaissent. Quelle que soit notre position, de loin, nous ne sommes que des dos. Comme cette grosse dame face au vieux monsieur et son chien, comme ces enfants bruyants, comme le chauffeur de bus. Des dos.

Le chauffeur de bus : figurant. Figurant nuque pour être précis. Son dos est mangé par son siège, sa tête coupée par le panneau en agglo derrière lui. Seule sa nuque est dans la fenêtre, au-dessus du dossier où est accroché son manteau.

Sa nuque est fine et légèrement basanée. Ses cheveux sont courts, raides et noirs. On devine quand même des bras accrochés aux volants. On croirait être ceux d'un enfant. Il porte un t-shirt blanc. Hélène regarde de plus près. Le jeune homme qui les conduit est également vêtu d'un jean. Des baskets blanches s'activent sur les pédales.

C'est lui !

L'homme de son rêve, c'est lui ! Le chauffeur du bus. Le bus qu'elle prend tous les jours pour aller au boulot !

Hélène a le cœur qui bat. Elle est certaine d'avoir reconnu le dos qu'elle a vu dans son rêve. Comment aurait-elle pu le retrouver par son visage puisque, précisément, dans son rêve, elle ne l'avait vu que de dos ? C'est la nuque qu'elle a reconnue plutôt. La nuque, c'est un peu le visage du dos. Hélène s'avance dans le couloir bondé pour faire face au mort : l'allure svelte, la petite taille, la couleur de la peau, les cheveux, les vêtements, tout correspond ! Le chauffeur est d'origine asiatique, la trentaine. Les traits fins, le visage imberbe en triangle, une coupe de cheveux bien ordonnée avec la raie sur le côté, une petite bouche sans lèvres, un petit nez très légèrement épaté, des sourcils épais mais pas très grands et peu fournis, le regard doux et profond. Il est très détendu, presque apaisant quand on le regarde. Il conduit comme s'il n'y avait aucune voiture autour de lui, aucun feu rouge pour l'arrêter ; comme s'il était sur une départementale vide en pleine campagne un jour de juin.

Le bus s'arrête à une station. Le conducteur tourne la tête en souriant pour saluer ceux qui montent. C'est vrai, on dirait un enfant !

Les portes se referment. Le bus redémarre.

Merde ! C'était l'arrêt d'Hélène.

CHAPITRE 42. Jean-Philippe

— Gare routière. Terminus. Tous les passagers sont invités à descendre. Merci.

Hélène a décidé de suivre le chauffeur aussi loin qu'elle peut pour en savoir le maximum sur lui. Quand son bus est vide, le jeune homme ferme les portes et emmène son véhicule à l'entrepôt en face de la gare routière. De loin, Hélène observe le petit manège. Elle a traversé la rue à son tour pour s'approcher au plus près de l'entrée de l'entrepôt. Le chauffeur est descendu pour rentrer dans un bâtiment en préfabriqué. Pendant plusieurs longues minutes, il ne se passe rien que le ballet des bus qui entrent et sortent.

Le chauffeur quitte l'espèce de mobile-home dans lequel une lumière s'est allumée. Il fait déjà un peu sombre dans la cour. Le jeune homme qui, décidément, n'est vraiment pas grand, disparaît au fond du hangar d'un pas rapide. On dirait qu'il sautille comme un gamin. On l'entendrait presque siffloter. Hélène pense qu'elle l'a perdu définitivement et s'apprête à prendre le chemin du retour quand elle le voit sortir au volant d'une petite voiture grise électrique qui file sur le boulevard sans un bruit. Hélène est nulle en automobile, elle ne saurait dire la marque. Elle n'a pas fait attention au logo. Elle a juste eu le temps de mémoriser les premiers chiffres de la plaque, mais ça ne va pas lui servir à grand-chose. Elle regagne la gare routière.

***

Bus de retour. *« Pourquoi lui ? »* se demande Hélène, d'autant plus qu'elle est convaincue qu'il s'agit bien du chauffeur qui allongé face contre terre sur le parquet d'un salon, enterré dans un trou au fond des bois. Comment s'est-il retrouvé dans son rêve ? Elle essaie de se souvenir si, à tout hasard, ils ne se seraient pas croisés dans un cadre plus privé, s'il avait eu envers elle un comportement inapproprié qu'elle aurait digéré dans ce cauchemar. Mais alors il aurait fallu que ça se passe à l'époque de Rachida puisque la première fois a eu lieu quand les deux filles habitaient ensemble. Rachida connaissait (sans les connaître vraiment) tellement de gens si différents. Si ça se trouve... Le chauffeur dit quelque chose à Hélène sans qu'elle puisse pour autant mettre un souvenir précis dessus. C'est trop flou. Elle se trouve subitement raciste : ne pouvoir identifier l'homme participe fortuitement à accepter l'idée que tous les asiatiques se ressemblent. Elle fouille encore dans ses souvenirs pour savoir ce qui la relie à ce chauffeur de bus puis elle se souvient que le mobile de son forfait futur n'a plus aucune espèce d'importance. Il faut qu'elle se venge des hommes, lui ou un autre est indifférent. Mieux, le fait que ce pauvre bougre soit complètement lambda est la garantie de l'impunité d'Hélène, la libérant dans son acte. De toute façon, à l'époque où elle était coloc, elle prenait la voiture pour se rendre chez Truffaut puis le tram quand elle s'était mise à bosser chez Weber-Améris. Aucune raison qu'elle ait pu croiser le jeune homme comme c'est fréquemment le cas aujourd'hui. Et puis, c'était il y a plus de dix ans. Le gamin qu'elle a suivi tout à l'heure ne pouvait pas être chauffeur de quoi que ce soit à ce moment-là.

Peu importe le pourquoi. C'est le qui et le comment qui comptent.

Hélène use son pouce et étourdit son cerveau sur Facebook :

[JO : Je suis l'enfant du « mème avec le chien »]

[AL : J'ai été drogué au GHB dans un bar à mon insu]

[LN : Je vais buter un chauffeur de bus pour me venger du genre humain]

[JP : Je vais être assassiné sans raison, mais je ne le sais pas encore]

JP… Jean-Philippe… Jean-Philippe ? Jean-Philippe !!!

Dans la liste *« Vous connaissez peut-être… »* sur le Facebook d'Hélène : un profil avec le portrait d'un jeune asiatique, le visage pris de face, sans expression, presque une photo d'identité. En dessous un nom : *« Jean-Philippe Morel »*. C'est le chauffeur de bus qui vient d'échapper en voiture électrique à Hélène il y a une demi-heure à peine.

Facebook a trois façons de vous suggérer des *« amis »* : soit les profils sont ceux d'amis de vos amis, soit parce que vous avez leurs coordonnées enregistrées dans l'un de vos répertoires numériques, soit enfin, parce que ce sont des gens que vous croisez régulièrement. Ainsi, il vous arrive d'être mis en contact avec la cousine de votre cousin de l'autre côté de sa famille, avec le collègue qui habite à l'autre bout de la France que vous avez juste eu quelques fois au téléphone et dont vous avez enregistré le numéro mais que vous n'avez jamais vraiment rencontré, avec la caissière du Lidl où vous faites vos courses une à deux fois par semaine et que vous croisez aussi à l'école car sa fille est dans la même école que votre garçon.

Tous les jours de la semaine, Hélène prend le bus pour aller au travail (de l'arrêt *« Rue Maurice Leblanc »* à l'arrêt *« Solferino »*), tous les soirs, elle prend le bus retour dans le sens inverse. Les week-ends aussi ça lui arrive de prendre le bus. Quand elle va voir sa cousine Victoria à la Maison d'Accueil Spécialisé à l'arrêt *« Joli Bois »*, par exemple. Or, il n'y a que deux lignes de bus dans la ville qui couvrent : le sud de *« Gare Routière »* à *« Mémorial »*, celle qu'emprunte Hélène et le nord de *« Miró »* à *« Gare Routière »* qui s'ajoutent au tram circulaire qui fait le centre-ville ; sans compter les bus qui vont de la gare routière aux villes périphériques. Jean-Philippe est l'un des trois chauffeurs de bus de la ligne sud. Très logiquement donc, Hélène et Jean-Philippe se sont croisés à maintes reprises, sans pour autant se connaître. C'est pourquoi elle a le conducteur de bus dans ses suggestions d'amis.

Malheureusement, le compte Facebook de Jean-Philippe Morel est peu bavard. Le conducteur a rendu tout privé. Hors de question pour Hélène de faire une demande de connexion. Il n'y a aucune raison et ça risque de la compromettre. Pourtant, elle aurait besoin d'en savoir plus sur lui et Facebook serait un bon moyen.

Elle va voir ses photos. Les deux seules publiques sont sa photo de profil et une photo de groupe où il est tagué. Elle a le nom du restaurant : *« Breakfast in America »*. C'est un *diner* en centre-ville près de la mairie. Elle n'y a jamais été. Peut-être qu'elle devrait y faire un tour pour espérer le croiser dans un cadre plus privé et y glaner des infos sur lui...

Pour mettre toutes les chances de son côté, Hélène est venue le samedi matin. Elle s'est dit qu'il passerait peut-être prendre un petit-déjeuner en famille. Elle se fait passer pour une cliente et demande des gaufres aux myrtilles et un café allongé. C'est un restaurant très cliché avec son carrelage en damier, ses grands miroirs, ses néons et son mobilier pastel. On peut y entendre de la country et de la folk inconnues en France, plutôt douces, assez agréables. Le restaurant se remplit puis se vide.

Jean-Philippe n'est pas venu. Hélène fait un tour en ville en attendant l'heure du déjeuner. Elle veut exploiter toutes les éventualités. À midi, elle commande un hot-dog new-yorkais et un coca light. Jean-Philippe n'est pas là. Le soir, elle décide d'y retourner mais, alors que le serveur la reconnaît (*« Bah dis donc, vous l'aimez notre resto ! »*), elle réalise trop tard qu'elle risque de se faire repérer. Elle se souvient de ce que lui avait dit Marie : Il faut laisser le moins de traces possible entre le tueur et la victime. Mais puisqu'elle est là, elle mange une salade césar au comptoir avec une bière sans goût. Pas de Jean-Philippe. Le lendemain, elle est un peu découragée, mais elle se convainc : si elle n'y va pas aujourd'hui, elle va sûrement le rater. Alors, dès l'ouverture à 9 h, elle se rend à *« Breakfast in America »*. Pour passer inaperçue, elle prend un café dans le bar d'en face. Elle s'installe à une table dehors d'où elle peut voir les entrées et sorties ainsi que les clients qui mangent sur la terrasse. Le brunch du dimanche a l'air très appétissant. Elle regrette de ne pouvoir en déguster un, mais si elle retourne dans ce *diner*, elle va attirer l'attention. À 15 h, le restaurant ferme. Hélène est déçue de ne pas avoir croisé le chauffeur de bus, mais dans le fond, elle est soulagée. Elle s'est trop compromise la veille. Elle a pris le risque qu'on fasse le rapprochement avec sa future victime une fois le crime commis.

Hélène reprend le bus : Jean-Philippe est au volant ! Bien sûr qu'elle n'aurait pu le croiser au restaurant s'il était de service ce week-end. C'est le moment pour le suivre, pourtant, Hélène a tellement vécu avec lui en tête tout ce week-end que de le voir la fait culpabiliser. Elle va au fond du bus et s'enfuit dès qu'elle arrive à son arrêt.

Hélène a posé des jours de vacances. Trois semaines. Elle a laissé passer une semaine avant d'avertir la DRH qu'elle serait en congé. Il faut qu'elle temporise. Elle a besoin de ce temps-là pour faire son enquête sur sa future victime et d'éventuelles filatures. Elle ne veut pas précipiter les choses. Ça risquerait de la pousser à la faute. Il faut qu'elle garde la tête froide.

Le premier jour, elle s'est levée comme d'habitude et a attendu le bus qui l'amène au bureau. Elle espère tomber sur Jean-Philippe et le suivre pour comprendre quand et comment il travaille. Malheureusement, c'est une femme d'une quarantaine d'années, rondelette mais très joviale qui est au volant du bus. Hélène est un peu déçue mais elle tente quelque chose :

— Excusez-moi madame… Ça va vous paraître un peu bête, mais je cherche du travail et j'aimerais savoir ce qu'il faut faire pour conduire des bus, comme vous…

— Oh, vous excusez pas, répond la conductrice. Vous êtes pas la première personne à me poser cette question… Pourtant, j'ai jamais vu personne intégrer l'équipe depuis… Les bus, les gens, ça les amuse, mais quand ils se rendent compte qu'ils vont devoir faire toujours le même trajet toute leur carrière, ça les refroidit un peu… Bref…

La jeune femme lui détaille toute la marche à suivre : les formations, les sessions de recrutement, etc. Hélène demande alors les conditions de travail : elle travaille du lundi au vendredi ou du mardi au samedi, en alternance toutes les deux semaines. Soit de 7 h à 15 h, soit de 15 à 22 h, sauf les semaines (une semaine sur trois) où elle travaille les dimanches. Elle finit alors à 13 h ou 20 h trois jours dans la semaine.

— Ah, d'accord, répond Hélène. Et vous faites toujours la même ligne ?

— Oui. La ligne sud. On est par équipe de trois chauffeurs. Deux équipes en alternance pour la ligne sud. C'est pareil pour la ligne nord et le tram du centre-ville.

— Ça veut dire que sur cette ligne à cet horaire, demain, vous serez là mais la semaine prochaine, il y aura quelqu'un d'autre... Pour une semaine.

— C'est ça... La semaine prochaine, c'est Jean-Philippe qui sera à ma place. Cette semaine, l'équipe B est de l'après-midi et l'équipe A, notre équipe, du matin. La semaine prochaine, ça change...

— Ah d'accord... Ben, c'est bien, c'est varié... Enfin, je veux dire, point de vue horaire...

— Oui, point de vue horaire, oui. Mais point de vue paysage...

La jeune femme éclate de rire. Hélène sourit poliment pour ne pas la vexer. Elle remercie la conductrice et s'éloigne. Elle fait ses calculs : une semaine sur deux, Jean-Philippe prend dans son bus Hélène les matins pour l'amener au travail, l'autre semaine, il la dépose chez elle quand elle a fini sa journée. Parfois, il l'amène voir Victoria certains soirs ou le week-end. Quand Hélène a suivi Jean-Philippe, il y a deux semaines, il était du soir puisqu'il l'avait prise au travail à la fin de sa journée et il devait travailler le dimanche puisque quand il a quitté l'entrepôt, il était 20 h et non 22 h... Cette semaine, il est aussi du soir, mais ne travaille pas le dimanche, donc il finit à 22 h.

De retour chez elle, Hélène a été tentée de consigner ces informations sur un carnet mais elle se souvient qu'il ne faut laisser aucune trace. Elle se répète en silence plusieurs fois l'emploi du temps de Jean-Philippe jusqu'à ce qu'il entre dans sa tête. Tous les jours, elle fait ses exercices : le matin et le soir, pendant qu'elle se brosse les dents, elle se répète : semaine 1, service du matin, semaine 2, service du soir, semaine 3, travail le dimanche. Horaires : 7 h – 15 h ou 15 h – 22 h, sauf les semaines 3 : 13 h ou 20 h. Semaine de référence : dernière semaine d'août.

Ça la rassure de mettre de la rigueur dans sa préparation. Elle se détache un peu ainsi de l'humain et se rapproche de l'acte. Elle est comme un soldat : elle ne pense plus ni aux raisons ni aux conséquences mais se concentre sur la mission.

Elle retourne sur la photo publique dans le profil Facebook de Jean-Philippe. Dans le restaurant, ils sont sept : quatre hommes et trois femmes. Tous du même âge environ. Des collègues de travail ? Hélène regarde les noms tagués. Une jeune femme blonde (fausse blonde), cheveux raides, coupe au carré jusqu'aux épaules, yeux verts, petit minois pointu, lunettes rouges en métal fin, attire l'attention d'Hélène. Elle est juste à côté de Jean-Philippe, collée contre lui. Ça pourrait être sa femme ou sa petite amie. Son nom de profil est *« Laura MRL »*. *« MRL »* ça veut dire *« Morel »* peut être... Hélène va sur le profil de Laura. Bingo ! La photo de profil de la jeune femme, c'est Jean-Philippe, elle et une petite fille de quatre, cinq ans, tous en maillot de bain à la plage. Hélène tique : le gars a une gamine ! Merde ! Ça va en faire une orpheline... Hélène se remet en mode soldat : *« Chaque année, plus de cent femmes sont tuées sous les coups de leur conjoint. Jean-Philippe va payer pour les autres et tant pis pour les dommages collatéraux ! »*

Hélène va dans la rubrique *« À propos »*. Laura est née le 1er novembre. Elle est en couple avec *« Jean-Philippe Morel »*. Elle n'est pas originaire de la région, mais du département voisin. Hélène va ensuite voir les photos disponibles sur la partie publique dont elle a uniquement accès. Dans la section *« Photos de vous »* : un chemin dans la forêt l'automne, deux coupes de champagne face à la mer, le resto où elle est taguée avec leur groupe d'amis, une vieille bicoque en pleine montagne et un tatouage de scorpion sur l'épaule, raccord avec sa date de naissance. Dans la rubrique *« Album »* se trouve un dossier où il y a des selfies de Laura pris avec une appli de sport. En incrustation, la date et l'heure de la photo, le nombre de km parcouru, le temps passé et le parcours effectué avec la carte des rues en filigrane. Hélène constate que le départ est toujours le même. Elle reconnaît le boulevard de la République (cette grande barre dans le plan en filigrane). C'est là où se trouve la Maison d'Accueil Spécialisé où vit Victoria. Ce boulevard traverse l'entrée de la forêt au sud et se prolonge dans le quartier *« Marronnier »* d'où semble partir Laura. En regardant plus précisément sur google map, Hélène arrive à localiser le point de départ : impasse des Rosiers, qui donne sur la rue du Vieux Cimetière.

Hélène prend ses clés de voiture, elle veut y aller tout de suite. On est en semaine 2, Jean-Philippe finit son service à 22 h. Il est à peine 20 h. Elle aura le temps de le voir arriver. Il faut qu'elle laisse son téléphone portable, il ne faudrait pas qu'elle soit localisée là-bas. Elle essaie de se remémorer le trajet. Le principal est de retrouver le boulevard de la République, direction la forêt, aller au-delà et trouver la rue des Églantines qui croise le boulevard et démarre le quartier *« Marronnier »*.

***

— Bonne nuit ma chérie, fais de beaux rêves...

Une lumière s'éteint à l'étage. Hélène voit Laura redescendre. Elle vient de coucher sa petite fille. Par la grande baie vitrée qui donne sur le jardin, Hélène a une vue imprenable sur le salon et la cuisine américaine. Jean-Philippe et Laura vivent dans un pavillon modeste de larges briques noires dans un quartier résidentiel à l'extérieur du centre-ville. Plusieurs maisons identiques bordent l'impasse des Rosiers. Elles donnent toutes sur la rue avec, à l'arrière, un carré de pelouse séparé d'une simple clôture où on peut également accéder par une barrière métallique qui donne sur un petit chemin. C'est là qu'est postée Hélène. Dans le noir, personne ne la voit mais elle, voit tout ce qui se passe au rez-de-chaussée de la maison. Quand Jean-Philippe rentre du travail, il gare sa voiture dans le garage attenant à la maison qui donne aussi sur la rue. On peut y accéder de la cuisine par une porte d'où il surgit alors que Laura l'attend sur le canapé, devant la télé. Quand elle le voit, elle se lève. Ils se rejoignent et s'embrassent. Ils échangent quelques mots. Laura réchauffe le repas pendant que Jean-Philippe se débarrasse. Ils mangent, l'un contre l'autre dans le sofa face à la télé. Leur silence est serein et bienveillant. Pas de geste inutile, pas de parole pour rien. La douceur de l'instant.

CHAPITRE 43. Jade & Laura

— Bonjour Monsieur. C'est bien le bus pour aller *« Place du marché couvert »* ?

— Bonjour. Oui. C'est ce bus.

— Merci.

Jean-Philippe a vu la jeune femme dans son rétroviseur courir depuis le bus 91 à l'autre bout de la gare routière. C'est une petite blonde avec des lunettes en métal rouge, assez tonique, emmitouflée dans une doudoune noire. Elle est avec sa petite fille qu'elle transporte en poussette. Jean-Philippe sort de sa cabine.

— Attendez, je vais vous aider.

À deux, ils montent la poussette dans le bus. La jeune femme remercie Jean-Philippe et va s'installer au milieu du véhicule, à l'emplacement réservé pour les poussettes et fauteuils roulants. Il n'y a pas grand monde dans le bus, au terminus *« Gare routière »,* à cette heure-ci : une vieille dame voilée et un punk à chien qui n'a sûrement pas payé son billet avec son rottweiler bien sage sous ses jambes. Après quelques minutes, Jean-Philippe ferme les portes et démarre. Dès qu'il peut, il regarde la jeune femme et sa petite fille dans son rétroviseur. La gamine semble dormir. Sa maman a l'air inquiète. Elle découvre la ville de sa fenêtre, à l'affût.

Quand le bus arrive à *« Place du marché couvert »*, Jean-Philippe se lève :

— C'est ici.

Il ouvre les portes et se dirige dans le couloir vers la jeune femme. Il l'aide à descendre.

— Merci.

— Bonne journée.

— Bonne journée à vous, répond la jeune femme.

Pendant une dizaine de jours, la maman avec son enfant prend le bus de Jean-Philippe. Elle ne s'arrête pas toujours au même arrêt. Parfois il la retrouve dans le sens inverse, du centre-ville à la gare routière. À chaque fois, il aide à monter et à descendre la poussette dans laquelle dort sa fille.

— Comment elle s'appelle cette belle au bois dormant ? ose enfin demander Jean-Philippe.

— Jade.

Il aimerait surtout savoir comment s'appelle sa maman, mais il n'ose pas demander. Trop tard. La jolie blonde a disparu.

***

Laura a enfin trouvé un appartement dans le centre, pas trop cher avec un beau salon, deux chambres, une pour elle et une pour sa fille Jade ainsi qu'une autre pièce dont elle va se servir pour son cabinet de coaching sportif et yoga. Après plus de deux mois passés chez son cousin en périphérie de la ville, elle est enfin chez elle.

Même si ça n'a pas été facile, elle est heureuse d'avoir pris la décision de tout plaquer pour refaire sa vie ailleurs. La petite va sur ses deux ans, c'était le moment ou jamais pour bouger.

Laura avait rencontré Teddy, le futur père de sa fille au collège. Ils s'étaient rapprochés suite au décès soudain d'un copain de classe dont ils étaient très proches, chacun de leur côté. Comme pour honorer sa mémoire, ils s'étaient persuadés qu'ils devaient se mettre ensemble. S'ils avaient été chacun aussi complices avec ce camarade perdu, alors ils devraient bien s'entendre. Ce fut le cas. Comme une évidence. Quelque chose d'intense, de fusionnel. Leur amitié, pourtant, ne leur paraissait pas suffisante. Il fallait qu'ils se mettent en couple. Lors de leur première fois, qui était une formalité tant c'était un passage obligé dans la relation qu'ils avaient établie entre eux, ils étaient devenus *« adultes »*. Ils avaient commencé à planifier leur vie ensemble et s'étaient employés à parvenir à leurs fins. Le bac en poche, Teddy avait fait des études d'optique et Laura avait continué le sport. À 25 ans, il était opticien (il avait sa propre boutique franchisée) et elle était coach. Ils avaient acheté une petite maison de banlieue. Ils étaient prêts à avoir des enfants. Très vite, Laura tomba enceinte. C'était une fille. Ils décidèrent de l'appeler Jade.

Tout roulait pour ce jeune couple. Presque trop bien d'ailleurs. La routine. Ils s'entendaient toujours très bien mais l'envie de l'autre s'estompait. Ils étaient redevenus amis et vivaient ensemble comme des colocataires. Teddy réalisa alors que, en fin de compte, ça avait toujours été ça entre eux : une belle mais simple amitié. Ils s'étaient crus amoureux, ils s'étaient vus en couple, mais ils n'étaient rien d'autre que de bons camarades mais pas plus. Un soir, Teddy eut le courage d'en parler à Laura. À sa grande surprise, elle était d'accord avec lui : ils avaient été trop vite. Ils s'étaient enfermés, liés l'un à l'autre sans aucune raison réelle. Ils s'en voulaient presque de s'être aveuglés à ce point et ils passèrent cette soirée-là à se demander pardon.

Ils auraient pu se séparer sans heurts, se voir de temps en temps, devenir des confidents pourquoi pas ou ne plus jamais se revoir sans que ça ne fasse de peine à l'autre... Seulement, il y avait une petite fille dans l'histoire à laquelle ils étaient, évidemment, attachés tous les deux et qui, d'une certaine manière, rendait concrète leur erreur de jeunesse. Ils crurent bon de se déchirer pour la garde, comme on se doit de le faire, prenant chacun un avocat pour tout disséquer et se le reprocher ensuite. Il fallut vendre la maison pour que l'un et l'autre puisse récupérer leurs billes mais ce n'est pas chose aisée quand les potentiels acheteurs sentent de mauvaises ondes en entrant visiter. On baissa le prix jusqu'à ce que vendre n'eut plus aucun intérêt.

Cette escalade absurde avait pour unique but de montrer à l'autre lequel des deux aimait le plus Jade mais c'était elle, en réalité, qui en souffrait. Sans le comprendre, l'enfant voyait que par leurs disputes, ses parents lui reprochaient son existence. La petite tombait toujours malade, pleurait beaucoup, refusait d'aller à la crèche, certainement de peur d'y être finalement abandonnée. Épuisé, le couple fit une trêve, se rendant compte que chacun jouait un rôle, encore une fois ; celui que la société leur avait imposé comme à tous ceux qui se conforment à elle. Laura et Teddy étaient des êtres posés, réfléchis, raisonnables. Teddy laissa la maison et la garde de la petite à Laura. Il la prenait certains week-ends et les vacances. Ils fêtaient ensemble leurs anniversaires respectifs, se retrouvaient aux réunions de familles et aux soirées entre potes comme de fidèles amis, ce qu'ils avaient toujours été.

Tout de même, tout ce charivari avait vidé Laura et sali tout ce qui l'entourait : sa maison, son travail, sa ville et certaines de ses relations. Elle aspirait au renouveau. Elle devait changer d'air. Elle ne voulait pas aller trop loin non plus pour ne pas priver Teddy de voir sa fille. Elle reprit contact avec un cousin éloigné qu'elle n'avait pas vu depuis le CM1 qui habitait dans le département voisin. Il était marié, avait trois enfants et fût ravi de retrouver sa cousine et de l'aider à refaire sa vie en les hébergeant elle et sa fille le temps qu'elles s'installent dans la région.

Le cousin, sa femme et ses enfants étaient adorables mais la cohabitation n'est pas toujours très simple quand on se connait si peu. Laura se dépêcha de trouver quelque chose : un appartement en centre-ville pas trop loin d'une crèche qui accepterait Jade et assez grand pour pouvoir y exercer son activité.

Elle resta chez son cousin deux, trois semaines pour digérer complètement la séparation et être d'attaque pour cette nouvelle vie. Puis, pendant une dizaine de jours, elle prit le bus tous les jours pour trouver à se loger. Un premier bus pour aller jusqu'à la gare routière, puis un second pour se rendre au centre-ville.

En y repensant, ce chauffeur de bus qui l'emmenait en ville avait été plutôt sympathique. Il avait vu une maman toute seule essayant de se débattre avec sa poussette et avait proposé son aide sans rien attendre en retour. Mieux, il avait été la première personne bienveillante dans sa nouvelle vie. Il avait été attentionné et paraissait solide. Il avait un regard doux qui avait été pour elle très réconfortant.

Subitement, elle eut envie de le revoir.

***

À la station « *Mairie* » la jeune femme à la poussette réapparut dans le bus de Jean-Philippe. Elle était sans sa fille.

— Bonjour, dit-elle en bipant son ticket.

— Bonjour, répondit Jean-Philippe.

La jeune femme resta près de la cabine alors qu'il y avait de la place au fond, là où elle avait l'habitude de s'installer. Jean-Philippe se dit que c'était peut-être un signe.

— Elle n'est pas avec vous votre petite princesse aujourd'hui ?

— Non, ça y est, j'ai trouvé une crèche.

— C'est bien... C'est moins fatiguant. Vous... Vous êtes nouvelle ici ?

— Oui, je suis arrivée il y a deux mois environ... C'est pour ça... Qu'on s'est pas mal vus il y a quelques temps. Je cherchais un appartement dans le centre pour ma fille et moi.

— Vous avez trouvé où ?

— Vers la mairie.

— C'est bien par là... C'est assez central.

Jean-Philippe aurait bien aimé lui demander ce qui l'avait amenée là, d'où elle venait, quelle était son histoire, mais c'était indiscret alors il s'était contenté de banalités.

***

Laura savait que si elle ne forçait pas un peu le destin, le chauffeur de bus lui répondrait poliment mais que ça n'irait pas plus loin. Alors, elle décida de tout lui dire, d'un coup, comme ça. Et puis, seule depuis plusieurs semaines, elle avait besoin de vider son sac, de faire le point :

— Je me suis séparée du papa de ma fille il y a neuf mois environ. On est resté en bons termes, mais j'avais besoin de changer de vie. J'ai un cousin qui habite en banlieue. Il est sympa, mais on ne se connait pas très bien. Je l'ai appelé un jour et je lui ai demandé si je pouvais venir chez lui quelque temps pour que je trouve de quoi me loger. Je trouve qu'ici c'est idéal.

C'est assez loin de mon ancienne vie mais pas trop loin non plus du père de ma fille, pour qu'elle puisse le voir quand même assez souvent.

— Ah… Et vous vous plaisez ici ? répondit le chauffeur de bus.

— Oui, mais je suis un peu seule… Enfin, j'ai ma fille, mais bon… Vous avez des enfants vous ?

— Non. Pour tout vous dire, je ne suis pas marié non plus… Enfin, j'ai personne dans ma vie… Enfin, bref.

***

Jean-Philippe se trouva vraiment con d'avoir dit une chose pareille alors il se tut en espérant que la passagère ne lui en tienne pas trop rigueur. Il pensa qu'elle irait s'installer au fond pour éviter la gêne, jusqu'à son arrêt. En fait, c'est que Jean-Philippe aussi se sentait un peu seul dans la vie.

***

Il ne disait plus rien. Laura se dit qu'elle en avait trop dit, qu'il avait pris peur. Bon, il était célibataire… Non, c'était vraiment trop bête. Foutue pour foutue, elle déclara :

— Au fait, je m'appelle Laura.

— Enchanté, répondit le chauffeur de bus. Moi c'est Jean-Philippe.

— Enchantée Jean-Philippe.

Laura sourit à Jean-Philippe. Il n'avait jamais vu aussi beau sourire qui contenait toutes les promesses de l'amour. Quand Laura fut assurée de recevoir autant d'amour qu'elle était prête à donner, dans le regard paisible de Jean-Philippe, elle descendit du bus sans s'inquiéter de l'arrêt. À cet instant, ça n'avait aucune importance de se retrouver perdue car elle savait que quelqu'un, dans ce bus qui s'éloignait, pourrait maintenant l'accompagner. Pour Jean-Philippe, peu importait le temps que ça prendrait pour revoir Laura, ce serait bien assez court comparé au reste du temps qu'il allait passer à ses côtés.

***

De quel droit Hélène briserait-elle ce bonheur ? La question effleure sa pensée et disparaît aussitôt comme un corps rongé par l'acide. La noirceur aveugle de son égoïsme est bien au-delà, la consume d'envie et l'emplit de sadisme. Elle quitte les lieux avec un plan dans sa tête pour se débarrasser enfin de son cauchemar.

Il ne lui manque que le trou dans une forêt, le flingue et le jour de l'exécution.

CHAPITRE 44. Dans l'autre ville

J'ai l'impression d'avoir 6 ans de nouveau. Je me tiens devant le rayon des billes. Quelques filets se tiennent là devant moi en colonne. 30 ans ont passé et pourtant les billes sont toujours les mêmes : agate, œil de chat, loupe, pétrole, galaxie, acier, araignée... Les calots et les boulards... Ma main dans la poche de mon imper tremble. J'ai encore cette envie de voler un sac. Personne ne me dirait rien cette fois non plus... Qui soupçonnerait une grande fille de 37 ans ?

***

— C'est vraiment malin, hein ! Bon, allez prendre votre bain, ça va vous calmer. Et je prends rendez-vous chez le coiffeur demain Victoria ! J'espère qu'elle va pouvoir faire quelque chose !

Tante Patricia est furieuse contre les deux cousines. Leur idée de « *Transmutation* », c'était vraiment *« stupide »*. C'est le mot qu'elle avait utilisé. Victoria rejette toute la faute sur Hélène qui se fait engueuler encore plus. Hélène a la rage. Elle voudrait que sa cousine meure...

À la première heure le lendemain, elles vont toutes les trois dans la grande surface tout près de chez grand-mère.

— T'es cap' d'aller voler des billes au supermarché pendant qu'on me coupe les cheveux ? chuchote Victoria à sa cousine.

Hélène ne répond pas.

Victoria décrète qu'Hélène est un bébé, qu'elle n'arrivera pas à voler un filet puis essaie de la convaincre : elle lui raconte tout ce qu'elles pourraient faire avec ces billes, combien elles pourraient bien s'amuser si elles les avaient. Hélène ne sait même pas où elle pourrait les cacher. Victoria a une petite idée qu'elle souffle à sa cousine.

— Tante Patricia, je peux aller m'amuser dans le manège à l'entrée ?

La voiture à pièce est juste à côté du salon où Patricia et les deux filles viennent d'entrer.

— D'accord, mais tu t'éloignes pas trop, hein ?

— Oui, d'accord.

Patricia détourne le regard, déjà occupée à expliquer à la coiffeuse ce qu'elle souhaite pour sa fille. Hélène file directement vers le rayon jouets. Dans le salon de coiffure, Victoria a murmuré à Hélène : *« Je suis sûre que t'es pas cap'. »* Hélène a répondu avec force : *« Si j'vais l'faire ! »* Elle en a marre de se faire traiter de bébé tout le temps par sa grande cousine. Elle veut lui montrer qu'elle sait se débrouiller. Si elle vole ces billes, après, Victoria la laissera tranquille.

Quand Hélène revient dans la boutique, Victoria a les cheveux tout courts. Des petits cheveux durs et bruns. Rien à voir avec ces belles boucles blondes d'avant. Elle ressemble à un garçon encore plus qu'Hélène. C'est comme si elle avait perdu de sa superbe et peut-être même de son pouvoir.

Sur le trajet du retour, Victoria boude mais quand Hélène sort les billes de sa culotte, elle se met à rigoler de surprise.

— T'as vu, j'ai fait comme tu m'as dit, déclare Hélène grisée.

Victoria est impressionnée par sa petite cousine. Elle est de nouveau heureuse. Elle est même fière d'Hélène. Hélène est super excitée bien qu'elle essaie de garder son calme. Fière d'elle-même mais également soulagée. Pas que tout se soit bien passé, non, mais qu'elle ait pu y arriver. Il fallait qu'elle vole ces billes pour être une grande ! Elle a un sentiment de surpuissance qu'elle n'avait encore jamais connu. Elle entend comme des gens l'applaudir dans sa tête.

L'après-midi, les deux cousines jouent aux billes comme des folles, mais c'est plus pareil. Victoria, à force de triche et de règles inventées sur l'instant au désavantage d'Hélène, s'est arrangée pour gagner tout le paquet volé. Tout redevient comme avant. Hélène n'est plus fière d'elle du tout : elle culpabilise. C'est pas bien de voler. Elle le paiera d'une manière ou d'une autre, elle en est sûre... Alors, au fur et à mesure, elle fait tout pour perdre et se délester complètement de ces maudites billes....

***

C'est la fille de Jean-Philippe et Laura qui m'a donné l'idée de venir ici, dans ce rayon jouets d'un supermarché à 30 bornes de chez moi. C'est étrange, cette gamine - je crois qu'elle s'appelle Jade - c'est un mélange de Victoria et moi. Elle a des cheveux bouclés blonds et de grands yeux verts comme ma cousine mais elle a un visage rond et clair, un nez large et des lèvres épaisses, comme moi. Elle doit avoir 7 ans, pas plus. Elle s'habille souvent d'un t-shirt clair, d'un jean et de baskets. Jean-Philippe n'est clairement pas son père. Elle n'a pas les yeux en amande comme lui, elle ne lui ressemble en rien. Elle doit être le fruit d'une première union mais Jean-Philippe la considère comme sa propre fille. Il est très attentionné. Avec Laura aussi. Tous les trois, ils forment un couple parfait. Ça m'énerve autant que ça m'apaise… Quand je les suis… Au supermarché, au parc, au restaurant ou bien chez eux.

C'est une sensation très étrange d'observer de loin un homme qu'on compte tuer. On est comme un spectateur au théâtre sauf que le gars ne sait pas qu'il est un acteur. Il mange, prend sa voiture, rigole ou s'énerve sans savoir qu'il le fait aussi pour un autre. Et moi, je suis un peu comme Dieu qui, de son petit nuage, regarde cette fourmi s'agiter, dormir, chanter sous sa douche. Ce qui m'intéresse, ce sont les petits détails : Jean-Philippe qui se cure le nez discrètement, Jean-Philippe qui cherche ses clés, Jean-Philippe qui part dans ses pensées. Il n'a pas du tout l'air de se douter de ce qui va lui arriver. Il n'attend pas la mort. Il est à des milliers d'années de penser qu'elle va arriver bientôt. Il n'a, bien sûr, aucune raison pour ça. Pourtant, moi je sais ce qui va lui arriver. Je le sais en sursis. Et ça me glace le sang. Je n'en tire aucune gloire à être son démiurge. Je vois plutôt un pantin qui s'ébroue pour rien dans un monde qui n'a pas besoin de lui ; qui n'a besoin de personne. Qui n'a jamais eu besoin de qui que ce soit.

Le samedi, quand il ne travaille pas, Jean-Philippe s'occupe de la petite toute la journée. Laura, elle, elle est coach sportive, un truc comme ça. Elle organise aussi des séances de yoga et elle prépare aux accouchements. Bref, elle travaille tout le temps, même le samedi. Elle est très dynamique. Elle a toujours le sourire. Quand je les vois tous les trois, je voudrais être à leur place, avec Sébastien et notre enfant. Ça aurait été un garçon *« Corentin »*... Une fille, ça m'aurait plu aussi. Pourquoi pas les deux ? Au lieu de ça, ce connard est avec sa pouffe, *« Élodie »* qu'elle s'appelle et sa gamine Manon… Peut-être qu'ils jouent aussi à la famille parfaite comme Jean-Philippe, Laura et Jade. Peut-être qu'eux aussi jouent… Peut-être que Jean-Philippe a quelque chose à cacher derrière ses allures de chevalier servant. Ça me donnerait une bonne raison de le buter ! Et puis sinon, tant pis, c'est la même. Leur bonheur n'est pas acceptable. Ils n'ont pas le droit… Il faut qu'ils paient.

En voyant Jade et Jean-Philippe jouer aux billes sur le parquet de leur salon, j'ai eu une idée : le rayon jouet ! Ça fait des jours que je me creuse les méninges pour trouver un pistolet. Ça s'achète pas comme ça dans n'importe quel magasin. Il y a bien des armuriers, mais c'est hyper contrôlé. Autant se jeter dans la gueule du loup et aller prévenir les flics direct que j'ai l'intention de refroidir un chauffeur de bus. Alors, comme une conne, j'ai tapé *« acheter arme dark web »* sur Google… bien sûr, j'ai rien trouvé d'intéressant et puis j'me suis rendue compte que j'étais folle de faire ce genre de recherche sur le net. Merde ! J'ai dû supprimer tout mon historique. Et puis, quand j'les ai vus jouer aux billes, j'ai eu le déclic. J'ai pas besoin d'une arme qui tire, j'ai besoin d'une arme qui fait peur.

Je suis pas là dans ce rayon jouets pour voler des billes, je suis là pour acheter un pistolet en plastique suffisamment crédible qui, bombé en noir, pourrait faire la blague. Il y en a un qui a l'air pas mal. Je l'ai pris en main. Il est plutôt léger malheureusement, il faudra faire attention. Mais sinon, il est assez réaliste, malgré ses couleurs rouge et or. Peint, ça sera parfait ! Ce matin, j'ai tiré 30 € vers chez moi. J'ai laissé mon portable à la maison pour pas borner… Depuis Marie, j'ai appris à être prudente. Ne pas laisser de trace ! J'ai pris ma voiture et j'ai été dans un supermarché hyper loin de chez moi pour être sûre de ne croiser personne que je pouvais connaître. Pour passer inaperçue et ne pas me faire voir des caméras de surveillance sur le parking et dans la grande surface, j'ai mis mon grand imper beige, un bob et des lunettes. La même tenue d'inspecteur Clouseau que j'avais mise quand ce mystérieux Pierrot m'avait donné rendez-vous à Rosa Park pour que je tue son meilleur ami. Quand je pose les deux faux pistolets (j'en ai pris un autre au cas où j'me plante avec le premier), la bombe de peinture noire… et le sachet de billes que j'avais glissé dans ma poche, avec cet improbable accoutrement, je me dis que j'aurais pas pu faire pire pour attirer l'attention. Tout ce que je voulais pas… Mais c'est trop tard. *« 13,47 € »* me dit la caissière. Je lui tends mon billet et je m'enfuis.

***

Je suis au fond du trou… J'ai trouvé une petite doline dans la forêt qui fera une parfaite sépulture pour Jean-Philippe. J'ai été voir Victoria à la Maison d'Accueil Spécialisé. Sa chambre donne sur le parc. Au fond, la forêt. Elle m'a appelée… La forêt m'a appelée. Je suis passée par la fenêtre, j'ai laissé toutes mes affaires. J'ai dit à Victoria : *« Si quelqu'un vient, dis que je suis aux toilettes »*, pour me faire un alibi. Bien sûr, elle n'a rien dit, mais je suis sûre que quelqu'un est passé, une éducatrice ou la kiné probablement, et a demandé : *« Bah, elle est où votre cousine ? Elle est aux toilettes ?... Elle devrait pas laisser son portable comme ça. Il y a des vols ici ! »*

À dix minutes de marche à peine, je suis tombée sur cette crevasse entourée de barrières de sécurité avec un panneau d'interdiction de franchir et un autre où est écrit *« Danger »*. J'ai passé la barrière. Quelle est la probabilité de trouver ce genre de trou dans la forêt ? J'ai regardé sur le net, on appelle ça aussi un fontis... Bref, on s'en fout. Quelle est la probabilité ? C'est un signe. *« La chance du débutant »* diront certains... Peu importe. J'ai un tombeau pour mon mort.

Je suis descendue dedans. Je ne suis pas la première à être passée par là. Poussés dans un coin, je trouve un t-shirt tout fripé, un paquet de biscuits vide, une figurine en plastique et les branches de bois brûlées d'un barbecue improvisé. Je m'allonge sur une espèce de planche en métal. Apparemment, on a voulu en faire quelque chose de cette doline. Peut-être construire un abri mais l'idée a été abandonnée en cours de route. Il faut que je me dépêche de commettre mon crime avant qu'on ne rebouche le trou. Dans le carré de barrières qui le protège se trouve un tas de gravier. Oui, j'ai vraiment de la chance... si je n'arrive pas trop tard.

Ce sera un mardi. Un mardi où Jean-Philippe ne travaille pas le soir ou un soir où il finit à 20 h. Tous les mardis, Laura et Jade vont chez la grand-mère passer la soirée. Jean-Philippe est seul. La grand-mère s'occupe de la petite le mercredi, elle n'a pas école, pendant que les parents sont au travail. J'ai fait mon calcul, ça ne pourra être que le mardi 23 octobre, dans trois semaines.

Plaquée contre la tôle en fer, je regarde le ciel au-delà de la cime des arbres qui se balancent au vent. D'habitude, ce confinement m'apaise, m'excite parfois mais là, l'angoisse vient. J'ai le vertige. L'air trop frais de l'automne qui arrive me coupe les poumons. La tête me tourne. J'ai l'impression de reconnaître l'endroit mais je ne m'en souviens plus. Peut-être que je me sens morte et c'est ça qui m'effraie ?... J'ai des fourmis dans le haut des jambes jusqu'au bas du ventre. J'ai des haut-le-cœur. Finir ma vie comme ça, maintenant, ce serait horrible. J'ai eu les mêmes sensations il y a quelques jours quand j'ai fait une séance d'UV. Laura y va régulièrement, j'ai voulu essayer pour voir ce que ça faisait. L'esthéticienne a refermé le solarium. Au début, j'ai senti comme une chaleur douce, j'étais très apaisée. Mais très vite, j'ai fait une crise de claustrophobie. J'ai rien dit, j'ai essayé de gérer la panique, mais je ne me sentais pas bien. J'avais envie de vomir. Là, c'est pareil. J'ai envie de dégueuler, pour évacuer le stress.

Dans le coin où a été poussé le fatras, je remarque une capote usagée.

***

— Tu aimes ça, hein ? susurre-t-il à l'oreille d'Hélène.

Bruno a sorti un préservatif emballé de sa poche et l'a décacheté. Il vient d'enfourner le bout de plastique gluant au fond de la gorge d'Hélène qui ne peut plus respirer. Il l'a attirée dans les toilettes pendant la récréation et il lui fait maintenant ce qu'il a fait à tant d'autres.

Il a glissé sa main sous le pull d'Hélène pour lui peloter les seins pendant qu'il lui lèche le cou. Hélène essaie de reculer mais elle est coincée dans l'angle entre le mur en crépi et un des panneaux peints. Elle sent le métal contre sa lèvre qu'elle essaie de cacher à Bruno.

***

C'est pour ça que j'aime bien quand les hommes se pressent contre moi, m'écrasent de leur poids, me plaquent contre un mur, contre la portière de leur bagnole ? Quand je sens le crépi qui me griffe, le métal qui me glace... C'est pour ça que je me mets sur le ventre pour me branler ? Pour me compresser, me réduire, comprimer ma jouissance… C'est pour dissoudre la monstruosité d'un souvenir dans le plaisir répété d'un fantasme fabriqué ?

***

« Victoria ! Victoria !!!... J'veux sortir ! J'veux sortir ! Victoria, je t'en supplie !!! Au secours !»

Hélène s'entend appeler à l'aide sa cousine. Ça n'a aucun sens. De là où elle est, Victoria ne peut rien pour elle.

À présent, elle s'en veut. Elle ne sait pas pourquoi. Elle repense au tour de passe-passe de Bruno avec ses billes dans sa culotte, la sensation qu'elle avait ressentie. Elle regrette s'être masturbée le soir même en y repensant. C'est sûrement pour ça que Bruno l'a attrapée dans les toilettes. Il a dû voir que ça l'excitait quelque part. Elle est en train de payer l'effacement de ses traumatismes dans la masturbation. Elle a commencé depuis plus d'un an… Sans compter quand elle était chez Mamie après l'accident de Victoria. Un doigt, puis deux et puis tout un tas d'objets qui pourraient faire l'affaire. Ça l'apaise. Elle n'y peut rien, elle n'a pas trouvé mieux. Elle le fera sûrement ce soir pour se laver de maintenant.

Bruno se frotte contre la cuisse d'Hélène jusqu'à ce qu'il ait un soubresaut. Il a joui dans son pantalon. Pour s'en convaincre, il y a plongé sa main qu'il ressort poisseuse. Il l'essuie contre la joue d'Hélène et reste là quelques instants, suant. Doucement, il dit :

— Tu devrais être contente que je te viole pas. Si tu parles, j'te fais virer de l'école.

Il s'enfuit et laisse Hélène dans les chiottes. Elle crache le préservatif et s'essuie la joue du sperme de Bruno et de ses larmes à elle. « *Tu devrais être contente que je te viole pas* ». Elle se répète cette phrase dans sa tête. Elle se persuade d'être chanceuse. Elle n'a pas été violée, elle n'a pas été violée, elle n'a pas été violée.

***

J'ai été violée. J'ai été violée ! J'ai été violée !!! Je le sais maintenant. Mais ce n'est pas que pour ça que je pleure. Tous les souvenirs refoulés ont des souvenirs en surface qui leur servent d'alibi. Le viol de Bruno a servi de mur hideux et impénétrable pour enfermer un monstre que je ne saurais voir.

Il y a autre chose...

Autre chose qui me force à accepter que j'ai mérité tout ça, victime de moi-même qui me condamne à rester ce que j'ai toujours été, à refouler toute extravagance dans la médiocrité de ma vie.

***

— Tu as aimé ça, hein ? Tu devrais être contente que je t'aie pas laissée là-dedans pour toute la vie. Si tu parles, à papa et maman, tu devras partir. On pourra plus jouer et ce sera de ta faute.

Tante Patricia a appelé les deux filles. C'est l'heure du dîner.

Pourquoi Victoria lui dit ça ? Pourquoi elle prend tant de plaisir à martyriser sa petite cousine ? Elle a libéré Hélène de son tombeau dans la terre. Il y a quelques minutes, elle l'a forcée à aller dans le trou creusé par les racines de l'arbre près de la rivière pour jouer à « *Transmutation* » qui aurait dû remplacer l'une par l'autre comme elles le voulaient pour plaire à leurs pères respectifs. Victoria a été la première dans le trou mais face au peu d'enthousiasme d'Hélène à l'enterrer vivante, Victoria a sommé sa cousine de prendre sa place.

Hélène obéit. Elle s'allonge et ferme les yeux au cas où elle recevrait de la terre sur le visage mais aussi parce qu'elle veut faire le vide en attendant que ça passe. Au lieu de terre, c'est une grosse plaque en métal qui couvre d'un coup le jour. Hélène est surprise, elle se demande où Victoria a pu trouver cette plaque.

— Victoria ? Victoria, enlève ça s'il te plait, c'est pas drôle.

Pas de réponse.

— Victoria, t'es où ? T'es là ?... S'il te plait, c'est pas drôle.

Hélène commence à pleurer. Elle panique. Elle essaie de pousser la planche mais elle est trop lourde. Elle est piégée. Elle se sent étouffer. La plaque comprime tout son petit corps et presse sa joue. Ses lèvres sentent la texture rugueuse de la peinture sur le métal et la poussière âcre du sol. Hélène est incarcérée, entre la terre et le fer.

— Victoria ! Victoria !!! hurle Hélène terrorisée.

Hélène entend un bruit de terre sur la tôle, puis un autre. Elle va être bientôt complètement recouverte. Une petite voix étouffée se fait entendre :

— Tu vas rejoindre grand-père. Tu lui diras qu'on l'aime toutes les deux et qu'il nous manque beaucoup, d'accord ?

Bruit de terre et psalmodies.

— J'veux sortir ! J'veux sortir ! Victoria, je t'en supplie !!! Au secours !

Silence de nouveau.

— Victoria, j'étouffe !

Rien. Hélène se tait aussi. Elle s'observe dans ce petit réduit tout noir. Elle a peur… Si elle prend ça pour une aventure, alors c'est acceptable. Elle est maintenant excitée par la situation car elle n'a pas d'autre choix. Le plaisir comme déni du déni. Elle ressent même une extase profonde comme une boule de bien-être qui explose dans tout son corps. Hélène se calme. Au lieu de paniquer, elle attend que ça passe. Elle commence à se sentir bien dans ce trou, loin du bruit et de l'agitation. Elle caresse les cailloux qui ont roulé entre ses jambes. La solution : elle va s'endormir pour ne jamais se réveiller…

Au pied de la tombe improvisée, Victoria jubile. Elle paraît calme à l'extérieur, mais dans son cerveau ça fulmine. En enfermant Hélène, elle tue la concurrence, celle dont elle est jalouse parce qu'elle a pris sa place dans le cœur de ses parents. Tout le temps ils lui disent : *« Prends exemple sur Hélène, elle est tellement sage ! »*

Hélène s'est endormie pour mieux oublier. Le sommeil dilue la réalité dans les songes. Depuis qu'elle a fermé les yeux en entrant dans ce trou, rien ne s'est passé. Elle entend sa tante les appeler. Le jour revient. Victoria soulève la plaque. Sur le chemin du retour, Victoria époussette la terre des vêtements d'Hélène en lui disant :

— Tu as aimé ça, hein ? Tu devrais être contente que je t'aie pas laissé là-dedans pour toute la vie. Si tu parles, à papa et maman, tu devras partir. On pourra plus jouer et ce sera de ta faute.

C'est vrai qu'Hélène a aimé ça. Maintenant, elle en est convaincue puisqu'elle a oublié la panique du début. Pourquoi Victoria a soulevé cette planche ? Ça lui aurait plu de rester là toute la vie. Elle ne dira rien, non, elle ne dira rien… Regarde, elle a déjà oublié. Si elle parle, ce sera de sa faute en effet.

Patricia accourt vers les deux cousines mais Hélène ne dit rien. Elle range ce souvenir dans la case *« rite initiatique »* qu'elle cache tout derrière d'autres cases plus heureuses. À présent, ce n'est plus un bébé.

— Qu'est-ce que vous avez fait ?! demande Tante Patricia. Qu'est-ce t'as fait à tes cheveux Victoria ? Et regardez-vous, vous êtes crasseuses ! Qu'est-ce que c'est que ces vêtements Victoria ? Mais c'est à Hélène ?! J't'ai jamais vue aussi affreuse.

Pour se défendre, Victoria accuse Hélène à tort. Un poignard de haine lui transperce le plexus. Pourquoi sa cousine est-elle si méchante avec elle ? Quel plaisir prend-elle à être ainsi ? Personne n'aura sans doute jamais la réponse mais à ce moment précis, un sentiment de rage envahit Hélène face à une telle injustice. Elle a envie de hurler à sa cousine : *« Je voudrais que tu meures, je voudrais que tu meures ! »* mais, à la place, les mots sortent liquide au coin de ses yeux, le long de ses joues. Hélène s'interdit aussitôt cette pensée, cette pulsion de mort trop forte qui a explosé en elle.

***

Je fonds en larmes sur le lit de Victoria. Je lui en veux terriblement de cette enfance sous tension. Ce rapport de force sans raison qui nous dépassait à l'époque. Je m'en veux aussi de lui en vouloir quand je la vois aujourd'hui, plus capable de rien. Elle a payé dans un sens. Je m'en veux d'avoir pensé ça. Qu'est-ce qu'elle avait à payer ? Elle n'était responsable de rien. On était deux victimes collatérales d'une histoire de famille, de caractères opposés, des circonstances... Elle était là tout à l'heure dans la doline. Je l'ai vue à côté de moi. On était toutes les deux en t-shirt clair, jean et baskets. Elle avec ses longs cheveux blonds et ses grands yeux verts, moi avec ma coupe au carré et mes lèvres charnues. On avait grandi toutes les deux, côte à côte. Elle me parlait doucement. Elle avait la même voix que sa mère, tante Patricia... Presque la même voix.

Tuer Jean-Philippe ne m'aidera pas à me défaire de ce rêve. Ça ne m'aidera pas non plus à me venger des hommes, de Rachida ou de qui que ce soit ; ni à me sauver de ce que suis, de ce que je me suis condamnée à être... Tuer Jean-Philippe m'aidera à comprendre. Il ne mérite pas de mourir mais il est le mort de mon rêve et ce rêve est la clé, la réponse à ce qui se cache tout au fond de moi c'est pourquoi je dois aller jusqu'au bout maintenant.

Je suis désolée pour lui...

CHAPITRE 45. Dans la maison

— Haut les mains !

J'ai vraiment l'air d'une débile à prononcer ces mots avec, comme seule arme pour menacer, un flingue en plastique repeint en noir. Pourtant, malgré le manque d'originalité, il faut paraître sûre, ne pas faillir, être crédible pour que le gars en face m'obéisse. Cette formule à la con, ces trois simples mots devraient suffire à soumettre ce naze ! Au lieu de ça, rien. Jean-Philippe ne laisse rien transparaître. Il essaie d'inverser les rôles. À quoi il joue ? Il prend un risque énorme. Je pourrais le tuer là, maintenant. Non, je pourrais pas, mon arme est un *fake*. Mais il n'est pas censé le savoir.

L'aurait-il remarqué ?

Putain, j'avais tout bien préparé pourtant : en milieu d'après-midi, je me suis rendue à la forêt en voiture vérifier que le trou n'avait pas été rebouché et que le tas de gravier était encore là. J'en ai profité pour y cacher une pelle que j'ai piquée à mon père, discrétos, ce week-end. Je la remettrai dans sa remise ni vu ni connu quand j'aurai commis mon forfait. Personne n'y verra rien. Toute de noir vêtue, la capuche de mon jogging rabattue pour ne laisser aucun cheveu nulle part et être vue le moins possible, sans mon portable laissé à la maison, j'ai attendu dans ma voiture, garée sur le boulevard de la République, que la nuit tombe. Vers 19 h 30, je me suis rendue chez Jean-Philippe à pied, empruntant les petites rues où il n'y a pas de caméra. Mon objectif est de le surprendre en passant par le jardin et sa baie vitrée coulissante et de l'obliger à prendre sa voiture pour retourner jusqu'à la forêt et l'y enterrer. Sur le chemin, je n'ai croisé personne, aucun regard, que des ombres comme moi. Je me suis fondue dans la nuit en entrant dans l'impasse des Rosiers qui est très peu éclairée. Il y a quelques maisons avant celle de Jean-Philippe qui possèdent une lumière à l'entrée avec détecteur de mouvements mais je les avais repérées avant. J'ai poussé le portail qui donne sur le petit chemin. J'avais pris soin de le graisser quelques jours plus tôt pour ne pas qu'il grince, ce qui aurait alerté le chien du 32 qui n'aurait pas manqué d'aboyer comme un dingue. J'ai fait les quelques pas jusqu'à la terrasse. La porte coulissante était ouverte, sans surprise. Jean-Philippe ne m'a pas vue arriver, trop absorbé par la connerie qu'il regardait à la télé. Il est vêtu d'un t-shirt blanc, d'un jean et de baskets comme dans mon rêve. Au sol, c'est du parquet flottant, mais du parquet tout de même… J'ai attendu qu'il réchauffe sa moussaka au micro-ondes et qu'il s'installe dans le sofa du salon pour le braquer et prononcer :

— Haut les mains !

Il a tourné la tête, il n'a même pas été surpris. Il m'a regardée en restant assis dans le canap'. Entre deux bouchées il a dit simplement :

— On se connait non ?

Putain ! J'aurais dû mettre un masque. Il aurait plus flippé, sûrement. Là, il voit une pauv'nana avec un pétard en toc, c'est pas hyper impressionnant.

Tout à coup, j'ai un flash.

— C'est vous ? je lui demande.

Jean-Philippe a l'air d'hésiter devant l'incongruité de la question qui le fait douter entre qui il est ou qui il devrait être.

— Euh... Bah oui… c'est moi…

J'en étais sûre… Je savais bien qu'il me disait quelque chose. *« J'en étais sûre »* que je lui réponds parce que maintenant je le suis. Quelque part, ça le sauve parce que ça explique tout.

— C'est vous l'acteur du tournage à l'école de cinéma ?!...

J'avais rencontré Rachida alors qu'elle était cadreuse intervenante sur ce court-métrage réalisé par ce jeune gamin, comment il s'appelait déjà ?... Boris ?... Baptiste ?... Basile ! Voilà, Basile. Bref, son film, c'était l'histoire d'un gars qui tue un pote et qui fait appel à son meilleur ami pour se débarrasser du corps. Le gars qui faisait le mort, c'était un asiatique, comme Jean-Philippe. Même gabarit, même dégaine. Toute la journée il a fait le mort, allongé sur le ventre. Je voyais à peine son visage quand il se relevait entre les prises. Ce que j'ai le plus vu de lui ce jour-là, c'était sa nuque. T-shirt blanc, jean, baskets. Le comédien en question, je le réalise maintenant : c'était Jean-Philippe ! Mon rêve : la scène d'un exercice pourri d'une école de cinéma. S'il dit que c'était lui sur le tournage, j'arrête tout. Je saurai d'où vient mon rêve. Pas besoin d'aller plus loin. J'me casse, j'le laisse pénard. Basta !

— Le quoi ? demande Jean-Philippe. Quel acteur ? Quel tournage ? De quoi vous parlez ? Je suis chauffeur de bus. On a dû se croiser là, c'est tout... (il sourit, moqueur) Et puis moi, acteur ? J'aimerais m'y voir, tiens. Je préfère être spectateur. C'est quoi cette obsession d'être *« acteur de sa vie »* ? Pour quoi faire ? Il y en a des millions d'acteurs qui s'agitent pour rien. C'est un spectacle la vie. Et puis, spectateur, c'est pas rester passif, c'est choisir le spectacle que tu veux voir.

— .... Hein ?!

Putain, j'ai affaire à un anar philosophe à deux balles !

***

Jean-Philippe est partagé. Cette nana qui le braque au beau milieu de son salon, il n'y croit pas vraiment. Il ne se dit pas non plus que c'est une blague ; aucune raison de le croire, mais il se demande quand même ce qu'elle fout là. Qu'est-ce qu'elle veut ? Le tuer ? Vraiment ? L'amener quelque part ? Sans doute. L'obliger à faire quelque chose qu'elle ne veut pas faire toute seule ? Qu'elle ne peut pas faire toute seule ? Le compromettre dans un sale coup ?... Non, le tuer, peut-être, tout simplement. Et puis qui c'est d'abord ? Jean-Philippe sait qu'il l'a déjà vue quelque part, dans son bus sans doute, mais des gens, il en croise des centaines chaque jour. S'il trouve, il aura un avantage. En attendant, il va gagner du temps. Étrangement, il se sent prêt ; prêt à mourir, maintenant, comme ça, de façon tout à fait incongrue. Il est serein. Il n'a pas encore fait tout ce qu'il avait à faire - pas le temps -, mais tant pis. Il est dans un moment dans son existence de totale complétude. Aucun remords, aucun regret. C'est si rare dans une vie ces instants. Ça suffit comme ça. Pourtant, tout au fond de lui, ce qui lui fait penser ça, c'est qu'il sait qu'il va s'en sortir, d'une manière ou d'une autre. Il n'y croit pas à ce flingue pointé sur lui, il n'y croit pas à cette nana. Elle non plus n'y croit pas mais il sent dans son regard qu'elle fait tout pour se persuader du contraire. C'est dangereux. Il faut rester prudent. Il pourrait lui sauter dessus, la désarmer. C'est pas un grand gabarit, elle se laisserait faire... Mais il n'ose pas. Et peut-être, au fond, il veut savoir où tout ça va le mener.

Jean-Philippe décide de faire comme si c'était vrai, qu'il allait mourir ce soir alors il parle. Il philosophe. À force d'observer la vie, de son couffin à son bus, il a eu le temps de réfléchir, de tirer des conclusions, d'avoir son idée sur le monde qui l'entoure. Pourtant, il n'a jamais rien osé dire de tout ce qu'il pensait, il n'a jamais pris le temps de l'écrire. S'il doit mourir ce soir, c'est le moment de tout lâcher. Tant pis si ça saoule la nana, ce sera sa punition. Elle va l'écouter.

— Y'a que ça des spectacles dans la vie. Tout n'est que fiction. Les religions, la politique, ce sont des fictions qu'on s'impose pour aller dans le même sens. Pour faire corps... Mais le travail, c'est aussi une fiction, la famille, c'est une fiction, la patrie, c'est une fiction. Il n'y a rien de la Terre qui nous dit qu'il faut être communiste ou chrétien, rien qui limite les frontières de la France. Ce sont des systèmes, des mises en place, des conventions humaines... Des fictions ! Le passé, l'avenir, les souvenirs et les rêves... Tout ça aussi ce sont des fictions. Des spectacles, des récits, des mythes, des contes, des fables, des illusions... Appelez-les comme vous voulez, c'est pareil.

***

Pourquoi il me raconte tout ça celui-là ?

CHAPITRE 46. Dans la voiture

La voiture roule. Direction la forêt.

Il y a quelques minutes à peine, j'ai poussé Jean-Philippe jusqu'à son garage par la porte de la cuisine. Je l'ai sommé de s'installer à l'avant de la voiture pour conduire. Il n'a pas moufté. J'ai l'impression qu'il prend ça pour un jeu. Il est trop docile pour que ça puisse en être autrement. Je me suis planquée à l'arrière pour être sûre de ne pas éveiller les soupçons. Ni des chauffeurs ni des caméras qu'on pourrait croiser.

Cachée dans le renfoncement entre les sièges avant et arrière, je braque Jean-Philippe et lui donne l'itinéraire. Je sens le métal de la carrosserie sur ma joue. Les fauteuils rentrent dans mes seins, dans mon ventre, dans mes jambes, sur mes genoux, contre mon sexe. Je m'incruste dans les interstices pour mieux disparaître. Il ne faut pas qu'on me voie.

Plus j'ai mal et moins j'ai peur.

La vie est un éternel recommencement. Je me revois enfant dans ce trou près de la rivière où Victoria m'avait enfermée avec une plaque de tôle. Je me revois adolescente, compressée par Bruno qui me pelote dans les chiottes. Je me vois avec l'un ou l'autre homme, à faire l'amour dans sa voiture, dans les toilettes d'une boîte de nuit, écrasée sur un lit, allongée sur le ventre.

Tout est jouissance, tout est dégoût.

Ce soir, c'est pareil. Je me demande c'que j'fous là. C'que j'fous tout court. Elle m'excite autant qu'elle me terrifie cette balade macabre. J'aimerais pouvoir dire « *Stop* » mais je m'en sens incapable. Si j'arrête tout maintenant, ça va me retomber dessus en cent fois plus violent. Je dois aller jusqu'au bout.

Cette fuite en avant me grise plus encore que son aboutissement. Quand on court pour ne pas rater un train, à un moment, nos jambes courent à notre place. C'est tout à fait fascinant de constater alors qu'on n'y peut plus rien, qu'elles vont courir toutes seules jusqu'à destination. S'observer soi-même en pilote automatique est plus jouissif encore que d'atteindre l'arrivée. Le marionnettiste est sorti de la marionnette alors qu'elle bouge encore.

— Ah, je sais qui vous êtes !

J'ai gardé mon bras qui tient le flingue tendu en direction de Jean-Philippe jusqu'à la crampe qui fait trembler tout mon corps, mais je l'avais presque oublié celui-là. Il conduit comme une *Google Car*. En douceur, sans à-coup. Si j'avais été bien assise dans la voiture, je me serais endormie. En même temps, normal, c'est un chauffeur de bus.

Il m'a fait sursauter ce con.

Il continue, je blêmis :

— Vous êtes la fille du M.A.S... Arrêt « *Joli bois* ».

Comment il sait ça, putain ? Il enchaîne :

— Un jour, je vous ai vue descendre au palais de justice. Je m'en souviens parce que vous m'avez demandé d'ouvrir les portes, j'allais repartir... et puis quelques jours après, je vous ai vue sortir du commissariat pour monter dans mon bus. Ça m'a paru étrange... J'me suis demandé c'qui avait dû vous arriver. Je vous ai photographiée mentalement à ce moment-là. Moi, il me faut ça pour que je retienne ceux qui prennent mon bus. Faut se faire remarquer ou me parler... Vous, vous êtes plutôt du genre discret. Mais, avec cette histoire de tribunal et de flic, j'ai enregistré votre visage, inconsciemment, comme ça... Et puis, je vous ai vue descendre à la station « *Joli Bois* ». Vous avez quelqu'un à la Maison d'Accueil ? Ça y est, maintenant, je m'en souviens ! Vous devez habiter près de l'arrêt « *Rue Maurice Leblanc* » et vous travaillez à Weber-Améris, c'est ça, le grand bâtiment vitré arrêt « *Solférino* » ?... Je vous ai vue y entrer plusieurs fois. J'me demande même si je ne vous vois pas derrière les vitres du hall la journée. Vous devez bosser à l'accueil. Votre histoire, elle est pas très nette… Enfin, j'me fais p't'être des idées. Non non, vous me braquez avec un flingue. C'est pas net, c'est pas net du tout !... D'ailleurs, qu'est-ce que vous avez foutu toute une journée assise à l'arrêt du tram « *Bir-Hakeim* » ? C'était un samedi. À chaque fois que je passais dans la rue en face avec mon bus, vous étiez là. Vous avez attendu quelqu'un qui n'est pas venu ? Un amoureux ?...

Bruno ! Ce connard de chauffeur me remet ce gros dégueulasse dans la tête. Mon amoureux !? Mon cul, ouais !... Putain, ce gars connaît tout de ma vie. Un chauffeur de bus, j'étais obligée de vouloir buter un chauffeur de bus ! T'aurais pas pu faire plus discret, Hélène ? Aucun lien entre toi et la victime. Elle me l'avait dit pourtant Marie et toi, tu prends pour cible quelqu'un que tu croises tous les jours ! Avec son bla-bla, il a signé son arrêt de mort. Décidément, je ne peux pas le laisser comme ça. Il en sait trop sur moi. Je dois aller jusqu'au bout. Je regarde Jean-Philippe, je ne vois que sa nuque qui me rappelle pourquoi nous sommes là, tous les deux, dans cette caisse. C'est cette nuque qui l'a confondu. Plus je vois cette nuque et moins je vois Jean-Philippe. Il y a quelqu'un d'autre derrière cette nuque. Un fantôme. Mon fantôme…

— Vous vous appelez comment ? demande-t-il.

Il fait l'innocent. Est-ce qu'il ne se doute vraiment pas qu'avec ses aveux il se condamne ? Il n'imagine réellement pas ce que ça me fait de me savoir découverte ? Ou avec sa question peut-être qu'il essaie de jouer le rapprochement. Soit c'est un vrai con ou soit c'est moi qu'il prend pour une conne.

— Ta gueule ! que j'lui réponds.

— Enchanté « *Ta gueule* », moi c'est Jean-Philippe.

Mais il fait l'comique en plus ? Je sais que tu t'appelles Jean-Philippe, connard !

— Jean-Philippe, c'est par rapport à Johnny. Johnny Hallyday.

CHAPITRE 47. Didier, Muriel et Johnny

— C'est la mort dans l'âme... que nous allons annuler la représentation de ce soir...

Un grand brun à lunettes, 60 ans, vêtu de blanc avec une parka rouge, s'est avancé sur le podium muni d'un micro. Il a l'air tout petit et tout seul sur cette trop grande scène. Dès ses premiers mots, les deux cent mille spectateurs présents au Stade de France comprennent que Johnny Hallyday ne chantera pas. La pluie torrentielle qui s'abat sur Paris ce soir du 4 septembre 98 a eu raison de sa première représentation. Le silence de la stupeur s'installe dans le stade qui tout à coup paraît affreusement vide alors que dehors, la météo offre un véritable son et lumière. La pluie tambourine sur le toit ouvert, pianote sur les balustrades métalliques, arpège en gouttelettes sur les fauteuils en plastique. Les éclairs flashent les visages sidérés. L'homme sur la scène a beau expliquer qu'il est impossible techniquement de prolonger le concert plus longtemps, la foule est incrédule. Les plus surpris crachinent et les râleurs bourrasquent, les énervés tonnerrent mais les plus tristes aversent à chaudes larmes. Ça clapote dans les gradins, ça rafale dans la fosse mais rien n'y fait. La pluie a éteint le feu que tous venaient d'allumer.

Didier et Muriel Morel, comme tous les fans, regagnent la sortie le dos rond. Ils voulaient faire découvrir leur idole en live à leur fils Jean-Philippe, c'est raté. Le garçon fête aujourd'hui ses 7 ans. Ça aurait dû être une belle fête, elle est gâchée par la météo.

Le couple s'était rencontré au début des années 80 à une soirée d'entreprise sur *« Que je t'aime »*. Ils avaient la vingtaine tous les deux. C'étaient les jeunes recrues de STCP-Alinéa, société de transport en commun. Muriel était conductrice de bus, Didier contrôleur. Il l'avait invitée à danser quand l'idole des jeunes avait entonné les premières paroles de son tube récemment ressorti en 45 tours avec de nouveaux arrangements. À cette époque, Didier, le môme à la silhouette féminine, ressemblait un peu à un goéland avec les pattes prises dans la vase et Muriel, la gamine aux traits masculins, à une otarie essayant de tenir debout mais quand ils furent dans les bras l'un de l'autre, ils surent qu'ils s'étaient trouvés. Tout le monde était d'accord pour dire qu'ils faisaient un très beau couple et le mariage fut célébré à peine neuf mois après leur rencontre. Un coup de foudre.

C'était Muriel qui, la première, avait la passion pour le chanteur transmise par son père, Jacques, fan de la première heure. Didier qui ne s'était jamais réellement intéressé à la musique, qu'elle fut classique ou de variété, avait accepté que le *Presley français* entre dans sa vie. Didier était surtout fan de Muriel. Il aurait tout accepté d'elle. De toute façon, il n'avait pas vraiment le choix. Avec ou sans lui, elle resterait avec Johnny.

Didier et Muriel voulaient des enfants, mais avec toute la bonne volonté du monde, Muriel ne tombait pas enceinte et Johnny et toutes ses ballades n'y pouvaient rien. Les examens et traitements n'amenaient pas de solution, le couple était dans l'impasse.

Pour ne pas sombrer, ils avaient décidé d'organiser les *« Anniversaires de Johnny »* : une fête annuelle entre amis, collègues et famille, fans ou non du chanteur, autour d'un barbecue, d'un karaoké et parfois d'un concert amateur où l'on jouait du Hallyday bien sûr, mais aussi du Sardou, du Eddy Mitchell, du Dutronc ainsi que du Goldman, du Berger et plus tard, du Obispo et du Zazie. Le 15 juin, jour de la naissance de leur idole, était une date idéale pour faire cette fête qui se transforma bien vite en mini-festival puis en institution. Une année, le maire de la ville montra même son nez pour danser le rock avec Muriel sur « *Toute la musique que j'aime* ». Bien sûr, il y avait les jaloux qui ne trouvaient pas ce jeune couple légitime pour organiser ce genre de manifestation, ne les considérant pas comme de vrais fans sous prétexte qu'ils n'avaient pas de Harley et qu'ils n'avaient jamais fait la route 66 ; qu'ils se contentaient des concerts les moins chers, de quelques accessoires à l'effigie de leur idole et des « *Champs-Elysées* » à la télé quand le chanteur venait voir son pote Michel Drucker. Des fans au rabais. Ces gens-là parlaient sans connaître. Didier et Muriel ne s'épanchaient pas sur leur chagrin de ne pouvoir fonder une famille.

Au détour des nouvelles rencontres qu'ils pouvaient faire avec leur événement, Didier et Muriel firent la connaissance de Denise. C'était une petite dame très gentille, aux cheveux et vêtements gris, recroquevillée sur elle. On aurait dit une souris. Toute fragile. Pourtant, derrière ses petites lunettes en métal, elle avait un grand regard bleu aussi joyeux que décidé.

Denise s'était approchée du barbecue qu'occupait Didier alors que Muriel ramenait des chopes vides pour les remplir à la tireuse.

— Bonjour, je m'appelle Denise, avait-elle commencé. Je suis désolée de vous embêter dans ces circonstances... Mais on m'a parlé de votre histoire...

Denise s'excusait presque alors qu'elle venait apporter, peut-être, une solution au couple quant à ses problèmes d'enfant.

— Je m'occupe d'une association qui aide les couples à adopter des bébés vietnamiens… Si vous voulez, on peut se revoir pour que je vous explique tout ça… Il n'y a rien d'illégal et c'est pas une histoire d'argent…

Pris par le temps et surpris par cette proposition à laquelle il n'avait jamais songé, le couple accepta de revoir Denise qui vint avec un petit film et des fascicules sur son association. Didier et Muriel furent d'abord hésitants sur l'idée : ils auraient préféré un enfant à eux et puis c'était une démarche longue et tout de même onéreuse mais il fallait bien se rendre à l'évidence, c'était leur seul moyen d'être parents alors, ils changèrent d'avis.

Avec leurs *« Anniversaires de Johnny »*, ils avaient maintenant une grande communauté autour d'eux. Il y avait toujours les jaloux bien sûr, ceux qui les considéraient comme des fans de seconde zone, remettant encore en cause leur légitimité à organiser l'événement, tout en profitant quand même et puis les autres, les vrais amis, les plus nombreux mais pas forcément les plus bruyants, ceux qui voyaient dans ces fêtes l'expression de la joie de vivre du couple et leur envie à la partager, avec détachement et respect. Ceux-là étaient bien sûr au courant de leur situation. Ils ne pouvaient voir que des enfants heureux dans ce jeune ménage plein d'enthousiasme. Très naturellement, il y eut un grand élan de solidarité et quand il fallut payer les déplacements vers Hanoï ou les intermédiaires sur place, chacun mit la main à la poche, selon ses moyens. Tout le monde fut content pour eux quand on leur annonça enfin, après quatre ans d'attente et de démarches en tout genre, qu'un petit garçon était pour Didier et Muriel. Il n'avait que quelques semaines quand ils reçurent les premières photos et le jour de Noël 91, le couple rentra du Vietnam avec celui qu'il avait nommé Jean-Philippe - en hommage au Taulier ; l'appeler Johnny aurait été peut-être un peu trop -, un beau bébé très souriant d'à peine quelques mois. Quinze ans plus tard, Johnny - leur Johnny ! - se rendait à son tour au Vietnam adopter, avec Laëtitia, leurs enfants à eux, Jade et Joy. La boucle était bouclée !

Tout de suite, Jean-Philippe fut l'enfant de tout l'entourage qui s'était constitué autour du couple depuis ces quasi dix ans. Il se promenait de bras en bras, de sourires en rires, de chansons en leçons de vie et ça avait l'air de lui convenir. Il passait des heures à observer les gens et leurs interactions entre eux, à essayer de comprendre pourquoi on s'aime et pourquoi on se déchire, à imaginer ce qui régit notre monde. Pour ça, les fêtes du 15 juin organisées par ses parents étaient un observatoire idéal. Johnny rassemblait autour de lui une foule bigarrée, du camionneur avec sa coupe mulet au banquier des beaux-quartiers, de la serveuse qui n'a pas fait d'études à l'enseignante qui vénère la langue française, du rocker au grand cœur à l'hippy hypocrite, de la caissière à nibards à l'informaticien coincé, du grand-père à l'enfant, de la bière au champagne, du burger au homard. Mais toutes les réflexions qui découlaient de ses observations, Jean-Philippe les gardait pour lui, pensant que ça n'intéressait personne et que de toute façon, il n'était pas qualifié pour philosopher sérieusement. Jean-Philippe rêvassait et ça lui suffisait bien.

Didier et Muriel auraient rêvé d'avoir trois, quatre enfants mais ils préférèrent se contenter de Jean-Philippe et de lui donner toute l'attention possible que de s'épuiser de nouveau en démarches à l'autre bout du monde à lui trouver des frères et sœurs. Il se serait senti une fois de plus abandonné et ça, ils ne le voulaient pour rien au monde.

Sans trop se poser de question, Jean-Philippe suivit la carrière de ses parents et, comme eux, à 20 ans, il intégra la STCP-Alinéa. Il fut affecté au centre-ville (ses parents faisaient les lignes périphériques). Conducteur de bus lui allait très bien. Il se sentait utile aux autres et il pouvait observer les usagers à sa guise, essayant, par leur truchement, d'aiguiser son analyse du monde tel qu'il est.

Côté cœur, Jean-Philippe attendait le même coup de foudre qu'avaient eu ses parents. Sans se presser. Il avait son temps. Quand il croisa la première fois la jeune maman blonde avec sa poussette, il sut qu'il avait trouvé son âme-sœur. Apprenant qu'elle s'appelait Laura, il prit ça pour une confirmation qui réjouirait également ses parents. D'autant que sa fille s'appelait Jade ! Ça ne s'invente pas.

Le 4 septembre 1998, le jour de ses 7 ans, ses parents emmènent donc Jean-Philippe voir leur idole au Stade de France afin qu'il découvre enfin la puissance du chanteur sur scène. Et puis le Stade de France à peine construit est déjà mythique. Quelques mois plus tôt, les bleus ont sacré la France championne du monde pour la première fois de son histoire. Didier et Muriel se sont saignés pour monter sur Paris avec Jean-Philippe : le transport, le logement, les repas en plus des places de concert, ce n'est pas rien. Il ne fait pas très beau mais qu'à cela ne tienne. La ferveur des fans qui commencent à affluer est intacte. Jean-Philippe est impressionné par le nombre de personnes réunies pour un seul homme, ou en tout cas, le même événement : le public bien sûr mais aussi les musiciens, les techniciens, le personnel de sécurité, les vendeurs de souvenirs et même ce jeune chanteur Sinclair et ce groupe FFF venus assurer la première partie malheureusement interrompue à cause de la météo. Tout ce petit monde avait eu beau se préparer pendant des mois, économiser pour certains, répéter pour d'autres, en tout cas fixer date pour être présent le jour J ; tous devaient maintenant quitter les lieux sous la pluie, une heure à peine après l'arrivée des spectateurs.

Sur le chemin du retour, Jean-Philippe réalise, sans le comprendre complètement encore, deux choses : premièrement, on n'est rien tout seul. L'interaction est essentielle à la vie. Johnny Hallyday n'est rien sans son public. Le staff, le groupe, les premières parties ne sont rien sans Johnny Hallyday. Le Stade de France n'est rien sans cette interaction vitale entre les êtres. Deuxièmement, le temps qu'il fait aura toujours le dessus sur le temps qui passe. On aura beau se préparer le mieux qu'on peut, prendre tout le temps nécessaire, l'imprévu de l'instant, imprévisible par nature, aura toujours raison de nous. D'une certaine manière, l'espace est supérieur au temps.

Le concert annulé fut reporté le vendredi suivant mais la famille de Jean-Philippe ne put s'y rendre. De toute façon, même si, cette fois-ci, le rocker avait assuré le show, le 11 septembre n'était déjà plus l'anniversaire du petit garçon.

CHAPITRE 48. Dans la forêt

— Tout n'est que fiction. Déjà, envers nous-même, on se raconte tout un tas d'histoires... On peut construire toute une vie sur une erreur, sur une impression de soi. Une illusion de nous-même. Ce qu'on aimerait être, ce qu'on pourrait être mais que l'on n'est pas.

Jean-Philippe avance dans la forêt. Il me devance. Je le guide avec ma lampe torche et mon flingue que je tiens en joue. Dès qu'il s'est enfoncé dans les bois, il a commencé à blablater sans se retourner, comme s'il parlait tout seul. Mais il sait bien qu'il s'adresse à moi. Je le sais aussi.

Sa nuque me parle depuis cinq minutes. J'ai l'impression qu'il essaie de me convaincre, de me prouver quelque chose. Il fait une démonstration :

— Tous les deux, là, on crée une fiction. Qu'on le veuille ou non. Dès qu'on est un groupe, on est dans une fiction et un groupe, c'est à partir de deux. Tout seul, on se ment, à plusieurs, on invente l'autre, on ne se montre pas entièrement, on n'est pas vu complétement. On construit quelque chose qui est tout à la fois l'un et l'autre sans être ni totalement l'un, ni totalement l'autre.

Je l'entends sans l'écouter. Je fais une fixette sur sa nuque qui est comme un phare dans la nuit : une tour blanche, légèrement sépia, petite, fine, mais robuste. Quelques cheveux noirs, très courts, naissent dans le renfoncement comme les premières feuilles sur un tronc. Cette nuque, c'est l'arbre qui cache la forêt devant nous. Un arbre plus blanc que tous les autres, mouvant, dans ce bois immobile. Un guide.

— Vous verrez, quand vous repenserez à cet instant, il ne sera pas tout à fait comme il est. Tout est transformé avec le temps. Plus on s'éloigne de l'instant et plus on est dans son illusion. C'est ça les souvenirs, des illusions d'instants. C'est pareil pour les rêves ou les projets. Gravir une montagne, aller visiter un pays, préparer une fête... Plus on est loin de l'instant, moins c'est concret. On a tout un tas de possibilités : combien de temps ? Avec qui ? On a même la possibilité d'abandonner le projet. Et plus on s'en approche, plus c'est concret. Moins on est dans l'illusion. Le temps dissout la réalité.

— Avance ! je lui crie.

Il commence à me faire chier avec ses théories à la mords-moi le nœud. Qu'est-ce qu'il cherche ?

Jean-Philippe continue à parler. J'crois que maintenant, il s'en fout que j'l'écoute. Ça l'aide à avancer. À oublier ce qu'il doit faire ou ce qu'il va devenir.

— La seule réalité, c'est l'espace. On pourrait être à 10 m, 10 km, 100 km, à l'autre bout du monde - certains y sont en ce moment même -, à l'autre bout de l'univers pourquoi pas mais on ne peut pas être à 10 secondes, 10 minutes ou 10 heures de maintenant. Ni revenir dans le passé, ni aller dans le futur. Le passé se situe entre ce qui n'aura plus lieu et ce qui n'a peut-être jamais eu lieu. L'avenir entre ce qui n'a pas encore eu lieu et ce qui, peut-être, n'aura jamais lieu. Le temps est une illusion. L'espace est la prison de l'instant, un aveugle qui navigue sur les flots du temps, capturé par un geôlier négligent : à peine enfermé, déjà libéré.

Jean-Philippe psalmodie. Je suis en transe. Une pluie fine tombe. Des hachures de lumières hypnotisantes troublent ma vue. Cette marche à l'aveugle endolorit mes membres autant que mon esprit. Mes bras, l'un qui tient le flingue, l'autre la lampe, ramollissent. J'éclaire mal le chemin, je laisse mon otage partir devant. Il pourrait disparaître, je ne le verrais pas. Jean-Philippe tient le rythme. C'est lui qui nous dirige maintenant, comme s'il savait où on allait. Peut-être qu'il me perd à dessein. Je me raccroche à sa voix.

— Le problème, c'est l'égo. On veut tous, plus ou moins, laisser une trace parce qu'on se sait fini dans le temps… On veut arrêter le temps d'une certaine manière, en marquant notre empreinte ; sur leur famille pour certains, la plupart, ou sur tout un groupe pour d'autres, des employés, son peuple, le monde entier... On érige des monuments, on invente des histoires. On s'accroche à ces contes, à ces croyances qu'on nous raconte ou qu'on se raconte soi-même, qui forment les familles, construisent les nations, bâtissent les empires mais détruisent notre rapport au vrai. Nous avons besoin d'un miroir pour nous voir, mais ce n'est qu'une image que nous voyons. L'égo nous trompe. Nous ne sommes personne… Regardez ce que nous représentons dans l'Univers. C'est ridicule… Nous sommes comme les bulles qui s'agitent sur l'eau quand apparaît la vague. Nous naissons quand gonfle l'eau, bulles plus ou moins grosses, plus ou moins frétillantes ou visqueuses, poussées par la vague, plus ou moins loin et nous éclatons. Nous sommes engloutis par la mer quand la vague se meurt sur le rivage. Une autre vague arrive, avec son lot de petites bulles tout aussi excitées qui se croient importantes mais qui finiront tout autant absorbées par la mer infinie. Nous ne sommes que l'écume du temps… Mais toutes nos fictions, tous nos récits, nos illusions nous font croire le contraire. On s'intéresse beaucoup trop à ce qui n'est pas la vie. La vie palpable qui fait la réalité. On se préoccupe plus du temps qui passe que du temps qu'il fait. On a voulu casser le cycle de la nature sous couvert de progrès, en asservissant l'espace et dans un premier temps la Terre, mais on s'est rendu esclave du temps. Il faut se débarrasser des fictions. Il faut se débarrasser de nos croyances, des religions, de nos cultures et de nos frontières, de nos familles et de nos souvenirs... Il faudrait ne se rattacher qu'à l'espace. À *ce qui est,* pas *à ce qui a été* ou *ce qui sera*... C'est pas facile, mais en fait, ça libère. Ça apaise. On se sent si léger de ne se remettre qu'à l'espace et plus au temps. Un être nouveau chaque jour, chaque instant. Pour l'instant, nous sommes une espèce adolescente qui a besoin de vibrer, de se raconter des histoires, de préférer la passion à la raison, de sentir vivant *« à mort »* ! Les contes, les fables, les histoires ; c'est pour les enfants, pour comprendre le monde qui les entoure, les aider à l'accepter, le maîtriser. Il devrait en être de même pour toutes formes de croyances et de mythes, elles devraient être réservées aux enfants. Les adultes devraient ne se concentrer qu'au vrai. Pas à *« cette dure réalité qui nous entoure »* comme disent certains, ni aux vérités des uns et des autres, tout ça, ce sont des formes de fiction. Au vrai : au concret, à la réalité, au présent, à l'espace et uniquement à ça. Vous allez me dire qu'il faut garder une part de rêve, que dans chaque adulte, il y a un enfant qui sommeille. Effectivement, c'est justement parce qu'on a bloqué à un moment donné l'enfant en nous qu'on a toutes ces souffrances adultes : celle qui aime jouer un rôle, celui qui se fait passer pour quelqu'un qu'il n'est pas ; Celui qui aime contrôler, le collectionneur de femmes, de bagnoles, de baskets, celle qui dépense sans réfléchir, celui qui se gave de bouffe ou d'alcool, celui qui suit le mouvement de peur d'être rejeté... Tous ces adultes-là sont des enfants qui se sont arrêtés de grandir à 3 ans, à 7 ans ou 12 ans... Tous ces enfants, on ne les a pas laissés grandir à terme. Quand je dis *« On »* je parle de nous, la société et son lot de fictions familiales et sociétales qui coupent la croissance des enfants. *« Il ne faut pas tuer l'enfant en nous »*, n'empêche que les seules choses qu'on garde de l'enfance, ce sont des défauts : la colère, la jalousie et les caprices, pas la fantaisie, l'émerveillement ou la candeur. J'espère qu'on abandonnera cette obsession qu'a l'homme par rapport au temps et qu'on ne se consacrera qu'à l'espace. Celui qui nous entoure, celui qui nous remplit, qui nous construit, qui nous submerge et nous dépasse. La matière *« maintenant »* car tout n'est que matière. Nous, êtres vivants, ne sommes que corps. Même l'âme, c'est du corps… Je crois que bientôt, le récit va mourir : on est submergé d'images, de livres, de musiques. Sur des écrans multiples, allumés en même temps. Mais l'IA va finir par nous saturer de récits. Tout le monde pourra raconter n'importe quoi, tout le temps. Avec le deepfake, on ne fera plus la différence entre la réalité et les fakenews. Certains veulent déboulonner des statues, déconstruire l'Histoire, juste pour en réécrire une autre. Remplacer une histoire par une autre, c'est ridicule. Il y a trop d'histoires. C'est exponentiel. Trop d'histoires tue l'Histoire… parce que tout se vaut. C'est l'éparpillement du récit qui met fin aux civilisations. C'est quand on est plus *« un »* mais *« chacun »*. Individuel… Et certains *« chacun »* sont prêts à se battre jusqu'à la mort pour défendre leur récit personnel. On peut s'en soucier, moi je vois ça comme une chance. Quand on aura accepté que tout se vaut, alors on comprendra que rien ne compte. Aucune histoire plus qu'une autre… Et peut-être qu'on commencera à s'attacher plus à l'espace qu'au temps. La seule réalité contre toutes les vérités.

Jean-Philippe me perd. Dans tous les sens du terme. Je ne sais plus que penser. Je ne sais plus où aller. La pluie qui zèbre ma vision et mes muscles flageolants ne sont pas là pour m'aider. Il faut que je reprenne le dessus sinon il va me balader jusqu'à l'épuisement.

— C'est n'importe quoi c'que vous dites..., je lui lance. C'est tellement embrouillé... Vous voulez revenir à l'homme préhistorique en fait.

— Pas du tout. Aujourd'hui, avec toutes les connaissances qu'on a accumulées, avec le niveau d'évolution qu'on a atteint, vous ne trouvez pas qu'il serait intéressant de dire *« Stop »*, stop à cette ascension folle à laquelle nous oblige le progrès, cette illusion de grandeur, et enfin découvrir *ce qui est* plutôt que de s'inquiéter de *ce qui ne sera plus* ou de *ce qui ne sera peut-être jamais* ? On croit connaître *ce qui est* mais en réalité nous n'en connaissons que la surface. *« Ce qui est »* a encore beaucoup à nous apprendre.

— Mais l'Histoire, c'est essentiel... Savoir d'où on vient pour savoir où on va... Ça nous permet de ne pas reproduire les erreurs du passé. Sans histoire, ce serait un éternel recommencement.

— Ah bon ? Vous trouvez que, jusqu'à maintenant, l'Histoire nous a aidé à nous améliorer ? Vous ne trouvez pas qu'on la transforme en spectacle à la gloire de nos peuples ? Sur le papier, oui, on désire un progrès constant et global mais personne n'aspire au même progrès et tout progrès contient en son sein sa propre destruction. Le progrès amène du confort, le confort favorise l'individualisme et l'individualisme, c'est l'éclatement du récit commun qui aboutit à la décadence. Un empire sort de l'obscurantisme et de l'ignorance quand un autre y replonge irrémédiablement. Le temps de l'espace est cyclique. Les saisons : printemps, été, automne, hiver... On n'échappe pas à ce cycle qui touche tout ce qui est vivant : naissance, enfance, jeunesse, âge adulte, vieillesse et mort... Vous en savez quelque chose, vous les femmes en termes de cycle ! Vous êtes la preuve de mon propos. L'Homme a tout fait pour s'affranchir de ce cycle en pensant maîtriser le temps mais le temps nous renvoie toujours dans le cycle que nous impose l'espace. Le progrès n'échappe pas à la règle. Tout n'est qu'un éternel recommencement.

— On a besoin de culture en commun pour faire un groupe... On n'y coupera pas. Sans culture, on n'est personne. Sans culture en commun, chacun va dans sa direction et personne ne va nulle part... Regardez les langues. On a besoin des langues pour se comprendre...

— Des langues ? D'une langue peut-être... Un langage suffit mais *« des langues »*, c'est le début de l'incompréhension. C'est le début des illusions. Je sais... Les gens ont besoin de systèmes pour partager des valeurs. Système politique, système religieux, système philosophique, pour des valeurs humanistes identiques car malheureusement, les valeurs seules ne suffisent pas. Nous sommes façonnés de toutes ces fictions : notre langue, nos origines, notre pays, notre culture, notre famille, nos orientations politiques et religieuses, nos idéaux et notre morale et pourtant, ce sont ces mêmes fictions qui nous corrompent. Je ne dis pas qu'il ne faut plus d'histoire commune, je dis juste qu'il ne faut plus l'histoire du temps. Et si nous avions en commun l'histoire de l'espace plutôt que l'histoire du temps ? Nous n'avons rien de plus en commun que cet espace dans lequel nous sommes tous.

— Vous dites qu'il faut se passer de famille, mais c'est l'essentiel la famille...

— Moi, je n'ai pas eu de famille ou plutôt, j'en ai plein : je suis né vietnamien, adopté par des Français, élevé par toute une communauté. Ma fille n'est pas ma fille, mais je l'aime et je l'élève comme ma propre fille... Il faut tout un village pour élever un enfant.

— Vous êtes vraiment ingrat de dire ça. Moi aussi mes parents ont eu du mal à m'avoir, je sais ce que c'est. Je connais les sacrifices qu'ont dû faire vos parents adoptifs pour vous avoir, c'est facile pour vous de dire, après : *« J'ai pas de famille, j'en n'ai pas besoin »*... Ne me dites pas que vous n'avez pas cherché à savoir qui étaient vos parents biologiques.

— Si, bien sûr. À 17 ans, je suis retourné au Vietnam. J'ai pu rencontrer ma mère biologique mais pas mon père...

— Et alors ?

— Justement... *« Et alors »*... Je n'ai rien en commun avec ces gens-là. Ils n'ont rien en commun avec moi. Les cultures, les histoires, différentes pour eux et moi nous ont séparés. C'est bien la preuve de ce que je vous dis. Ils m'ont donné la chance de faire l'expérience de la vie et je les en remercie mais je ne vais pas essayer d'avoir une histoire avec eux. Une histoire qui sera fantasmée ou déçue de toute façon... Ils sont importants pour moi, comme le sont mes parents adoptifs, mais je ne veux pas les enfermer dans une case qu'on appelle *« famille »*.

— Vous êtes dur...

— Non, c'est bien parce que vous êtes enfermée dans ces fictions vous aussi que vous pensez ça. Je ne leur veux pas de mal. Je ne leur veux rien. Je n'attends rien d'eux. Je n'attends pas non plus qu'ils attendent quelque chose de moi. Je ne leur appartiens pas. Ils ne m'appartiennent pas. On n'appartient à personne. Personne ne nous appartient.

— N'empêche que vous faites le même taf que vos parents. En termes d'émancipation, de se libérer des récits de la famille et du travail, vous pouvez repasser…

Jean-Philippe sourit. Je ne vois que son dos, mais je sais qu'il sourit.

— Moi j'aime bien observer la vie… Je suis un spectateur, comme je vous ai dit. Mon travail me donne accès à tout un tas de spectacles, dans mon bus. Le spectacle des gens, des événements, de la nature humaine et de la nature tout court…

— Vous êtes un poète. Un poète égoïste… Votre théorie, c'est un peu radical.

— Peut-être…

— Et puis, c'est une histoire aussi… Un récit, une illusion. *« Appelez ça comme vous voulez ».*

— Oui. C'est une histoire, peut-être…, répond Jean-Philippe amusé.

— Non, mais sérieusement, vous pourriez vous passer de musique ? Vous n'aimez pas aller au cinéma ? La littérature, c'est rien pour vous ?

Bien sûr que si. Je suis comme tout le monde. Je préfère passer mon temps à voir les ombres projetées sur les murs que ce que m'offrent à voir les rayons du soleil. C'est pervers les histoires. Il y a plusieurs couches… On invente des histoires qui nous reposent pour supporter les histoires qu'on nous impose. Je suis prêt à me passer de Mozart et des Beatles si on supprime aussi les religions. Je pourrais ne plus lire *« Cyrano »* ou *« Le Petit Prince »*, s'il n'y a plus ni frontières ni affrontements. Je peux oublier Charlie Chaplin et Orson Welles si on peut tous s'alléger du poids du passé, des injonctions débiles qui nous formatent et nous obligent. Il faut pouvoir chanter, danser, dessiner ou jouer bien sûr, pour extérioriser nos émotions, les nôtres, celles qu'on a sur le moment ; pas celles d'un autre, prémâchées, standardisées. C'est l'art en tant que produit qui est à bannir. Quand il devient un bien de consommation ou une religion, quand il se propage et qu'il se fige. Quand il devient la fiction d'un autre qu'on s'impose à soi-même. Dès que l'art devient un produit, c'est une propagande puisqu'il a passé la censure. Même la satire la plus acerbe ou l'œuvre la plus immonde. Si c'est public, alors ça fait partie d'un discours entendu, global, acté dans le temps et dans l'histoire commune, qu'on nous somme de reprendre à notre compte. Et puis, vous savez, tous les tableaux sont contenus dans un coucher de soleil ou dans les vagues qui claquent contre la falaise, toutes les musiques sont dans le chant des oiseaux et les rivières qui coulent... Pourquoi inventer une beauté qui existe déjà ?

— Bienvenue chez les Bisounours !

— Nous faisons partie de la beauté de la réalité. Nous sommes l'espace. Ni plus, ni moins. L'illusion, c'est de croire le contraire.

Je suis à bout de souffle. De marcher et de parler. Jean-Philippe est aussi essoufflé. Nous nous arrêtons un instant. Je ne sais plus du tout où nous sommes. Je ne reconnais rien. Ça m'agace à la fin !

— Pourquoi vous me racontez tout ça d'abord ?

— Je suis chauffeur de bus. Mon rôle est d'amener les gens à leur destination. Pour vous, c'est pareil... Faites ce que vous avez à faire.

Sa dernière phrase ressemble à un au revoir. Il a ouvert la porte de son bus, je dois descendre là. Il va repartir seul.

Un silence s'installe entre nous deux. On se repose.

Tout à coup, Jean-Philippe détale. Le temps que je réagisse, il a disparu dans la nuit.

***

Ce n'est pas évident de courir dans le noir. Jean-Philippe fait ce qu'il peut pour échapper à Hélène. Elle ne lui a pas tiré dessus, c'est déjà ça. Soit son flingue est un faux, soit elle n'a pas les couilles de tirer. Elle n'a pas besoin de savoir viser. Jean-Philippe se serait pétrifié au simple claquement d'une balle perdue.

Il a raconté tout ce qu'il a pu tout à l'heure pour endormir Hélène ou pour créer une connivence. Le principal était de tromper sa vigilance, de retourner la situation. Jean-Philippe a l'impression d'avoir semé Hélène. Il ne voit plus du tout de lumière, il n'entend plus de son. Il va pouvoir se planquer derrière un arbre ou un rocher et reprendre sa respiration mais le faisceau de la lampe torche réapparaît. Elle est là, tout près !

Il se remet à courir. Il préfère qu'elle soit à ses trousses plutôt que de courir à l'aveugle : la lampe éclaire maintenant toute la forêt devant lui. Au moins, il peut voir quelle direction prendre, l'endroit à atteindre pour être à couvert.

Hélène et Jean-Philippe se courent après comme des gamins.

Hélène court derrière sa cousine Victoria dans leur chambre chez grand-mère…

Les muscles tendus, Hélène essaie de ne pas lâcher sa proie dans cette forêt sombre et accidentée. Elle rigole tant elle souffre. Ça arrive parfois : on se marre quand on a mal.

Hélène et Victoria rient à se courir après. À quoi jouent-elles ?

Le souffle court, le cœur battant et les poumons en feu, Hélène ne peut plus respirer. Elle étouffe. Elle se sent partir… Elle voit Jean-Philippe lui échapper de nouveau.

***

Hélène crache une bille dans les cheveux de Victoria. Il était temps, elle était à deux doigts de l'avaler cette bille dans leur course effrénée. Elle a senti la bille tout au fond de la gorge, ça l'a fait paniquer. Elle s'est demandé un instant si elle allait pouvoir la recracher ou si elle allait devoir l'avaler tout rond. Victoria ramasse la bille et la met dans sa bouche. Volte-face. C'est Victoria qui poursuit Hélène à présent.

***

Jean-Philippe court encore. Il regarde derrière lui. S'il ne voit personne, il pourra s'arrêter et souffler, enfin.

Ça y est ! Il s'est définitivement débarrassé d'Hélène. Lui aussi rit, de soulagement. Il pleure aussi. Il a eu peur quand même. Il a souffert, malgré tout. Encore quelques foulées et il sera en sécurité.

Derrière lui, il ne voit plus personne.

Devant lui, il ne voit pas la branche d'arbre qu'il se prend de plein fouet !

Le choc est violent ! Jean-Philippe s'écroule par terre en poussant un cri terrible. Hélène, alertée, le retrouve.

Étalé de tout son long sur un tapis de feuilles, Jean-Philippe ne bouge plus.

***

L'homme est allongé sur le ventre. Au beau-milieu d'une forêt. On ne voit pas son visage. Caché par les feuilles mortes. Du sang coule de sa tête...

Hélène le regarde de haut.
Elle va enfin pouvoir se débarrasser de ce corps inerte.

***

La scène est un mélange entre les deux scènes du rêve d'Hélène : Jean-Philippe, t-shirt blanc, jean, baskets, est allongé sur le ventre... Pas dans un salon mais dans une forêt. Là où elle va devoir l'enterrer... Pas très loin.

La réalité gagne du temps sur le rêve.

De son pied, Hélène pousse un peu Jean-Philippe. Il ne réagit pas. Il n'est pas mort d'asphyxie mais d'un coup sur la tête.

La réalité prend des libertés sur le rêve...

Ce n'est pas Jean-Philippe, immobile dans ce bois. Le corps est trop petit, trop féminin. Ce dos menu, cette nuque légèrement cuivrée, ses cheveux noirs fraîchement coupés courts sont ceux d'une autre. Hélène n'est plus dans une forêt. C'est bien un parquet qu'elle voit au sol.

Le parquet de la chambre chez grand-mère sur lequel est allongée sa cousine Victoria qui se meurt...

Perdue dans cette grande forêt, Hélène se sent toute seule dans l'immensité de l'univers. Dans cet espace qu'elle ne connaît pas, elle n'est plus rien. Dans cet instant qu'elle ne maîtrise plus, elle ne sait que faire de ce corps sans vie. Appeler les secours ou l'enterrer à jamais... Entre sentiment de puissance et embarras, Hélène hésite.

La vie est un spectacle fait d'une suite de répétitions où chacune d'entre elles est une représentation unique pour le seul spectateur qu'est l'acteur principal.

CHAPITRE 49. Dans la chambre

Hélène court derrière Victoria. Elle crache une bille sur la tête de sa cousine qui pousse un petit *« Aïe ! »* amusé. Dans le même mouvement, Victoria attrape une bille sur la commode, la met en bouche et fait volte-face. Hélène fait demi-tour en criant. Elle doit fuir sa cousine si elle ne veut se prendre une bille à son tour.

Au rez-de-chaussée, dans la maison de Mamie, les adultes entendent deux éléphants tambouriner sur le parquet de la chambre des filles. Même si le lustre du salon tremble et que le tam-tam est un peu assourdissant, les parents ne disent rien. Pour une fois, ils n'ont pas les cousines dans les pattes.

Elles sont rentrées de chez le coiffeur il y a quelques heures à peine. Tonton Anton a fait une drôle de tête en voyant sa fille sans ses belles boucles de poupée mais Patricia a déclaré que *« C'était le seul moyen »* et personne n'a osé rien ajouter. Ça fait quand même bizarre de la voir en garçon. Maintenant elle ressemble tout à fait à Hélène. Les cousines ont gagné. On va bientôt les confondre. Elles vont pouvoir changer de famille.

Après le déjeuner, pendant la sieste, elles ont joué aux billes. Victoria a tout fait pour gagner le contenu du filet volé par Hélène. Elle, a laissé faire pour se dédouaner de son acte tant elle culpabilise. Victoria l'a bien vu. Elle s'improvise policière et veut punir Hélène.

— Venez ici Mademoiselle Mansard. C'est la police là !

Victoria attrape sa cousine et la plante devant elle. Hélène ne bouge pas, surprise ; aussi effrayée qu'amusée.

— Voici votre punition. Bougez pas !

Victoria sort une bille de sa poche et la met dans sa bouche. Elle s'approche d'Hélène pour être sûre de ne pas rater sa cible. Hélène ferme les yeux. Elle imagine la sentence qui l'attend.

— Bougez pas ! crie Victoria.

Elle crache la bille sur Hélène, qui tourne la tête, écœurée. Raté ! Hélène rigole.

— Vous avez bougé ! hurle la grande cousine.

Elle sort plusieurs billes de sa poche qu'elle enfourne dans sa bouche. Les joues gonflées, on dirait un hamster. Elle envoie sa rafale mais à la première bille qui l'atteint, Hélène s'en va en courant. Victoria lui court après pour lui cracher la dernière bille qu'elle a encore en bouche. Encore raté. Victoria attrape Hélène par le col.

— T'as pas le droit de t'enfuir. Je suis la police ! peste Victoria. Ramasse !

Victoria pousse Hélène au sol pour qu'elle ramasse les billes. Elle s'exécute en riant. Apparemment, ce petit jeu l'amuse beaucoup. C'est c'qu'on va voir !

Quand Hélène a toutes les billes dans sa main, Victoria la redresse en tirant sur son t-shirt, lui prend les billes et la poste devant elle, nez à nez. En la tenant par les épaules pour ne pas qu'elle bouge, elle lui crache les billes dégoulinantes de bave au visage. Hélène se laisse faire, les yeux fermés. Elle rit encore à gorge déployée.

Cette bouche grande ouverte pour extérioriser son excitation est une nouvelle cible pour Victoria. Si elle arrive à loger une bille tout au fond du gosier de sa cousine, ça la fera taire pour de bon ! Après quelques tentatives infructueuses, une bille atteint sa cible. Hélène a le sifflet coupé, bouche fermée de surprise mais heureusement, elle a su à temps bloquer la bille avec son palais. Par réflexe, elle crache la bille sur Victoria qui pousse un « *Beurk* » de dégoût.

Les deux cousines éclatent de rire. Elles viennent de trouver un nouveau jeu. À quelques centimètres l'une de l'autre, elles s'échangent des billes par crachats. Les premiers essais ne sont pas concluants. Pour être sûres que leur tour de passe-passe fonctionne, elles se rapprochent encore. Hélène sent le souffle de Victoria sur son visage. Elle peut voir le vert de ses yeux, le vermillon de ses lèvres, le noir de ses cheveux comme jamais. Elle a l'impression de la manger ou de se noyer en elle. La salive chaude au goût de pêche de Victoria glisse sur la bouche d'Hélène, éclabousse le dessous de son nez, coule sur son menton. Quand la bille percute sa langue, elle la fait tournoyer dans son palais comme un bonbon, la nettoie de sa cousine et la souille d'elle-même avant de la recracher sur Victoria qui a la bouche grande ouverte, prête, elle aussi, à partager cette confiserie de verre et de salive.

Le temps est suspendu. Les deux filles sont troublées mais Victoria sort de sa torpeur, réalisant que ce jeu est malsain. Dégoûtant ! Alors elle prend la fuite alors qu'Hélène a la bille en bouche. Hélène crache mais Victoria est déjà loin. Elle reprend une bille par terre et tire de nouveau pour viser sa grande cousine. Encore raté.

Le troisième essai est le bon. En pleine tête.

— Aïe ! laisse échapper Victoria.

La cousine attrape des billes sur la commode et se tourne pour la revanche. La première bille projetée part sur le lit. La seconde frôle Hélène sans l'atteindre. La troisième…

La troisième ?...

Hélène court toute seule. Elle s'en aperçoit, après quelques foulées circulaires dans la chambre, quand elle tombe sur sa cousine qui est allongée de tout son long au sol, ventre contre terre.

Une seconde.

Victoria tressaute. Hélène ne voit pas son visage mais elle sent que quelque chose ne va pas. Elle appelle sa cousine. Doucement d'abord puis de plus en plus fort :

— Victoria ? Victoria. Victoria !... Victoria !!!

Cinq secondes.

Victoria essaie de parler avec ses mains qui tremblent comme s'il faisait moins quarante degrés. Une main essaie d'atteindre sa gorge, l'autre montre la porte.

Trente secondes.

Hélène se demande si ce n'est pas encore une blague vicieuse de sa grande cousine. Elle s'essaie à sourire pour chasser le stress mais Victoria n'éclate pas de rire à son tour, ne dit pas *« J't'ai bien eu hein ? T'y as cru que j'allais mourir. »* Alors Hélène attend encore un peu. Elle attend de voir ce qui va se passer. Elle est comme au spectacle.

Une minute.

Victoria a réussi à tourner la tête. Sa respiration est difficile, son visage est tout rouge, ses yeux exorbités. Son regard demande de l'aide.

Trois minutes.

Hélène est tétanisée. État de sidération. Le sourire qu'elle a esquissé tout à l'heure tarde même à disparaître. Elle voit sa cousine se battre pour un peu d'air et capituler. Victoria ne bouge plus, comme apaisée.

Cinq minutes.

Le regard d'Hélène se brouille. Noir.

***

La grande cousine est allongée au milieu de la pièce.
Sur le tapis qui protège le parquet.
Elle est vêtue d'un t-shirt, d'un jean clair et de baskets blanches.
Sa nuque est fine et légèrement cuivrée.
Ses cheveux sont noirs et courts.
Elle est en train de perdre la vie, asphyxiée par une bille qui s'est logée tout au fond de sa gorge.

La jeune cousine la regarde de haut. Elle ne dit rien. Elle se demande comment elle va faire pour se débarrasser de ce corps inerte. Comment elle va faire pour se débarrasser du sentiment étrange qui la traverse. Comment elle va pouvoir le noyer dans ce tragique événement qui va finir par n'être qu'un souvenir.

***

Neuf minutes.

Hélène reprend son souffle : les parents !

Elle quitte la chambre en furie, détale dans le couloir, descend les escaliers quatre à quatre. Elle n'a jamais été si vive alors que sa cousine n'a jamais été si éteinte.

Patricia est à la cuisine quand Hélène accourt.

— Victoria ! crie Hélène à l'intérieur d'elle-même. Elle étouffe !

Patricia ne comprend pas ce qui sort de la bouche de sa nièce mais son regard a l'air suffisamment affolé pour l'inquiéter. Elle appelle son mari qui est au jardin.

À l'étage, Victoria est rigide, les yeux révulsés. Patricia pousse un cri de frayeur. Anton, dans l'escalier, presse le pas. Quand il arrive dans la chambre, Patricia tient sa fille par les pieds et donne de grands coups dans le dos. La bille finit par tomber. Patricia serre Victoria contre elle. C'est une poupée de chiffon. Patricia fond en larmes.

— Ma petite fille, ma petite fille, se lamente-t-elle, pétrie de douleur.

Anton lui arrache Victoria des bras et l'allonge sur le lit. Elle est bleue. Elle ne bouge plus. Il écoute si elle respire. Il commence un massage cardiaque pour la ramener à la vie.

Patricia tire Hélène par le bras et hurle :

— Qu'est-ce qu'il s'est passé ? Qu'est-ce que vous avez fait ? Qu'est-ce que tu as fait de ma petite fille ?!

Hélène ne bouge pas. Elle est ailleurs. Elle se laisse secouer. Elle aussi est une poupée de chiffon.

— Elle respire ! crie Anton. Patricia, arrête avec Hélène, tu vois bien qu'elle n'y est pour rien ! Il faut appeler les urgences.

En à peine dix minutes, les sirènes se font entendre. La façade de la maison de grand-mère est teintée de flashs bleus.

***

Hélène balance ses jambes, assise dans la salle d'attente. Son père est à côté d'elle. Il aimerait qu'elle arrête de taper contre le métal de la chaise, mais il n'ose rien dire. Quelques sièges plus loin, les deux sœurs discutent :

— C'est pas de sa faute, la pauvre : elle était terrorisée. Elle n'a pas su quoi faire… essaie de se consoler Patricia.

— Oui, Hélène a toujours eu peur de tout, confirme Chantal. C'est une secondaire. Une contemplative. C'est ça qui la rend toujours un peu molle face à la vie. Elle se laisse porter par les événements. C'est pour ça qu'elle n'est pas venue vous prévenir à temps. Elle était pétrifiée. Je suis désolée.

— C'est un accident, Chantal, c'est un accident…

Tante Patricia a beau se le dire, elle n'arrive pas à l'accepter. Elle fond en larmes. Sa sœur la prend dans ses bras.

Tonton Anton arrive. Il est en blouse blanche, comme n'importe quel médecin. Les deux sœurs se lèvent et se dirigent vers lui. Michel se lève aussi, il aimerait également entendre le verdict mais comme Hélène ne bouge pas, il ne sait pas quoi faire alors il reste debout, près de sa fille, tendant l'oreille.

— Elle est sous respirateur artificiel… Le chef du service m'a dit que Victoria était dans le coma. Ils ne savent pas si elle va se réveiller. Mais, elle aura sans doute des séquelles à vie.

Patricia s'écroule de nouveau, emportant Chantal dans ses pleurs. Anton essaie de tenir et enlace sa femme. Michel écrase une larme.

Hélène pleure doucement sur sa chaise. Puis éclate en sanglots. Elle hurle :

— C'est de ma faute ! C'est de ma faute !!!

Sa mère accourt et la prend dans ses bras.

— Mais non ma chérie, tu étais terrorisée. Tu n'as pas su quoi faire… C'est pas de ta faute, c'est pas de ta faute. C'est un accident, ma puce, un accident… Mets-toi bien ça dans la tête… Tu n'y es pour rien.

***

— Hélène ! On y va ma chérie !

La nuit a été courte mais il faut partir. Les parents de Victoria veulent rester seuls. La voiture de Michel est devant la maison, les valises dans le coffre.

Hélène embrasse son oncle et sa tante. Elle sait que les vacances sont finies pour toujours et que rien de grave ne pourra plus jamais l'atteindre. Elle a décidé de rester enfermée dans cette petite tombe dans le bois au fond du jardin, sous l'arbre, près de la rivière. Pour toujours, contenue par cette lourde plaque de tôle, muette et sourde à jamais, apaisée pour l'éternité.

Ce tombeau sera son refuge, le coffre-fort de son secret.

Ses parents, la vie, vont finir de sceller sa tombe faisant tout pour qu'Hélène reste la plus passive possible, lui interdisant tout combat, érigeant sa lâcheté comme la plus belle de ses qualités, entourant sa vie d'un coton formolé qui l'anesthésiera complètement, préférant la paix à la vérité.

Pourtant, quelques années plus tard, quand il s'agira de revoir sa cousine, enfin inoffensive, la culpabilité reviendra la grignoter minute après minute, visite après visite, d'EEAP en MAS.

Alors qu'elles se retrouvent seules toutes les deux, Hélène implore Victoria :

— On était des gamines, Victoria ! Je venais d'avoir 6 ans. J'étais terrorisée. Je n'ai pas su quoi faire. C'était un accident… C'était un accident.

« C'était un accident » est le mantra de la famille. Même pour Victoria… Hélène croit voir sa cousine lui sourire, comme si elle voulait la rassurer dans ce sens. Mais Victoria reste immobile. Elle ne pourrait cautionner une expression partiale de la vérité. Elle sait qu'Hélène a fini par se souvenir du souvenir des autres.

Pour sa peine, Hélène devra la visiter, régulièrement. Lui raconter le monde, lui raconter sa vie : *« Maintenant, nous sommes liées à jamais. Arrange-toi pour avoir une belle vie, car c'est aussi la mienne… »* a l'air de dire Victoria figée sur son lit. Et si Hélène ne vient pas la voir, dès qu'elle oublie, dès qu'elle espace les visites, c'est Victoria qui viendra la retrouver dans ses rêves, lui rappeler ce qu'elle lui doit, avec une voix proche de celle de sa mère… En mode fantôme. Sous les traits d'un autre, un acteur fade dans une saynète insignifiante. T-shirt blanc, jean, baskets. Allongé à plat-ventre sur le parquet d'un salon, dans un trou au fond des bois.

CHAPITRE 50. Dans le trou

La vie n'est qu'un accident.

Hélène chiale, elle dégueule presque. Elle a des échardes dans les mains et des cloques près des pouces qui se déchirent d'avoir trop serré la pelle. Mais ce n'est pas pour ça qu'elle pleure :

— C'était de ma faute putain ! C'était de ma faute !

Jean-Philippe, au fond de la doline, à moitié enseveli par le gravier que lui a balancé Hélène, reprend connaissance en crachant un petit caillou coincé au fond de la gorge. Le manque d'oxygène l'a réveillé. Il réalise qu'il est pris au piège et que, dans trois, quatre pelletées, il sera complètement recouvert.

C'est pas du bluff, Hélène va vraiment le buter ! Pourtant, elle a l'air de s'être arrêtée. Elle respire fort. La pluie coule sur ses cheveux, les larmes coulent sur ses joues, la morve coule de son nez. Son corps dégouline d'épuisement. Liquide, il se répand.

Hélène se souvient. Elle raconte tout à Jean-Philippe :

— Plus Victoria étouffait, plus je respirais. Plus elle mourait, plus je me sentais vivre !

Six minutes...

— Victoria, elle bougeait plus depuis un petit moment. Moi non plus. Je regardais ma cousine. J'étais fascinée de la voir immobile. J'ai attendu exprès au lieu d'aller chercher du secours.

Sept minutes.

— Je jubilais intérieurement. Je ne savais pas trop pourquoi. Au début, je pensais que cet accident me vengeait des humiliations répétées de ma cousine, mais en fait, il y avait autre chose…

Huit minutes.

— À ce moment-là, j'avais le contrôle. Le contrôle sur la vie de Victoria, bien sûr, mais surtout le contrôle sur ma vie à moi. Enfin ! Pendant ces quelques minutes, je me sentais vivre. Pour la première fois de ma vie, j'avais prise sur le monde, j'avais l'impression de compter sur cette planète qui tournait toujours sans moi. De ma décision seule dépendait le destin de Victoria, le mien et celui de toute ma famille ! Pendant qu'elle mourait, je naissais ! Je ressentais un plaisir plus grand encore que lorsque j'avais volé les billes. Ça applaudissait à tout rompre dans ma tête. Mais j'ai su tout de suite, immédiatement après, que ce sentiment me conduirait tout droit à un autre : la honte. Au même moment, je me dégoûtais, j'avais l'impression d'un immense gâchis à cause de cette vive jouissance qui m'avait irradiée. Elle avait été si brève, si futile.

Hélène s'arrête. Elle pleure, la tête appuyée sur le manche de la pelle.

— Peut-on culpabiliser du bonheur ? De trop d'exaltation égoïste ? Bien sûr. De toute façon, c'était trop tard, l'euphorie était finie. Il fallait prévenir les parents.

Neuf minutes…

— La Hélène qui venait de naître mourait déjà, alors que je courais dans le couloir pour aller chercher de l'aide. Elle mourait pour toujours. Dommage. Elle est revenue cette Hélène mais en fantôme, furtivement. À des moments-clé. Un fantôme que j'ai chassé systématiquement, étouffée par la honte de ce souvenir trop bien enfoui. La grosse bêtise n'était pas d'avoir tué ma cousine... On n'a jamais pu dire si ces minutes en trop auraient fait la différence ou si Victoria était condamnée de toute façon... Non, la bêtise est d'y avoir pris du plaisir. Il a fallu que je cache ce plaisir derrière les excuses que les parents m'ont données, derrière le comportement douteux de tonton Anton, derrière le viol de Bruno, la trahison de Sébastien, la folie de Rachida ; derrière les schémas répétés de mes relations, la vacuité de la vie, les fausses sensations fortes, les plaisirs solitaires, la lâcheté, l'inconnu, par mon existence par procuration, le brouhaha collectif, la foule des individualités.

— Par les illusions personnelles et les fictions collectives, coupe Jean-Philippe. Les souvenirs sont comme les couches d'un oignon, l'une sur l'autre, qui font pleurer quand on les épluche.

Puis, comme un cri du cœur il continue :

— Libérez-vous du poids de l'illusion !

Hélène s'arrête. Du sang coule d'une cloque à son pouce. Elle porte sa main à sa bouche pour soulager la douleur.

— Pour soigner une blessure, il faut la *panser*, pas la *penser*, continue Jean-Philippe.

— Quoi ? demande Hélène interdite.

— Si ça saigne, il faut mettre un pansement. C'est pas en cogitant sur la plaie qu'elle va cicatriser... Il faut se libérer du poids de l'illusion. On est dans une époque où on s'analyse, on s'observe, on se scrute sous toutes les coutures, à n'en plus finir. Est-ce qu'on est plus heureux pour autant ? Non. On se plaint, on se victimise, on se complaît... Les blessures assassines, au bout d'un moment, il faut considérer qu'elles ont purgé leur peine. Il faut s'en libérer. Elles ont le droit à l'oubli. Ce souvenir, votre culpabilité, ce ne sont que des illusions à présent. Des illusions parce que vous ne pouvez plus rien y faire. À partir du moment où on sait que ce sont des fictions, que ce n'est pas réel parce que ce n'est plus la réalité, on peut plus facilement s'en débarrasser. Elles sont souvent le fruit d'autres et de toute façon celui du passé… Pour jouir sans entrave, il faut se libérer du poids des illusions. Jouir sans culpabiliser… de chaque instant de la vie. Il faut surtout se débarrasser des fictions toxiques, celles qui nous font cogiter plus qu'elles nous élèvent. Ce qui est important, c'est ce qu'on en fait de ces illusions, maintenant. C'est ça le pansement. Ce qu'on fait de nos douleurs. Il faut constamment recréer ses propres fictions, basées sur l'instant. Nous, on vient de créer une fiction tous les deux, par notre simple rencontre. Je ne suis peut-être rien pour vous, mais par cet événement, nous sommes quelqu'un l'un pour l'autre, à jamais. On n'existe toujours que par l'autre. Avant d'être nous, on est tous les autres… Nous sommes un ensemble en interconnexion. Ce soir, vous avez la pelle et je suis dans le trou mais quoi qu'il arrive, vous serez une partie de moi et je serai une partie de vous. Je vous le répète Hélène, ce n'est pas ce que nous avons fait ou ce que nous ferons qui compte mais ce que nous faisons. Pas ce que nous avons vécu ou ce que nous vivrons, mais ce que nous vivons. Maintenant.

Hélène pense à Victoria. Jean-Philippe a raison. Quoi qu'il soit arrivé, à jamais, elles seront une partie l'une de l'autre. Les fictions du passé doivent mourir, seule compte la réalité quotidienne ; les visites d'Hélène à Victoria, leurs échanges à sens unique, la vie pour deux.

Demain, c'est le 24 octobre. Victoria aura 40 ans…

CHAPITRE 51. 24 octobre

Un 24 octobre, 13 h 47...

Maxwell : Je suis suspendu à la fenêtre. Le bras de mon assaillant me retient. Il va bientôt me lâcher et je vais me retrouver treize étages plus bas, le corps écrabouillé sur le trottoir de cette cité de Marseille. J'étais coiffeur au Nigeria, je gagnais bien ma vie, mais j'ai dû fuir quand ma mère et mon frère ont été tués. À 24 ans, j'ai tout laissé derrière moi pour un avenir meilleur. Avec un groupe d'une cinquantaine d'hommes, de femmes et d'enfants, on a traversé le Niger, puis la Libye, pour rejoindre l'Europe en bateau. Quand on est arrivés, on n'était plus que douze. La plupart ont péri engloutis par la Méditerranée. À Marseille, on se bat entre bandes rivales pour notre territoire dans cette cité fantôme qui va bientôt être démolie. Dans une poignée de minutes, je serai mort. Dans une semaine à peine, plus personne ne se souviendra de moi. De toute façon, au Nigéria, dans ma ville natale, depuis que je suis parti, ils m'ont déjà oublié.

Felicia : Ça fait trois jours que je suis coincée dans ma maison qui s'est effondrée, emportée par une coulée de boue. La neige au sommet du volcan Nevado a fondu depuis qu'il s'est soudainement réveillé. Ça fait trois jours, mais je ne vais pas pouvoir tenir plus longtemps et ce ne sont pas les chaînes d'infos en continu, venues filmer mon agonie, diffusée sur les réseaux sociaux, qui vont changer grand-chose. Je suis résignée. La mort, on vit avec, ici, en Colombie. Dans quelques heures, si Dieu le veut, j'irai retrouver mon grand frère, tué l'an dernier par son meilleur ami. Une bagarre entre gangs qui a fini en règlement de compte sur fond de trafic de drogue. À part ma tante qu'il me reste mais qui commence à se faire vieille, qui se souviendra de moi ? Certainement pas les télés. Elles n'attendront même pas que mon corps soit froid et dur pour passer à autre chose. Justement, tiens, une guerre a éclaté à la frontière russe. Elles ne sont déjà plus là.

Patrick : On a été appelé pour un carambolage sur la A10 entre une voiture et un poids-lourd. Le conducteur du camion n'a rien mais son véhicule perd de l'essence qui se répand sur la chaussée. Ça peut sauter à tout moment. La petite Seat Ibiza bleue est couchée sur le flanc. Le toit a percuté la rambarde de sécurité. Les deux passagers sont coincés dans leur voiture. On ne sait pas s'ils sont encore vivants. La police et les ambulances sont sur place quand nous arrivons. Des collègues contiennent les risques d'embrasement du camion pendant que nous tentons de désincarcérer le couple dans sa voiture. On les entend nous répondre faiblement. Ils sont encore en vie, mais il faut faire vite et être précis. Le moindre geste peut leur être fatal. On découpe la tôle froissée, on ouvre la voiture comme une boîte de conserve. Le conducteur arrive à sortir seul de la voiture alors qu'il faut installer la passagère sur une civière pour l'en extraire. Il y a eu plus de peur que de mal. Nous nous en réjouissons. C'est si rare… Certains d'entre vous pensent que nous sommes des héros, mais nous faisons juste notre travail. En tant que croyant, j'essaie d'être un homme bien, c'est-à-dire quelqu'un qui fait bien et qui fait le bien. Je finirai peut-être ma carrière de pompier décoré, mais je ne fais pas ça pour les médailles. Elles ne m'accompagneront pas au paradis. Je resterai peut-être dans la mémoire de certains collègues, de ma femme, de mes enfants et petits-enfants. Mes arrière-petits-enfants, mais pas plus... Les gentils ne laissent pas plus de traces que les méchants.

Boon-Mee : Aussi loin que je m'en souvienne, depuis trois ans que ma mère m'a vendue à Mme Zhu, je n'ai connu que ce matelas et cette chambre obscure de ce bordel de Pattaya. C'est là que les étrangers défilent. Il faut leur sourire au début, sinon ils t'engueulent mais après, quand ils sont sur toi, tu peux t'oublier, le temps que ça passe. Je ne sais pas combien de temps ça va durer. Hier, ma copine Tukata est morte sous les coups d'un touriste allemand qui sentait l'alcool. Souvent, les étrangers sont violents. Mme Zhu aussi, elle est violente. Je n'oublierai jamais Tukata. C'était comme ma petite sœur. Elle avait 7 ans. Un an de moins que moi. Je suis sûre que Mme Zhu l'a déjà oubliée. Les autres filles aussi, mais elles, je les comprends : elles ne pensent qu'à rester en vie. Mais qui se souviendra de Tukata quand moi aussi, je serai morte ? Et moi, qui se souviendra de moi ?

Kim : Je suis la fille aînée d'un milliardaire texan. Nous avons chacune notre show de télé réalité, mes deux petites sœurs et moi, où l'on peut nous aduler comme nous moquer. Les caméras du monde entier sont braquées sur nous H24 et épient nos moindres faits et gestes : nos coups de cœur et nos coups de gueule. J'en profite tant que les projecteurs sont sur moi. Je ne suis pas aussi stupide que vous le croyez. Quand je serai trop vieille, si je ne suis pas morte d'ici là, d'overdose ou dans le crash de mon jet privé, on ira s'exciter sur quelqu'une de plus jeune, de plus jolie, de plus folle que moi. Alors, en un an à peine, tout le monde m'aura oublié, comme si je n'avais jamais existé.

François : *Je veux mourir dans le dictionnaire.* C'est ce que j'avais écrit dans un carnet quand j'avais 16, 17 ans. Quand j'ai vraiment commencé ma carrière d'auteur, je me suis rendu compte que c'était plus mon œuvre que moi-même que je voulais éternelle et maintenant que je suis à la fin de ma vie, je sais que les livres ne sont que les prisons d'une idée qui finira par s'enfuir quand les chaînes que sont les mots de ces *« cages-à-pages »* seront oubliées. Même si un bon auteur est un auteur mort, ni l'œuvre ni l'auteur ne survit au temps qui passe. Hugo tiendra plus de temps que moi, c'est tout.

Celle aux cheveux noirs : Avant qu'ils reviennent, on n'existait déjà pas beaucoup. Depuis que les Talibans ont repris le pouvoir, on n'existe plus du tout. Cachées derrière nos tissus noirs, on se ressemble toutes, pour nous faire disparaître. Nous ne sommes plus Eshani, Bousseh ou Chalipa mais fille de Shahram, femme de Samim ou sœur de Fazal. Nos noms, nos prénoms ont été supprimés de nos cartes d'identités, des registres. Même les enfants que l'on met au monde ne sauront pas comment on s'appelle. Alors qui se souviendra de nous quand nous serons mortes ?

Norman : Je suis né le même jour que John L., le leader de ce groupe qui a révolutionné le rock. Je n'étais rien quand il a commencé à être célèbre. Pourtant, je suis quelqu'un de gentil et bien élevé alors pourquoi lui et pas moi ? Il est né avec un talent supérieur dans une famille de musiciens... Qu'est-ce qu'il a fait pour mériter ça ? Alors, j'ai décidé que je serais aussi célèbre que lui et pas le moins que rien que le destin veut faire de moi. J'ai attendu la star devant sa résidence, comme un fan, et j'ai tiré cinq coups de feu. Il s'est écroulé au sol. Il est mort quelques minutes plus tard. J'ai appelé la police et j'ai attendu qu'elle arrive. Andy Warhol a promis à chacun son quart d'heure de célébrité. J'ai juste voulu que le mien dure un peu plus longtemps. Aujourd'hui, tout le monde me connaît comme celui qui a tué John L.

Emmanuel : J'ai été le plus jeune président de mon pays. Normalement, j'ai encore pas mal d'années à vivre sans être président. Cette fonction, n'a été qu'un simple job parmi d'autres, une ligne sur un CV. C'est bien, mais ça joue contre ma postérité. Comme les rock-stars, il vaut mieux partir quand on est au top ! Je peux espérer rester dans les manuels d'Histoire peut-être cinquante, cent ans après ma mort. Pas plus. Après ça, l'Histoire et les Hommes m'auront oublié.

Josua : Je suis un prophète. C'est comme ça qu'on m'appelle. Je suis mort il y a bien longtemps. J'ai dû être une personne vraiment spéciale pour que le monde entier remette les compteurs à zéro après moi. Pourtant, je n'en suis pas vraiment sûr. Je ne me souviens de rien. À notre mort, la première personne qui nous oublie, c'est nous-mêmes… J'ai juste un peu l'impression qu'on raconte sur moi une histoire qui ne m'est pas vraiment arrivée. Ça en arrange beaucoup de créer des mythes post-mortem. Tout le monde a oublié depuis bien longtemps quelle a été ma vie réelle et qui j'ai été en tant qu'homme.

Marley : J'ai vécu et je suis mort il y a des millions d'années. Je vivais avec ma femme, mes enfants, ma tribu. J'avais du mal à voir, comme mon père et mon grand-père. C'est pourquoi je ne partais à la chasse ou au combat que rarement. Ça me laissait du temps pour fabriquer des instruments et faire de la musique quand les miens revenaient victorieux, quand un enfant naissait ou un vieillard mourait. Je racontais les histoires de notre tribu, des fables. Mais tout ça, tout le monde l'a oublié depuis bien longtemps. Vous aussi, bien sûr. Vous qui venez de trouver mon squelette dans une grotte en Espagne. Vous ne connaissez rien de moi. Pas même mon prénom. C'est pour ça que vous venez de me donner celui du chien qui vous accompagne et qui m'a découvert.

Hélène : Je vais retrouver ma cousine Victoria, handicapée depuis qu'elle a l'âge de 8 ans, suite à un accident domestique. Je ne sais pas si je suis responsable de cet accident, mais je sais que notre relation a, depuis, changé à jamais. Je ne sais pas bien qui je suis ni où je vais mais je sais, en regardant Victoria vivre, que ça n'a pas beaucoup d'importance. Il y a trop de monde sur Terre pour se souvenir de chacun. La mémoire des Hommes est trop petite pour contenir toute l'humanité depuis la nuit des temps. Je sais que nous finirons tous par être égaux face au néant. Alors, rien n'a d'importance que l'instant. J'entre dans la chambre de Victoria. Elle a la tête tournée vers moi et me sourit. Je dépose sur son lit le cadeau que je déballe pour elle avec gourmandise. C'est un portrait de nous deux enfants avec grand-père. Je lui souffle : *« Bon anniversaire ! »* Ses yeux pétillent. Peut-être qu'elle revit ses instants avant son accident. Est-ce qu'elle regrette la petite fille qu'elle était ? Je ne crois pas. Je crois qu'elle est heureuse. Elle s'est contentée de cette nouvelle condition. Depuis que je viens lui rendre visite, je la regarde sourire béatement à l'instant présent, immuablement identique pourtant sans cesse renouvelé, mais aujourd'hui, je comprends enfin qu'il est doux de n'être personne : quelques souvenirs, une sensation, un souffle ; l'écume du temps.

Remerciements :

Une grande part du travail d'un auteur, c'est d'être un lecteur ; le premier lecteur de son propre travail qu'il doit corriger et peaufiner tant que le lecteur en lui n'est pas satisfait. Pourtant, ce n'est pas suffisant : tout lecteur, surtout quand il s'agit de l'auteur lui-même, peut être pris de cécité. C'est pourquoi il fait appel à des *« primo-lecteurs »* qui prennent le temps, avant tout le monde, de découvrir le manuscrit et, attentivement, le corriger, poser des questions, faire des propositions, bref, l'éprouver et permettre ainsi à l'auteur d'apporter les dernières retouches avant de confier son roman au public.

Je remercie donc tout particulièrement *Delphine, Rosine et Michel* d'avoir accepté de se prêter à ce jeu.

NE LAISSEZ PAS MOURIR CE LIVRE DANS VOTRE BIBLIOTHÈQUE.
OFFREZ-LE OU DÉPOSEZ-LE DANS UNE BOÎTE À LIVRES.

TABLE DES MATIÈRES

DU MÊME AUTEUR

Le lanceur de dés (recueil de nouvelles) 2023

Imprimé à la demande
Dépôt légal : juin 2025

ISBN : 979-10-976932-0-6

Pour
Sédition - François Cassam Chenaï
16 - Charente

www.ingramcontent.com/pod-product-compliance
Lightning Source LLC
LaVergne TN
LVHW010534160826
845677LV00013B/2880

* 9 7 9 1 0 9 7 6 9 3 2 0 6 *